中國國家圖書館編

國家圖書館藏敦煌遺書

第一百七冊　北敦〇九八七二號——北敦一〇五二一號

北京圖書館出版社

圖書在版編目（CIP）數據

國家圖書館藏敦煌遺書・第一百七冊/中國國家圖書館編；任繼愈主編.—北京：北京圖書館出版社,2009.6

ISBN 978 - 7 - 5013 - 3669 - 2

Ⅰ.國…　Ⅱ.①中…②任…　Ⅲ.敦煌學 - 文獻　Ⅳ.K870.6

中國版本圖書館 CIP 數據核字（2009）第 023376 號

ISBN 978-7-5013-3669-2

9 787501 336692 >

書　　　名	國家圖書館藏敦煌遺書・第一百七冊
著　　　者	中國國家圖書館編　任繼愈主編
責任編輯	徐　蜀　孫　彥
封面設計	李　璀

出　　　版	北京圖書館出版社　　（100034　北京西城區文津街 7 號）
發　　　行	010 - 66139745　66151313　66175620　66126153
	66174391（傳真）　66126156（門市部）
E-mail	btsfxb@ nlc. gov. cn（郵購）
Website	www. nlcpress. com → 投稿中心
經　　　銷	新華書店
印　　　刷	北京文津閣印務有限責任公司

開　　　本	八開
印　　　張	59.5
版　　　次	2009 年 6 月第 1 版第 1 次印刷
印　　　數	1 - 250 册（套）

書　　　號	ISBN 978 - 7 - 5013 - 3669 - 2/K・1632
定　　　價	990.00 圓

目錄

1

4

5

7

8

13

14

15

17

18

20

23

25

26

28

29

行名不備慧復次不備身者不能
戒體不備戒者受畜八種不淨之

BD09874 號　大般若波羅蜜多經卷一○三　　　　　　　　　　　　　　（1-1）

BD09875 號　妙法蓮華經卷四　　　　　　　　　　　　　　　　　　（1-1）

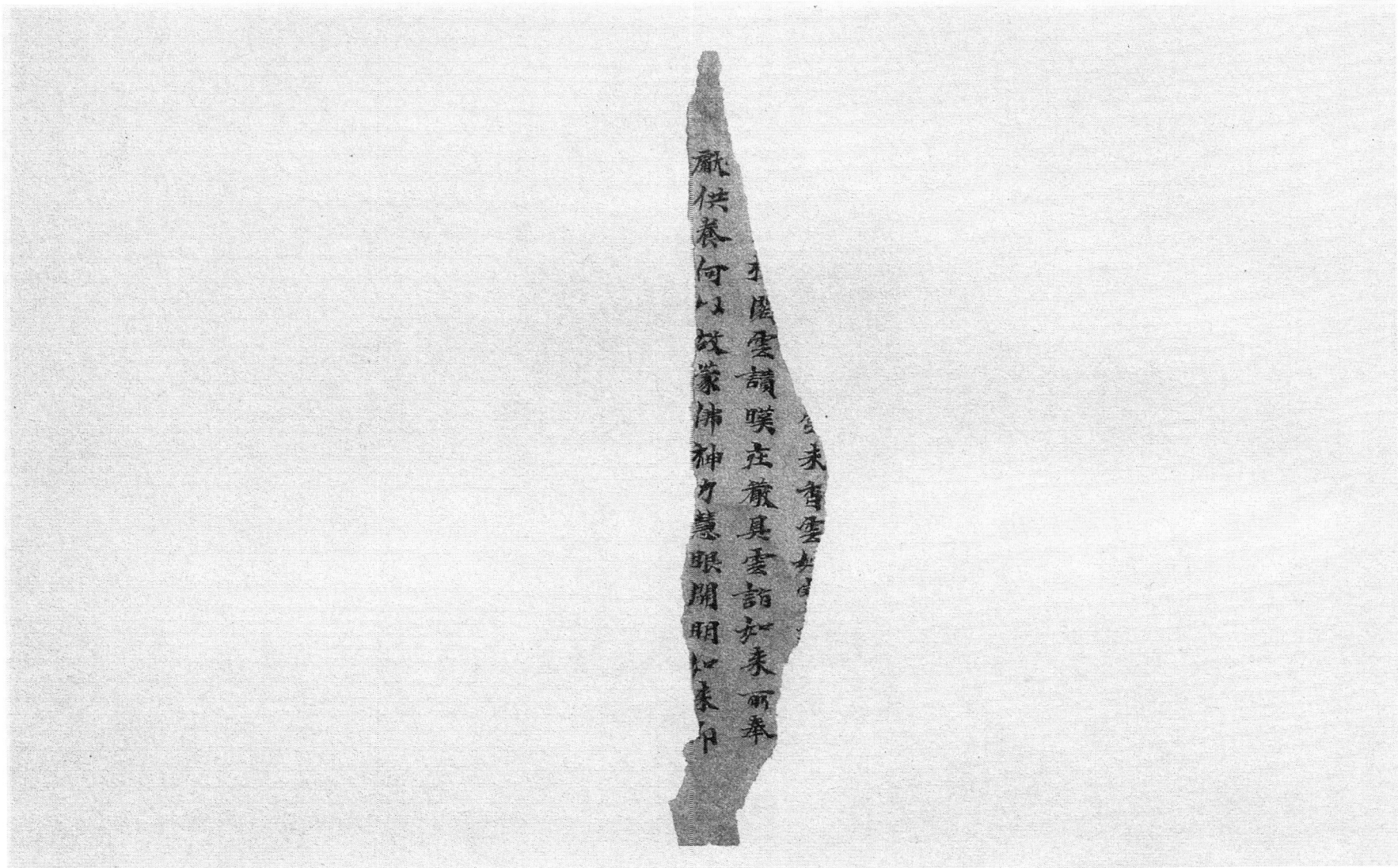

承儀雲讀嘆莊嚴其雲詣如來前奉
獻供養何以故蒙佛神力慧眼開明如來所

BD09876 號　大方廣佛華嚴經（晉譯五十卷本）卷二九　　　　　　　　　　　　　　　　（1-1）

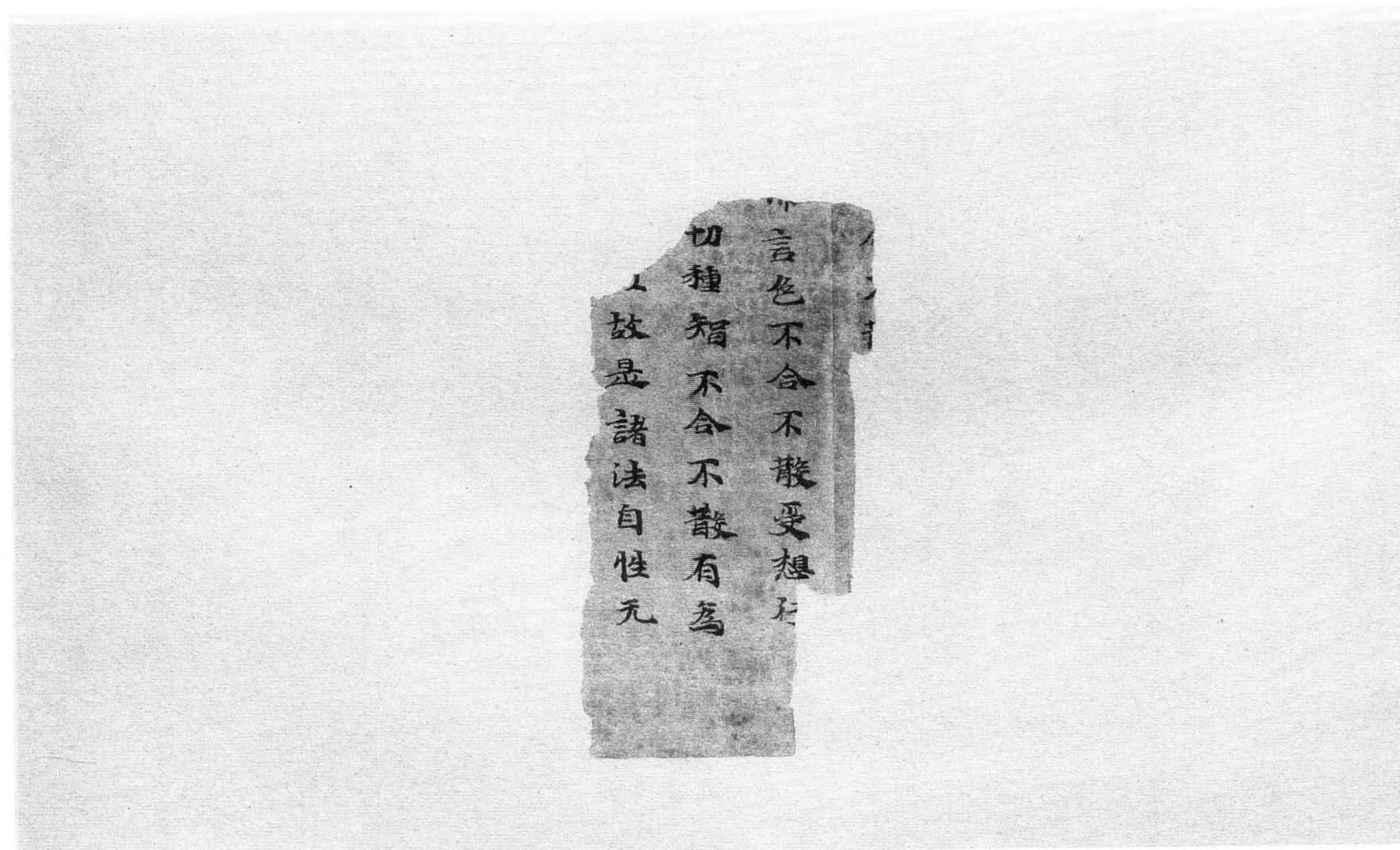

言色不合不散受想行
一切種智不合不散有為
故是諸法自性无

BD09877 號　摩訶般若波羅蜜經卷二一　　　　　　　　　　　　　　　　　　　　（1-1）

BD09878 號　妙法蓮華經卷六　　　　　　　　　　　　　　　　　　　　（1-1）

BD09879 號　大般若波羅蜜多經卷二九六　　　　　　　　　　　　　　（1-1）

BD09880 號　無量壽宗要經　　　　　　　　　　　　　　　　　　　　　　　　　　　　　　（1-1）

BD09881 號　大般涅槃經（北本）卷三七　　　　　　　　　　　　　　　　　　　　　　　（1-1）

BD09882 號　維摩詰所說經卷中　　　　　　　　　　　　　　　　　　（1-1）

BD09883 號　大般涅槃經（北本）卷二八　　　　　　　　　　　　　（1-1）

BD09884號　金剛般若波羅蜜經　　　　　　　　　　　　　　　　　　　　　（1-1）

BD09885號　蘇晟供養題記（擬）　　　　　　　　　　　　　　　　　　　　（1-1）

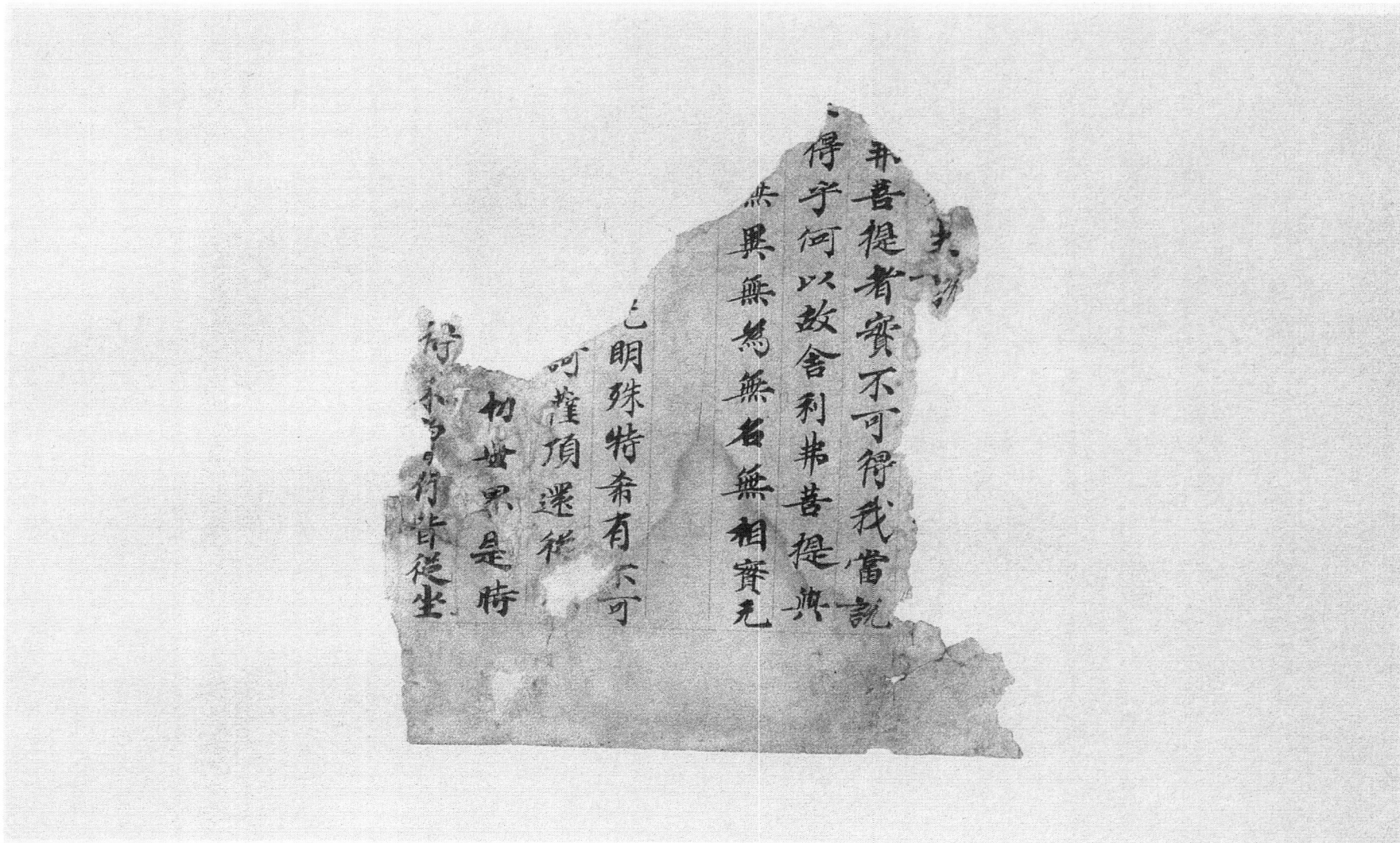

BD09886 號　文殊師利所說般若波羅蜜經　　　　　　　　　　　　　　　　（1-1）

BD09887 號　佛名經（十二卷本）卷一〇　　　　　　　　　　　　　　　　（1-1）

稽首十力大精進
稽首已得无所畏
稽首住於不共法
稽首一切大導師
稽首能度諸世間
稽首斷眾結縛
稽首已到於彼岸
稽首永離生死道
善於諸法得解脫
悉知眾生來去相
常善入於
達諸法相无罣礙
不著世間如蓮華
爾時長者子寶積以偈已白佛
五百長者子皆已發阿耨多羅三藐三菩提
心願聞得佛國土清淨唯願世尊說諸菩薩
淨土之行佛言善哉寶積乃能為諸菩薩問
如來淨土之行諦聽諦聽善思念之當為
汝說於是寶積及五百長者子受教而聽佛
言寶積眾生之類是菩薩佛土
菩薩行化眾生而取佛土隨
佛土隨諸眾生應以何國入佛智
耶佛土隨諸眾生應以何國起菩
士而取者何菩薩取於
生故譬如有人欲

BD09888 號　維摩詰所說經卷上　　　　　　　　　　　　　　　　（1-1）

眾生相
諸相
有人得聞是經不
為希有何以故須
作第一波羅蜜
調菩提忍辱波

BD09889 號　金剛般若波羅蜜經　　　　　　　　　　　　　　　　（1-1）

BD09890 號　大智度論卷九七　　　　　　　　　　　　　　　　　　　（1-1）

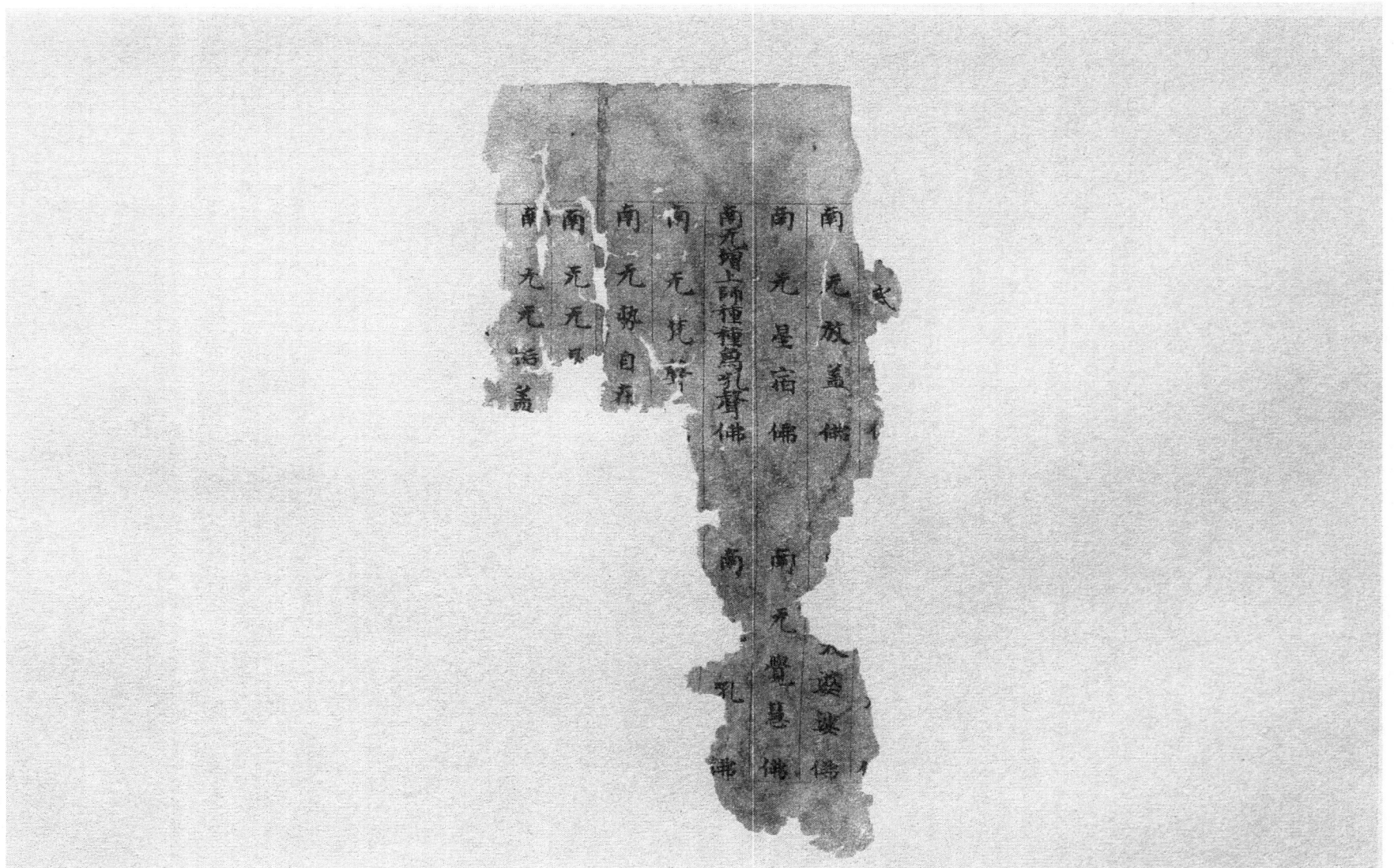

BD09891 號　佛名經（十二卷本）卷四　　　　　　　　　　　　　　（1-1）

BD09892 號　大乘密嚴經（地婆訶羅本）卷下 (1-1)

BD09893 號　佛教文獻（擬） (1-1)

BD09894 號　佛名經（十二卷本）卷一　　　　　　　　　　　　　　　　　　　　　　　（1-1）

BD09895 號　金光明最勝王經卷一〇　　　　　　　　　　　　　　　　　　　　　　　　（1-1）

大第一利一多三重一第六第七第九

BD09896 號　勘經簽條（擬）

（1-1）

若波羅蜜多

無願故當知

BD09897 號　大般若波羅蜜多經卷一七九

（1-1）

BD09898 號　大般涅槃經（北本）卷一四　　　　　　　　　　　　（1-1）

BD09899 號　妙法蓮華經卷二　　　　　　　　　　　　（1-1）

眼清　以故
淨故　何淨

BD09900 號　大般若波羅蜜多經卷二七三　　　　　　　　　　　　　　　（1-1）

轉下什月轉止
雖學訶覺任是觀時身陽
是觀時未生'真怒應令不生已
除滅是故我於諸経中說䄂者
迦葉菩薩曰踣言世尊衆生
起種種煩悩佛言善

BD09901 號　大般涅槃經（北本）卷三七　　　　　　　　　　　　　　　（1-1）

15

BD09902 號　大方等陀羅尼經卷一　　　　　　　　　　　　　　（1-1）

BD09903 號　　維摩詰所說經卷上　　　　　　　　　　　　　　（1-1）

BD09904 號　摩訶般若波羅蜜經卷一六　　　　　　　　　　　　　　　（1-1）

BD09905 號　大方廣佛華嚴經（晉譯五十卷本）卷一　　　　　　　　　（1-1）

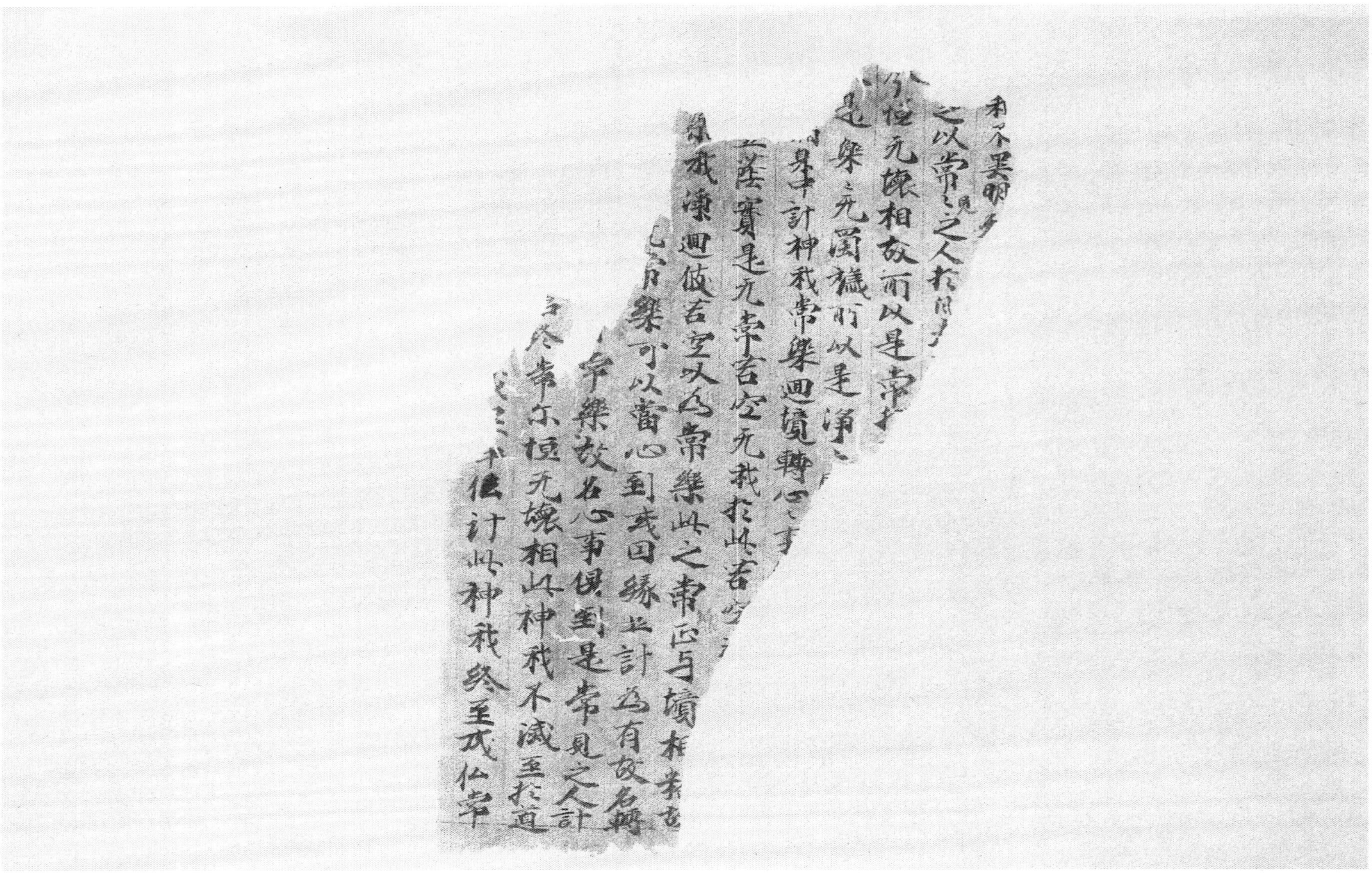

BD09906 號　佛教文獻（擬）　　（1–1）

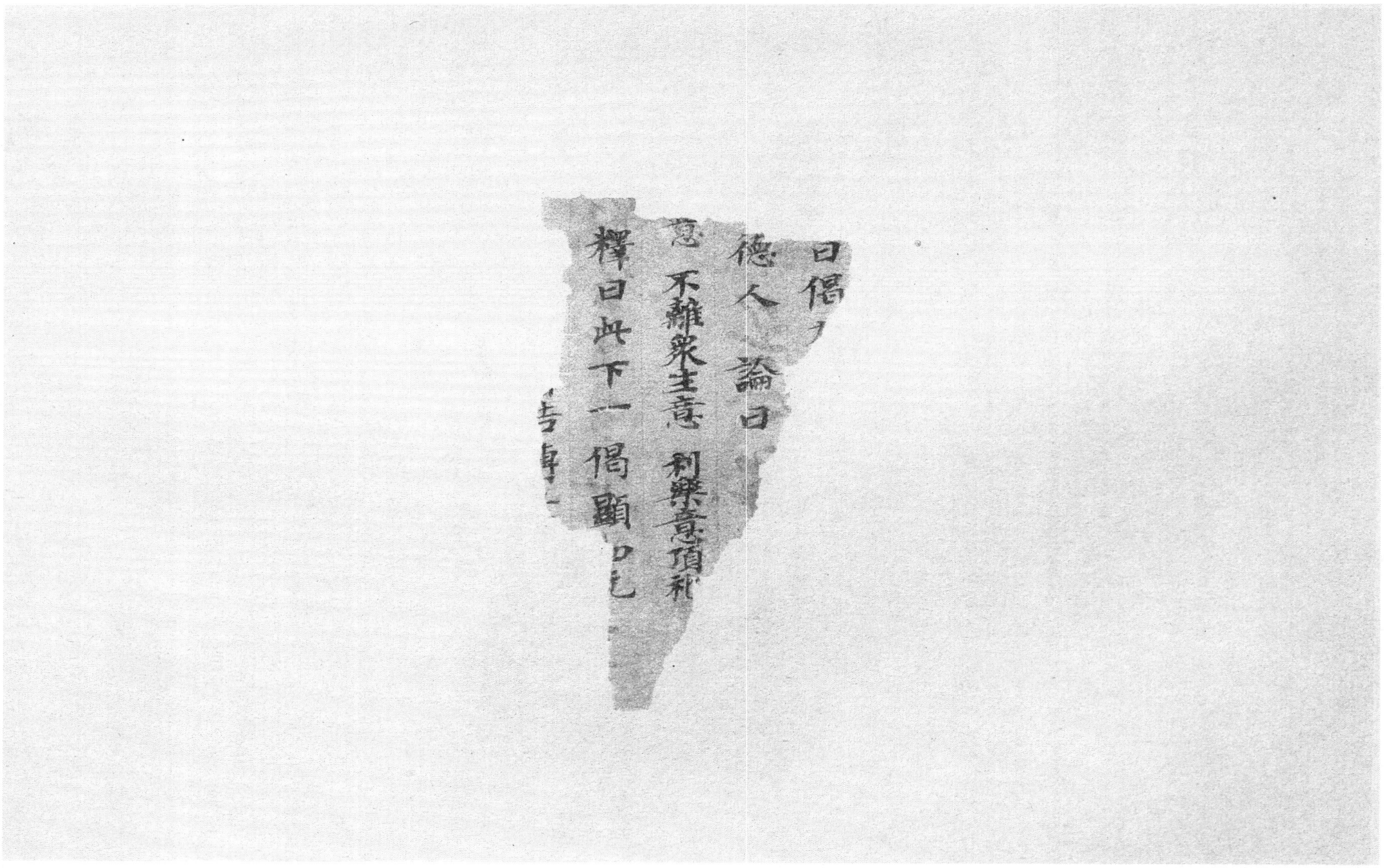

BD09907 號　攝大乘論釋（真諦本）卷一四　　（1–1）

BD09907 號背　雜寫

(1-1)

BD09908 號　大般涅槃經（北本）卷四〇

(1-1)

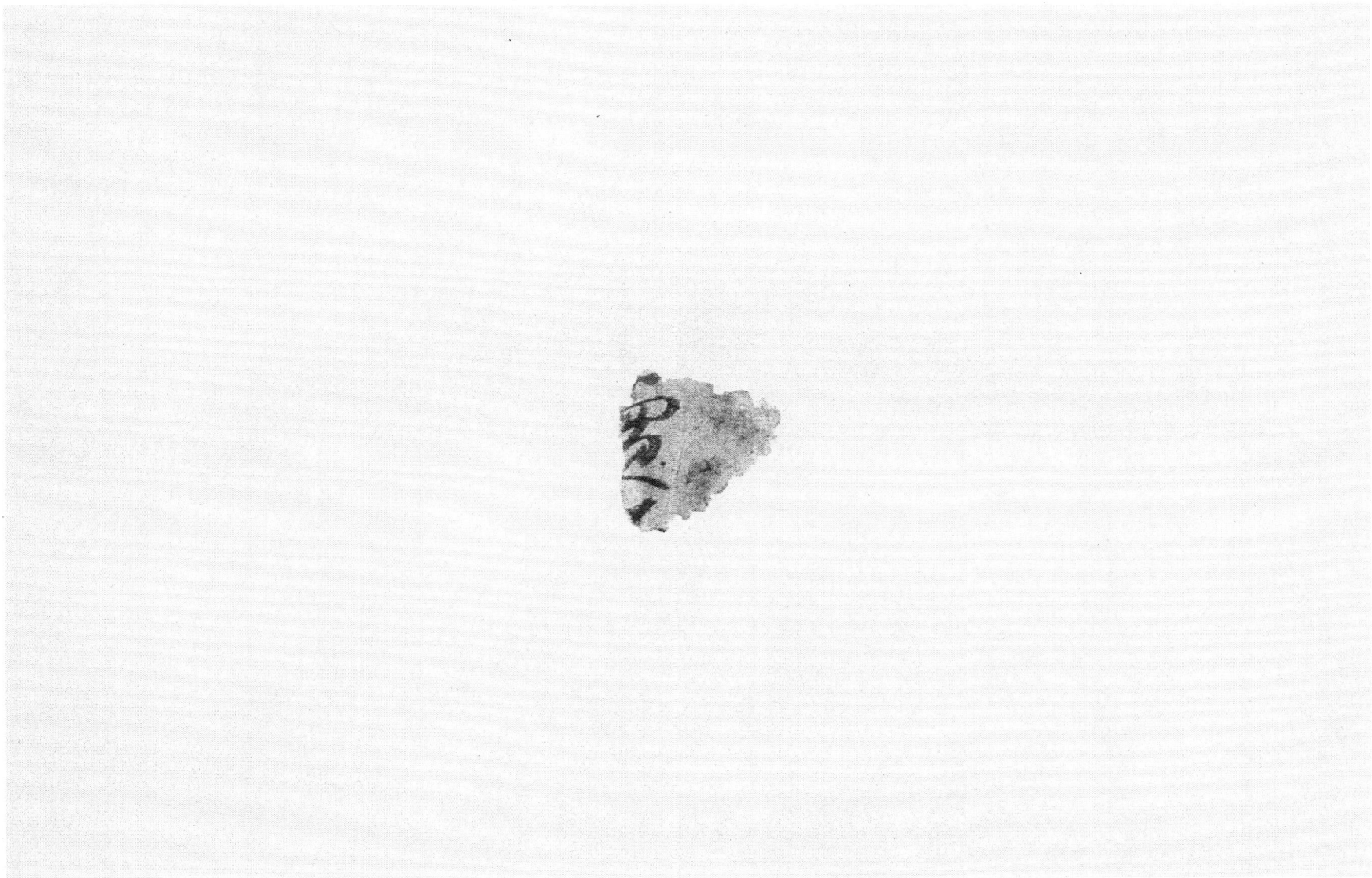

BD09911號　殘字（擬）　　　　　　　　　　　　　　　　　（1-1）

BD09912號　金光明最勝王經卷三　　　　　　　　　　　　（1-1）

BD09913 號　十方千五百佛名經　　　　　　　　　　　　　　　　（1-1）

BD09914 號　金光明最勝王經卷六　　　　　　　　　　　　　　　（1-1）

BD09915號　大般若波羅蜜多經卷二六　　　　　　　　　　　　　　　（1-1）

BD09915號背　勘記　　　　　　　　　　　　　　　（1-1）

BD09916 號　維摩詰所說經卷下　　　　　　　　　　　　　　　　　　　　（1-1）

BD09917 號　大佛頂如來密因修證了義諸菩薩萬行首楞嚴經卷七　　　　　　（1-1）

BD09918 號　大般涅槃經（北本）卷三一　　　　　　　　　　（1-1）

BD09919 號　仁王般若波羅蜜經卷下　　　　　　　　　　　　（1-1）

BD09920 號　殘片 "十二大"（擬）　　　　　　　　　　　　　　　　　　　　　　（1-1）

BD09921 號　維摩詰所說經卷上　　　　　　　　　　　　　　　　　　　　　　　（1-1）

BD09922 號　無量壽宗要經 (1-1)

BD09923 號　大般涅槃經（北本）卷二五 (1-1)

BD09924 號　妙法蓮華經卷四

（1-1）

BD09925 號　妙法蓮華經卷七

（1-1）

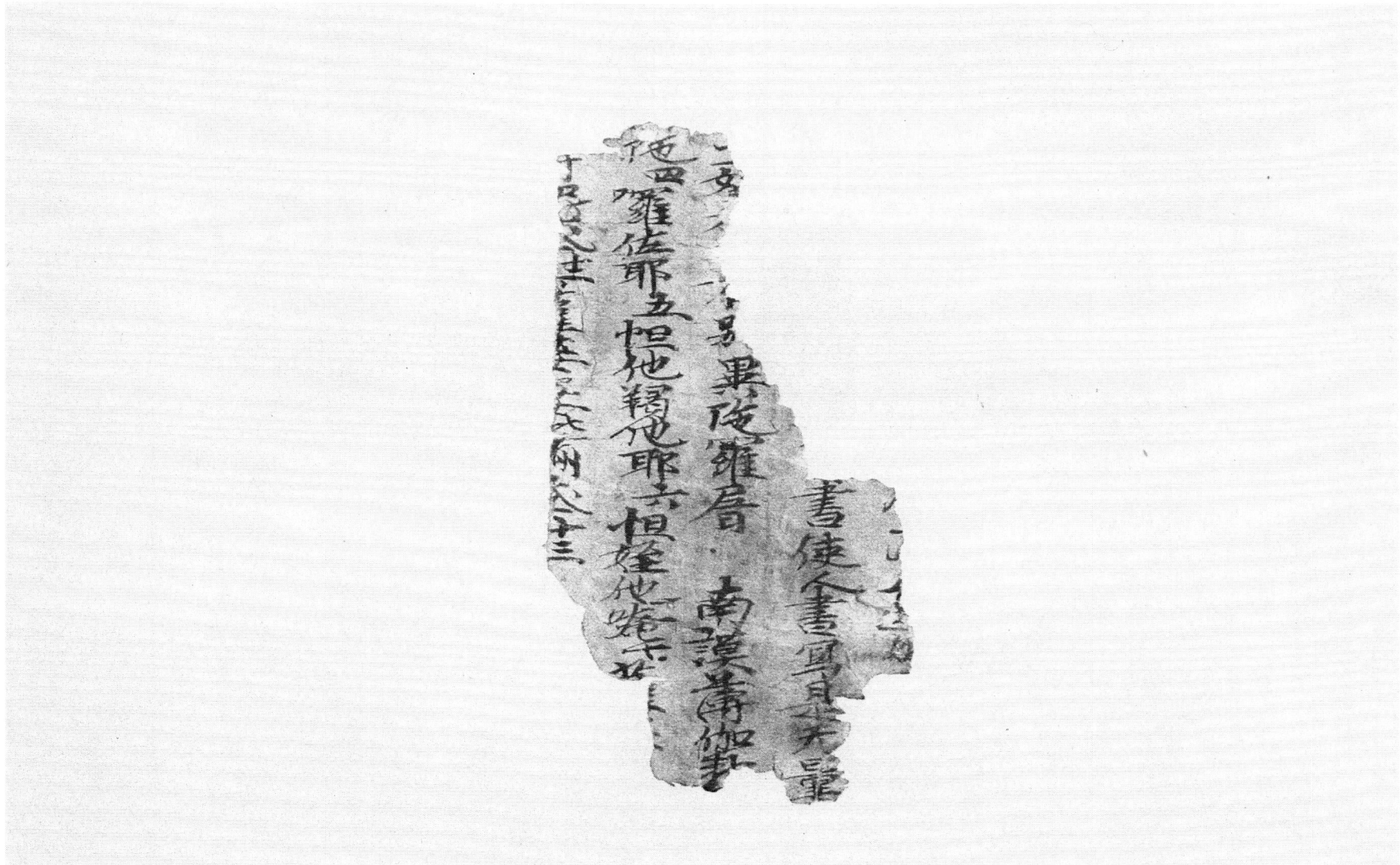

BD09926 號　無量壽宗要經　（1-1）

BD09927 號　金剛般若波羅蜜經　（1-1）

BD09928 號　無量壽宗要經　　　　　　　　　　　　　　　　　　　　　　　　（1-1）

BD09929 號　金光明最勝王經卷一　　　　　　　　　　　　　　　　　　　　　　（1-1）

於一面立白言聖者我已先發阿耨

BD09932 號　藏文文獻（擬）　　　　　　　　　　　　　　（1–1）

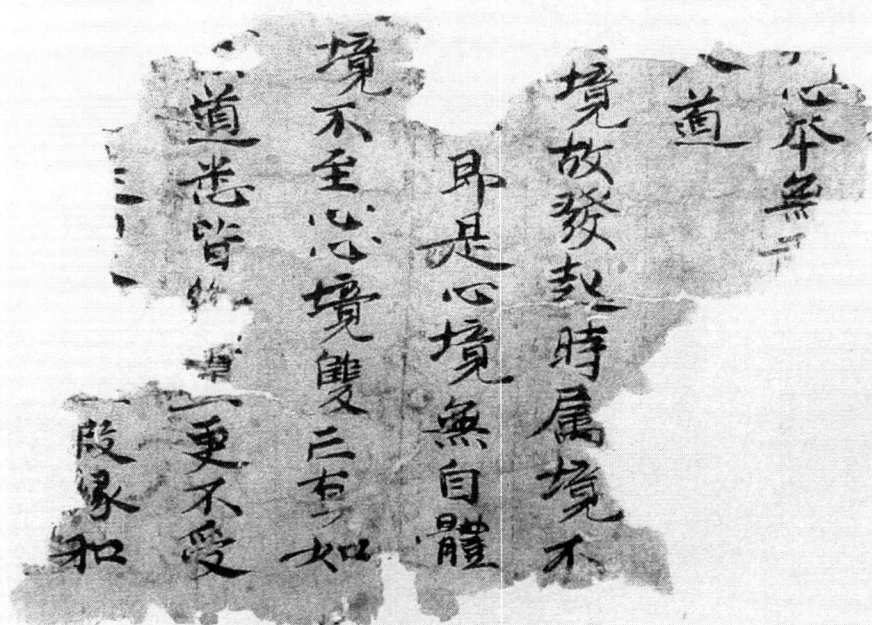

BD09933 號　禪宗殘文獻（擬）　　　　　　　　　　　　（1–1）

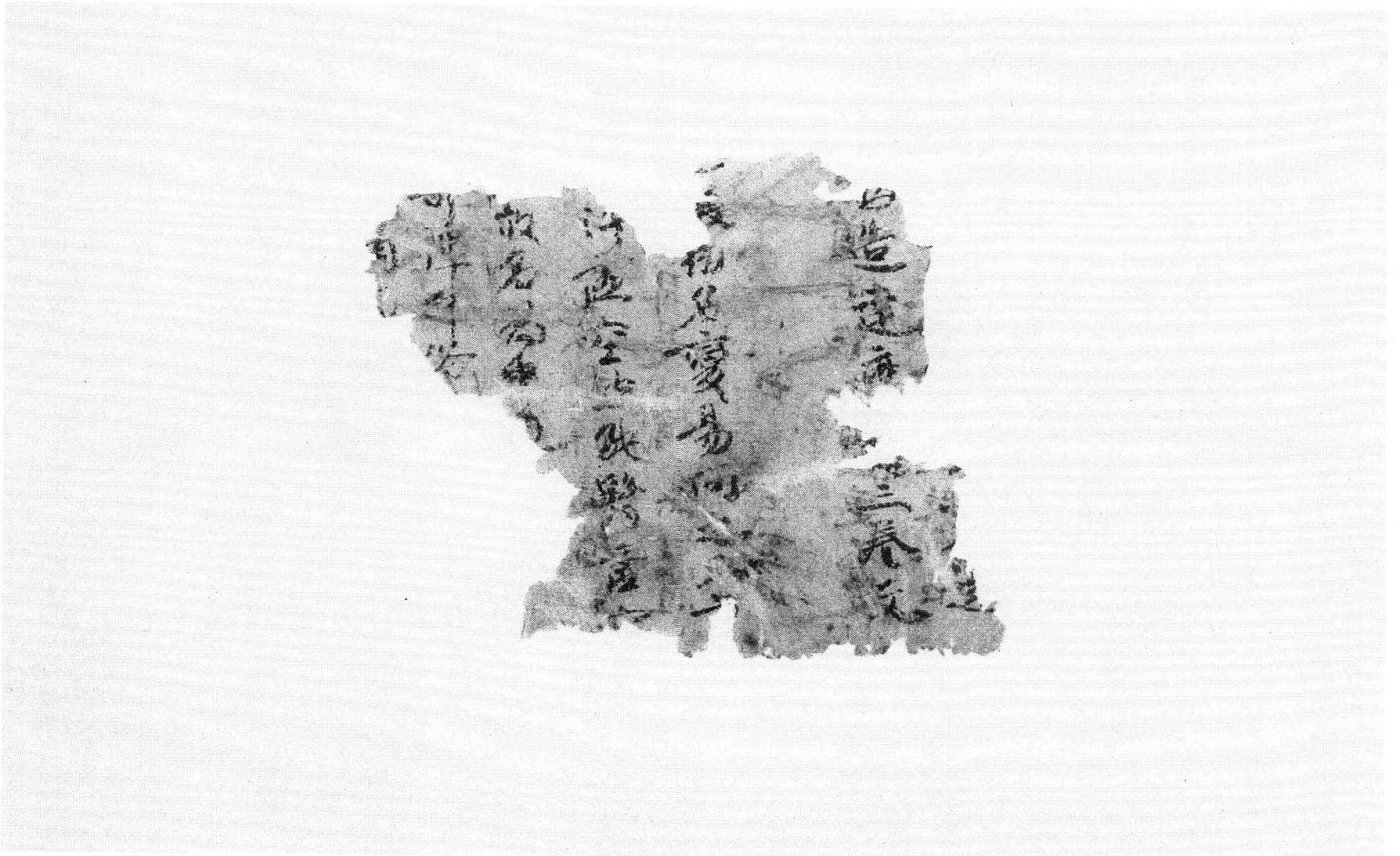

BD09933 號背　楞伽師資記　　　　　　　　　　　　　　　　　　　（1-1）

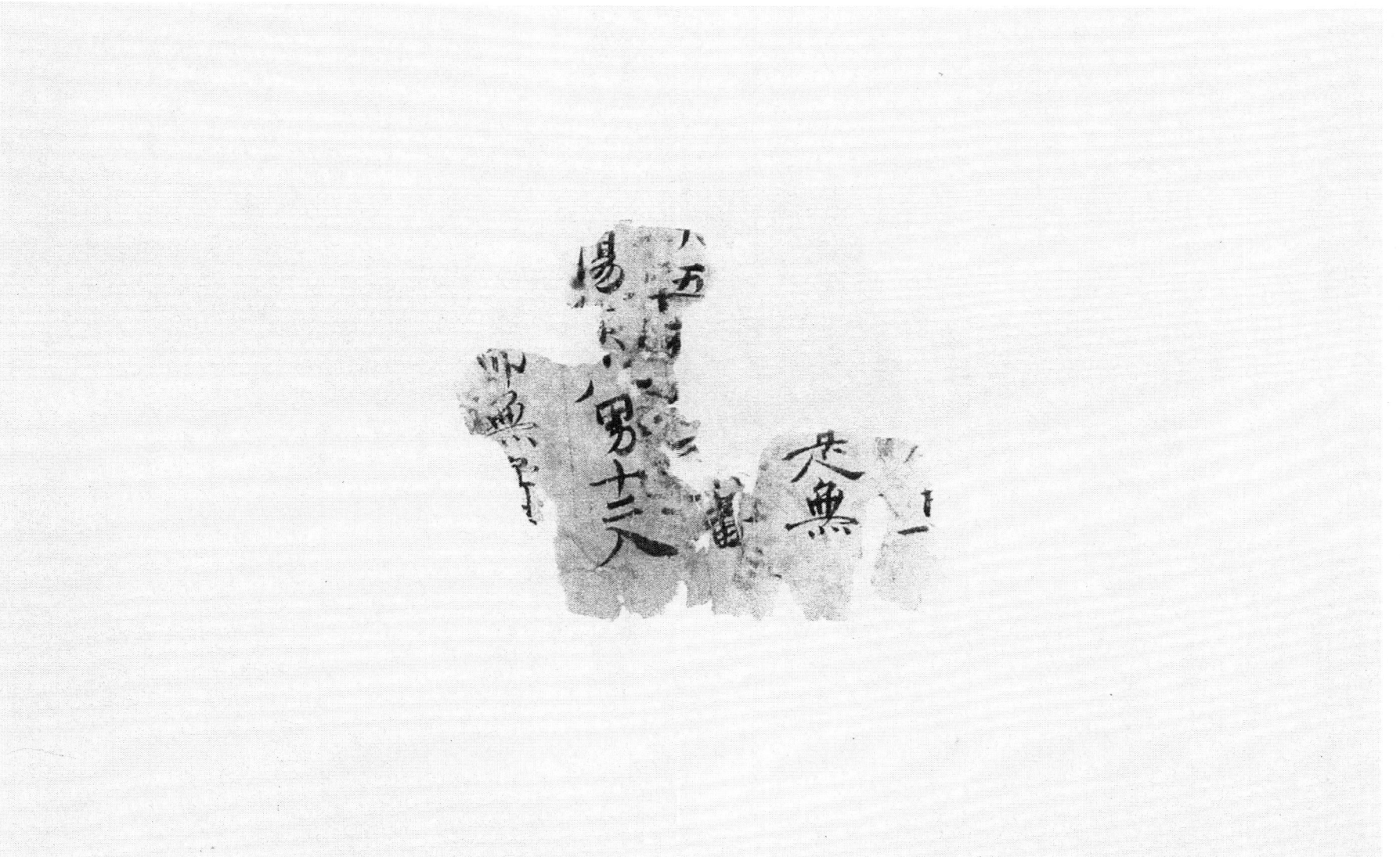

BD09934 號　禪宗殘文獻（擬）　　　　　　　　　　　　　　　　　（1-1）

BD09934號背　楞伽師資記　（1–1）

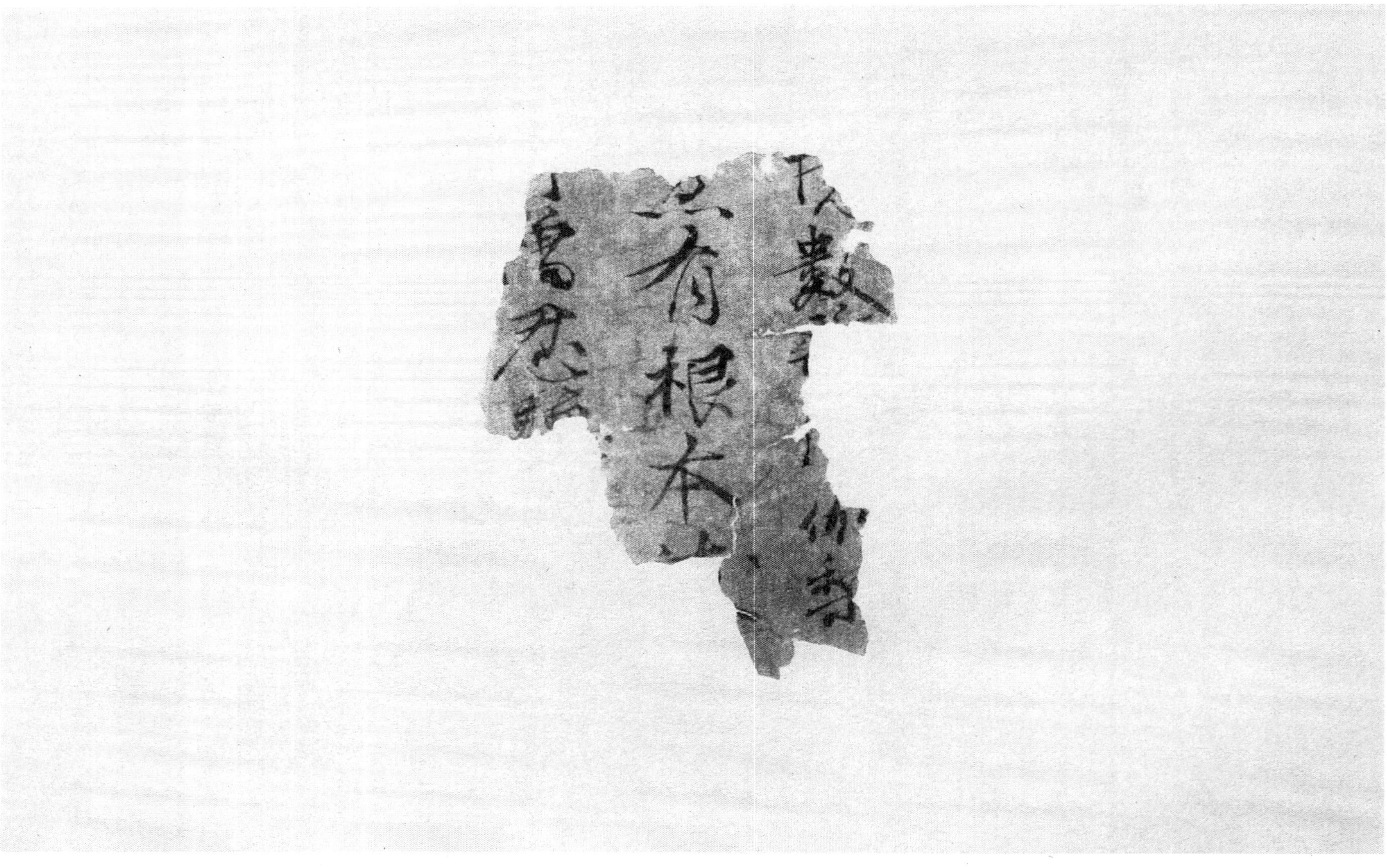

BD09935號　四分律刪繁補闕行事鈔卷中　（1–1）

BD09936 號　妙法蓮華經卷七　　　　　　　　　　　　　　　　　　　　　　　　　（1-1）

BD09937 號　金剛般若波羅蜜經　　　　　　　　　　　　　　　　　　　　　　　　（1-1）

BD09938 號　金光明最勝王經卷二 （1-1）

BD09939 號　社司轉帖殘片（擬） （1-1）

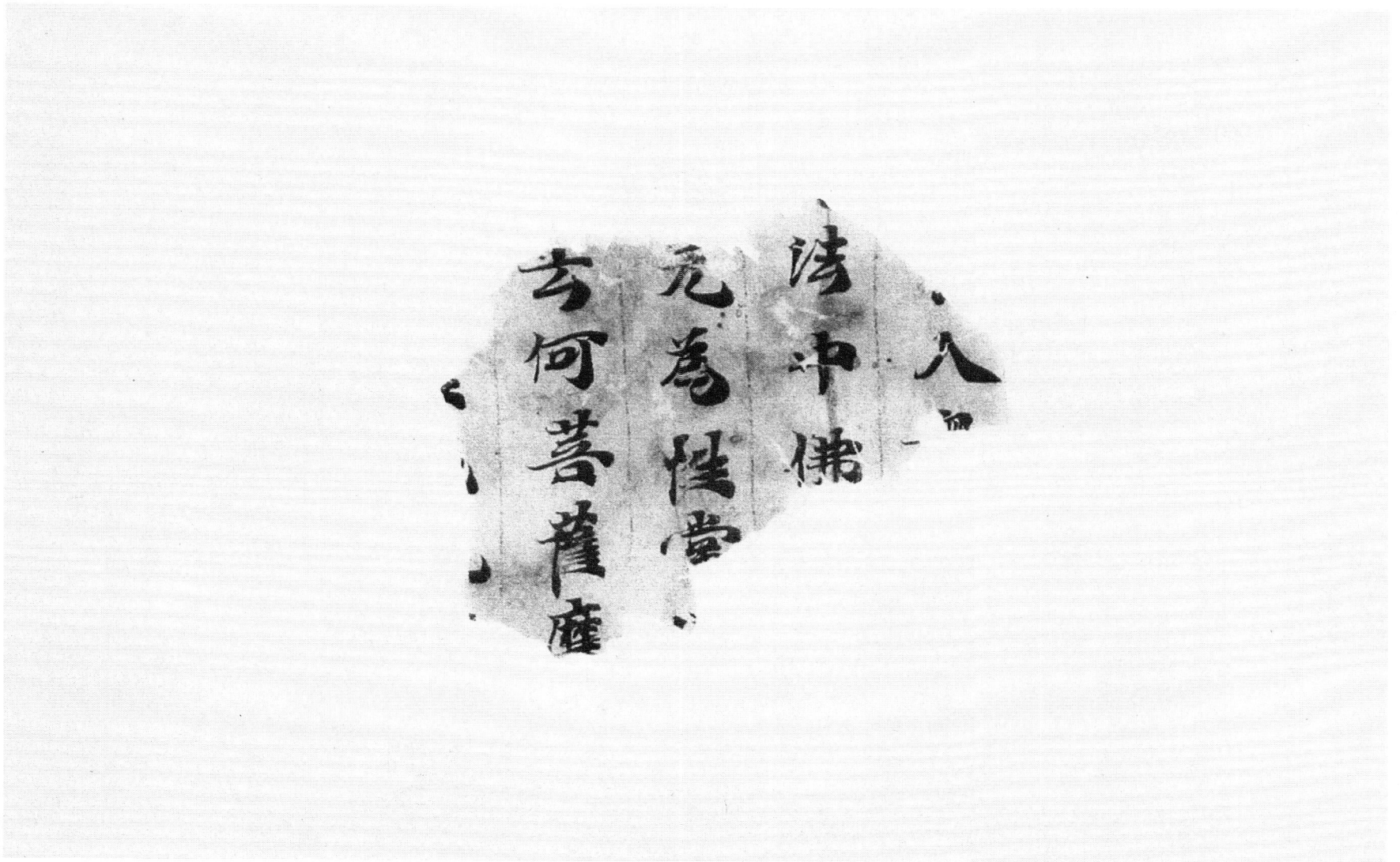

BD09940 號　大般涅槃經（北本）卷一六　　　　　　　　　　　　　　　　　　　（1-1）

BD09941 號　千字文習字（擬）　　　　　　　　　　　　　　　　　　　　　　（2-1）

BD09941 號背　千字文習字（擬）　　　　　　　　　　　　　（2-2）

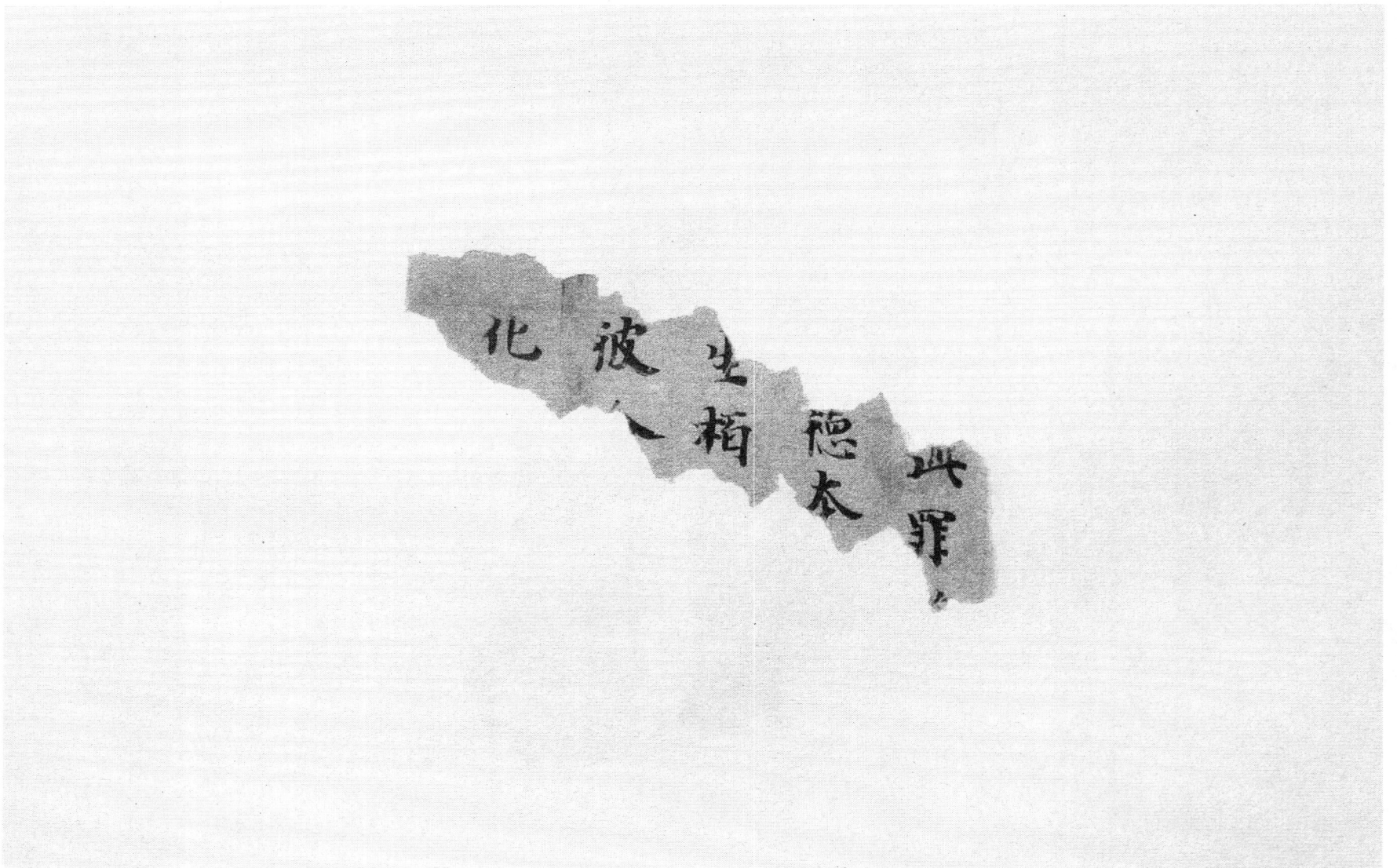

BD09942 號　增壹阿含經卷三二　　　　　　　　　　　　　　（1-1）

BD09943 號　金剛般若波羅蜜經　　　　　　　　　　　　　　　　　　　　　　（1-1）

BD09944 號　金剛般若波羅蜜經　　　　　　　　　　　　　　　　　　　　　　（1-1）

BD09945 號　佛名經殘片（擬）　　　　　　　　　　　　　　　　　　　　　　　　（1-1）

BD09946 號　大般涅槃經（北本）卷一五　　　　　　　　　　　　　　　　　　　　（1-1）

BD09947 號　妙法蓮華經卷二　　　　　　　　　　　　　　　　　　　　　　（1-1）

BD09948 號　入布薩堂說偈文等　　　　　　　　　　　　　　　　　　　　　　（1-1）

BD09949 號　佛經殘片（擬）　　　　　　　　　　　　　　　　　（1-1）

BD09950 號　妙法蓮華經卷一　　　　　　　　　　　　　　　　　（1-1）

BD09951 號　妙法蓮華經卷七 　　　　　　　　　　　　　　　　　　　　（1-1）

BD09952 號　妙法蓮華經卷三 　　　　　　　　　　　　　　　　　　　　（1-1）

BD09953 號　某年給常洪則冬衣狀（擬）　　　　　　　　　　　　　　　　（1-1）

BD09954 號　論語鄭氏註　　　　　　　　　　　　　　　　　　　　　　（1-1）

BD09955 號　大愛道般泥洹經

（1-1）

BD09956 號　天地八陽神咒經

（1-1）

BD09957 號　大般涅槃經（北本）卷一五　　　　　　　　　　　　　　　　　　　（1-1）

BD09958 號　佛典疏釋殘片（擬）　　　　　　　　　　　　　　　　　　　　　　（1-1）

BD09959 號　佛藏經卷上 （1-1）

BD09960 號　四分律比丘含注戒本疏（擬） （1-1）

BD09961 號　金剛般若波羅蜜經　　　　　　　　　　　　　　　　　　　　　　（1-1）

BD09962 號　某年給冬衣狀殘片（擬）　　　　　　　　　　　　　　　　　　　（1-1）

BD09963 號　妙法蓮華經卷一 （1-1）

BD09964 號　金剛般若波羅蜜經 （1-1）

BD09964 號背　救諸衆生苦難經 （1-1）

BD09965 號　金剛般若波羅蜜經 （1-1）

BD09966 號　大般若波羅蜜多經卷四五五　　　　　　　　　　　　　　　　　　（1-1）

BD09967 號　妙法蓮華經卷五　　　　　　　　　　　　　　　　　　　　　　（1-1）

BD09968 號　妙法蓮華經卷一　　　　　　　　　　　　　　　　　（1-1）

BD09969 號　禪宗殘文獻（擬）　　　　　　　　　　　　　　　　　（1-1）

BD09969 號背　禪宗殘文獻（擬）　　　　　　　　　　　　　　　　　　　　　　（1-1）

BD09970 號　玉關馬幸德戶（擬）　　　　　　　　　　　　　　　　　　　　　　（1-1）

BD09971號　妙法蓮華經卷七　　　　　　　　　　　　　　　　　　　　　（1-1）

BD09972號　經名簽條（擬）　　　　　　　　　　　　　　　　　　　　　（1-1）

発阿耨名
不應住聲
之有住則

BD09973 號　金剛般若波羅蜜經

（1-1）

諸如來

中有八

BD09974 號　佛名經（十二卷本）卷二

（1-1）

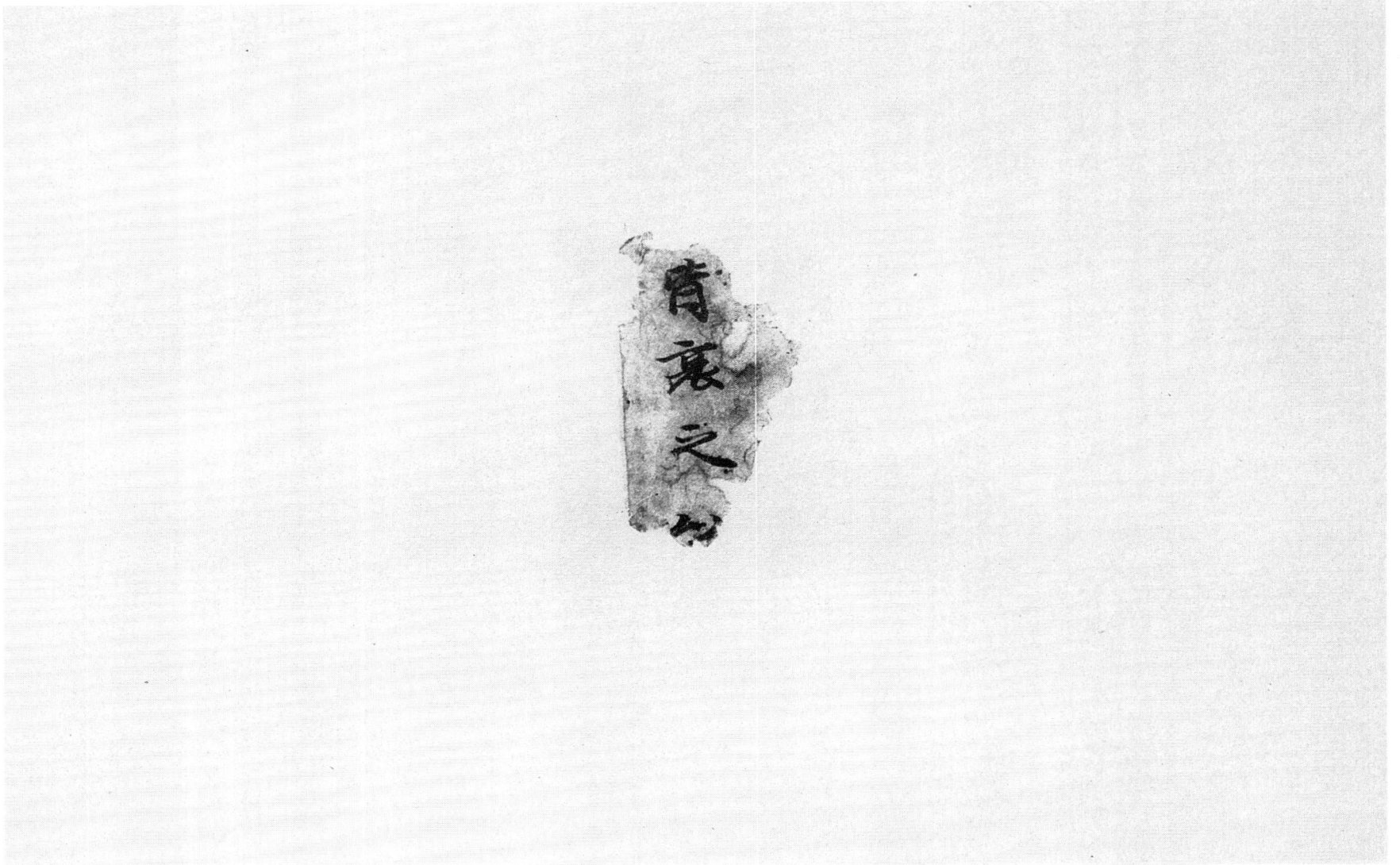

BD09975 號　無量壽經卷下

（1-1）

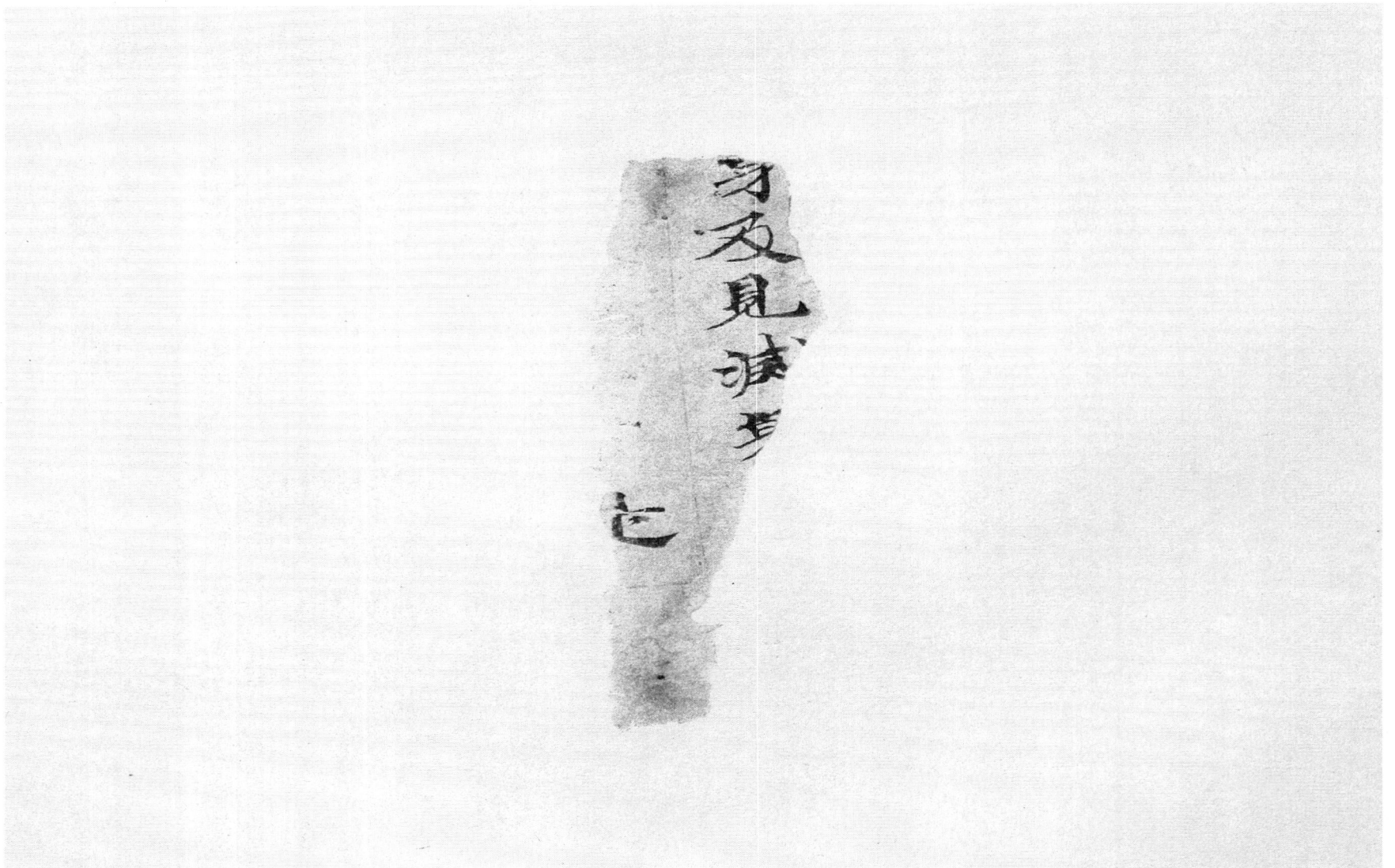

BD09976 號　維摩詰所說經卷中

（1-1）

BD09977 號　金剛般若波羅蜜經　　　　　　　　　　　　　　　　　　　　　　（1-1）

BD09978 號　月燈三昧經卷五　　　　　　　　　　　　　　　　　　　　　　　（1-1）

BD09979 號　金剛般若波羅蜜經　　　　　　　　　　　　　　　（1-1）

BD09980 號　妙法蓮華經卷五　　　　　　　　　　　　　　　　（1-1）

BD09981號　佛經疏釋（擬）　　　　　　　　　　　　　　　　　　　　（1-1）

BD09981號背　背面烏絲欄　　　　　　　　　　　　　　　　　　　　（1-1）

闻辟支佛乘，
不退没乘无
辰家行□□

BD09982 號　大般涅槃經（北本）卷一五　　　　　　　　　　　　　　　　　　　（1-1）

言世尊唯
大願殊殊川
利樂像法轉
尒時世尊讚□□
曼殊室利汝以大悲

BD09983 號　藥師琉璃光如來本願功德經　　　　　　　　　　　　　　　　　　　（1-1）

60

BD09984 號　金剛般若波羅蜜經　　　　　　　　　　　　　　　　　　（1-1）

BD09985 號　大般若波羅蜜多經卷三五七　　　　　　　　　　　　　（1-1）

從菩薩為利
一切諸相
　生
　語者不誑
　法此法無
施如人入
　施如
　人

BD09986 號　金剛般若波羅蜜經　　　　　　　　　　　　　　　　　　　　（1-1）

去伽耶城不遠坐於
三菩是
百千
阿僧祇
善男子

BD09987 號　妙法蓮華經卷五　　　　　　　　　　　　　　　　　　　　　（1-1）

BD09988 號　素紙　　　　　　　　　　　　　　　　　　　　　　　　　　（1-1）

二者明集三者非明非无明集言明集者即
八匹道其餘二集增長身心及三種受是故
我應斷二種集曰緣集斷不生三受善男子
如是受者二名為曰二名為果智者當觀二
曰二果云可

BD09989 號　　大般涅槃經（北本）卷三七　　　　　　　　　　　　　（1-1）

羅摩睺羅伽人非人及諸小王轉

是諸大眾得未曾有歡

時如來放眉間

土靡不周遍

尒時

BD09990 號　妙法蓮華經卷一　　　　　　　　　　　　　　　　　　　　（1-1）

尊何以故莊嚴佛土也

是故須菩提諸菩薩

心不應住色生心

應无所住而生其心

彌山王於意云何是身為

何以故佛說非身是

BD09991 號　金剛般若波羅蜜經　　　　　　　　　　　　　　　　　　（1-1）

BD09992 號　維摩詰所說經卷上　　　　　　　　　　　　　　　　　　　　（1-1）

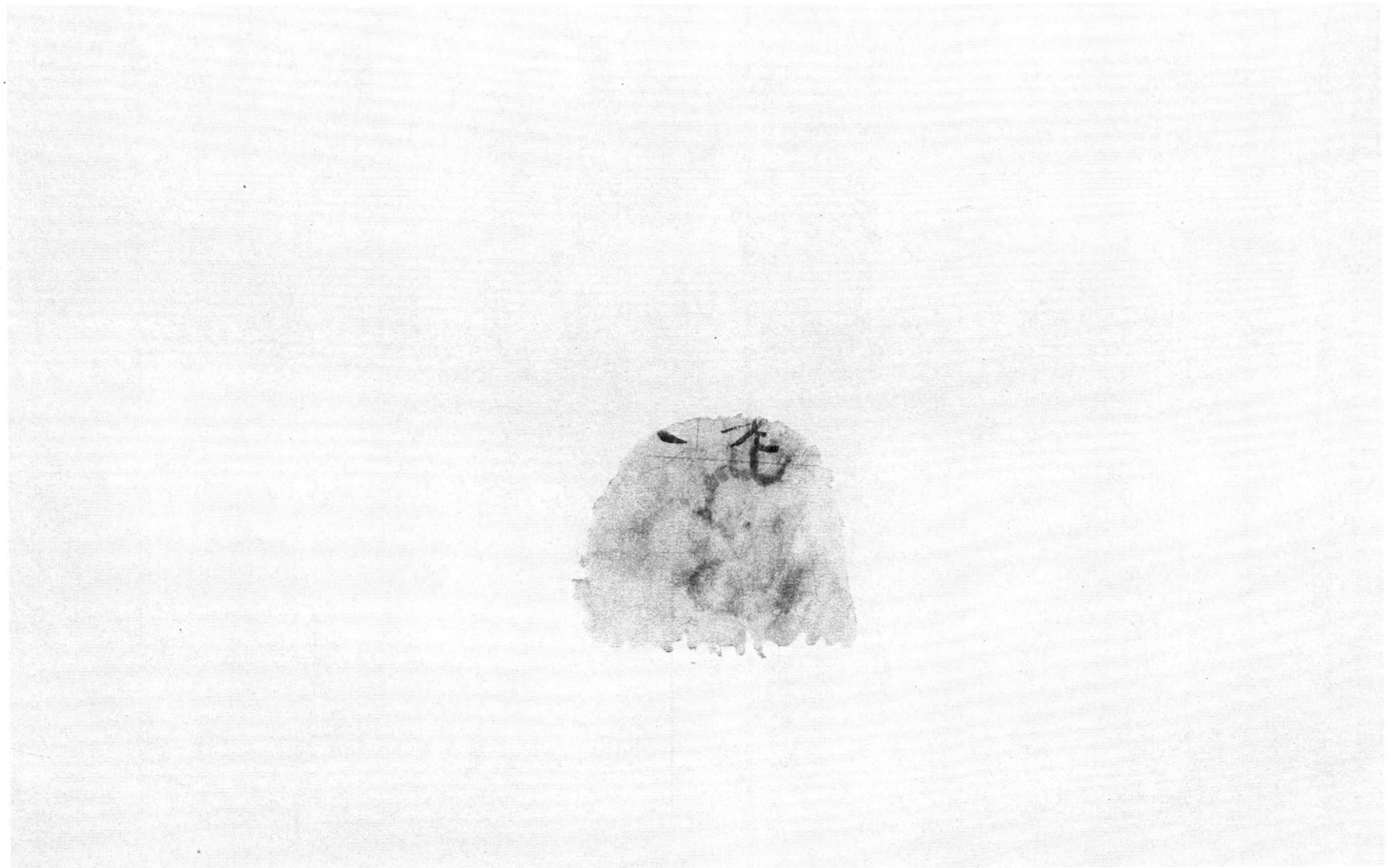

BD09993 號　殘字痕（擬）　　　　　　　　　　　　　　　　　　　　　　（1-1）

BD09994 號　妙法蓮華經卷四　　　　　　　　　　　　　　　　　　　（1-1）

BD09995 號　金光明最勝王經卷八　　　　　　　　　　　　　　　　（1-1）

BD09996 號　習字雜寫（擬）　　　　　　　　　　　　　　　　　（1-1）

BD09997 號　占卜書殘片（擬）　　　　　　　　　　　　　　　　（1-1）

BD09997 號背　書狀（擬）

(1-1)

BD09998 號　阿彌陀經

(1-1)

BD09999 號　殘契（擬）　　　　　　　　　　　　　　　　　　　　　　　（1-1）

BD10000 號　佛典疏釋（擬）　　　　　　　　　　　　　　　　　　　　　（1-1）

BD10001 號　殘字痕（擬）　　　　　　　　　　　　　　　　　　　　　（1-1）

散脂大將世尊
正分別亞解於緣
不可思議智境世
可思議智炬不可
愛一切法世尊我
法分齊如法安住
證如世尊我如一切
至彰我當散脂

BD10002 號　合部金光明經卷六　　　　　　　　　　　　　　　　　　（1-1）

BD10002 號背　雜寫　　　　　　　　　　　　　　　　　　　　（1-1）

BD10003 號　金剛般若波羅蜜經　　　　　　　　　　　　　　（1-1）

BD10004 號　大般若波羅蜜多經首題（擬）

(1-1)

BD10005 號　金剛般若波羅蜜經

(1-1)

BD10006 號　大智度論卷一〇〇　　　　　　　　　　　　　　　　　　　　　　（1-1）

BD10007 號　金光明經卷二　　　　　　　　　　　　　　　　　　　　　　　（1-1）

BD10008 號　天地八陽神咒經 　　　　　　　　　　　　　　（1-1）

廓宅中十
大衆中
于此閻浮

BD10009 號　金剛般若波羅蜜經 　　　　　　　　　　　　（1-1）

衣鉢
住大衆中
亦敬而白
菩薩善付囑
阿耨多羅三
訊如來善讚念諸菩
諦聽當為汝說善男
唯三藐三菩提心應如是
然世尊願樂欲聞
摩訶薩應如是降伏其

BD10010 號　白畫（擬）　　　　　　　　　　　　　　　　　　　　　　　　（1-1）

BD10010 號背　白畫（擬）　　　　　　　　　　　　　　　　　　　　　　　　（1-1）

BD10011 號　妙法蓮華經卷一　　　　　　　　　　　　　　　　　　　　　　（1-1）

BD10012 號　維摩詰所說經卷中　　　　　　　　　　　　　　　　　　　　　（1-1）

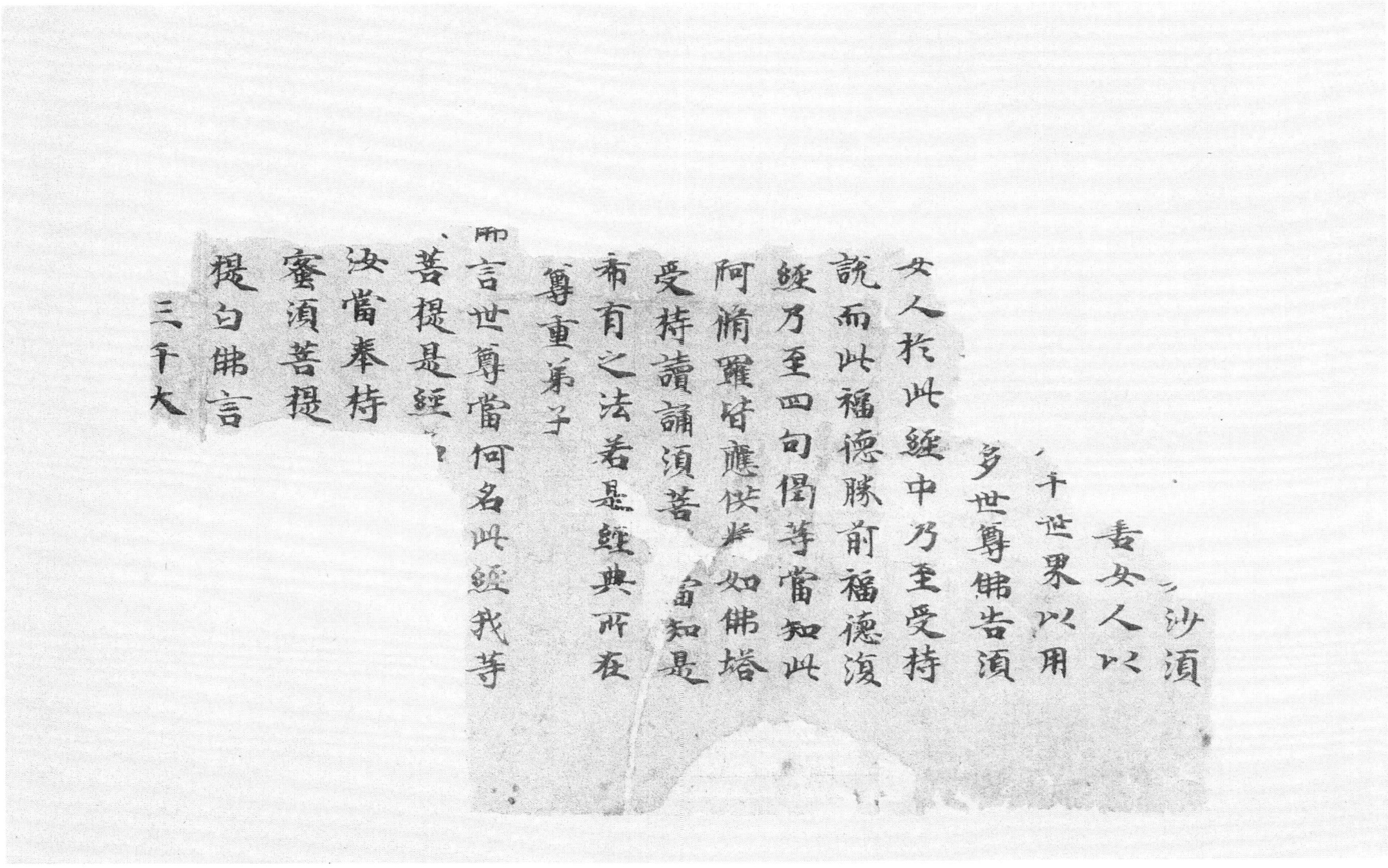
沙須
善女人以
千世界以用
多世尊佛告須
女人於此經中乃至受持
說而此福德勝前福德復
經乃至四句偈等當知此
阿脩羅皆應供養如佛塔
受持讀誦須菩 當知是
希有之法若是經典所在
尊重弟子
爾言世尊當何名此經我等
菩提是經
汝當奉持
蜜須菩提
提白佛言
三千大

BD10013 號　金剛般若波羅蜜經　（1–1）

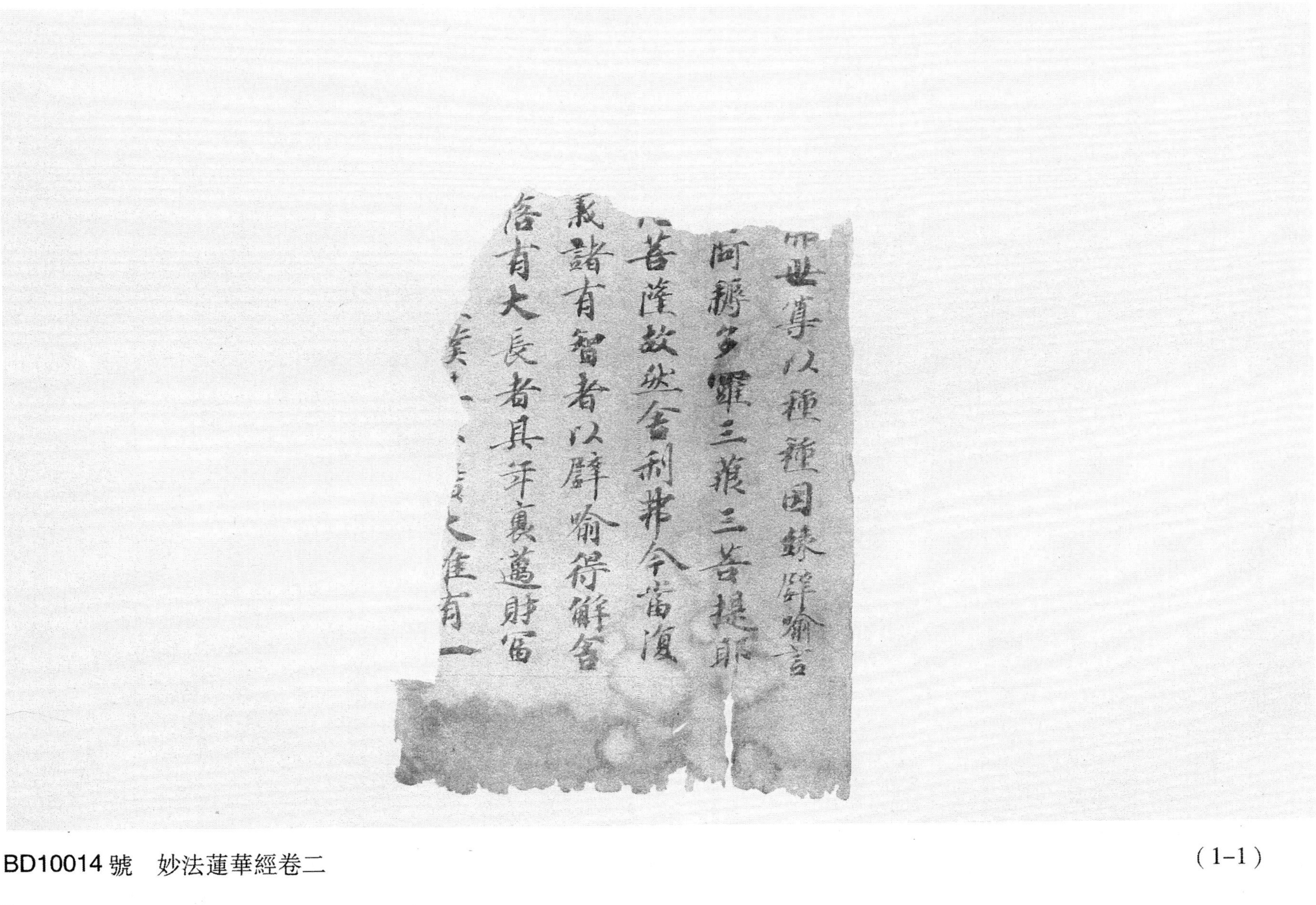
爾世尊以種種因緣譬喻言
阿耨多羅三藐三菩提耶
菩薩故然舍利弗今當復
義諸有智者以譬喻得解舍
落有大長者其年衰邁財富
…大唯有一

BD10014 號　妙法蓮華經卷二　（1–1）

權維摩詰言說身
有苦不說樂於[...]
生說身空尌不說
說入於過去以[...]

BD10015 號　維摩詰所說經卷中　　　　　　　　　　　　　　　　　（1-1）

言如[...]
子我於
如是
遊一切
一有

BD10016 號　大般涅槃經（北本）卷三四　　　　　　　　　　　　（1-1）

BD10017 號　妙法蓮華經卷二　　　　　　　　　　　　　　　　　　　（1-1）

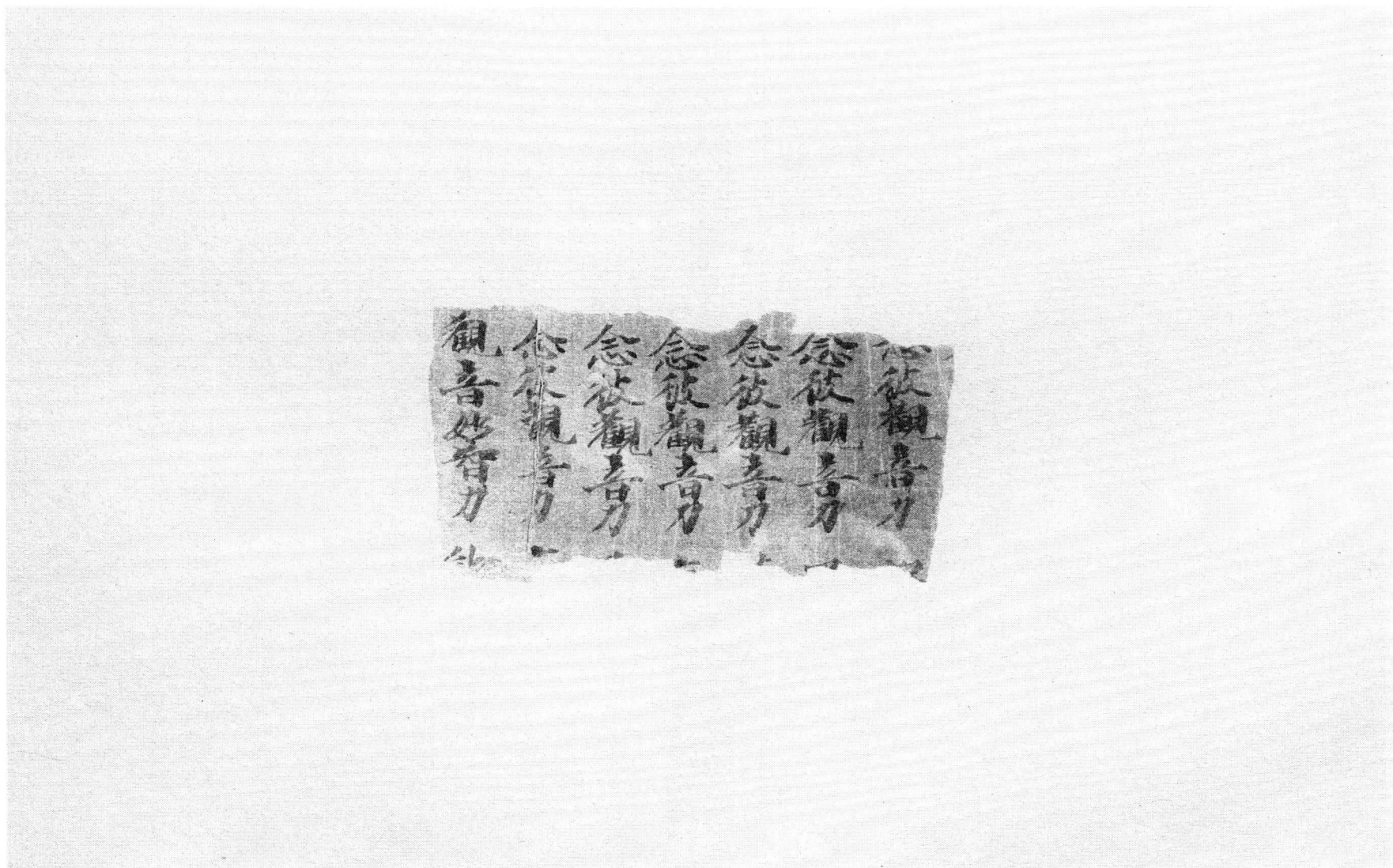

BD10018 號　妙法蓮華經卷七　　　　　　　　　　　　　　　　　　　（1-1）

BD10019號　賢劫十方千五百佛名經　　　　　　　　　　　　　　　　　（1-1）

BD10020號　妙法蓮華經疏　　　　　　　　　　　　　　　　　　　　　（1-1）

魍訪乱之鬼皆去千里万里之外急急如律
令第一開心符第二益筭符第三救護身命
符第四金木水火土不相剋符第五注主人
阿姊死鬼耗虛神符所生之注一切恶物見
符嚴藏急急如律令將軍在子六月壬子朔
廿日癸日開日千佛神符保請顧百年若月
襄日襄若為襄時襄日忌佩符之後无旬
千佛符嚴令其人過炎度難延年

身命第一恩
四獎載里第五厄
天下疫氣病奸痛非魍

BD10021 號　七千佛神符經　　　　　　　　　　　　　　　　（1-1）

若干名色各異密雲弥布遍
男一時等
草小根小莖
根大莖大枝
所受一雲所雨
實雖一如所生
別迦葉當知
雲起

地所生卉木叢

BD10022 號　妙法蓮華經卷三　　　　　　　　　　　　　　（1-1）

諸誦此 ……　　　華 ……　夫

處須菩提我念過去
無燃燈佛前得值八
萬諸佛我皆親承供養
量諸佛我皆親承
於後世末世能受
德我所供養諸佛
一萬億分乃至筭數
一……万億……男子善女人
此經所得功……

BD10023 號　金剛般若波羅蜜經（菩提留支本）　　　　　　　　　　（1-1）

新菩薩經一卷
……疫須……下皆……每月……作施佛一千
熟無人救劃有數種病死第一瘧病死
三本免第四腫病死第五痎病死……
……死第八風黃病死第九水裏死第十患眼死勸諸衆生
寫一本免一身寫兩本免一門寫三本免一村不寫者滅
門門上謗之得過此難但看七八月三……家傳……
僧尼此門勸寫此經其經西涼州……
聲有一石後天下大如卧……等石……
今戴饒惠
新菩薩經一卷
救菩薩諸衆生一千苦難生
天台山中有一老師年可九十許歲
中述血唱言苦哉苦……我衆生
掌頂礼眼中法淚啓言有地
惠通我見閻浮提衆生云誤善
國黃河已北相魏之地山在其中唱
三月四月鬼亂兵起無邊無際
生行善鬼兵自滅天地黑闇如……
兩本免六親寫三本免一村流
入阿鼻地獄無有出期見此經
得成佛道
黑風西北起　　東南興鬼兵　　永常
先須斷酒宍　　貧嗔更莫生　　人能……

BD10024 號 1　新菩薩經　　　　　　　　　　　　　　　　　　　（1-1）
BD10024 號 2　救諸衆生苦難經

BD10025 號　金光明最勝王經卷一　　　　　　　　　　　　　　　　（1-1）

BD10026 號　妙法蓮華經卷一　　　　　　　　　　　　　　　　　　（1-1）

BD10027 號　妙法蓮華經卷二　　　　　　　　　　　　　　　　　　　（1-1）

BD10028 號　護首（大般若波羅蜜多經）　　　　　　　　　　　　　　（1-1）

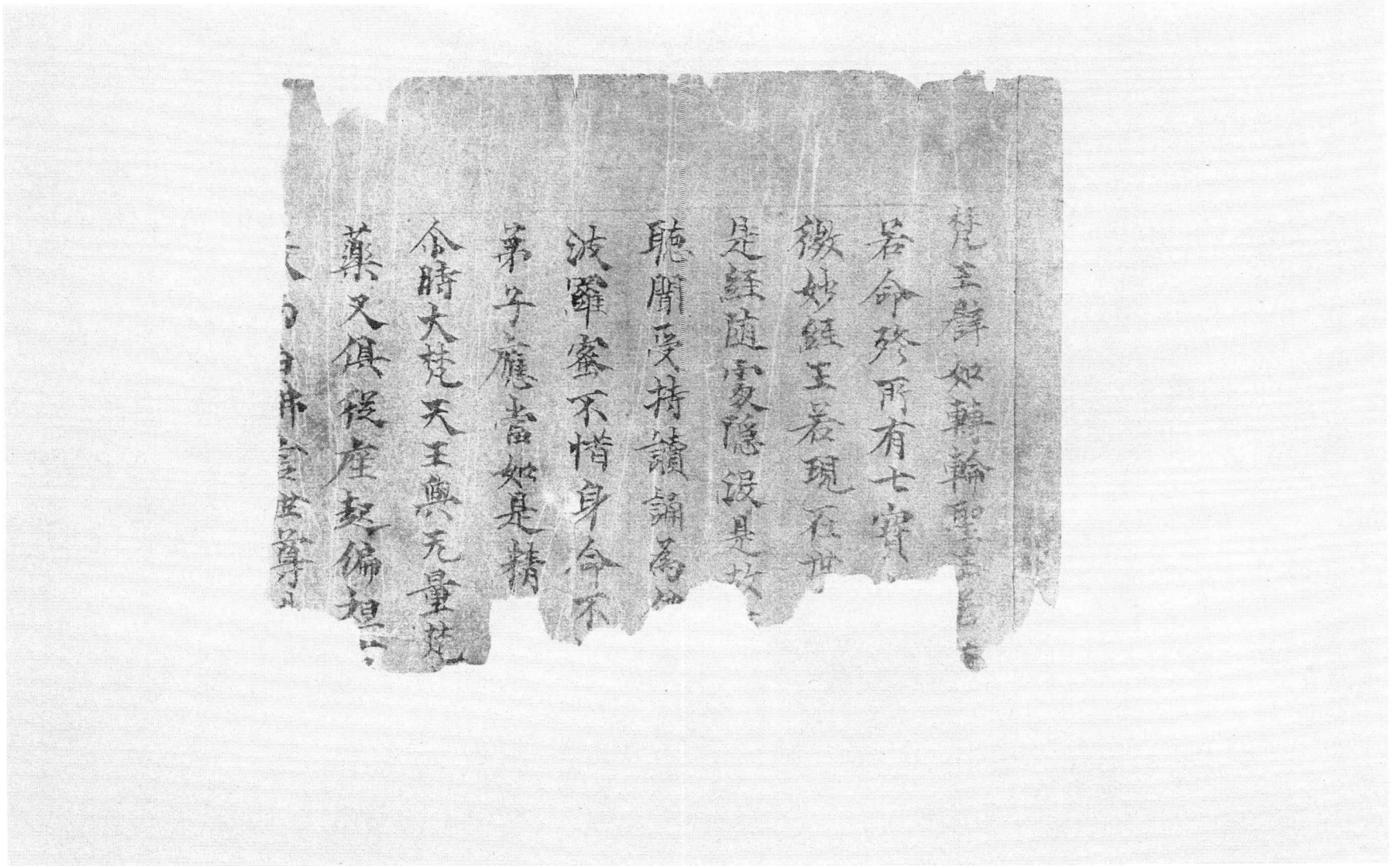

BD10029 號　金光明最勝王經卷五　　　　　　　　　　　　　　　（1-1）

BD10030 號　護首（大般若波羅蜜多經）　　　　　　　　　　　（1-1）

BD10031 號　妙法蓮華經卷七　　　　　　　　　　　　　　　　　　（1-1）

BD10032 號　妙法蓮華經卷三　　　　　　　　　　　　　　　　　　（1-1）

便迴向一切智智循習无
慶喜水大風空識界水大風空識界性空由空失
空何以故以水大風空識界性空無喪失
法恒至徧性无二无二分故度喜由七八說
以地界事无二為方便所得說
為方便迴向一切智智
捨性世尊云何以地界无二為方便无生為
方便无所得為方便迴向一切智智循習一
切智道看一切相智及慶喜地界地界性空
何智道看果陛空與一切智智
阿一切

BD10033 號　大般若波羅蜜多經卷一一七　　　　　　　　　　　　　　（1-1）

來所趣反心所行四導師
无畏十八不共闢開
五道以現其身為大醫
眼行无量功德
无閒者无不蒙
是一切功德皆悉
不等觀菩薩等不等
法自在王菩薩

BD10034 號　維摩詰所說經卷上　　　　　　　　　　　　　　　　　（1-1）

大般若波羅蜜多經卷第十一

BD10035 號　護首（大般若波羅蜜多經）　　　　　　　　　　　　　　　　　　　（1-1）

畏九不共通達善趣門

五道亦現其身欲度衆生依大醫王處於生死善療衆

應病與藥令得服行永離生死其有聞者无不解脫

是曾供過去无量諸佛明見佛性如來常住

定光菩薩龍

樂

BD10036 號　大通方廣懺悔滅罪莊嚴成佛經卷上　　　　　　　　　　　　　　　（1-1）

BD10037 號　般若波羅蜜多心經 (1-1)

BD10038 號　佛名經（十二卷本）卷九 (1-1)

BD10039 號　金剛般若波羅蜜經　　　　　　　　　　　　　　　　　　　（1-1）

BD10040 號　某戶秋苗歷（擬）　　　　　　　　　　　　　　　　　　　（1-1）

BD10040 號背　經袟（擬）　　　　　　　　　　　　　　　　　　（1-1）

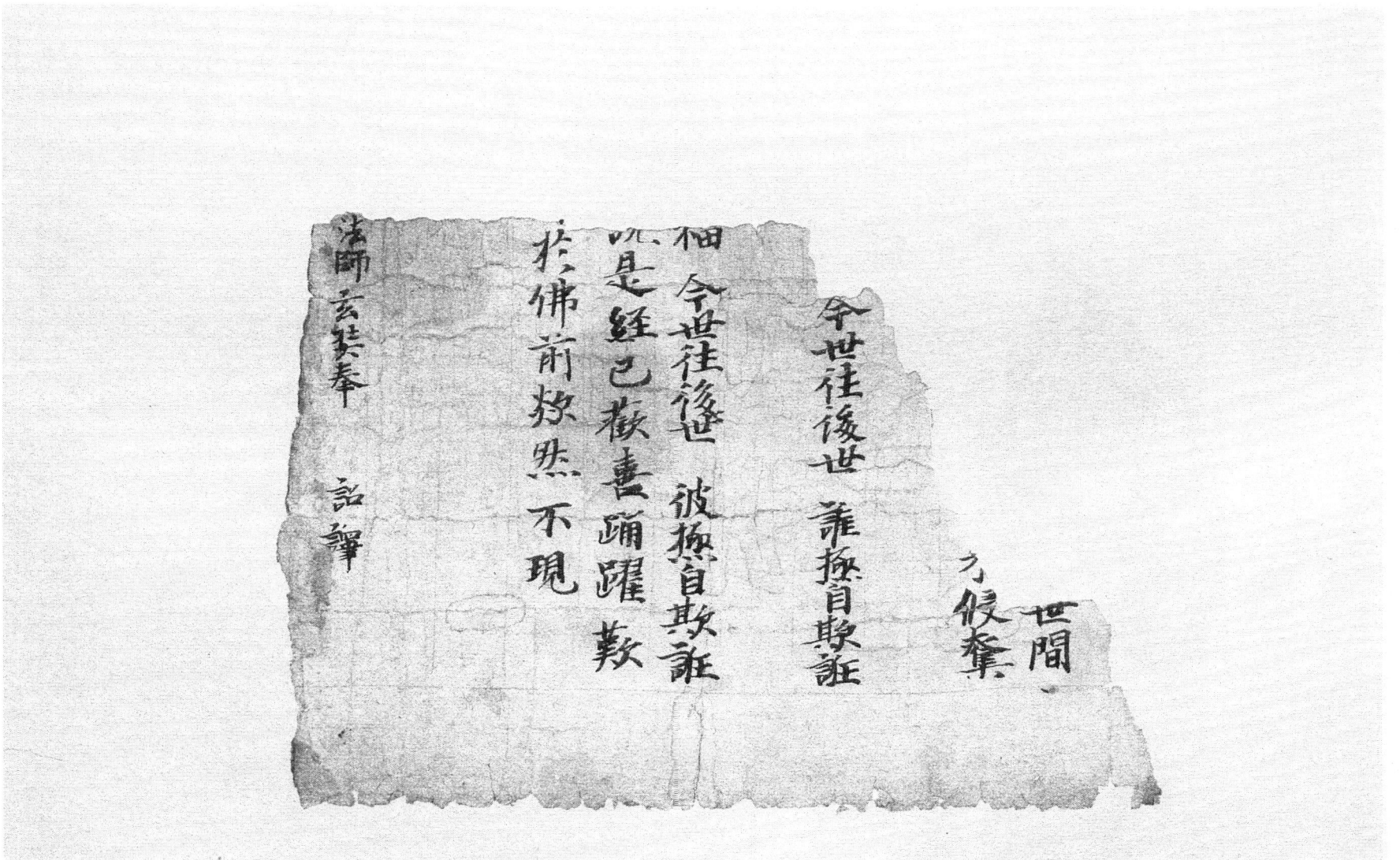

BD10041 號　天請問經　　　　　　　　　　　　　　　　　　　（1-1）

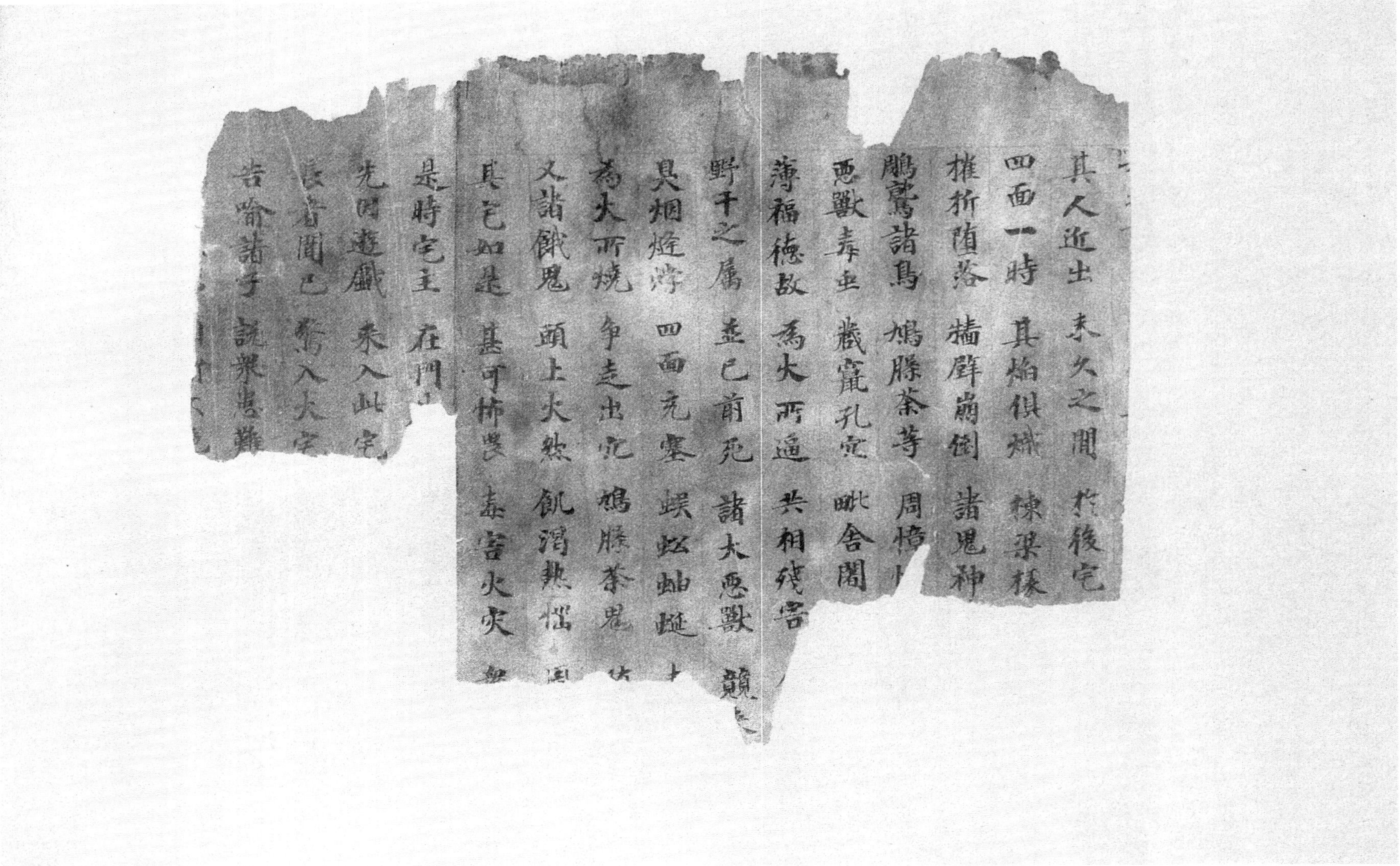

其人近出　未久之間　於後宅
四面一時　其焰俱熾　棟梁椽
摧折墮落　牆壁崩倒　諸鬼神
鵰鷲諸鳥　鳩槃荼等　周慞惶
惡獸毒虫　藏竄孔穴　毗舍闍
薄福德故　為火所逼　共相殘害
野干之屬　並已前死　諸大惡獸　競
臭烟熢㶿　四面充塞　蜈蚣蚰蜒
為火所燒　爭走出穴　鳩槃荼鬼
又諸餓鬼　頭上火然　飢渴熱惱
其宅如是　甚可怖畏　毒害火災
是時宅主　在門
先因遊戲　來入此宅
長者聞已　驚入火宅
告喻諸子　說衆患難

BD10042號　妙法蓮華經卷二　（1–1）

大自在
而為說法應
大將軍身而
即現毗沙門
度者即現小王
得度者即現長
得度者即現居
度者即現宰
門度者即現
丘尼優婆塞
尼優婆塞
居士宰官婆
身而為說法
度者即現童男童女身
龍夜叉乾闥婆阿脩羅迦
伽人非人等身得度者
剛神得度者

BD10043號　妙法蓮華經卷七　（1–1）

BD10044 號　金剛般若波羅蜜經

偏袒右肩著地
有世尊如來善護念
世尊善男子善女人發
提心應云何住云何降
佛須菩提如汝所說如來
付囑諸菩薩汝今諦聽
女人發阿耨多羅三藐
如是降伏其心唯然世
佛告須菩提諸菩薩摩訶
心所有一切眾生之類若
生若化生若有色若无
非有想若非无想我皆
度之如是滅度无量无
度者何以故須
生得滅度者何以故須
人相眾生相壽者相即

BD10045 號　金剛般若波羅蜜經

持讀誦爲人解說須菩提以要言之是經有不可思議
稱量无邊功德如來爲發大乘者說爲發上乘者說
若有人能受持讀誦廣爲人說如來悉知是人悉見是人皆
得成就不可量不可稱无有邊不可思議功德如是人等則爲
荷擔如來阿耨多羅三藐三菩提何以故須菩提若
樂小法者著我見人見眾生見壽者見則於此經不能聽受讀誦
若有人聞此經典信心不逆其福勝彼何況書

（1-1）

93

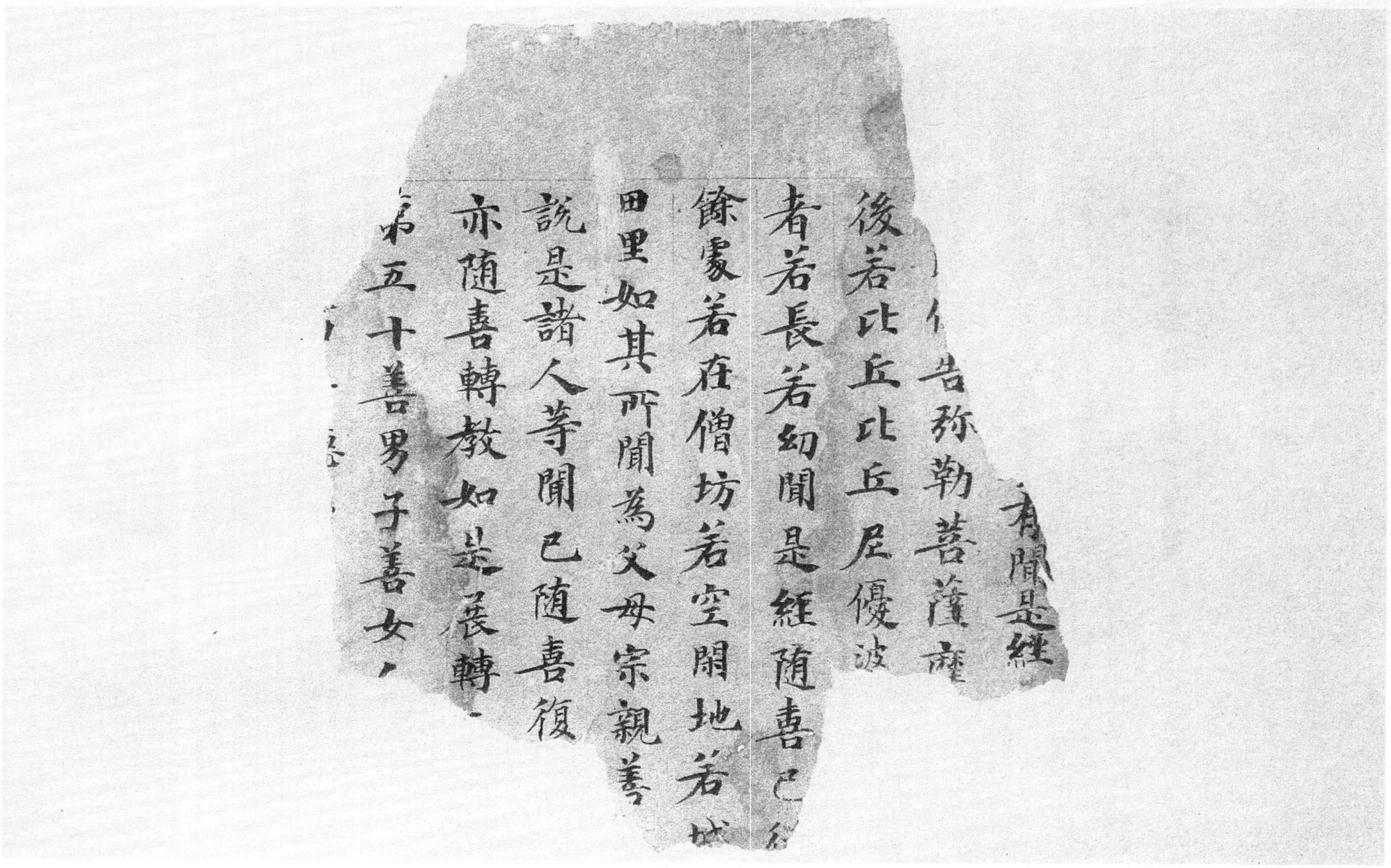

有聞是經
佛告弥勒菩薩摩
後若比丘比丘尼優波
者若長若幼聞是經隨喜已從
餘處若在僧坊若空閑地若城
田里如其所聞為父母宗親善
說是諸人等聞已隨喜復
亦隨喜轉教如是展轉
第五十善男子善女人

BD10046 號　妙法蓮華經卷五　（1–1）

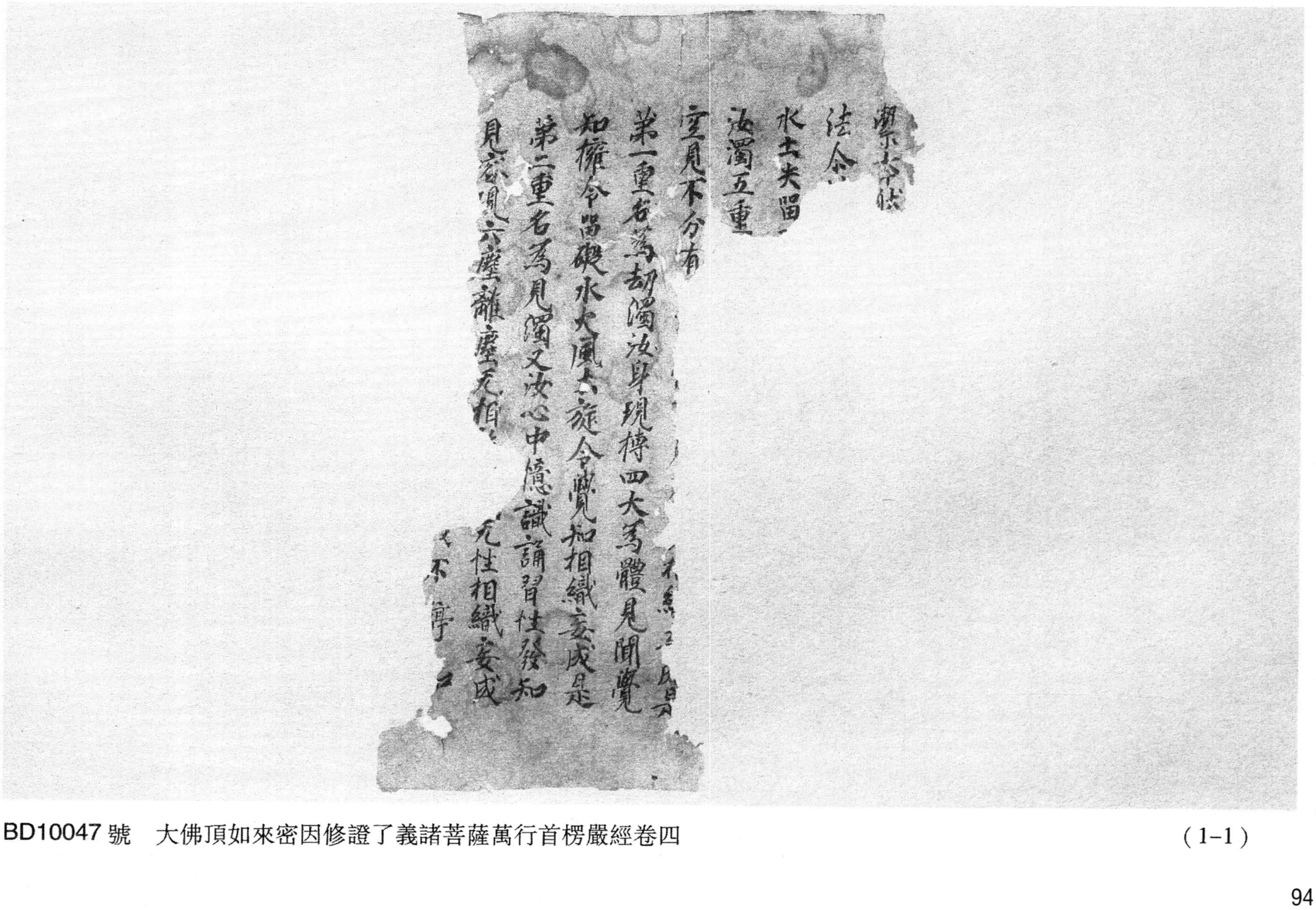

槃本性
法合
水土失留
汝濁五重
空見不分有
第一重名為劫濁汝身現摶四大為體見聞覺
知擁令留礙水火風土旋令覺知相織妄成是
第二重名為見濁又汝心中憶識誦習性發知
見容現六塵離塵无相
无性相織妄成
不停

BD10047 號　大佛頂如來密因修證了義諸菩薩萬行首楞嚴經卷四　（1–1）

BD10048 號　維摩詰所說經卷上 （1-1）

BD10048 號背　習字雜寫（擬） （1-1）

BD10049 號　護首（大般若波羅蜜多經）　　　　　　　　　　　　　（1-1）

BD10050 號　藥師琉璃光如來本願功德經　　　　　　　　　　　　　（1-1）

BD10051 號　無量壽宗要經　　　　　　　　　　　　　　　　　　　　（1-1）

大乘无量壽經

如是我聞一時薄伽梵在舍衛國祇樹給孤獨園

辛俱同會坐爾時世尊告曼殊室利童子曼殊上

三菩提心

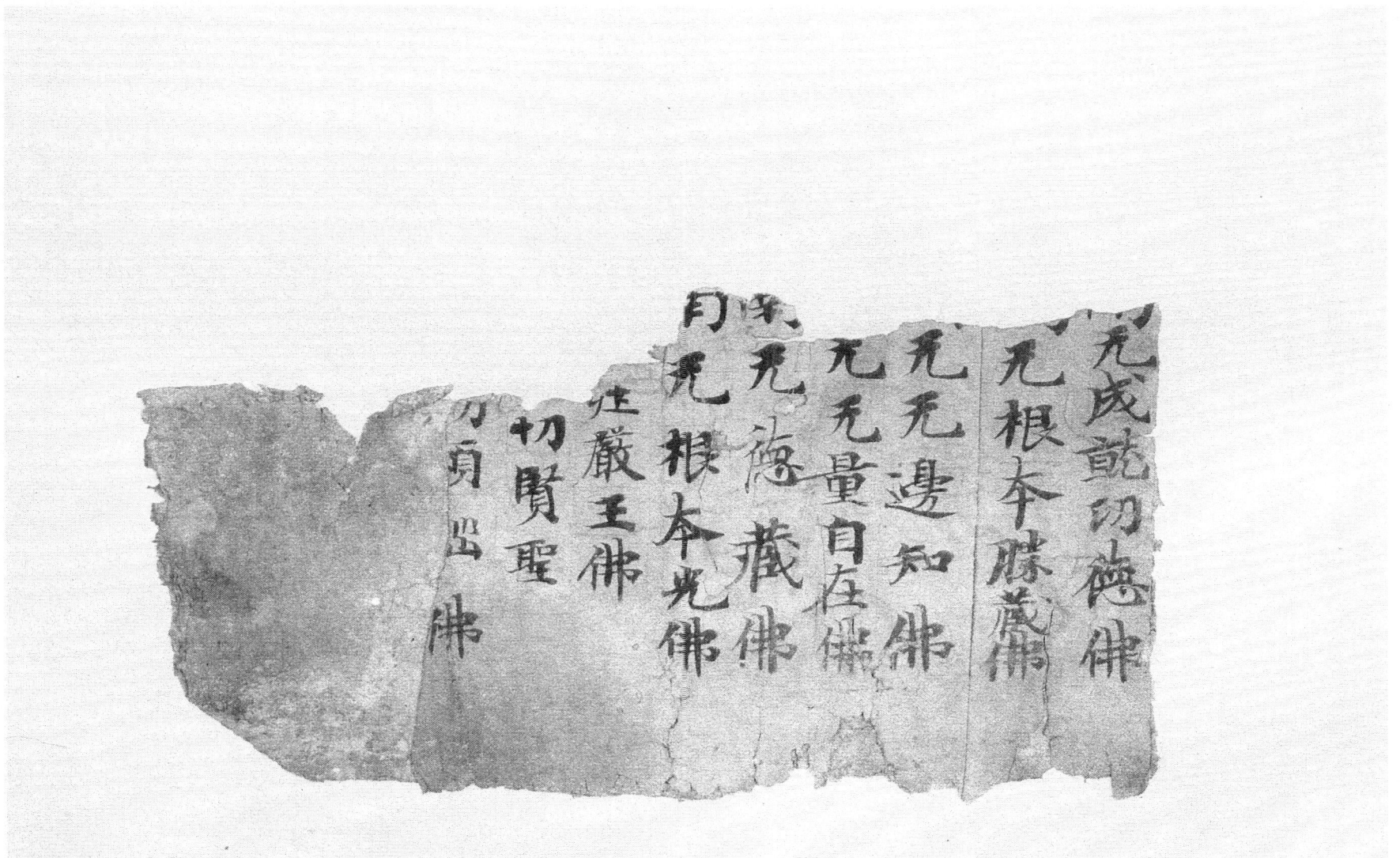

BD10052 號　佛名經（十六卷本）卷一二　　　　　　　　　　　　（1-1）

无成就功德佛
无根本勝藏佛
无无邊知佛
无无量自在佛
无根本光佛
无德藏佛
月
莊嚴王佛
一切賢聖佛
頂出佛

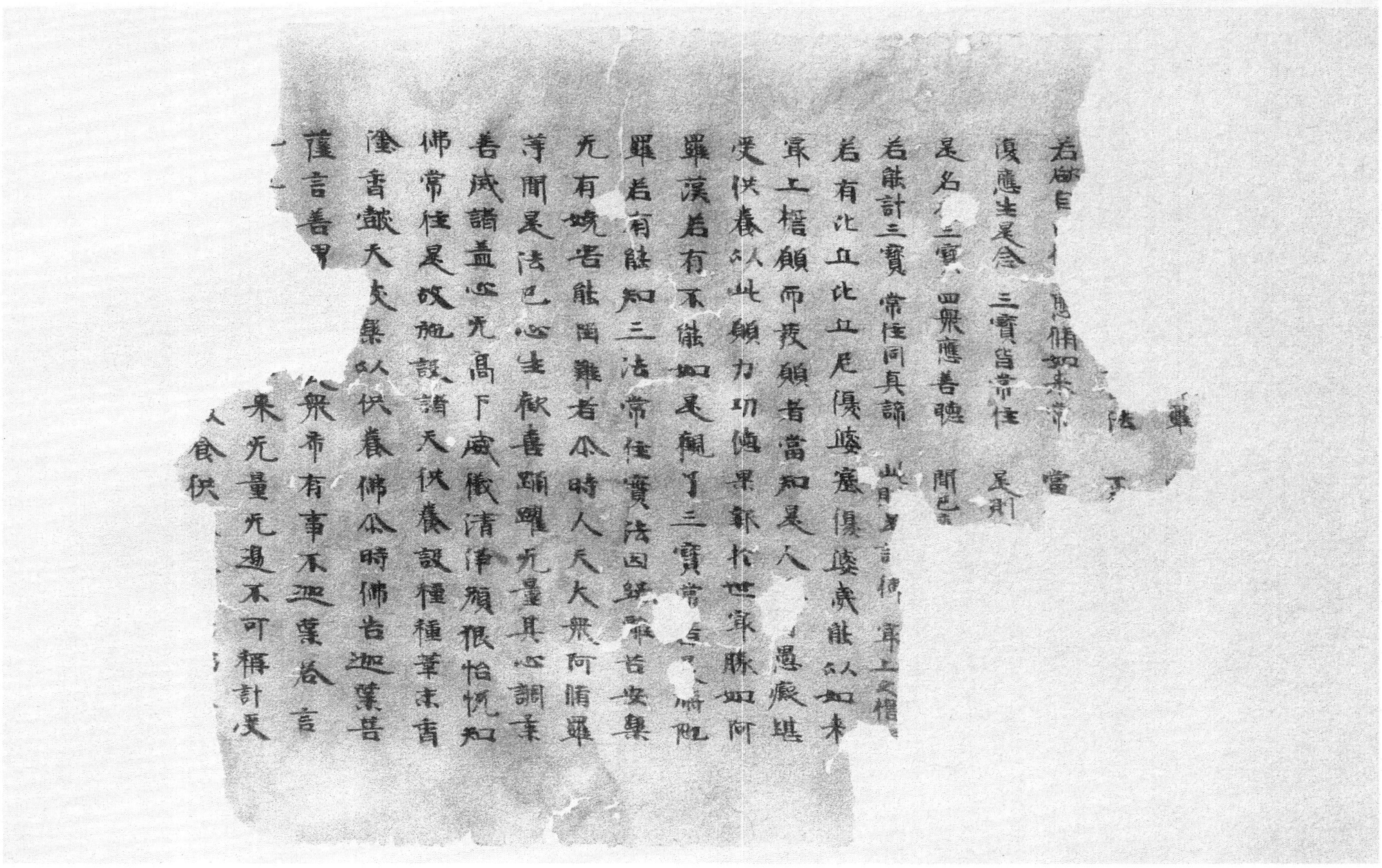
若欲自[illegible]惡修如來常[illegible]
復應生是念 三寶皆常住 是則[illegible]
是名[illegible]三寶 四衆應善聽 聞已[illegible]
若能計三寶 常住同真諦 此則是諸佛 最上之誓願
若有比丘比丘尼優婆塞優婆夷能以如來
常住二字修而發願者當知是人[illegible]愚癡堪
受供養以此願力功德果報於世最勝如阿
羅漢若有不能如是觀了三寶常[illegible]旃陀
羅若有能知三法常住實法因緣離苦安樂
無有嬈惱能遇難者爾時人天大衆阿脩羅
等聞是法已心生歡喜踊躍無量其心調柔
善滅諸蓋心無高下威儀清淨顏貌怡悅知
佛常住是故施設諸天供養設種種華末香
塗香鼓天妓樂以供養佛爾時佛告迦葉菩
薩言善男[illegible]衆希有事不迦葉菩言
果無量無邊不可稱計受
人食供

BD10053號　大般涅槃經（北本）卷一〇　（1–1）

[illegible]
訶迦旃延[illegible]阿㝹樓馱劫賓[illegible]
多羅[illegible]迦[illegible]薄拘羅[illegible]
孫陀羅難陀富樓那彌多羅尼子
羅如是衆所知識大阿羅漢等
二千人俱摩訶波闍波提
[illegible]

BD10054號　妙法蓮華經卷一　（1–1）

金光明最勝王經善生王品第廿一

尒時世尊為諸大眾說王

⋯⋯⋯⋯

今為汝說

BD10055 號　金光明最勝王經卷九　　　　　　　　　　　　　　　　（1–1）

衆生恭敬礼拜観世音

小生皆應文持観世音

人受持六十二億恒

供養飲食衣服臥具

若男子善女人功徳多

向佛言若復有人受持

王一時礼拜供養是

⋯⋯可窮盡

BD10056 號　妙法蓮華經卷七　　　　　　　　　　　　　　　　　（1–1）

BD10056 號背　雜寫 （1-1）

故如來說諸相
身須菩提於意云何如來可以具足諸相見
來說具足色身即非具足色
不不世尊如來不應以具足諸相見
尊如來不應以具足色身見諸相具足色
提於意云何如來可以具足色身見
須菩提於意云何佛可以具足色身見不
福故如來說得福德多
須菩提若福德有實如來不說得福德多
福多不如是世尊此人以是因緣得福甚多
大千世界七寶以用布施是人以是因緣得
心不可得須菩提於意云何若有人滿三千
須菩提過去心不可得現在心不可得未來
如來說諸心皆為非心是名為心所以者何
兩雷眾生若干種心如來悉知何以故

BD10057 號　金剛般若波羅蜜經 （1-1）

BD10058 號　金剛般若波羅蜜經　　　　　　　　　　　　　　　　　　　　　（1-1）

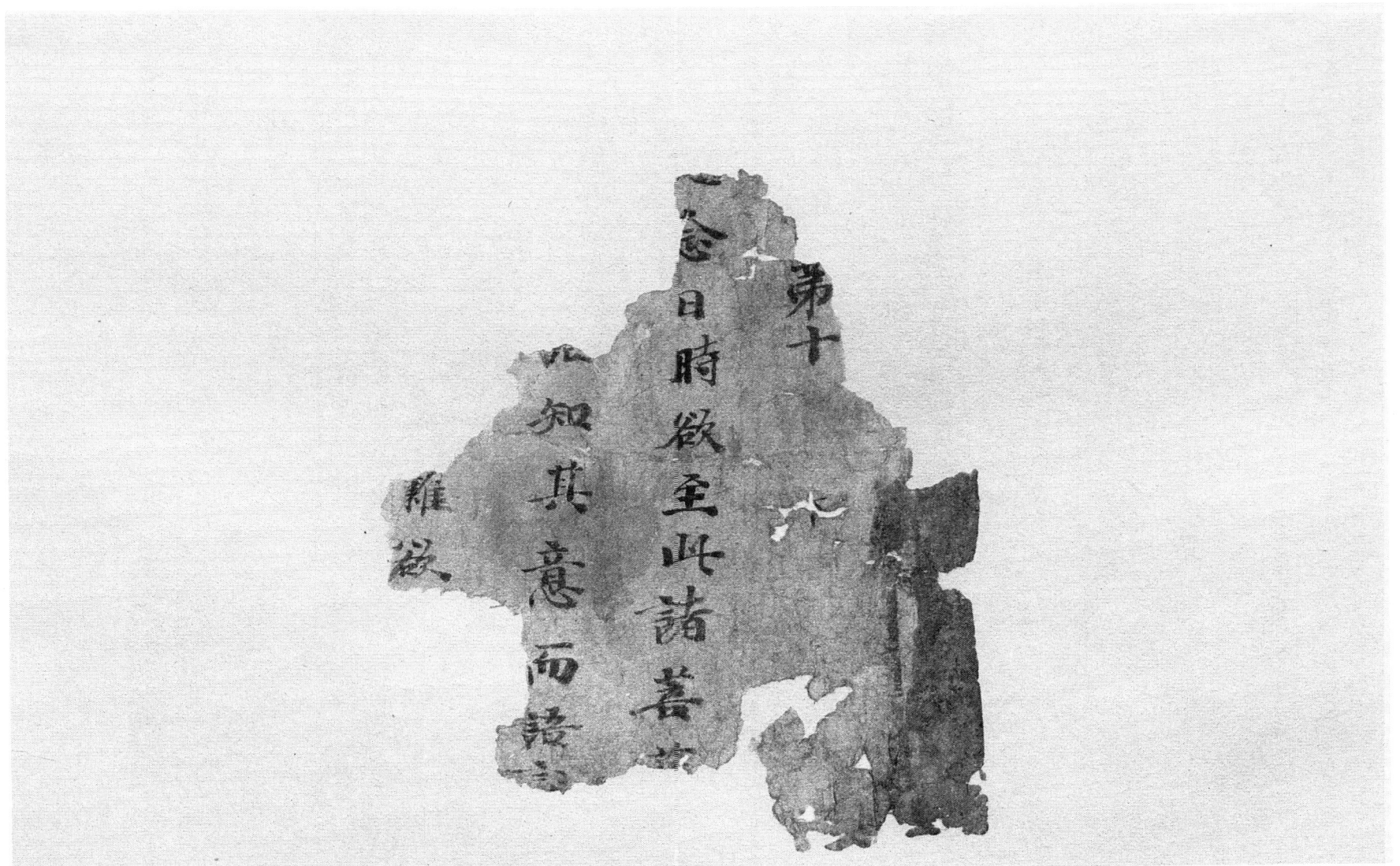

BD10059 號　維摩詰所說經卷下　　　　　　　　　　　　　　　　　　　　　（1-1）

BD10060 號　妙法蓮華經卷五　　　　　　　　　　　　（1-1）

BD10061 號　阿彌陀經　　　　　　　　　　　　　　　（1-1）

BD10062 號 A　阿彌陀經 （1-1）

BD10062 號 B　阿彌陀經 （1-1）

BD10062 號 C　阿彌陀經　　　　　　　　　　　　　　　（1–1）

BD10062 號 D　阿彌陀經　　　　　　　　　　　　　　　（1–1）

BD10062 號 E　阿彌陀經　　　　　　　　　　　　　　　　（1-1）

BD10062 號 F　阿彌陀經　　　　　　　　　　　　　　　　（1-1）

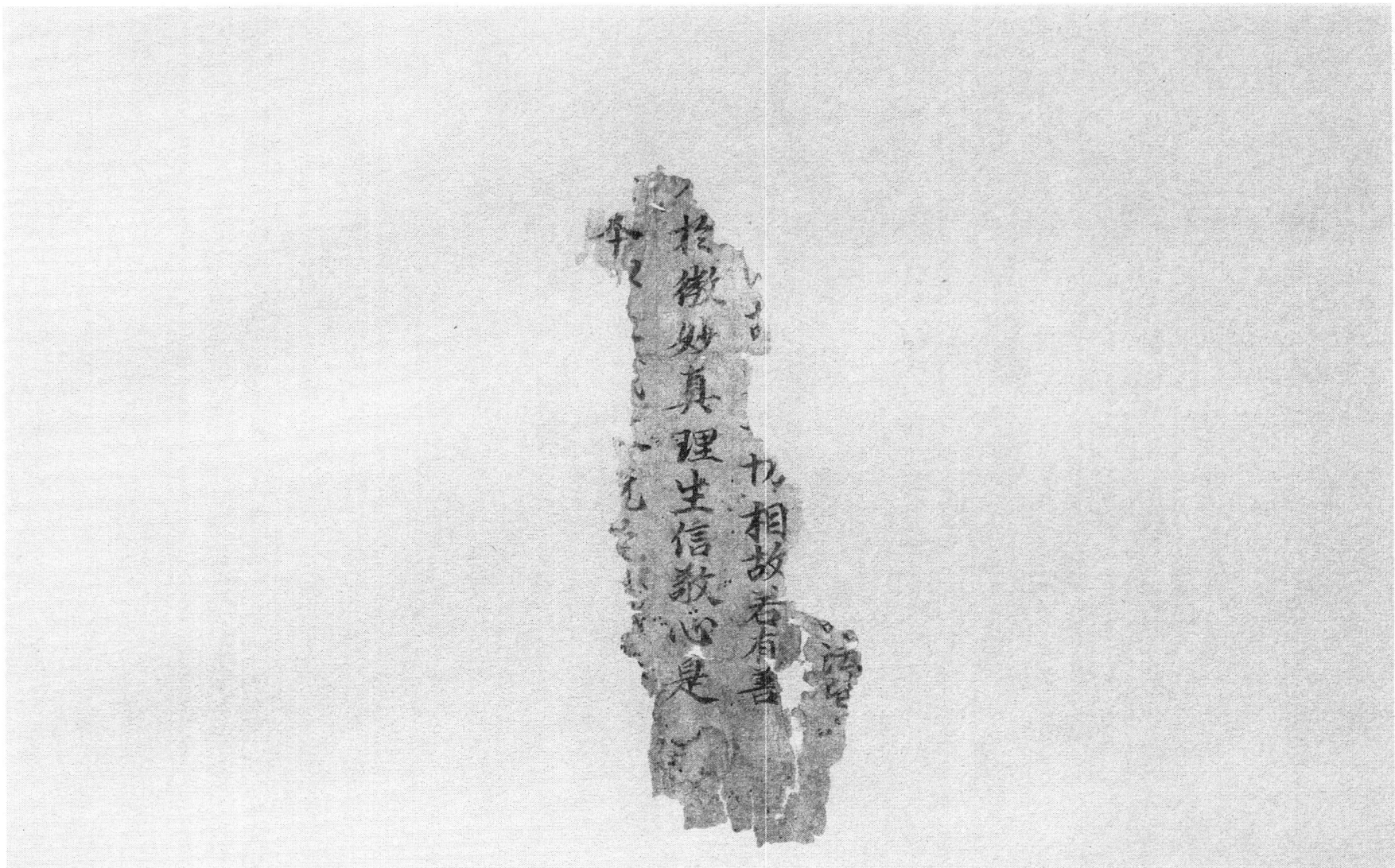

BD10062 號 G　金光明最勝王經卷三　　　　　　　　　　　　（1-1）

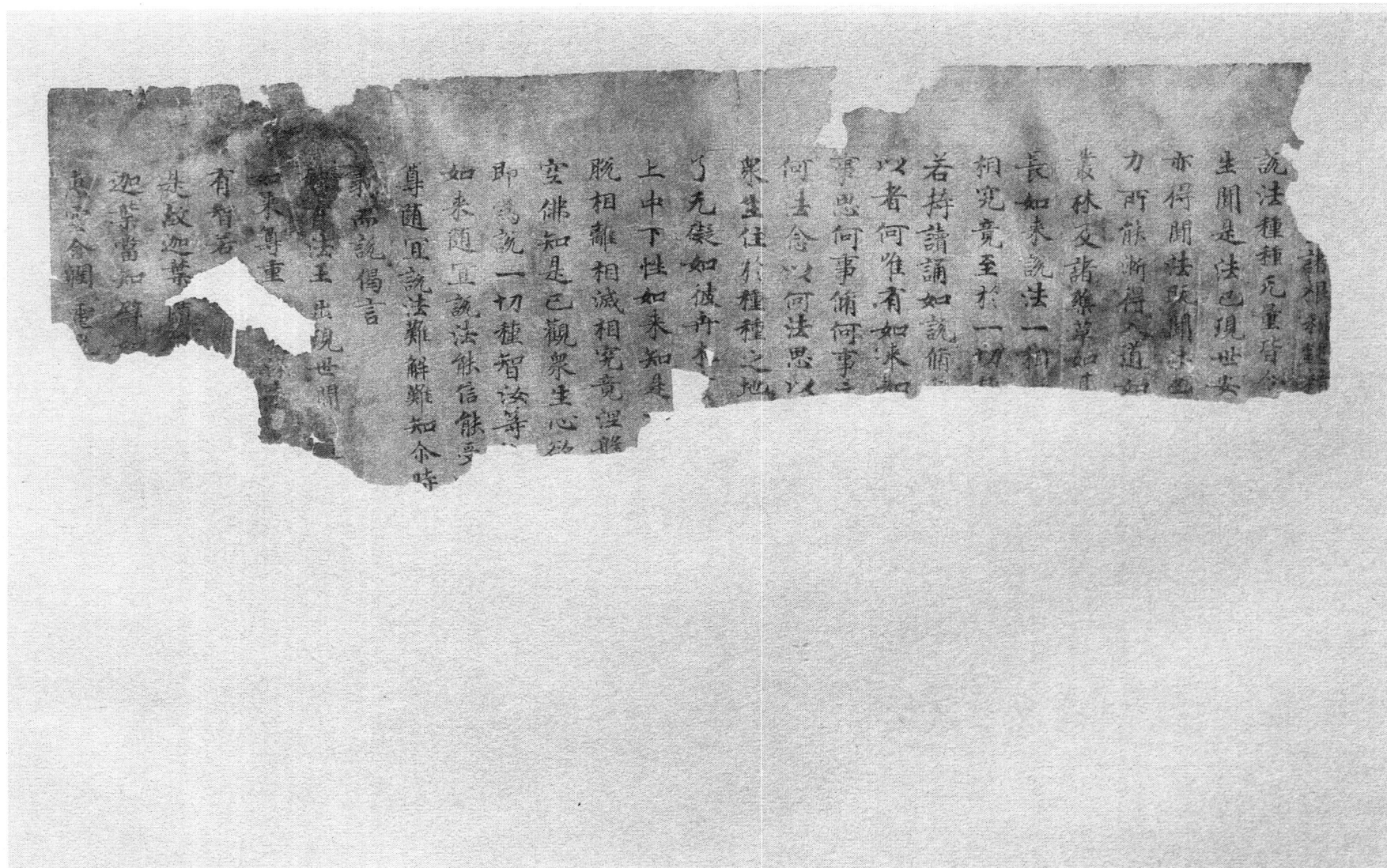

BD10063 號　妙法蓮華經卷三　　　　　　　　　　　　（1-1）

者若第十一觀除无量阿僧祇生死之罪作
此想於不虛妄脆胎常遊諸佛淨妙國土此觀
成已名為具觀觀世音大勢至
見此事時當起自心生而於西方極樂世界於
蓮華中結跏趺坐作蓮華合想作蓮華開想
蓮華開時有五百色光來照身想眼目開想
見佛菩薩滿虛空中水鳥樹林及與諸佛所
出音聲皆演妙法與十二部經合出定之時憶
持不失見此事已名見无量壽佛極樂世
界是為普觀想名第十二觀无量壽佛化身
无數與觀世音大勢至常來至此行人之所
觀於一丈六像在池水上如先所說无量
佛身量无邊非是凡夫心力所及然彼如
來宿願力故有憶想者必得成就但想佛像
得无邊福況復觀佛具足身相阿彌陀佛神
通如意於十方國變現自在或現大身滿虛空
中或現小身丈六八尺所現之形皆真金
色大勢至於一切寶蓮華上及寶蓮華如上所說
此二菩薩助阿彌陀普化一切是為雜想觀名第十三觀
佛告阿難及韋提希若上上者若有眾生

BD10064 號　觀無量壽佛經（兌廢稿）　　　　　　　　　　　（2-2）

BD10065 號　大般涅槃經（北本）卷一二　　　　　　　　　　　（1-1）

BD10066 號　金剛般若波羅蜜經　　　　　　　　　　　　　　　　　　　　（1-1）

BD10067 號　妙法蓮華經卷五　　　　　　　　　　　　　　　　　　　　（1-1）

BD10068 號　天地八陽神咒經　　　　　　　　　　　　　　　　　　　　　　　（1-1）

BD10069 號　無量壽宗要經　　　　　　　　　　　　　　　　　　　　　　　（1-1）

BD10070 號　大通方廣懺悔滅罪莊嚴成佛經卷下　　　　　　　　　　　　　（1-1）

BD10071 號　妙法蓮華經憂波提舍卷上　　　　　　　　　　　　　　　　（1-1）

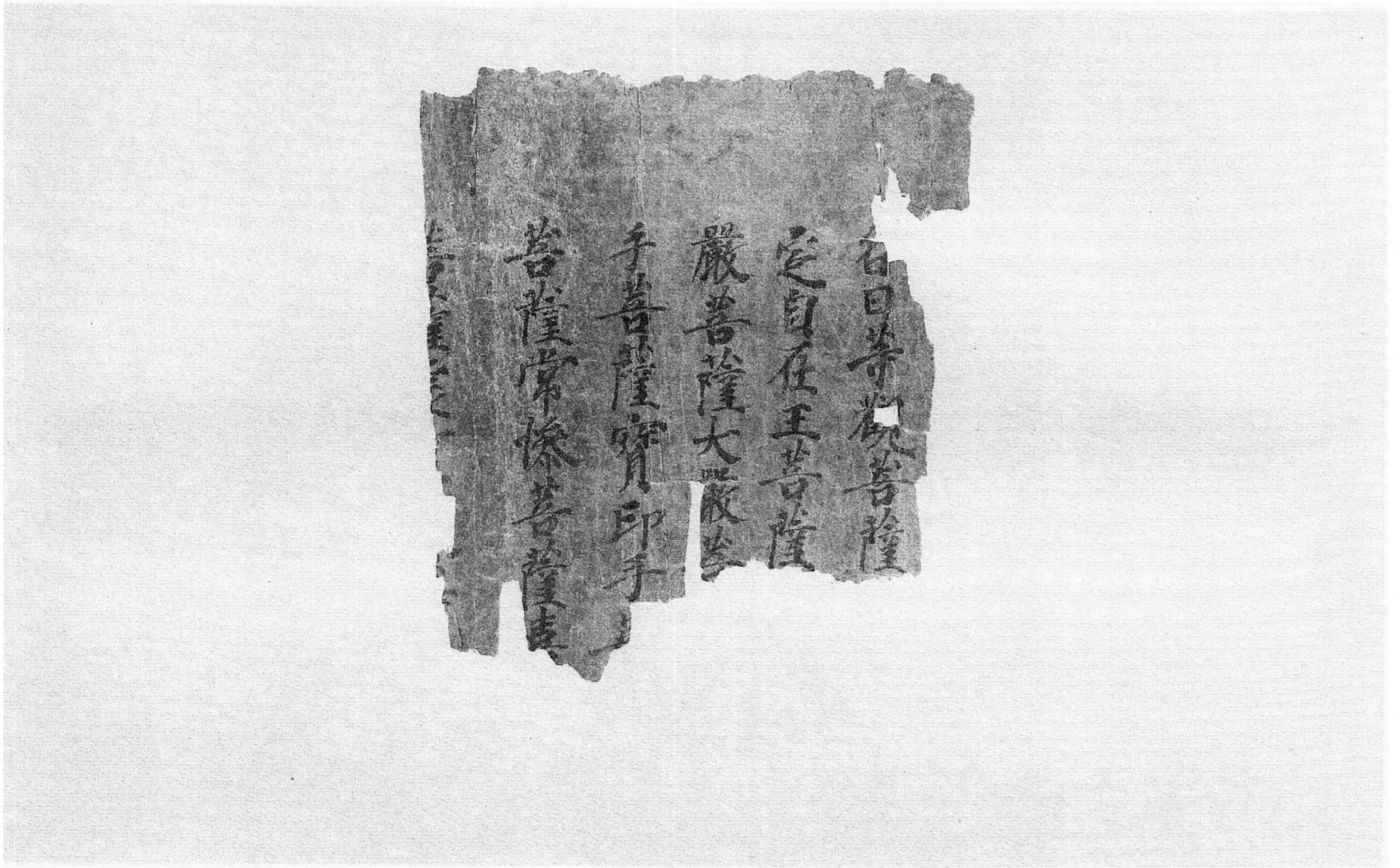

BD10072號　維摩詰所說經卷上　　　　　　　　　　　　　　　　　　　　（1-1）

BD10073號　經名籤條（擬）　　　　　　　　　　　　　　　　　　　　　（1-1）

BD10073 號背　雜寫 　　　　　　　　　　　　　　　　　　　　　　（1-1）

BD10074 號　佛頂尊勝陀羅尼經（佛陀波利本）　　　　　　　　　　　　（1-1）

次第還入是諸地獄是其
其衣𣃔阿難當知是集
令其精神受諸苦教阿難
中莫說此經

BD10075 號　大方等陀羅尼經卷二　　　　　　　　　　　　　　　　　　　　（1-1）

錢唐郡
鹽官郡
丹陽郡

BD10076 號　姓望氏族譜（擬）　　　　　　　　　　　　　　　　　　　　　（1-1）

BD10077 號　某年給□意藏冬衣狀（擬）　　　　　　　　　　　　　　　（1-1）

BD10078 號　妙法蓮華經卷一　　　　　　　　　　　　　　　　　　　（1-1）

BD10079 號　無量壽宗要經 (1-1)

BD10079 號背　雜寫 (1-1)

BD10080 號　天請問經　　　　　　　　　　　　（1-1）

BD10081 號　妙法蓮華經卷五　　　　　　　　　　（1-1）

聲遍至十方諸佛世界地皆
後還攝舌相一時謦咳俱
佛又寶樹下諸
佛赤復如是
育悲通照

BD10082 號　妙法蓮華經卷六　　　　　　　　　　　　　　　　（1-1）

心迦葉言世尊如佛所
疑者有人未見二種物時
耶所謂涅槃世尊譬如有人
皆紫

BD10083 號　大般涅槃經（北本）卷三五　　　　　　　　　　（1-1）

BD10084 號　妙法蓮華經卷四　　　　　　　　　　　　　　　　　　（1-1）

BD10085 號　觀世音經　　　　　　　　　　　　　　　　　　　　　（1-1）

BD10086 號　妙法蓮華經卷七　　　　　　　　　　　　　　　（1-1）

BD10087 號　妙法蓮華經卷三　　　　　　　　　　　　　　　（1-1）

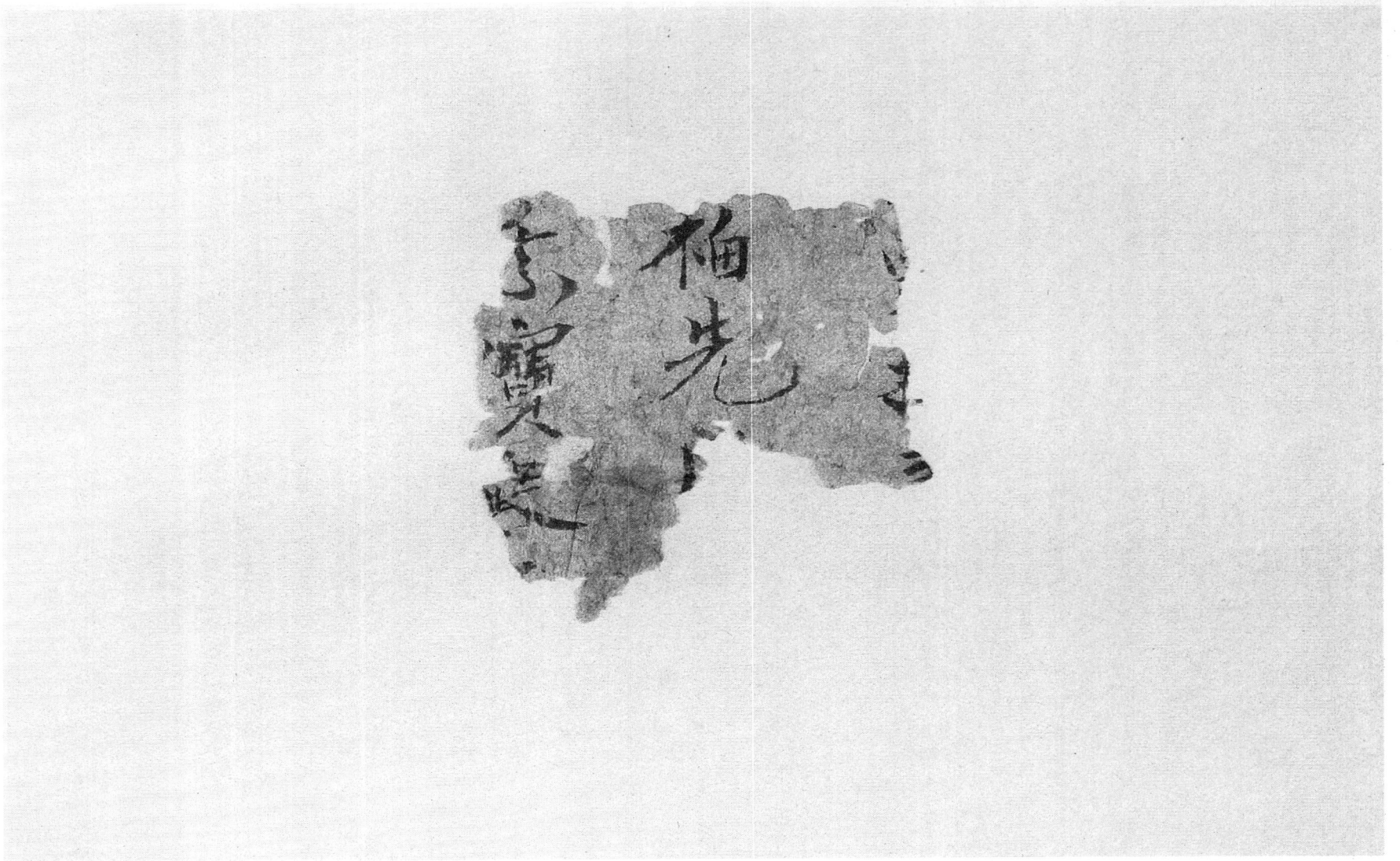

BD10088 號　齋文（擬）　　　　　　　　　　　　　　　　　　　　（1-1）

BD10089 號　彩繪菩薩絹像（擬）　　　　　　　　　　　　　　　　（1-1）

BD10090 號　佛典殘片（擬）　　　　　　　　　　　　　　　　　　　　　（1-1）

BD10091 號　妙法蓮華經卷七　　　　　　　　　　　　　　　　　　　　　（1-1）

BD10092 號　妙法蓮華經卷三　　　　　　　　　　　　　　　　　　　　（1-1）

BD10093 號　大通方廣懺悔滅罪莊嚴成佛經卷上　　　　　　　　　　　　（1-1）

BD10094號　大通方廣懺悔滅罪莊嚴成佛經卷下　　　　　　　　　（1-1）

BD10095號　佛頂尊勝陀羅尼經（佛陀波利本）　　　　　　　　（1-1）

BD10096 號　大般若波羅蜜多經卷五〇四　　　　　　　　　　　　　　（1-1）

BD10097 號　殘字（擬）　　　　　　　　　　　　　　　　　　　　　（1-1）

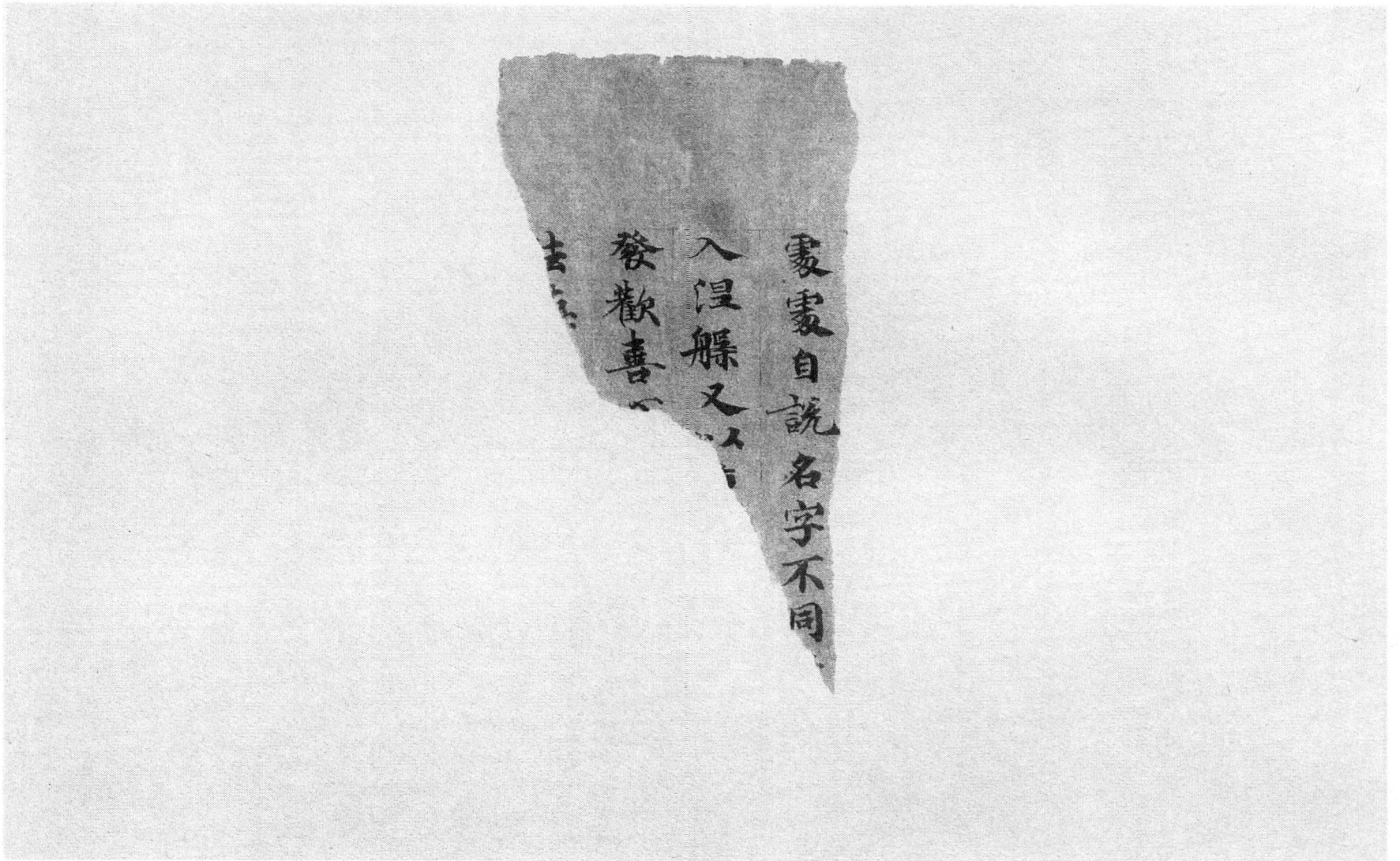

BD10098號　妙法蓮華經卷五　　　　　　　　　　　　　　　　　（1-1）

BD10099號　金剛般若波羅蜜經　　　　　　　　　　　　　　（1-1）

BD10100 號　大般涅槃經（北本）卷七　　　　　　　　　　　　　　　　　　（1-1）

BD10101 號　妙法蓮華經卷四　　　　　　　　　　　　　　　　　　　　　（1-1）

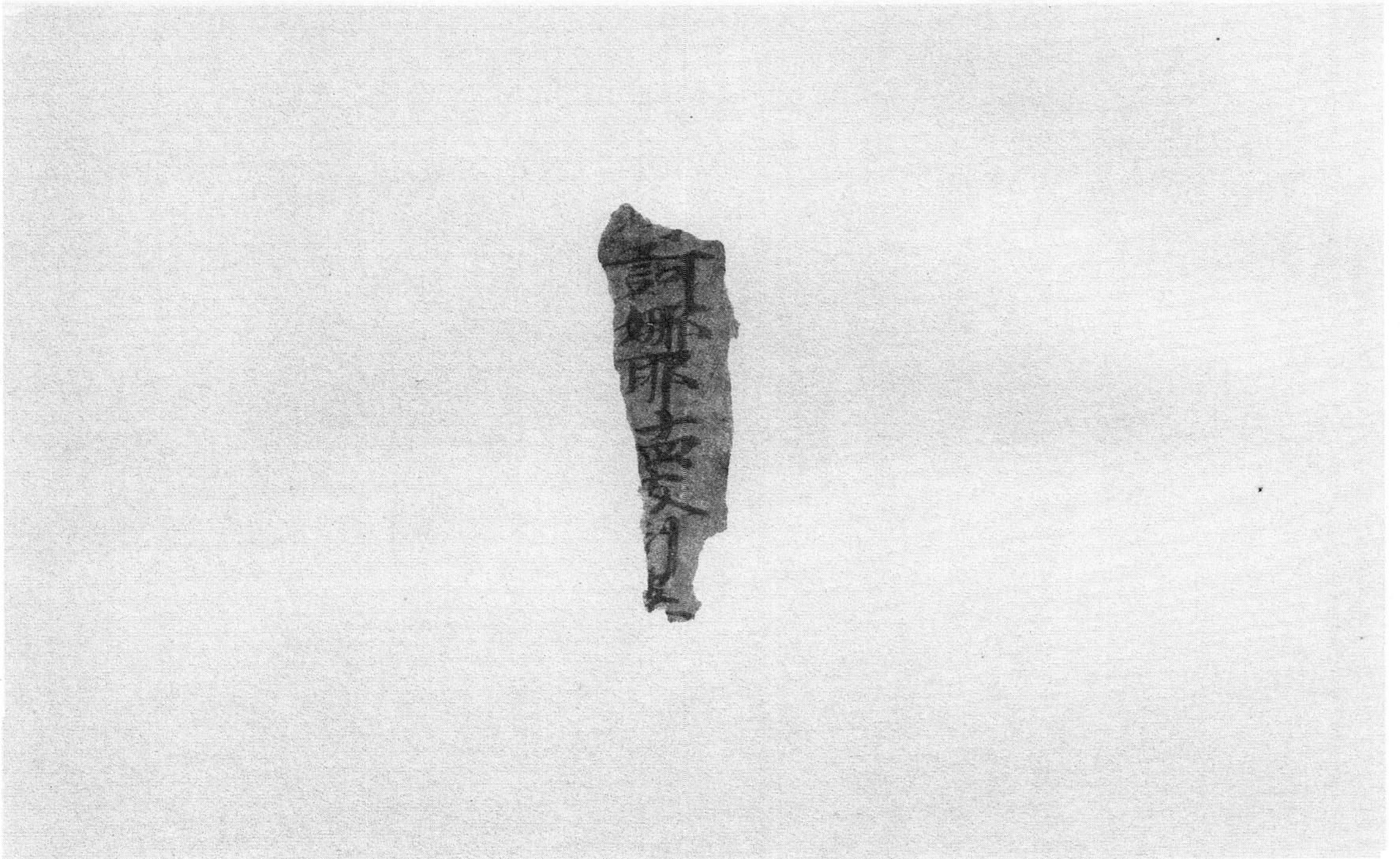

BD10102 號　無量壽宗要經　　　　　　　　　　　　　　　　　　　　　　（1-1）

BD10103 號　千字文習字雜寫（擬）　　　　　　　　　　　　　　　　　　（1-1）

BD10104 號　佛典殘片（擬）　　　　　　　　　　　　　　　　　　　（1-1）

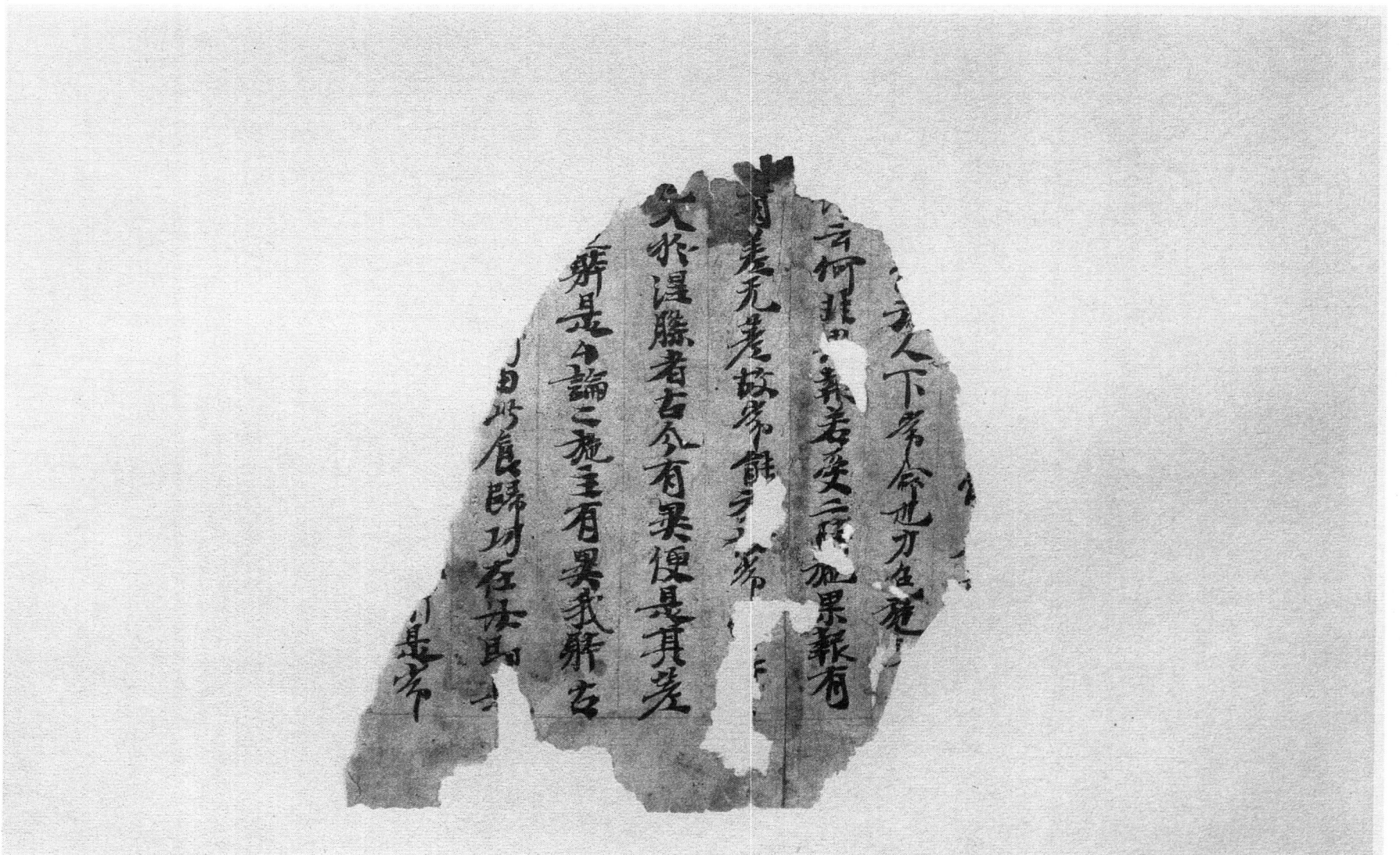

BD10105 號　佛典疏釋（擬）　　　　　　　　　　　　　　　　　　　（1-1）

BD10106 號　大佛頂如來密因修證了義諸菩薩萬行首楞嚴經卷二　　　　　　　　　　　（1-1）

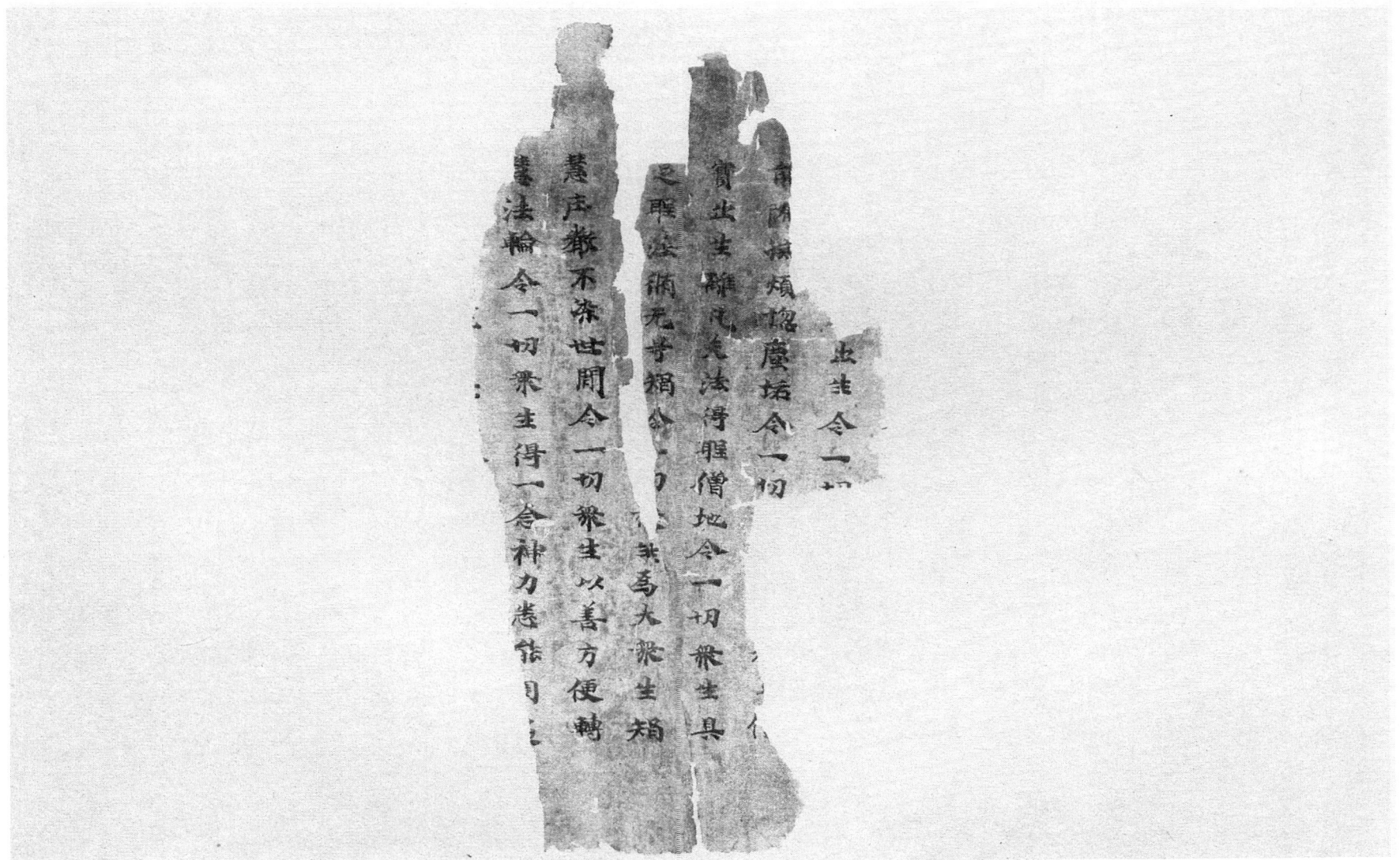

BD10107 號　大方廣佛華嚴經（晉譯五十卷本）卷一四　　　　　　　　　　　（1-1）

BD10108 號 1　護身命經　　　　　　　　　　　　　　　　　　　　　（1-1）
BD10108 號 2　護身命經

BD10109 號　佛名經（十六卷本）卷一　　　　　　　　　　　　　　　（1-1）

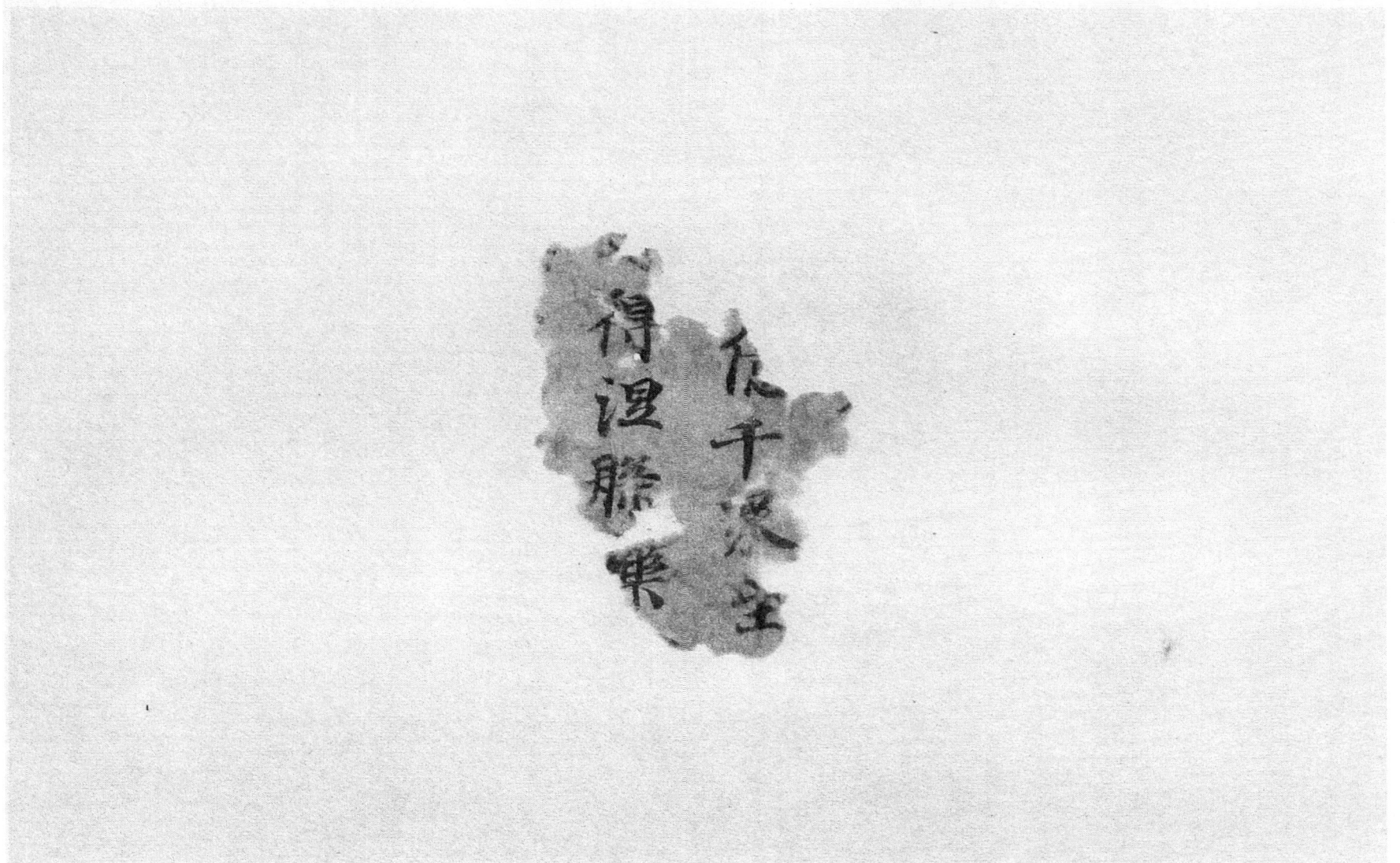

BD10110號　妙法蓮華經卷二　　　　　　　　　　　　　　　　（1-1）

BD10111號　維摩詰所說經卷上　　　　　　　　　　　　　　　（1-1）

眾主梵天王尸棄大

屬万二千天子俱有

龍王娑伽羅龍王□

阿那婆達多龍王□

王等各與若干百□

法暨那羅王妙法□

事□知菩劫

身因煩惱集菩

敬礼二世尊是解

BD10114 號　妙法蓮華經卷四　　　　　　　　　　　　　　　（1-1）

相眾生相壽
者何
菩

BD10115 號　金剛般若波羅蜜經　　　　　　　　　　　　　　（1-1）

BD10116 號　金剛般若波羅蜜經　　　　　　　　　　　　　　　　　　　（1-1）

BD10117 號　金剛般若波羅蜜經　　　　　　　　　　　　　　　　　　　（1-1）

BD10118 號　藥師琉璃光如來本願功德經　　　　　　　　　　　　　　　　　　（1-1）

BD10119 號 A　藏文文獻（擬）　　　　　　　　　　　　　　　　　　　　　　（1-1）

BD10119 號 B　藏文文獻（擬）　　　　　　　　　　　　　　　　　　　（1-1）

BD10120 號　大般涅槃經（北本）卷八　　　　　　　　　　　　　　　（1-1）

善女天余時長者...
承四餉藥方法眠主了...
邑眾悉所往之處皆有百千方...
言慰諭作如是語我是聲我合...
療治眾病病愈令除愈善女天余...
未曾有以因緣所有病故...
諸苦迫惱時有無量百千眾生...
共往詣長者了所重請聲諭...
善女天余時後有无量百千...
尒時佛告菩提樹神善女天余...
金光明最勝王經長者子流水...
除老善女天是時善女天余...
余時光王國内...修福業善...
自在光王國内...諸眾生所有...
生以病除故名...修福業善...
子所感作如是言...
福德之重增盖我等安隱...
薩妙幢閻鞞羅...深眾生...
有子妻名水肩藏...
二子漸次遊行世...
村浪擢鵰鷲之處...念此諸含...
去見有...生天...

BD10121號　金光明最勝王經卷九　　　　　　　　　　　　　　（1-1）

聲香味觸法界清淨青香味觸法界清淨故
二分无別无斷故一切智清淨故
一切智智清淨何以故若一切智清淨若聲

BD10122號　大般若波羅蜜多經卷二三九　　　　　　　　　　（1-1）

BD10123 號　四分律卷六〇　　　　　　　　　　　　　　　　（1-1）

BD10124 號　大般涅槃經（北本）卷四〇　　　　　　　　　（1-1）

BD10125 號　大般涅槃經（北本）卷二八　　　　　　　　　　　　　（1-1）

法
師
玄
奘
奉
詔
譯

鼻
髑
鼻
髑
　
應
觀
鼻
界
若
　
等
居
騰
┄
上
　
作
如
是
言
說

BD10126 號　大般若波羅蜜多經卷一五三　　　　　　　　　　　　（1-1）

139

BD10127 號　大般涅槃經（北本）卷三〇　　　　　　　　　　　　　　（1-1）

BD10128 號　金剛般若波羅蜜經　　　　　　　　　　　　　　　　　（1-1）

BD10129號 妙法蓮華經卷七 　　　　　　　　　　　　　　　　（1-1）

BD10130號 維摩詰所說經卷上 　　　　　　　　　　　　　　　　（1-1）

BD10131 號　維摩詰所說經卷上 （1-1）

BD10132 號　妙法蓮華經卷一 （1-1）

BD10133 號　天地八陽神咒經　　　　　　　　　　　　　　　　　　　　　　　（1-1）

BD10134 號　金光明最勝王經卷五　　　　　　　　　　　　　　　　　　　　　　（1-1）

BD10135 號　大般若波羅蜜多經卷二〇二　　　　　　　　　　　　　　（1-1）

BD10136 號　金剛般若波羅蜜經　　　　　　　　　　　　　　　　　（1-1）

BD10137 號　摩訶僧祇律卷五　　　　　　　　　　　　　　　　　　　　（1-1）

BD10138 號　妙法蓮華經卷七　　　　　　　　　　　　　　　　　　　　（1-1）

BD10139 號　小品般若波羅蜜經卷七　　　　　　　　　　　　　　　（1-1）

BD10140 號　金剛般若波羅蜜經　　　　　　　　　　　　　　　（1-1）

BD10141 號　齋文（擬）　　　　　　　　　　　　　　　　　　　　　　（1-1）

BD10142 號　金光明最勝王經卷二　　　　　　　　　　　　　　　　　（1-1）

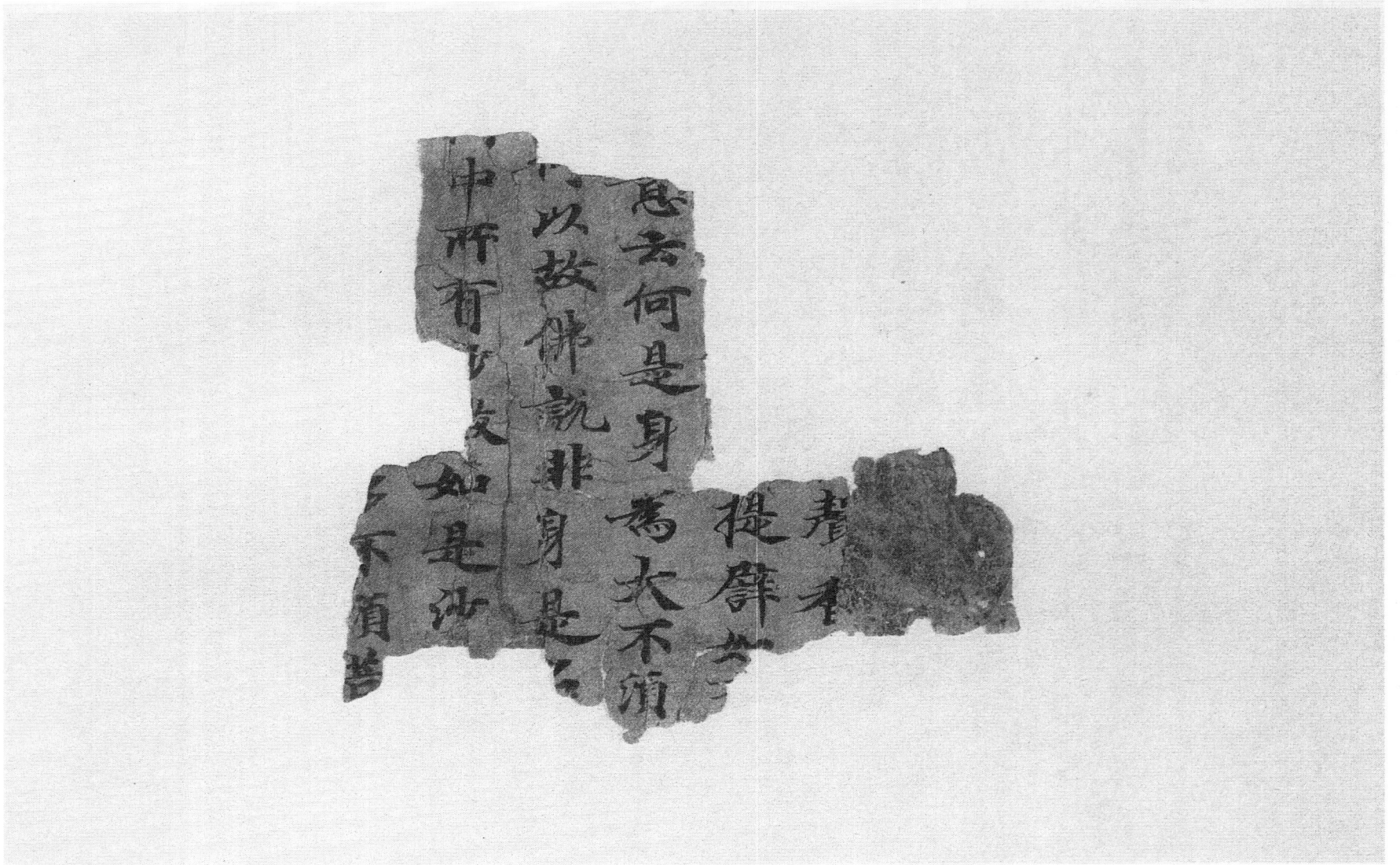

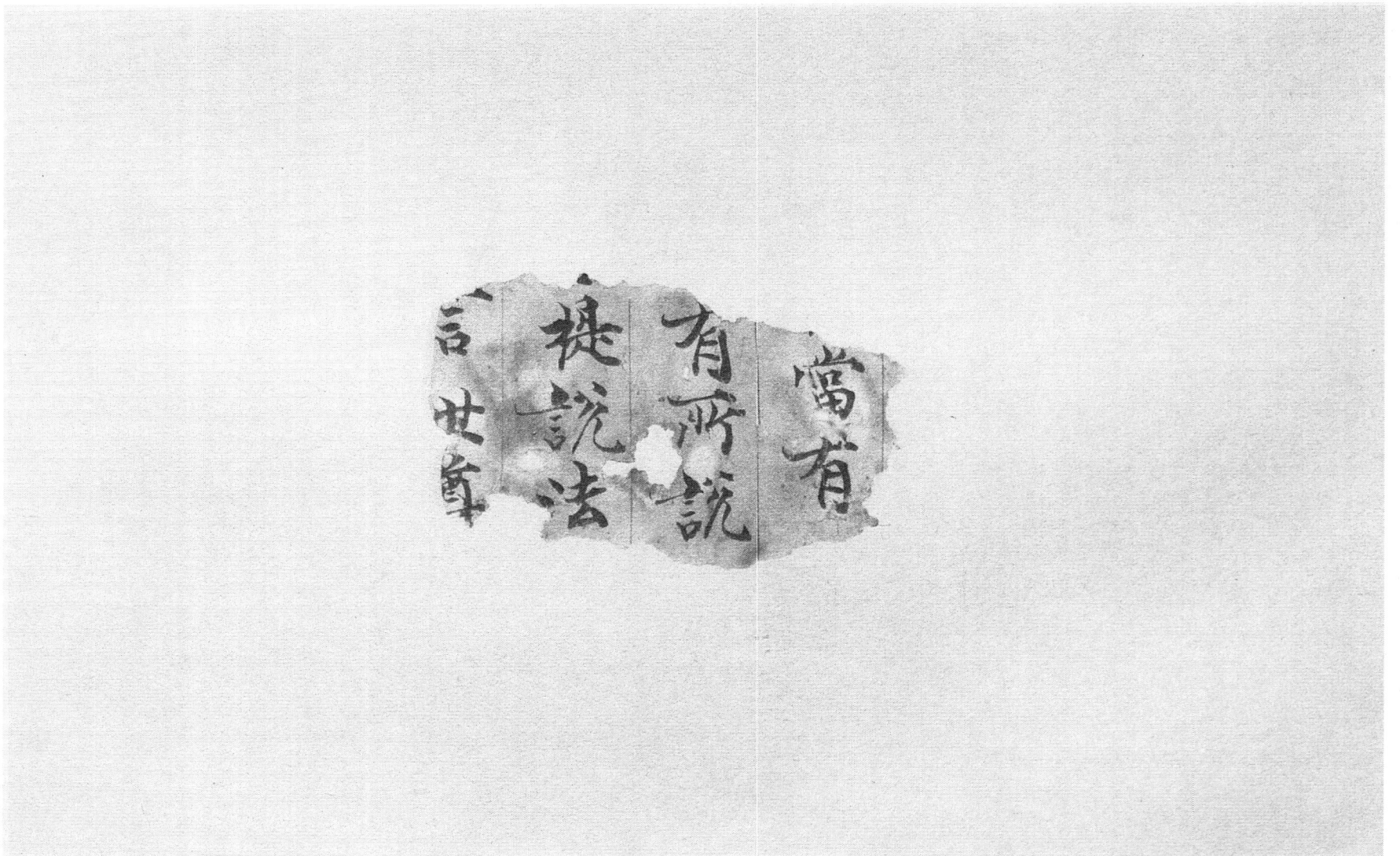

BD10145 號　殘字（擬）　　　　　　　　　　　　　　　　　　　　　　　（1-1）

BD10146 號　殘字（擬）　　　　　　　　　　　　　　　　　　　　　　　（1-1）

BD10147 號　殘字（擬）　　　　　　　　　　　　　　　　　　（1-1）

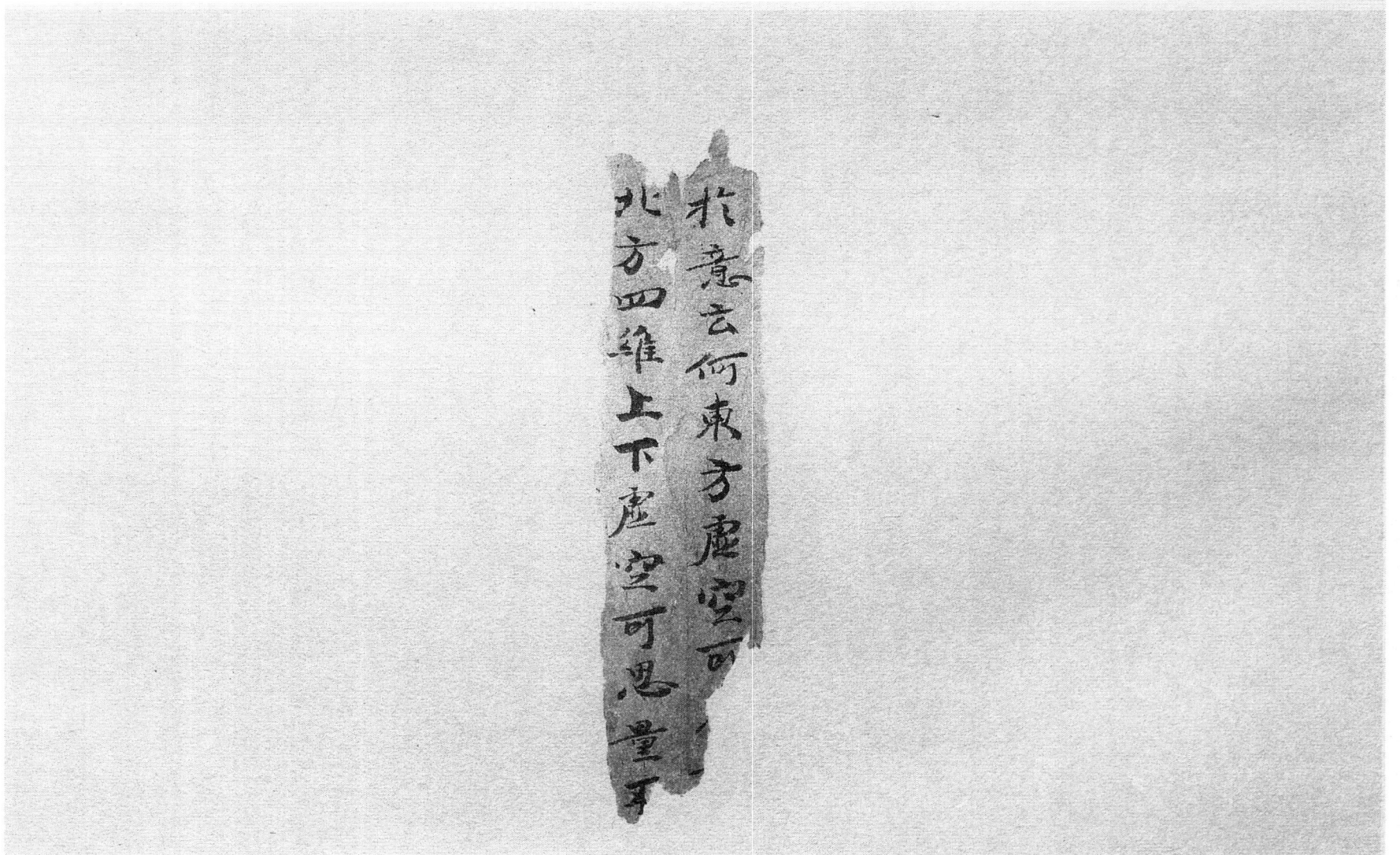

BD10148 號　金剛般若波羅蜜經　　　　　　　　　　　　　　（1-1）

BD10149 號　梵網經盧舍那佛說菩薩心地戒品第十卷下 （1-1）

BD10150 號　妙法蓮華經卷七 （1-1）

BD10151 號　金光明最勝王經卷一〇　　　　　　　　　　　　　　　（1-1）

BD10152 號　金剛般若波羅蜜經　　　　　　　　　　　　　　　　（1-1）

何爲眷曰欲用飯佛

若欲請佛吾當與金并

我舍貪者雖諾便設餚饍請佛

因緣命終之後生在長者家令復

者令長

要郎卷

BD10153號　賢愚經卷一　　　　　　　　　　　　　　　（1-1）

赦綿酒輕流家□蟲下蓋

餘家正月酉時輈得東共

隱藏其時有孟超女士泗

汧他人死之今既見之即

□遇有何顗頻遂爲大

之毛我夫者來

盡血瀝著宵上面入胃者

無氣長城何以頼

之三賣賣曰三貴以聞若說三埇

字慈孝二樂居近良隆借俄

顗居不賣居近良隆士有明師

則賓待如里出有明師口益一

丘不勤比一然矣

有者不惡三得臨不驕易倫

貢一矢身人共爭好共求其脉

不驕高而不危爲下不亂語論

牙長三史衡門而入子路

劍破乃是

BD10155 號　妙法蓮華經卷一　　　　　　　　　　　　　　　（1-1）

BD10156 號　大般涅槃經（北本）卷二五　　　　　　　　　　（1-1）

BD10157號　佛典殘片（擬）　　　　　　　　　　　　　　　　　　　　　（1-1）

BD10158號　大般若波羅蜜多經卷三二五　　　　　　　　　　　　　　　（1-1）

BD10159 號　無量壽宗要經　　　　　　　　　　　　　　　　　　　　（1-1）

BD10160 號　子年四月十日佛典流通錄（擬）　　　　　　　　　　　　（1-1）

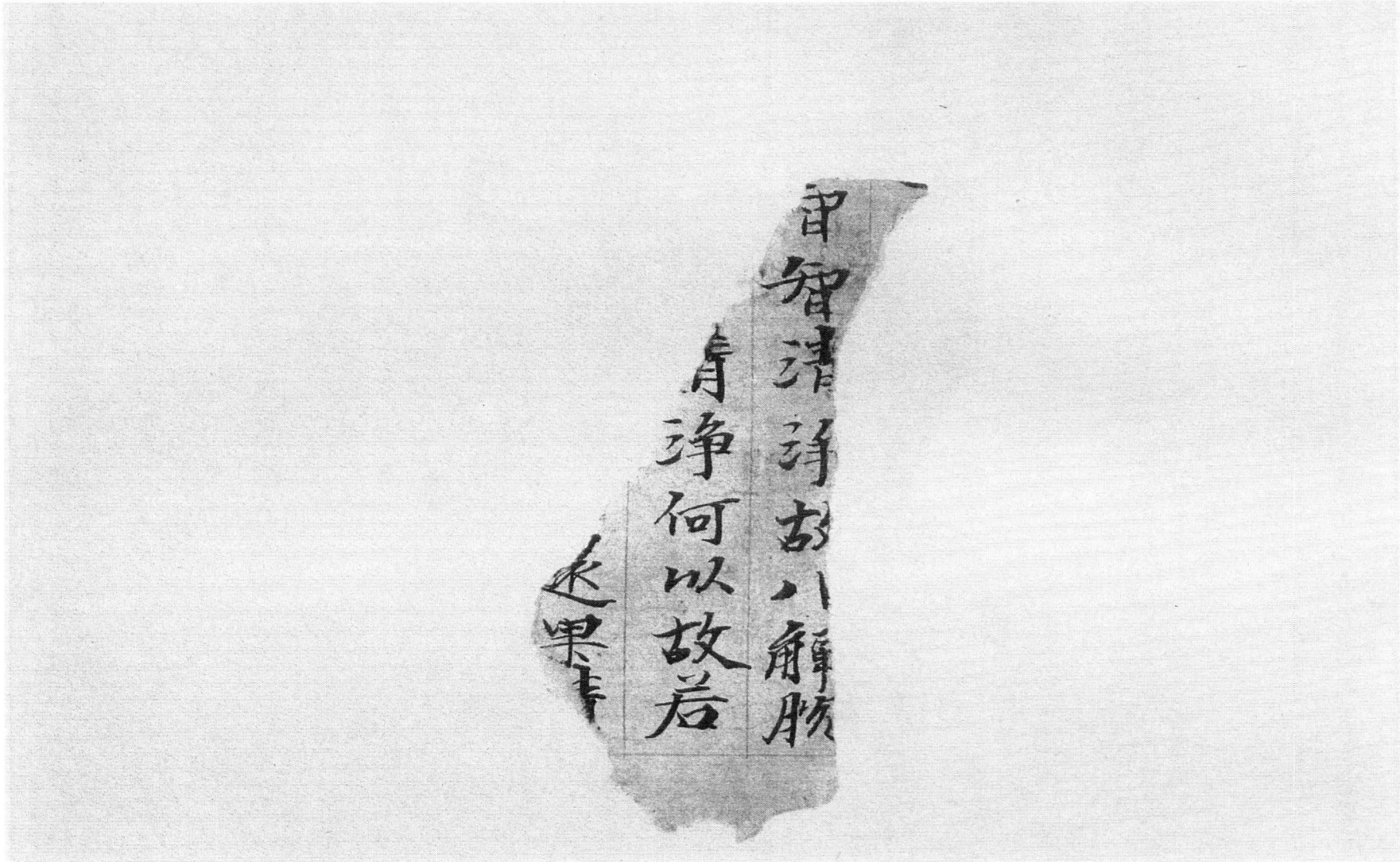

BD10161 號　大般若波羅蜜多經卷二八三 　　　　　　　　　　　　　（1–1）

BD10162 號　金光明最勝王經卷一 　　　　　　　　　　　　　（1–1）

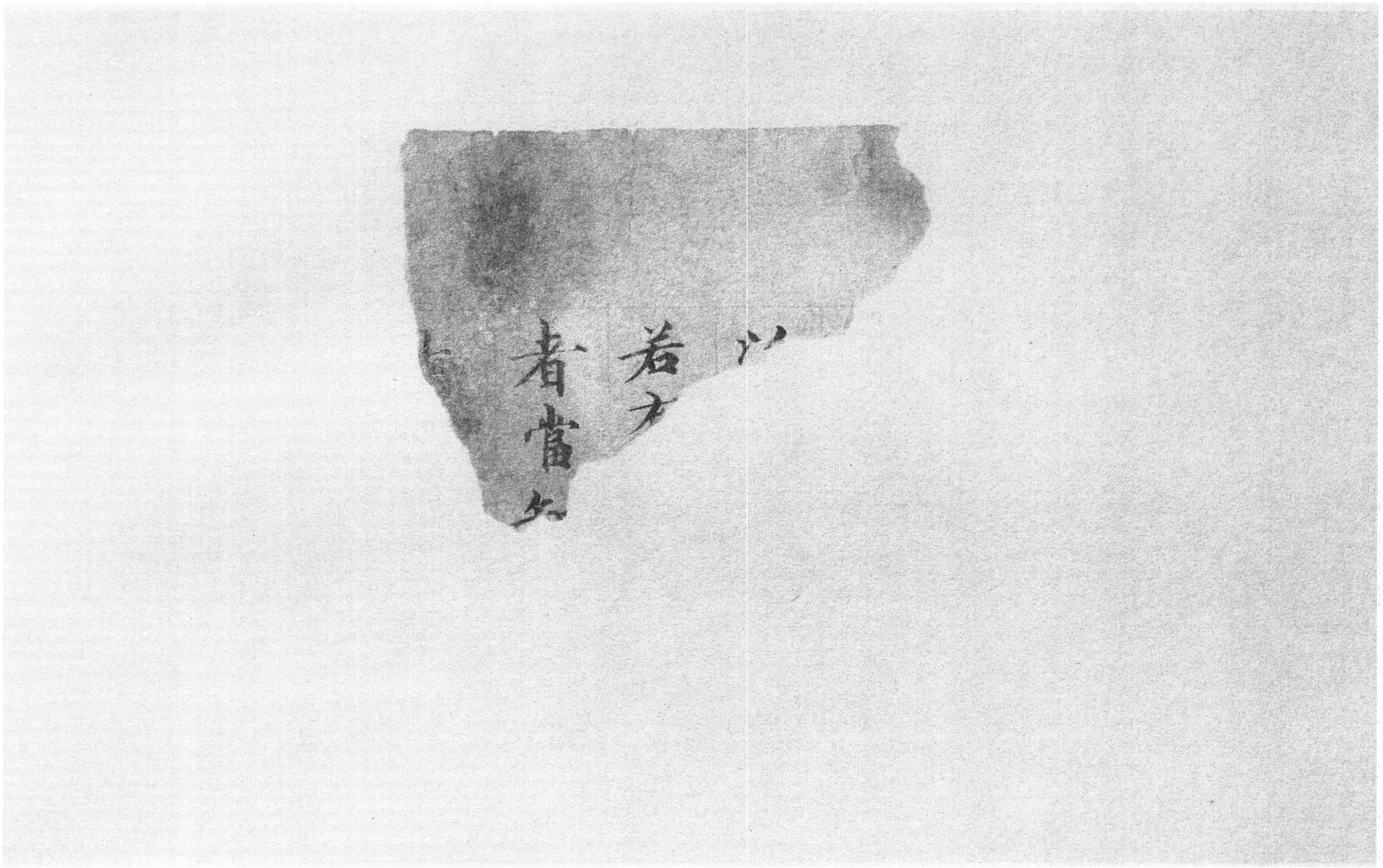

BD10163 號　放光般若經卷一〇　　（1–1）

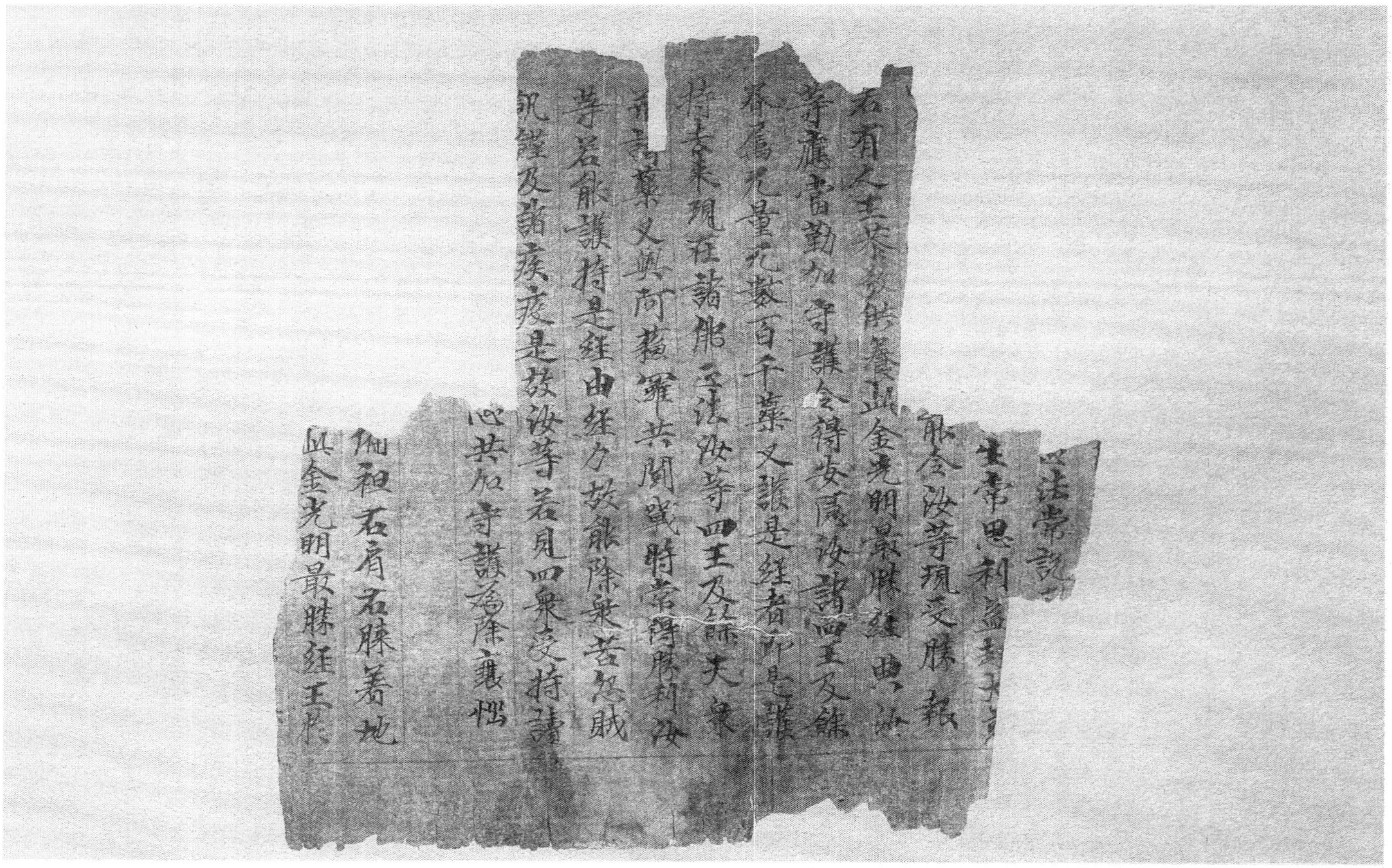

BD10164 號　金光明最勝王經卷六　　（1–1）

無擅其
薩爲是生身爲是法身
通力化作山身
浴池種種疣箐
也薩波崙哭

BD10165 號　大智度論卷九七　　　　　　　　　　　　　　　　　　（1-1）

一星……又……功無上前功德百分千分百千

BD10166 號　妙法蓮華經卷五　　　　　　　　　　　　　　　　　　（1-1）

BD10167 號　禪宗殘文獻（擬）　　　　　　　　　　　　　　　　　　（1-1）

BD10167 號背　禪宗殘文獻（擬）　　　　　　　　　　　　　　　　　（1-1）

是故須菩提諸菩薩
心不應住色生心不應
應无所住而生其心須菩提如
須彌山王於意云何是身為大不
甚大世尊何以故佛說非身日
須菩提如恒河中所有沙數
於意云何是諸恒河沙寧為多一
甚多世尊但諸恒河尚多无數
菩提我今實言告汝若有善
七寶滿尔所恒河沙數三千大千

BD10168 號　金剛般若波羅蜜經　　　　　　　　　　　　（1-1）

其國香氣比於十方諸佛世界人天之香最
為第一彼土无有聲聞辟支佛名唯有清淨
大菩薩眾佛為說法其界一切皆以香作樓
閣經行香地苑園皆香其飯香氣周流十方
无量世界時彼佛與諸菩薩方共坐食有諸
天子皆號香嚴悉發阿耨多羅三藐三菩提

BD10169 號　維摩詰所說經卷下　　　　　　　　　　　　（1-1）

諦者知舞性者　　隂者
者知常住者如平等者知無
者知病滅者知具相者知因緣去
知教道者知解脫者知道路義心
如卓勝者知意戒身者如是等滿
祇百千名号不增不減於此及餘諸世
有能知之如水中月不入不出但諸凡愚心
一異不能解了然本尊重承事供養而不
善解名字句義執著言教昧於真實謂見
生元滅盡究竟體性不知是佛差別名号如因陀
羅綱揩羅等以信言教昧於真實焦

BD10170 號　大乘入楞伽經卷五　　　　　　　　　　　　　　　　　　　　（1–1）

非類重是時周利槃特侍便騰逰室中
憂念時婆羅門便作是念世尊如
不解論議　　　　　　　　　　的非旬耶山悲一事

BD10171 號　增壹阿含經卷八　　　　　　　　　　　　　　　　　　　　（1–1）

BD10172 號　大方廣佛華嚴經（晉譯五十卷本）卷三　　　　　　　　　　　（1-1）

BD10173 號　大般涅槃經（北本）卷三五　　　　　　　　　　　　　　　（1-1）

五胍者則胈攝心若胈攝心則攝五
則護於王則護國土護國土者
善薩摩訶薩亦復如走念惠
根若嚴念則胈山何以故是念惠故善
如善牧者驅牛東西歔他苗稼則便惠
大涅槃經則得猶惠得猶惠故則得專念
則護如有人擁護如王善薩摩訶薩亦復
今犯暴菩薩摩訶薩亦復如走念惠
等攝五根不令馳散菩薩

淺故善男子若胈

BD10174 號　大般涅槃經（北本）卷二二　　　　　　　　　　　　　　　（1-1）

其名
葉迦耶迦葉那提迦葉舍利
旃延阿㝹樓馱劫
摩訶迦旃陳如摩訶迦
石憍陳如
跋提

BD10175 號　妙法蓮華經卷一　　　　　　　　　　　　　　　（1-1）

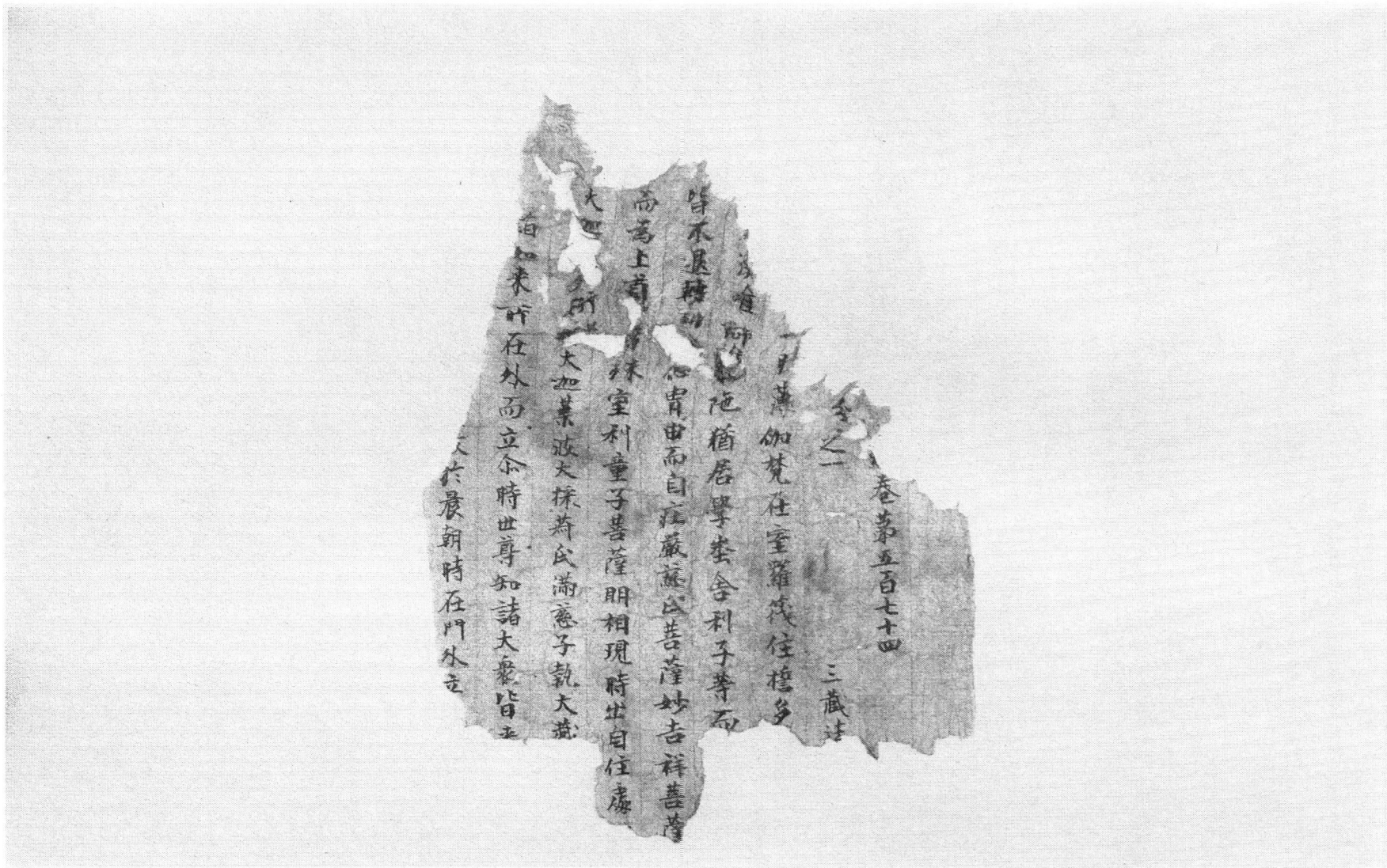

BD10176 號　大般若波羅蜜多經卷五七四　　　　　　　　　　　　　　　（1-1）

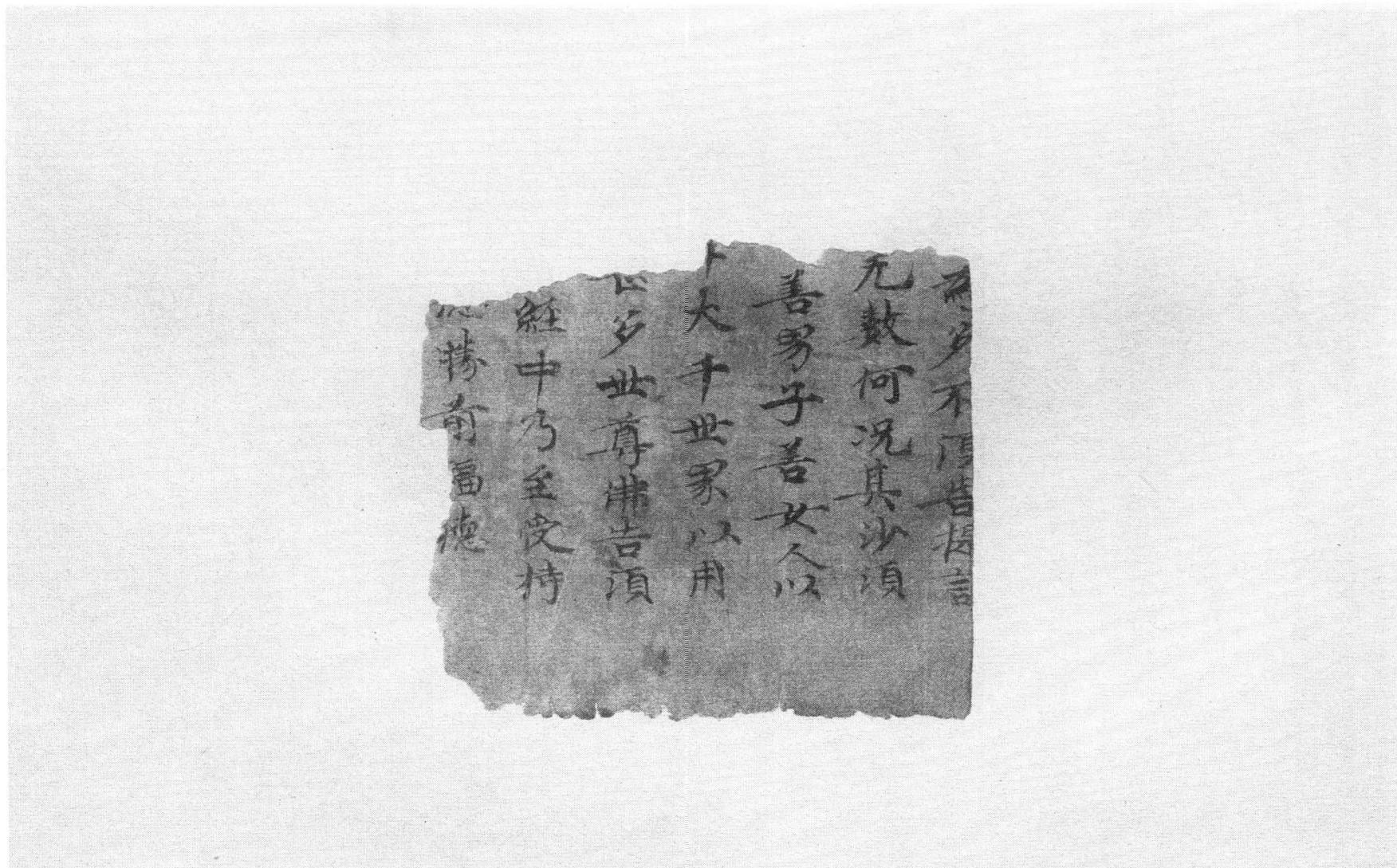

BD10177 號　金剛般若波羅蜜經　　　　　　　　　　　　　　　　　　　（1-1）

BD10178 號　四分律刪補隨機羯磨卷下　　　　　　　　　　　　　　　　　　　　（1-1）

BD10179 號 A　藥師琉璃光如來本願功德經　　　　　　　　　　　　　　　　　　　（1-1）
BD10179 號 B　藥師琉璃光如來本願功德經

BD10179 號 B 背　雜寫 　　　　　　　　　　　　　　　　　　　（1-1）

BD10180 號　禪宗殘文獻（擬）　　　　　　　　　　　　　　　（1-1）

BD10180 號背　禪宗殘文獻（擬） （1-1）

BD10181 號 A　集諸經禮懺儀卷上 （1-1）

BD10181 號 B　藏文文獻（擬）　　　　　　　　　　　　　　　　　　　　　　（1-1）

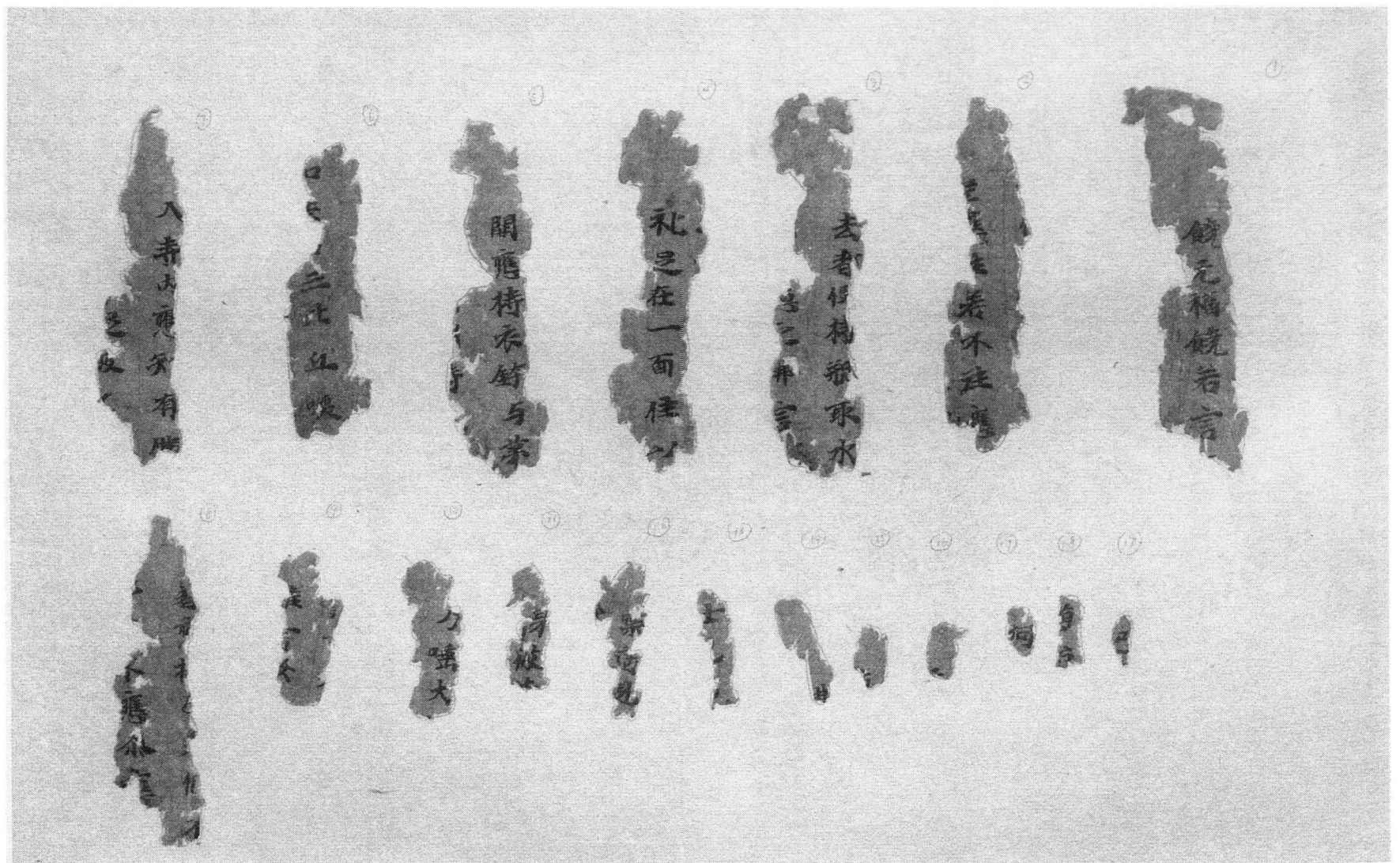

BD10182 號　四分律卷四九　　　　　　　　　　　　　　　　　　　　　　　　（1-1）

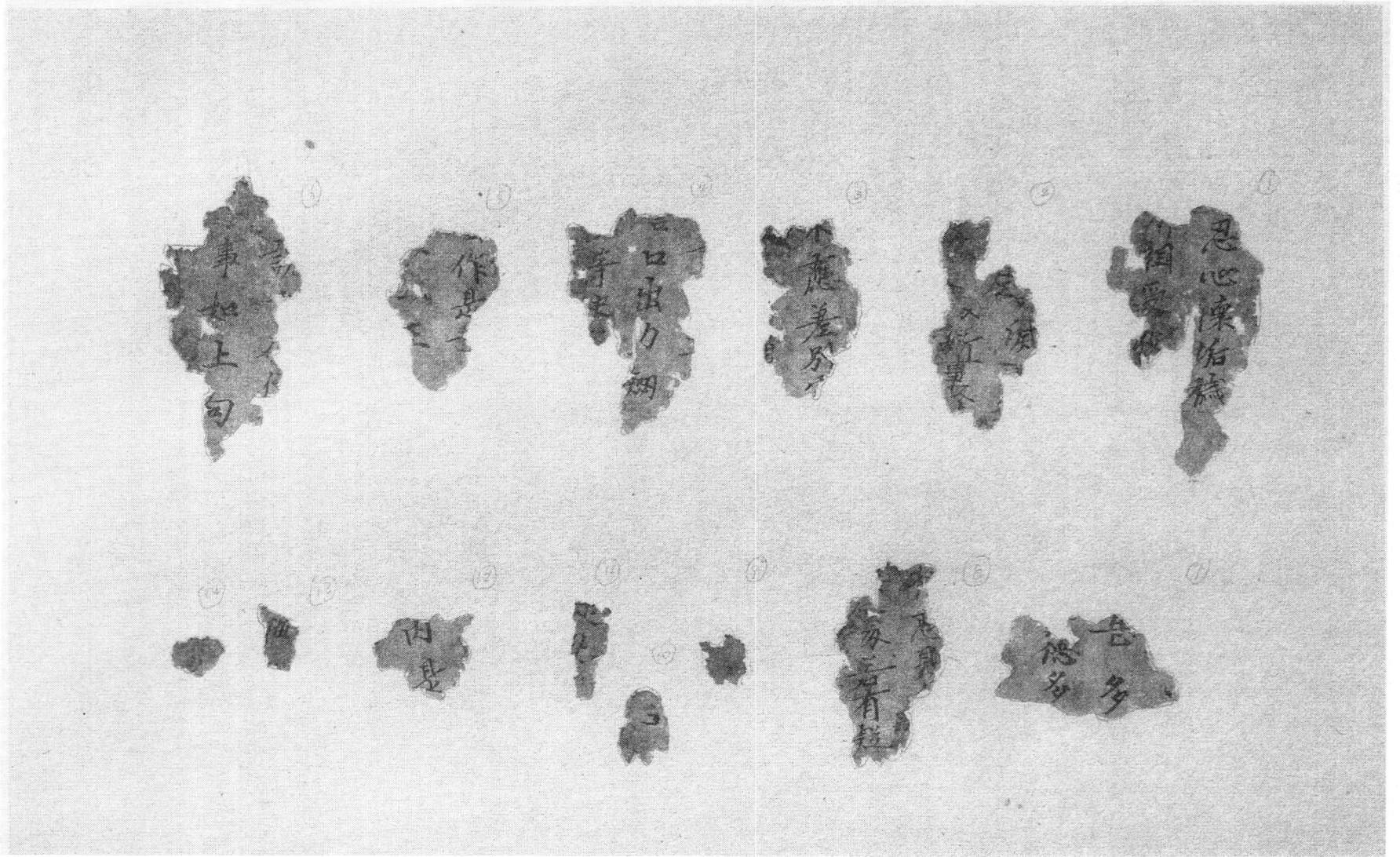

BD10183 號 A　四分律卷六〇　　　　　　　　　　　　　　　　　　　　　　　（1-1）
BD10183 號 B　金剛般若波羅蜜經

BD10184 號　金剛般若波羅蜜經　　　　　　　　　　　　　　　　　　　　　（1-1）

BD10185號　妙法蓮華經卷四 （1-1）

BD10186號　妙法蓮華經卷一 （1-1）

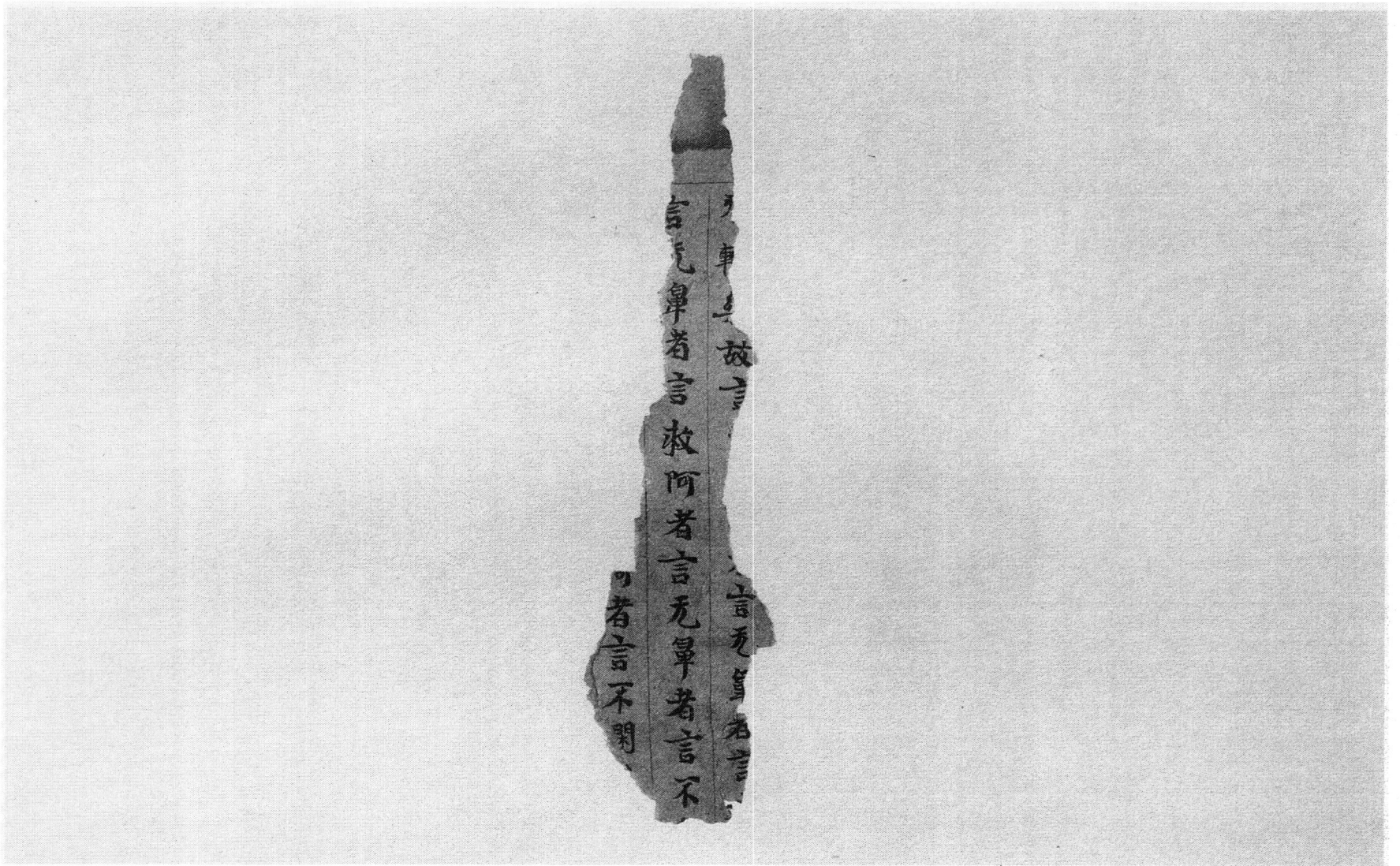

BD10187 號　大通方廣懺悔滅罪莊嚴成佛經卷下　　　　　　　　　　　　　　　（1-1）

BD10188 號　梵網經菩薩戒羯磨文（擬）　　　　　　　　　　　　　　　　　（1-1）

BD10189號　天地八陽神咒經　　　　　　　　　　　　　　　（1-1）

BD10190號　維摩詰所說經卷上　　　　　　　　　　　　　　（1-1）

BD10191 號　太玄真一本際經卷一　（1-1）

BD10192 號　妙法蓮華經卷三　（1-1）

BD10193 號　大般涅槃經（北本）卷九　　　　　　　　　　　　　　　　　（1-1）

BD10194 號　　法門名義集　　　　　　　　　　　　　　　　　　　　　（1-1）

BD10195 號　金剛般若波羅蜜經 （1-1）

BD10196 號　妙法蓮華經卷一 （1-1）

BD10199 號　字書（擬）　　　　　　　　　　　　　　　　　　　　　（1-1）

BD10200 號　金光明最勝王經卷一　　　　　　　　　　　　　　　　（1-1）

BD10200 號背　雜寫 （1-1）

BD10201 號　四分律比丘戒本 （1-1）

BD10202 號　佛名經（十六卷本）卷一

(1-1)

BD10203 號　大般涅槃經（北本）卷四

(1-1)

BD10204號　金剛經疏（擬）　　　　　　　　　　　　　　　　　　　（1-1）

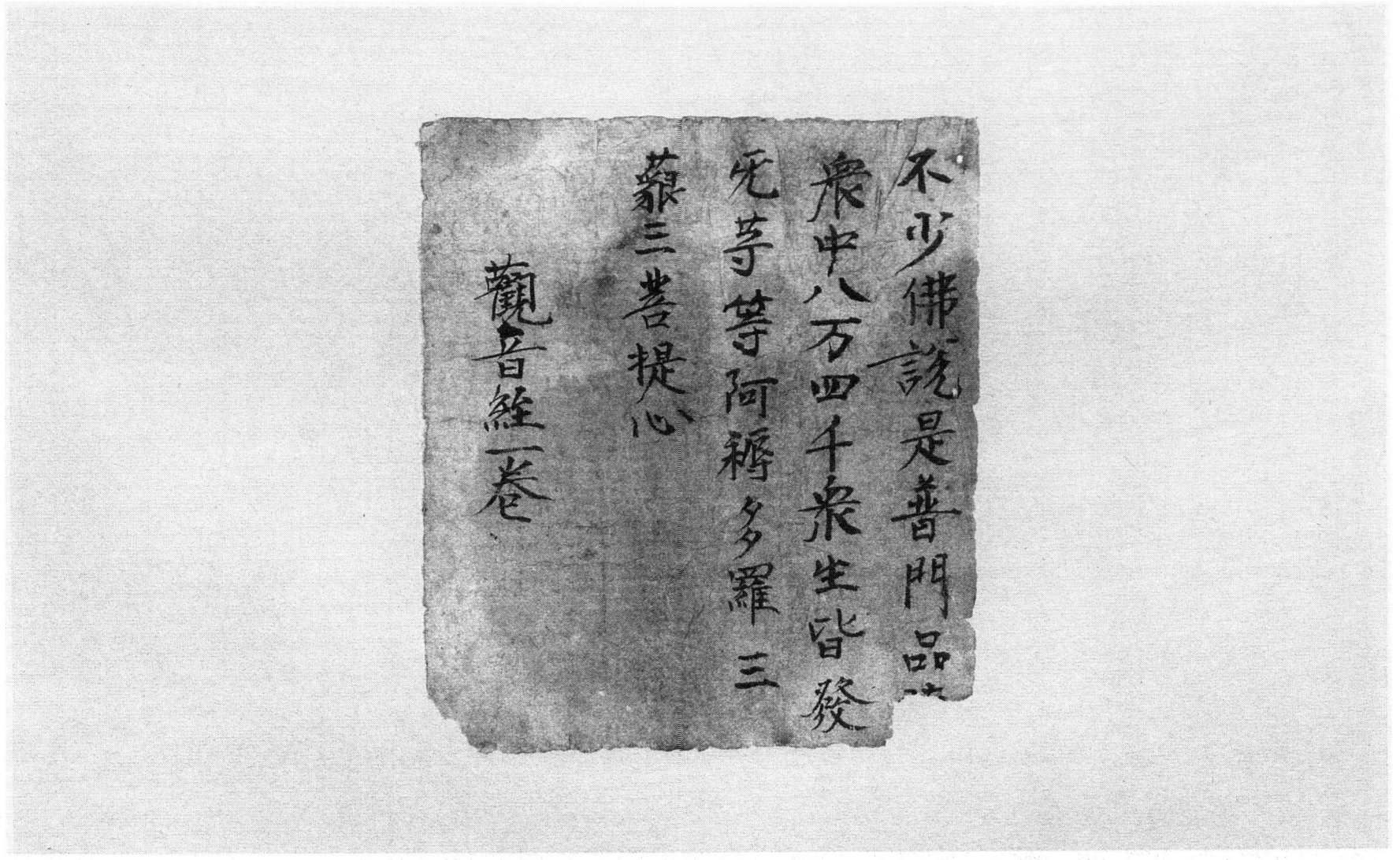

不少佛說是普門品
眾中八萬四千眾生皆發
无等等阿耨多羅三
藐三菩提心
觀音經一卷

BD10205號　觀世音經　　　　　　　　　　　　　　　　　　　　　（1-1）

BD10206 號　待考佛典　　　　　　　　　　　　　　　　　　　　　　（1-1）

BD10207 號　妙法蓮華經卷六　　　　　　　　　　　　　　　　　　　（1-1）

BD10208 號　妙法蓮華經卷六　　　　　　　　　　　　　　　　　　　　　　　（1-1）

世命終之後復生日月淨明德
中於淨德王家結跏趺坐忽然化生即為
父而說偈言
大王今當知　我經行彼處　即時得一切　現諸身三昧
懃行大精進　捨所愛之身
供養於明德佛今故現
言陀羅

BD10209 號　維摩詰所說經卷中　　　　　　　　　　　　　　　　　　　　　（1-1）

心合耶善曰非身合
例故於人間地大水火
善曰起病非地大
大所渡如是而眾生
故我病命時文殊
應云何慰喻有疾菩
汝當下憂惱離於身就身

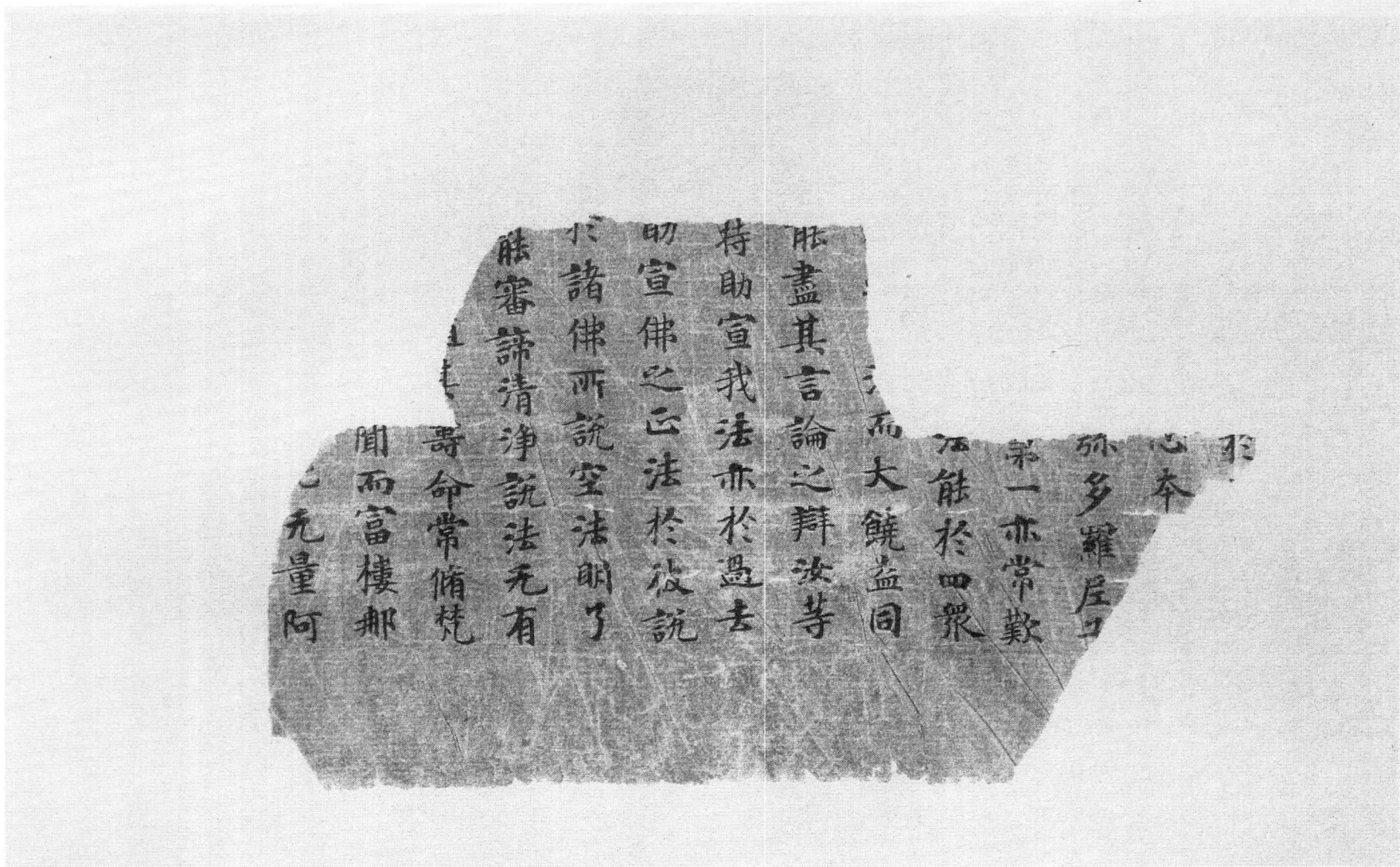

BD10210 號　妙法蓮華經卷四　　　　　　　　　　　　　　　　　（1-1）

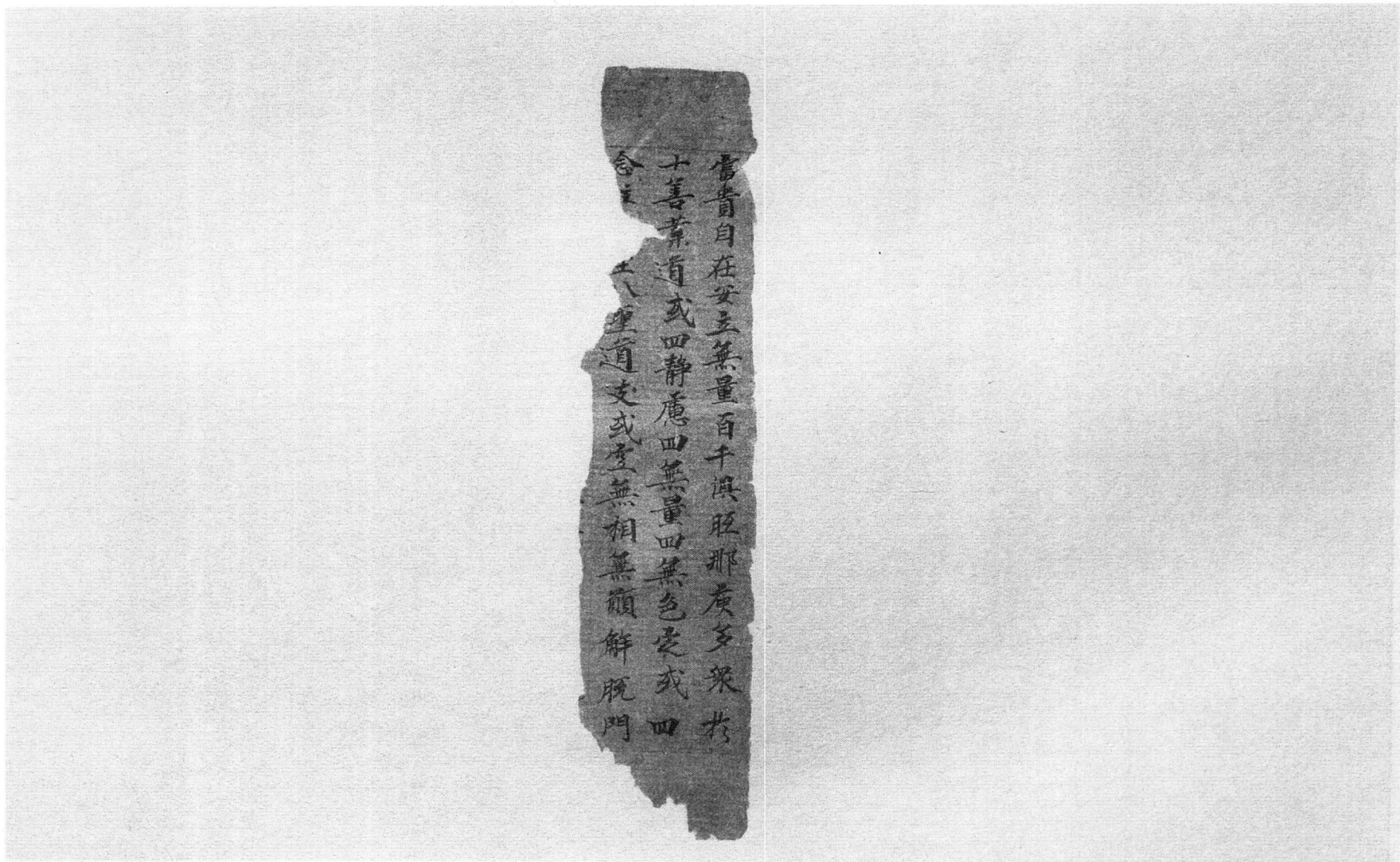

BD10211 號　大般若波羅蜜多經卷四一三　　　　　　　　　　　（1-1）

BD10212 號　大智度論卷一〇〇 　　　　　　　　　　（1-1）

BD10213 號　金剛般若波羅蜜經　　　　　　　　　　　　　　　　　　（1-1）

BD10214 號　大般涅槃經（北本）卷二八　　　　　　　　　　　　　　（1-1）

BD10215 號　金光明最勝王經卷七　　　　　　　　　　　　　　（1-1）

BD10216 號　金剛般若波羅蜜經　　　　　　　　　　　　　　（1-1）

BD10217 號　大方廣佛華嚴經（晉譯五十卷本）卷二九　　　　　　　　　　　　　（1-1）

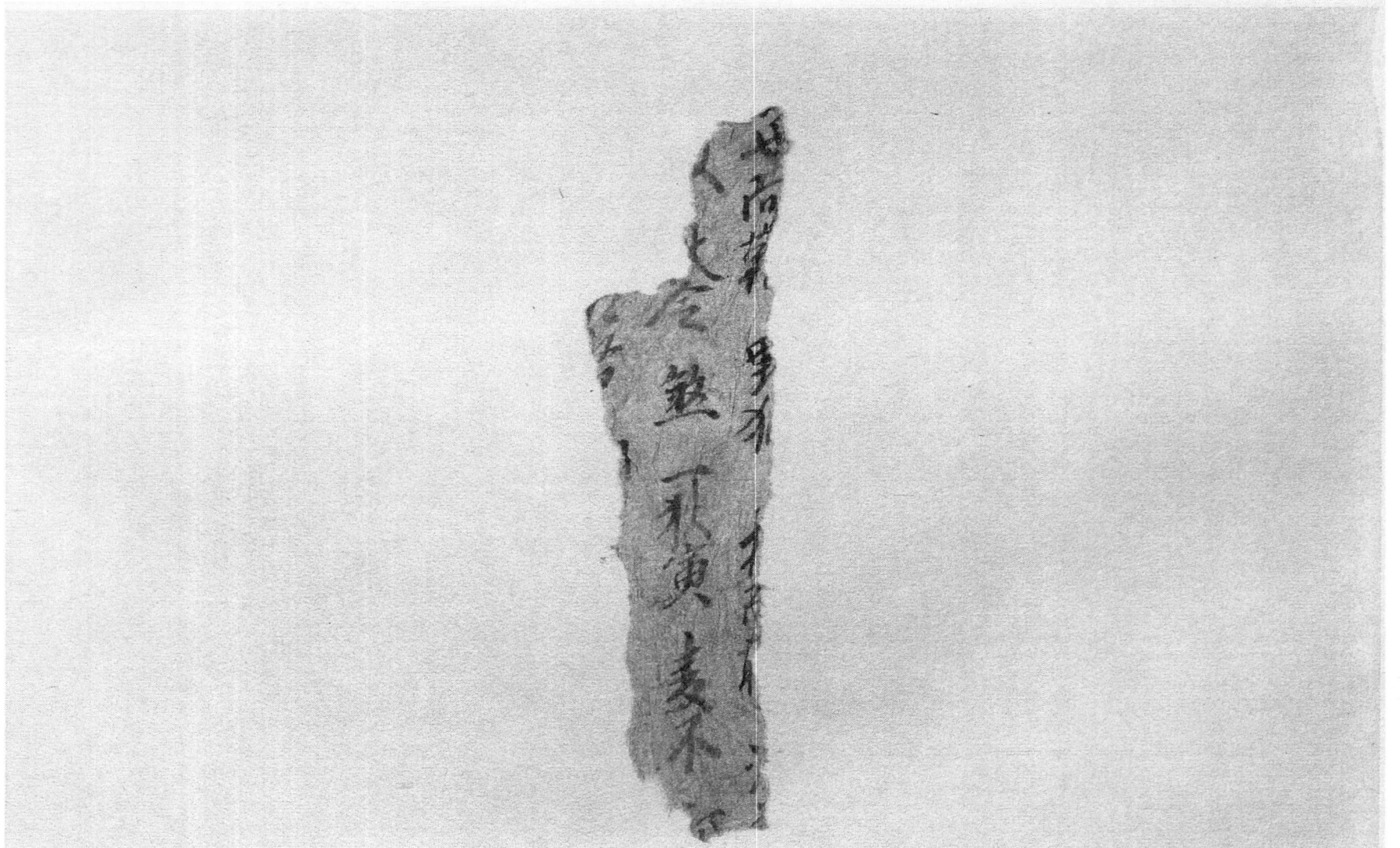

BD10218 號　待考　　　　　　　　　　　　　　　　　　　　　　　　　　　　（1-1）

BD10219 號　大般若波羅蜜多經卷一八一 　　　　　　　　　　　　　　　（1-1）

BD10220 號　無量壽宗要經 　　　　　　　　　　　　　　　　　　　　　（1-1）

時
請問如未如是深義汝今為欲利益
量眾生哀愍世間及諸天人所
得義利安樂故發斯問汝
說諸法相謂諸法相
者所軌相二
一遍計

薩摩訶
勝善地
一花寶

品第三

BD10221 號　金光明最勝王經卷二　　　　　　　　　　　　　　　　　　　　（1-1）

BD10222 號　解深密經卷二　　　　　　　　　　　　　　　　　　　　　　　（1-1）

190

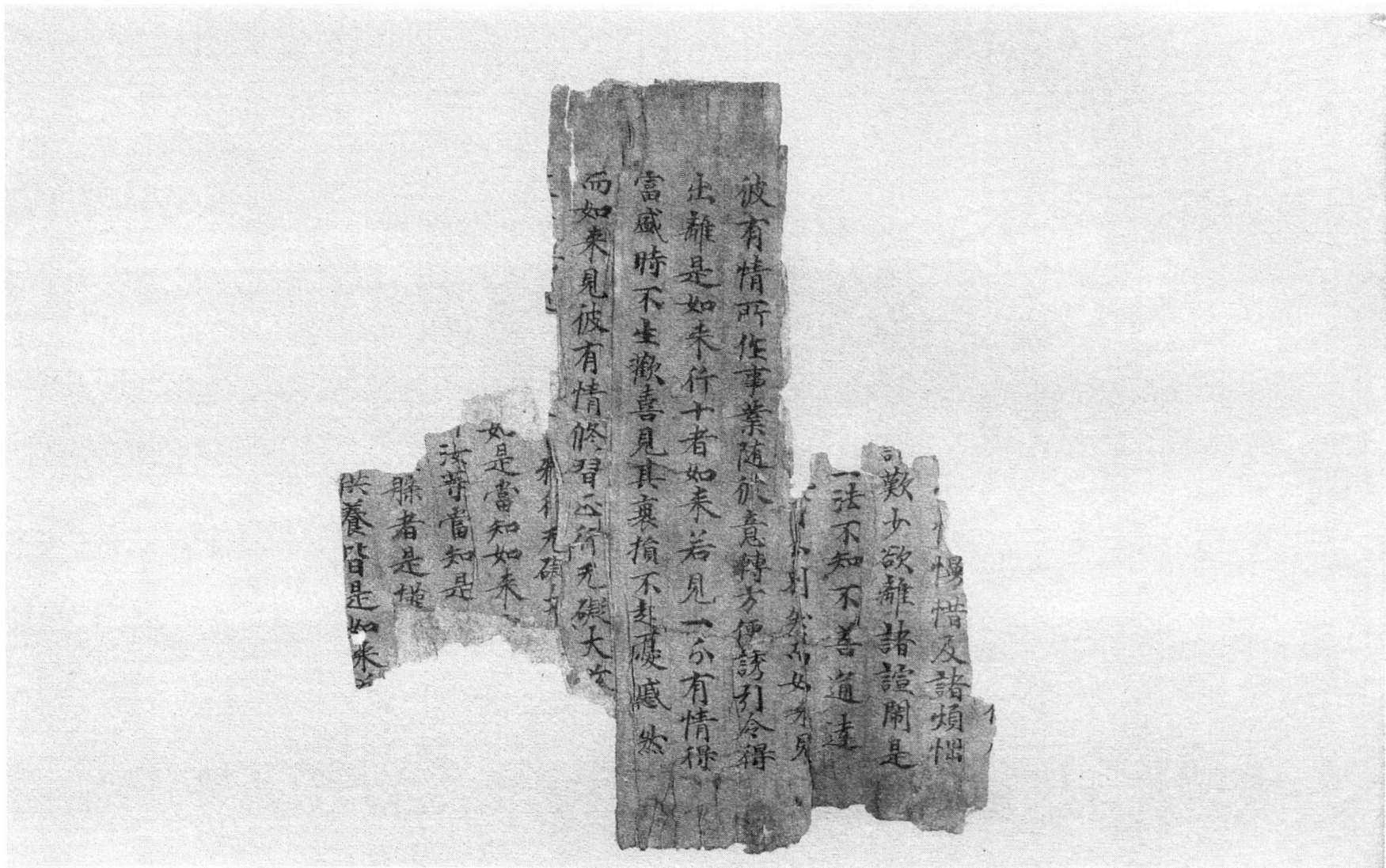

BD10223 號　金光明最勝王經卷一　　　　　　　　　　　　　　　　　　　　　　（1-1）

BD10224 號　妙法蓮華經卷七　　　　　　　　　　　　　　　　　　　　　　　（1-1）

BD10225 號　金光明最勝王經卷六 　　　　　　　　　　　　　　　（1-1）

BD10226 號　大般涅槃經（北本）卷九 　　　　　　　　　　　　（1-1）

妙農夫過义良田所死
肆力心大慈憂菩薩承如是得過諸佛而死
供具說有餘物不稱其悉心便有母諸善根
者阿謂善根果數華香瓔珞衣服幡盖種種
以賢等所以者何或時以回說果如吾一日
欲千億金亦可復回...

BD10227號　大智度論卷三○　　　　　　　　　　　　　　　　（1-1）

...分出村靈沼喻小題起此
闸標白花名色本須化智名...
應法四如花名應名勝故觀經
教權說三令此會中...寶...

BD10228號　妙法蓮華經玄讚卷一　　　　　　　　　　　　　　（1-1）

BD10229 號　雜寫（擬）　　　　　　　　　　　　　　　　　（1-1）

BD10230 號　大乘寺僧名錄（擬）　　　　　　　　　　　　　（1-1）

BD10231 號　無常經　　　　　　　　　　　　　　　　　　　　　　　　　　（1-1）

BD10232 號　大般若波羅蜜多經卷四五〇　　　　　　　　　　　　　　　　（1-1）

BD10233 號　妙法蓮華經卷四 （1-1）

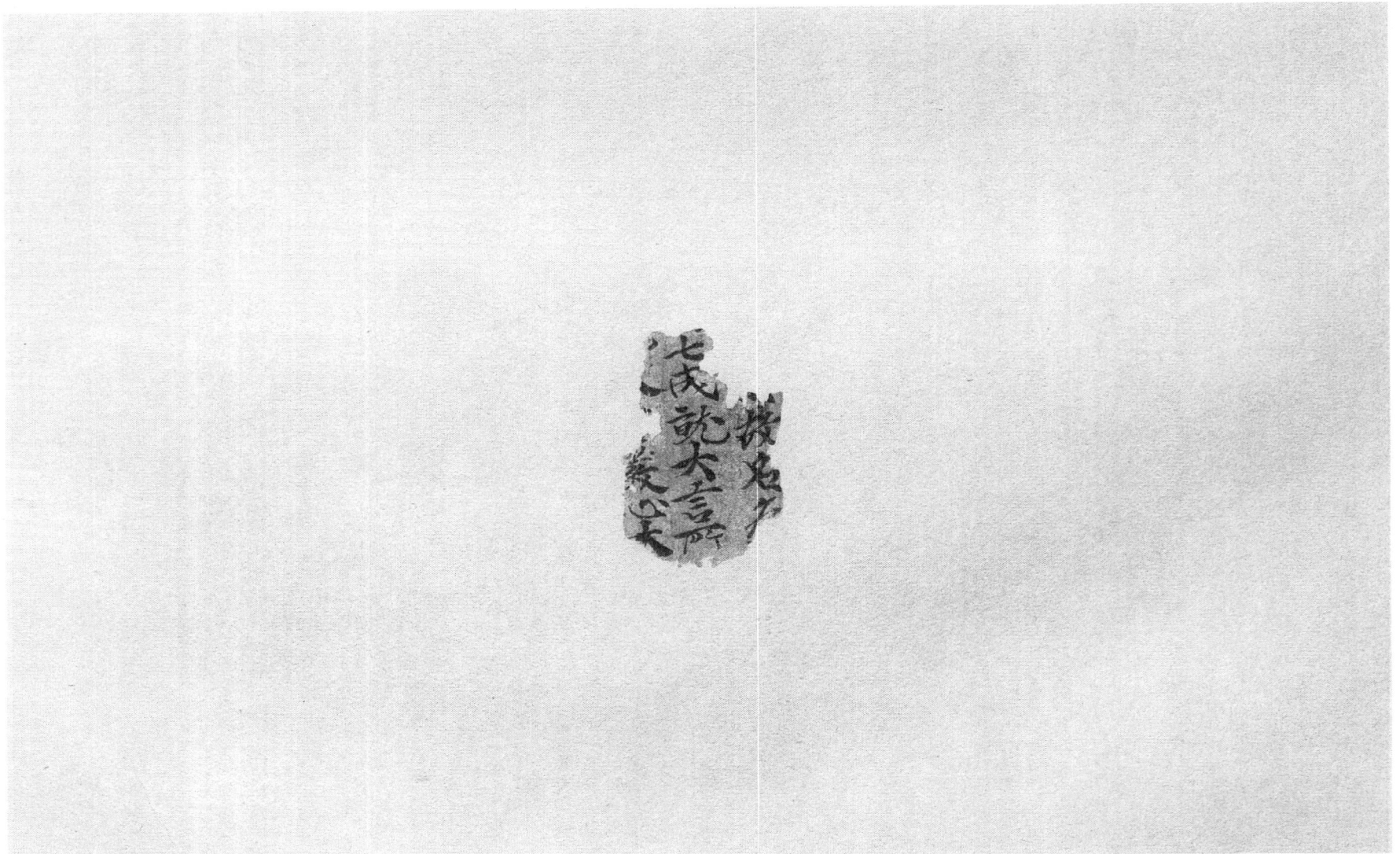

BD10234 號　大乘稻芉經隨聽疏 （1-1）

BD10235號　金剛般若波羅蜜經　　　　　　　　　　　　　　　　　　　　　　　（1-1）

BD10236號　人名（擬）　　　　　　　　　　　　　　　　　　　　　　　　　　（1-1）

BD10237 號　維摩詰所說經卷中 （1-1）

BD10238 號　大般若波羅蜜多經卷一七五 （1-1）

BD10239號　妙法蓮華經卷三

（1-1）

BD10240號　維摩詰所說經卷上

（1-1）

BD10241 號　妙法蓮華經卷七　　　　　　　　　　　　　　　　　　　　　（1-1）

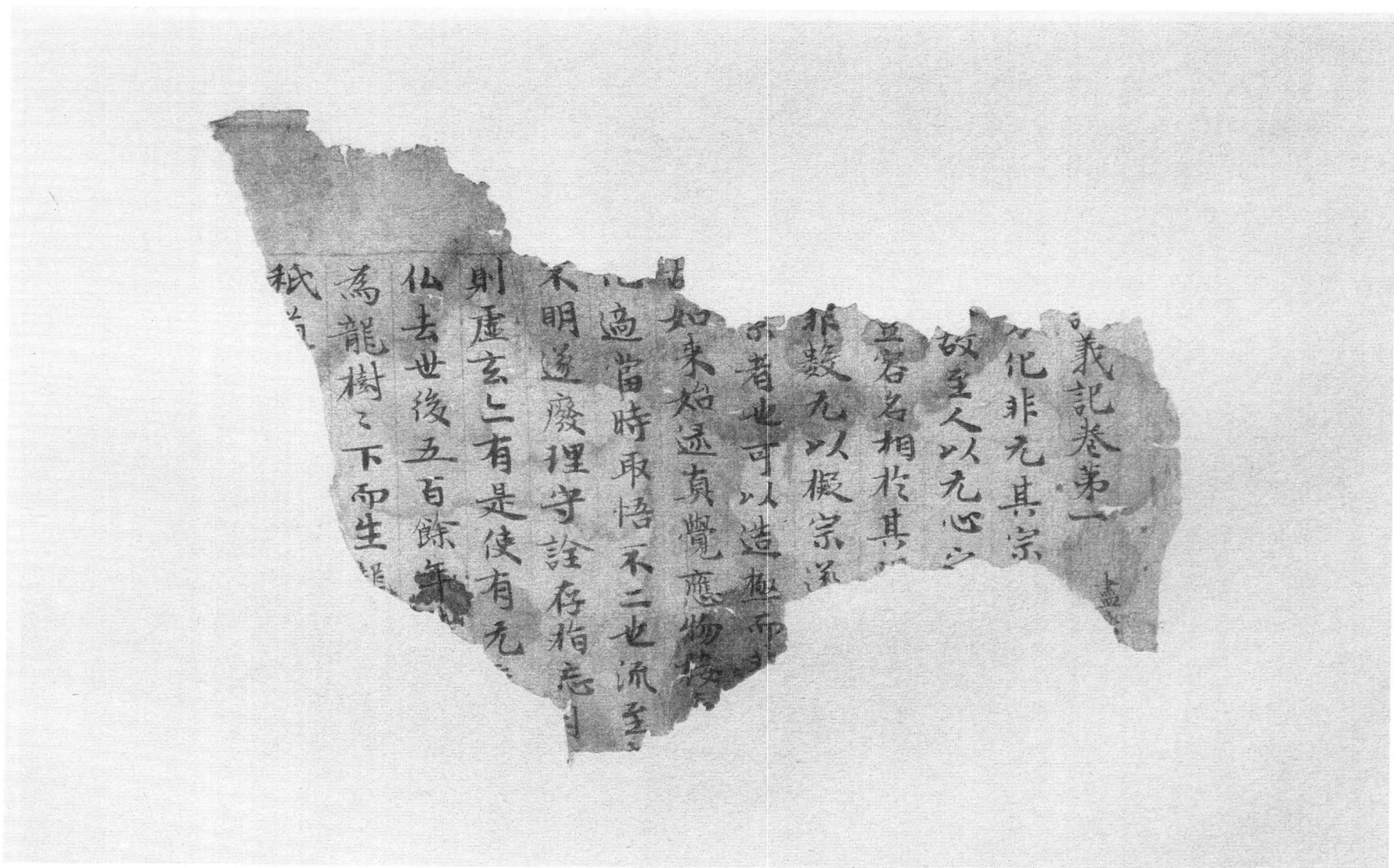

BD10242 號　中論義記卷一（擬）　　　　　　　　　　　　　　　　　　　（1-1）

BD10243號　妙法蓮華經卷七　　　　　　　　　　　　　　　　（1-1）

BD10244號　妙法蓮華經卷四　　　　　　　　　　　　　　　　（1-1）

BD10245 號　大般若波羅蜜多經卷二〇八　　　　　　　　　　　　　　　　　　（1-1）

BD10246 號　大般涅槃經（北本）卷五　　　　　　　　　　　　　　　　　　　　（1-1）

BD10247 號　齋儀（擬）　　　　　　　　　　　　　　　　　　　　（1-1）

獨枚繁羅高視
四生集火風而為、
形於朽宅詎能菱
遮斯在施主頂寒
六府力歘動在情

BD10248 號　金剛般若波羅蜜經　　　　　　　　　　　　　　　（1-1）

福多不須菩提言甚
座如來說非微塵是
非世界是名世界須菩提於
不不也世尊不可以
來說卅二相即是非
善男子善女人以恒

203

BD10249 號　金剛般若波羅蜜經　　　　　　　　　　　　　　　　　　　（1-1）

非法相何以故是諸
我人眾生壽者若取
者何以故若取非法
是故不應取法不應
汝等比丘知我
非法

BD10250 號　金光明最勝王經卷四　　　　　　　　　　　　　　　　　　（1-1）

平等故
摩訶薩
菩提又
去非未來非現在心
二相實不可得何以
提不可得菩提名求
不可得聲聞聲聞名
不可得菩薩菩薩名
行非行不可得行非
寂靜法中而
起

BD10251 號　大通方廣懺悔滅罪莊嚴成佛經卷下　　　　　　　　　　　　　　（1-1）

BD10252 號　妙法蓮華經卷七　　　　　　　　　　　　　　　　　　　　　　（1-1）

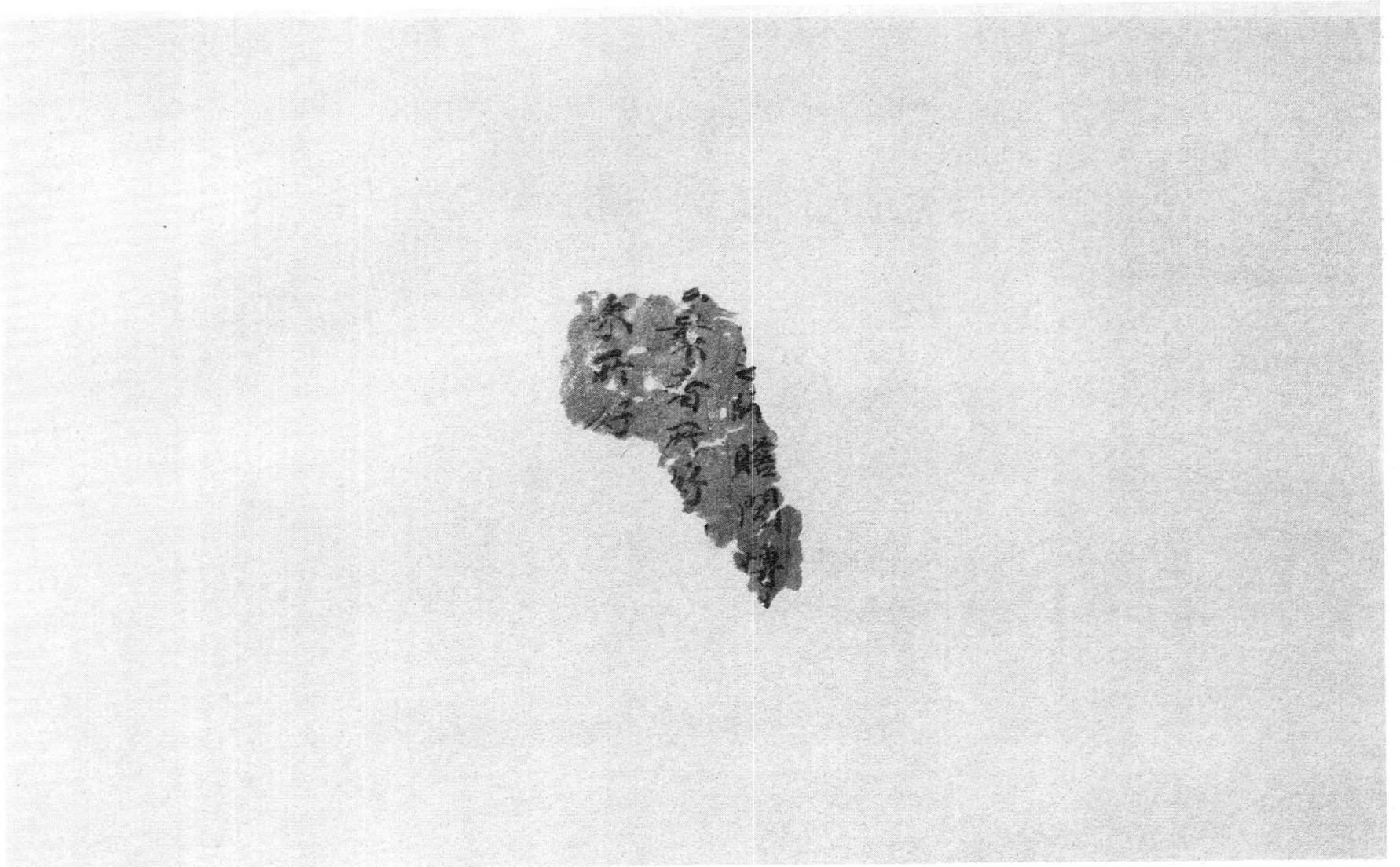

BD10253 號　待考 （1-1）

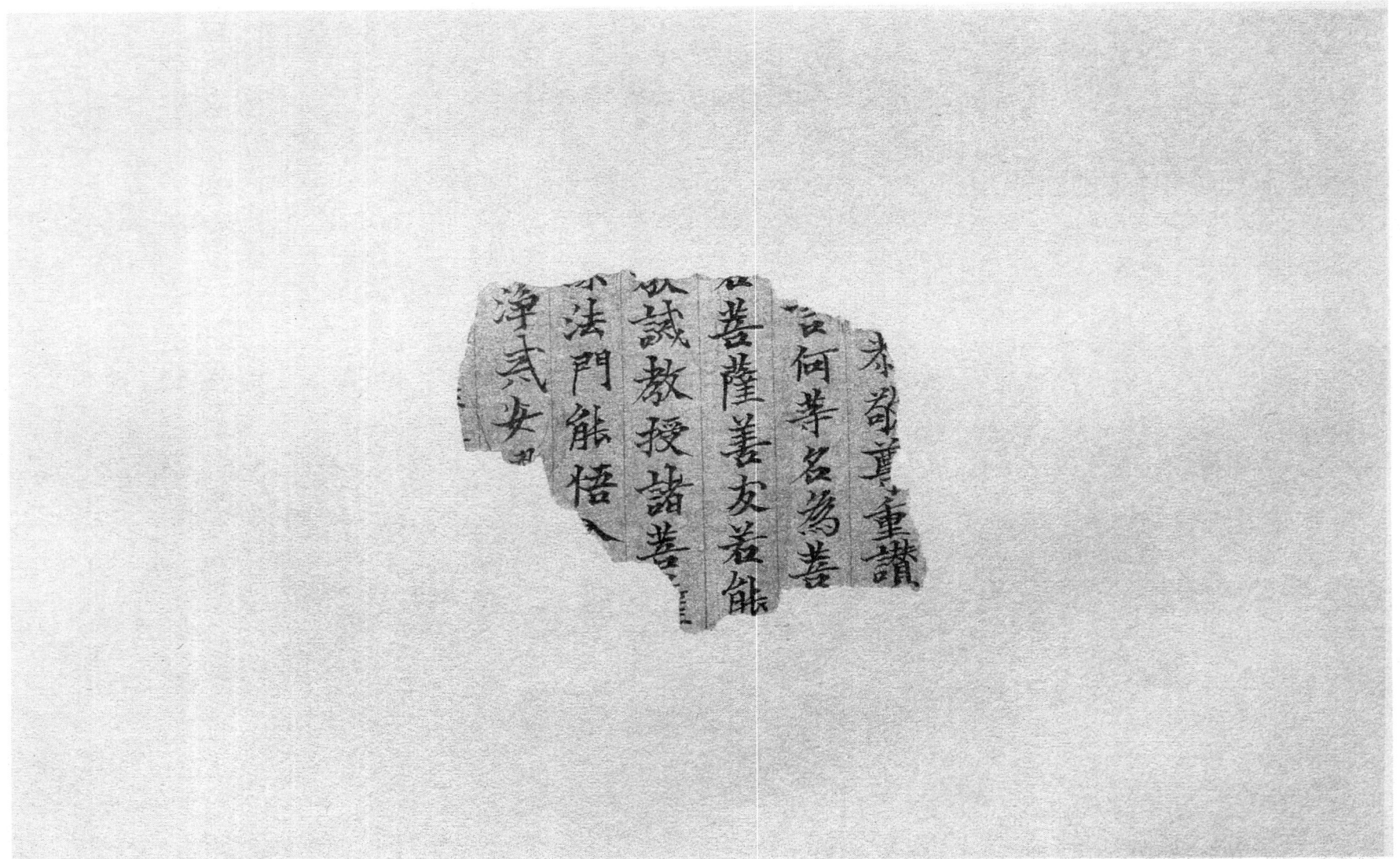

BD10254 號　大般若波羅蜜多經卷五六四 （1-1）

BD10255號　推六十甲子日失物法（擬）　　　　　　　　　　　　　　（1-1）

BD10256號　淨名經關中釋抄卷上　　　　　　　　　　　　　　　　（1-1）

BD10257 號　善惡因果經　　　　　　　　　　　　　　　　　　（1-1）

BD10258 號　淨名經集解關中疏卷下　　　　　　　　　　　　（1-1）

BD10259號　大方廣佛華嚴經（唐譯八十卷本　兌廢稿）卷一七　　　　　　　　　　　　（1-1）

BD10259號背　回鶻文文獻（擬）　　　　　　　　　　　　（1-1）

BD10260 號　大般涅槃經（北本）卷二九　　　　　　　　　　　　　　（1-1）

BD10261 號　大般涅槃經（北本）卷二八　　　　　　　　　　　　　　（1-1）

BD10262 號　普賢菩薩說證明經　　　　　　　　　　　　　　　　　　　（1-1）

BD10263 號　金剛般若波羅蜜經　　　　　　　　　　　　　　　　　　　（1-1）

BD10264 號　無量壽經卷上　　　　　　　　　　　　　　（1-1）

BD10265 號　龍樹菩薩傳　　　　　　　　　　　　　　（1-1）

一 觀 ⋯ 品弟五
間曰六種吾有

露埋霞故星觀宏開寶
珎拾銅紫府以騰文登八
望巖取氣宣遊金闕
冊業契仙司

BD10267 號　佛名經（十二卷本）卷一　　　　　　　　　　　　　　　　　　　　　　（1-1）

BD10268 號　妙法蓮華經卷六　　　　　　　　　　　　　　　　　　　　　　　　　（1-1）

BD10269 號　大智度論卷二四　　　　　　　　　　　　　　　　　　　　（1-1）

BD10270 號　大般涅槃經（北本）卷九　　　　　　　　　　　　　　　　（1-1）

聞如是一時佛
時世尊告諸比丘立我人
清信士
尊今有四法
郡之眾天上人中

BD10271 號　增壹阿含經卷一八　　　　　　　　　　　　　　（1-1）

大般涅槃經卷第十二
佛告迦葉善哉善哉
是義善男子一切眾生
是故我所說苦目興

BD10272 號　大般涅槃經（北本）卷一三　　　　　　　　　（1-1）

BD10273 號　瑜伽師地論分門記　　　　　　　　　　　　　　　　　　（1-1）

BD10274 號　大辯邪正經　　　　　　　　　　　　　　　　　　　　　（1-1）

須菩提於意云何如來
菩提邪如來有所説去
耶所説義無有定法也
提亦无有定法如來可言
法皆不可取不可説非法非非法
一切賢聖皆以无爲法而有差別
須菩提於意云何若人滿三千大
寶以用布施是人所得福德寧為

BD10275號 金剛般若波羅蜜經 (1-1)

日道人不
養明日來者勿復
於殿下坐喫惡斯米虽以口
日當去王説是時賓祇不悦
于學來

BD10276號 孝經抄 (1-1)

BD10277 號　未曾有因緣經　　　　　　　　　　　　　　　　　　　（1-1）

BD10278 號　金剛般若波羅蜜經　　　　　　　　　　　　　　　　　（1-1）

BD10279 號　妙法蓮華經卷六　　　　　　　　　　　　　　　　　　　　　　　　（1-1）

BD10281 號　金剛般若波羅蜜經　　　　　　　　　　　　　　　　　　　　　　　（1-1）

BD10282 號　金光明最勝王經卷一　　　　　　　　　　　　　　　　　　　　　　（1-1）

BD10283 號　天地八陽神咒經　　　　　　　　　　　　　　　　　　　　（1-1）

知我等深
定富樓那
入中最為
持助宣我法
佛之正法

BD10284 號　妙法蓮華經卷四　　　　　　　　　　　　　　　　　　　　（1-1）

BD10285號　佛經簽條（擬）　　　　　　　　　　　　　　　　　　　　（1-1）

BD10286號　灌頂章句拔除過罪生死得度經　　　　　　　　　　　　　　（1-1）

BD10287 號　大般涅槃經（北本）卷八　　　　　　　　　　　　（1-1）

BD10288 號　妙法蓮華經卷一　　　　　　　　　　　　　　　（1-1）

BD10289 號　妙法蓮華經卷三　　　　　　　　　　　　　　　　　　（1-1）

BD10290 號　大般涅槃經（北本）卷二一　　　　　　　　　　　　　（1-1）

BD10291號　大方廣佛華嚴經（唐譯八十卷本）卷八〇　　　　　　　　　　　　　　（1-1）

BD10292號　受八關齋戒文（擬）　　　　　　　　　　　　　　　　　　　　　（1-1）

BD10293 號　佛名經殘片（擬）　　　　　　　　　　　　　　　　　　　　　　　　（1-1）

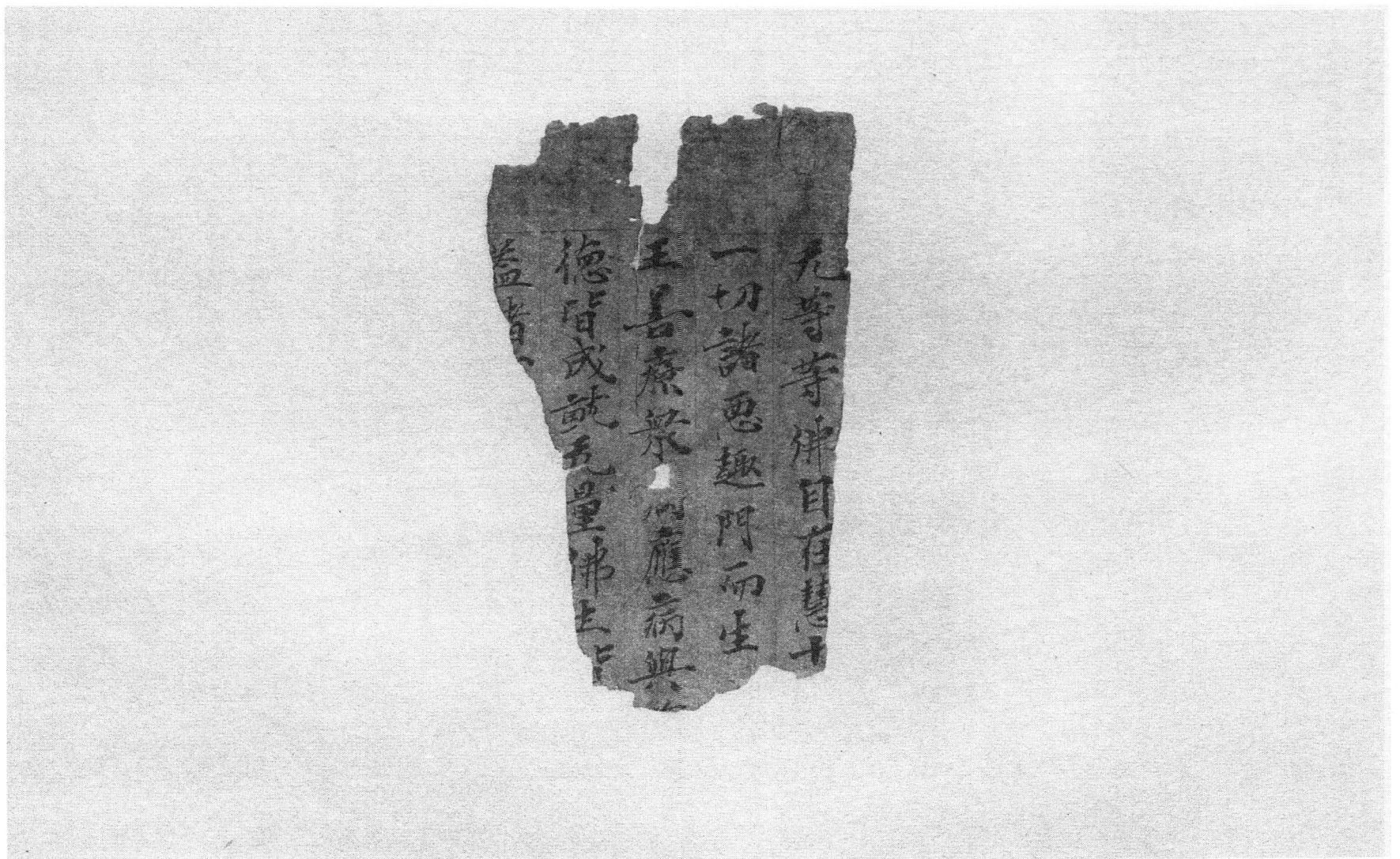

BD10294 號　維摩詰所說經卷上　　　　　　　　　　　　　　　　　　　　　　　　（1-1）

BD10295 號　妙法蓮華經卷六 （1-1）

BD10296 號　天地八陽神咒經 （1-1）

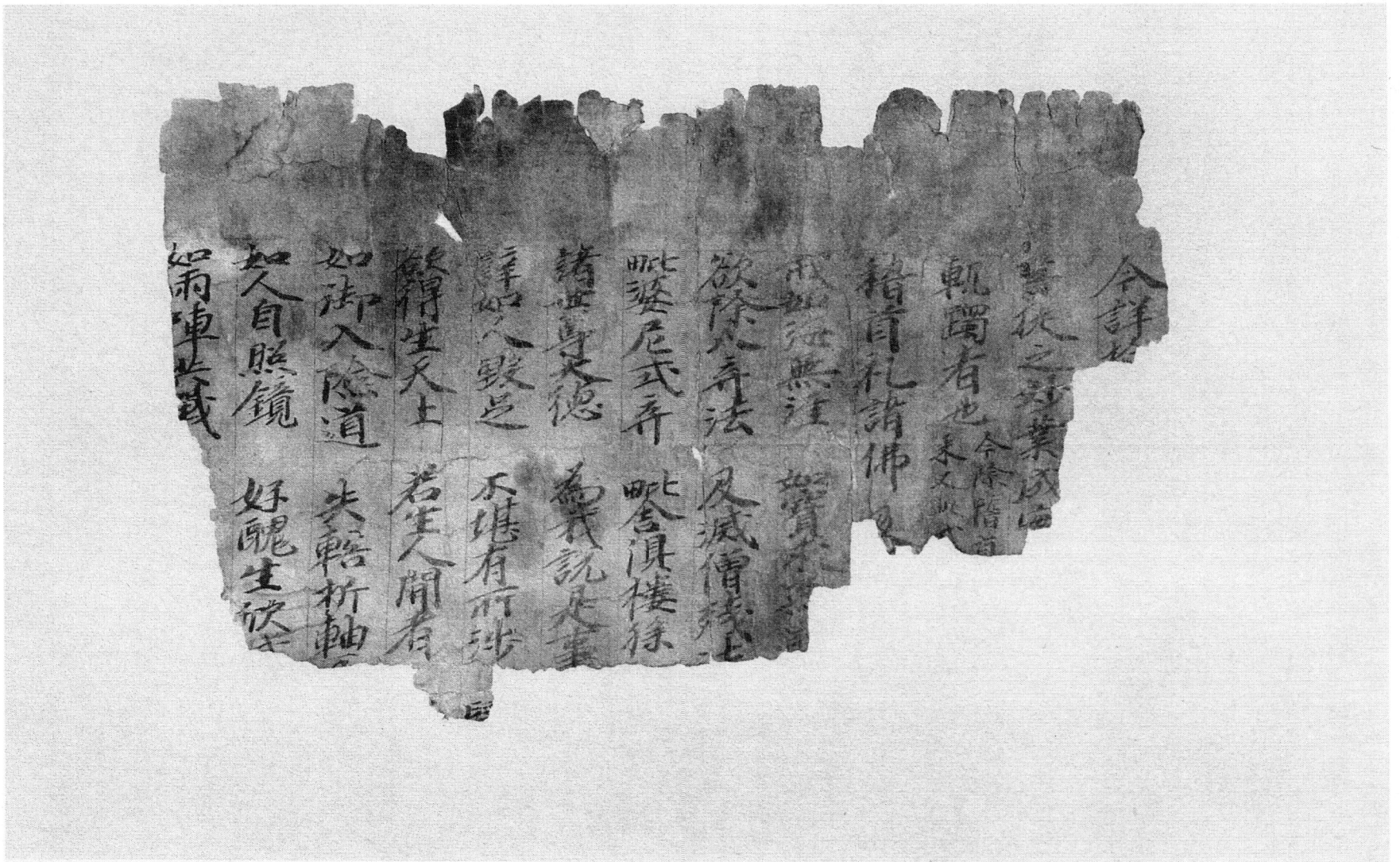

BD10297 號　四分比丘尼戒本　　　　　　　　　　　　　　　　　　　　（1-1）

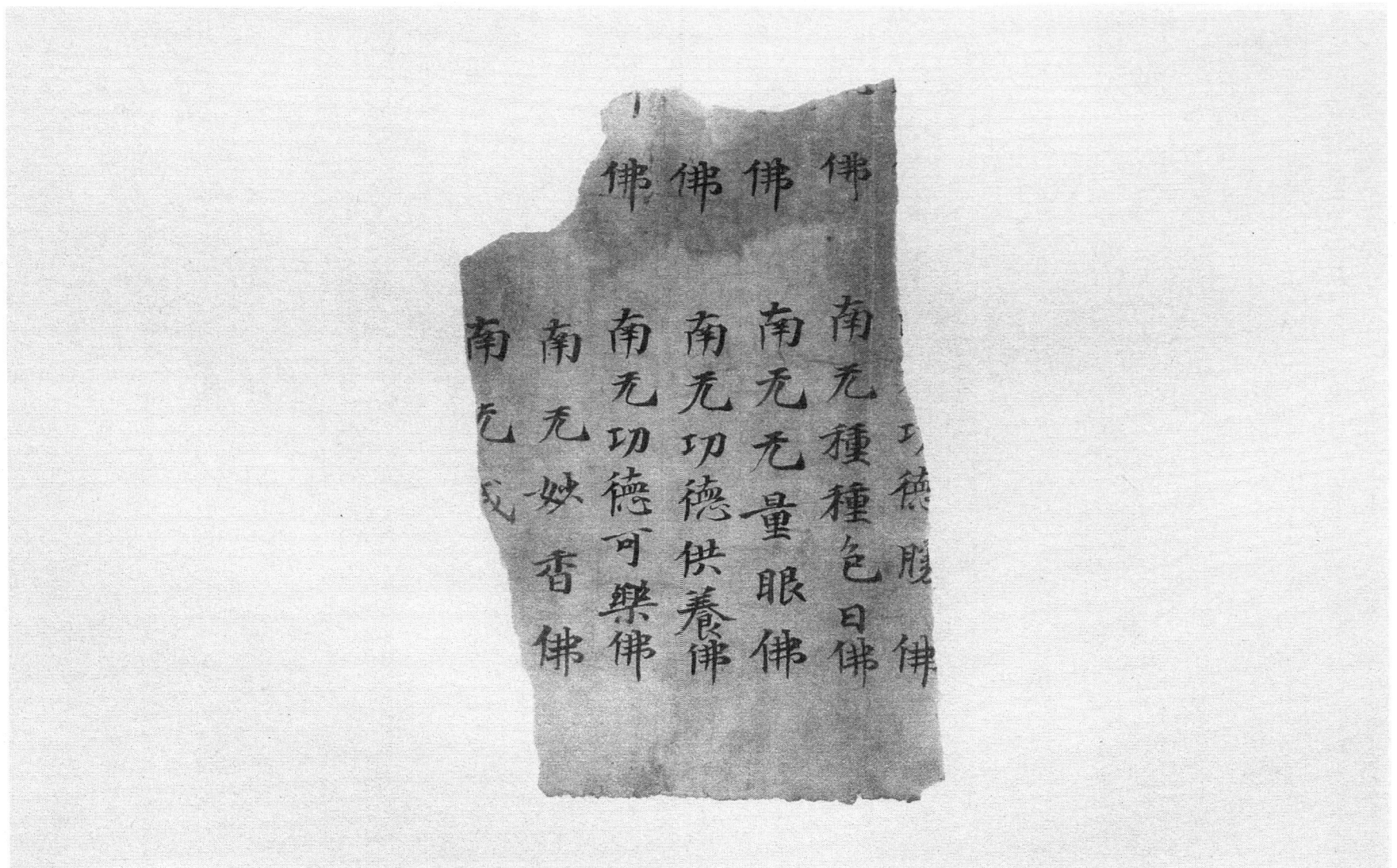

BD10298 號　佛名經（十六卷本）卷一三　　　　　　　　　　　　　　　　（1-1）

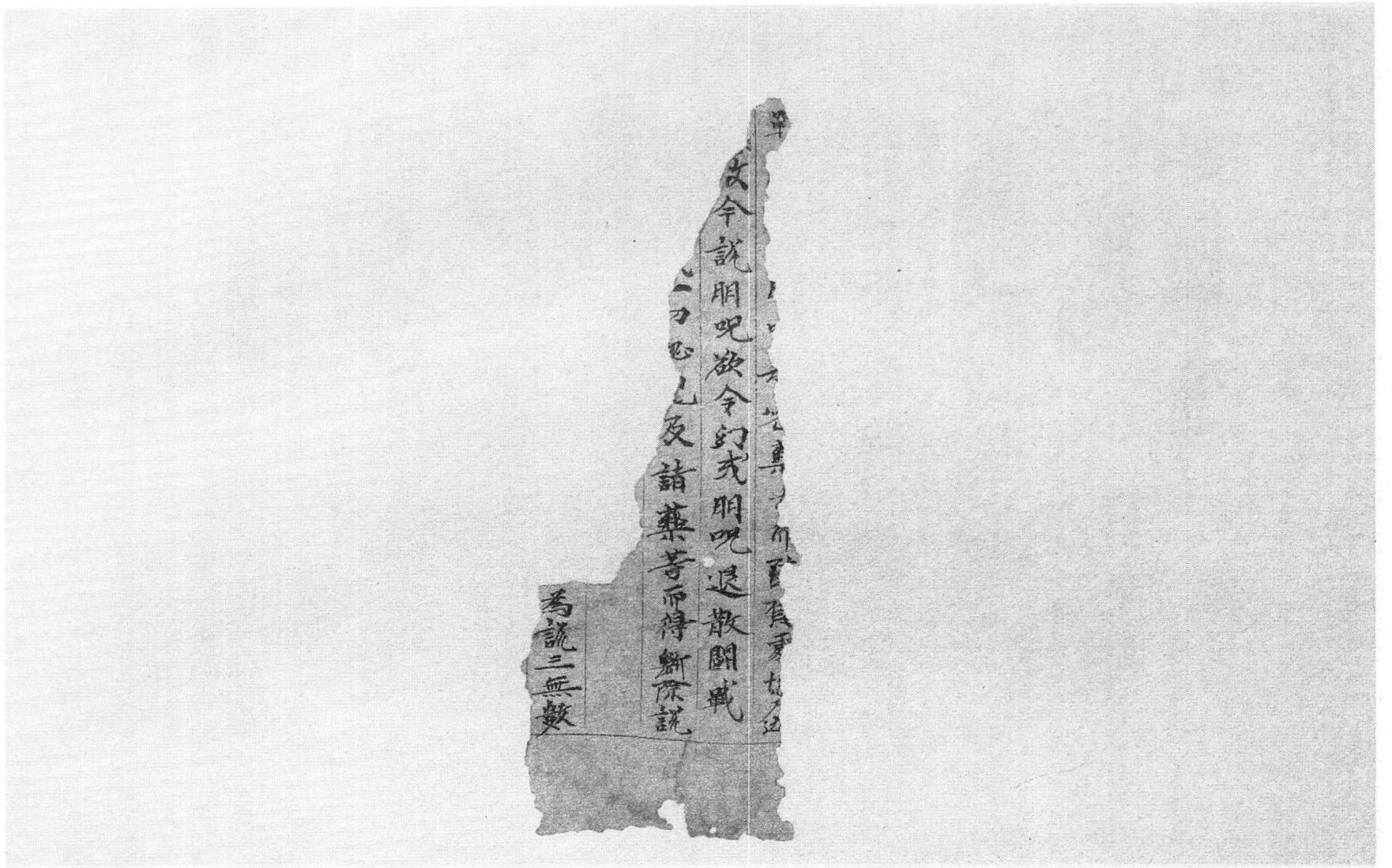

BD10299 號　金有陀羅尼經 （1-1）

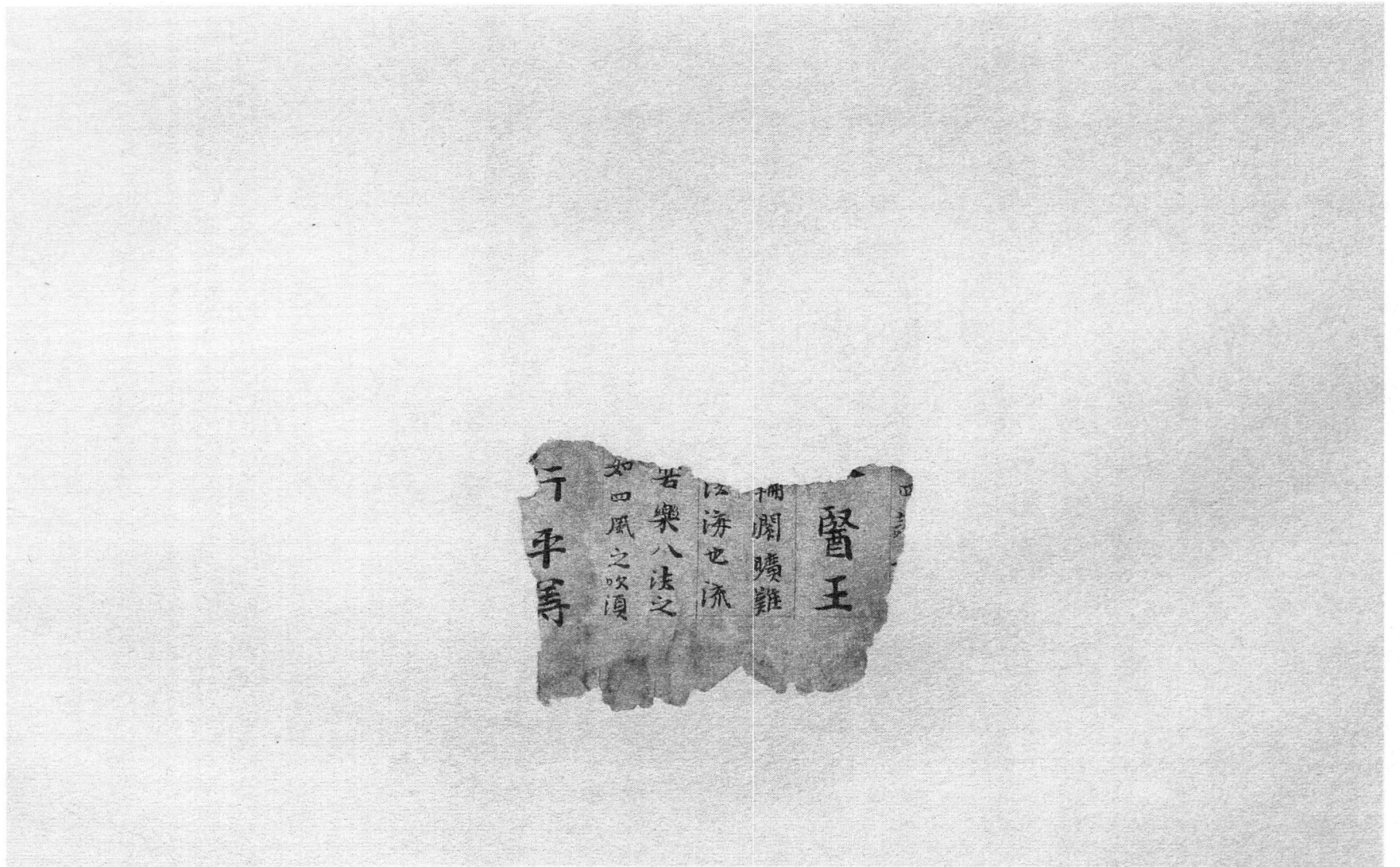

BD10300 號　注維摩詰經卷一 （1-1）

轉讀此經然七層之燈縣五色續
或有是處康神識得還如在夢中
見或經七日或二十一日或三十五日或
識還時如從夢覺皆自憶知
報由自證見業果報救
惡之業是故淨信
藥師瑠璃光
菩薩曰
尊

BD10301 號　藥師琉璃光如來本願功德經　　　　　　　　　　　　（1-1）

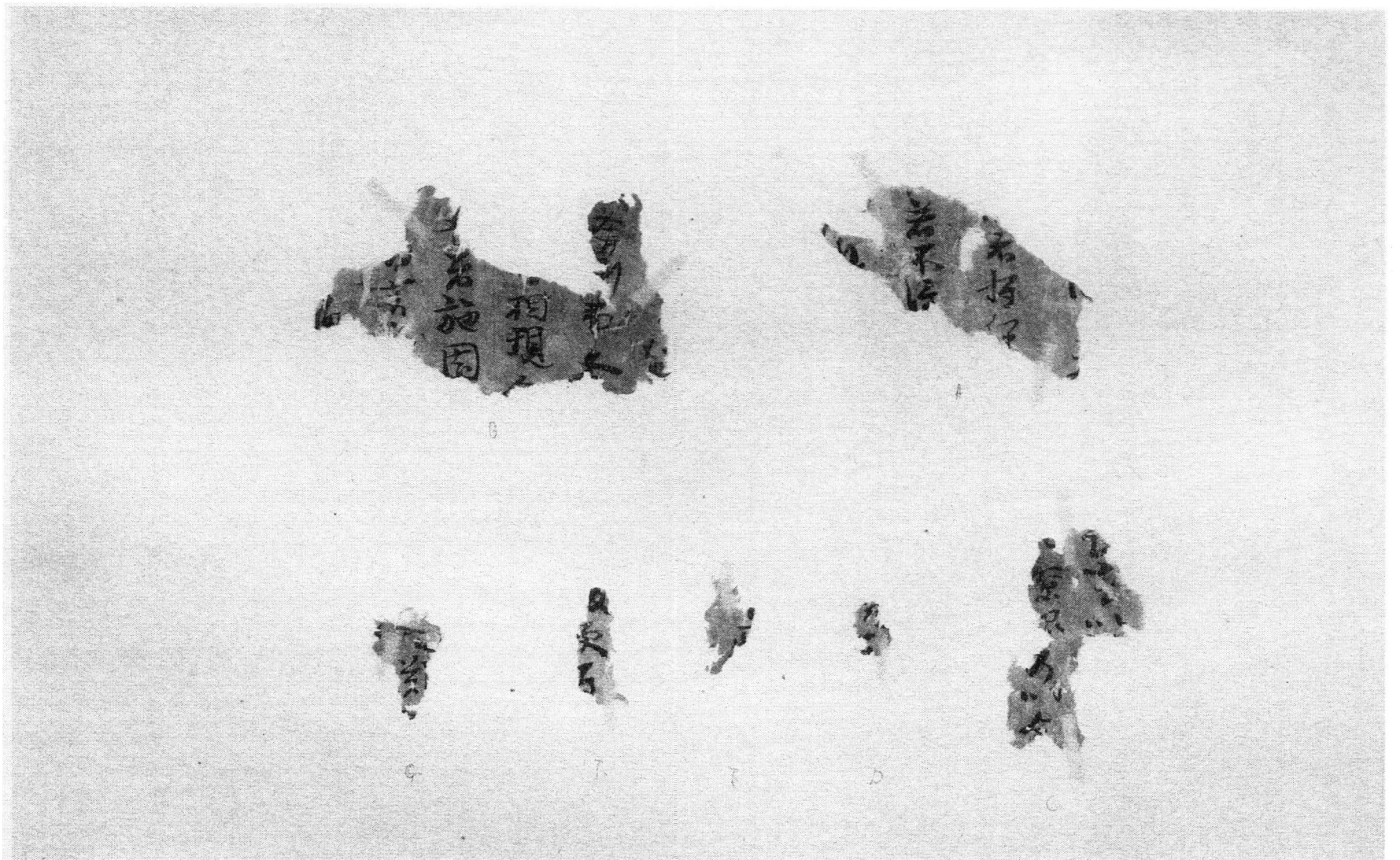

BD10302 號　佛典殘片七塊（擬）　　　　　　　　　　　　　　（1-1）

231

BD10303 號　金剛般若波羅蜜經　　　　　　　　　　　　　　　　　　　（1-1）

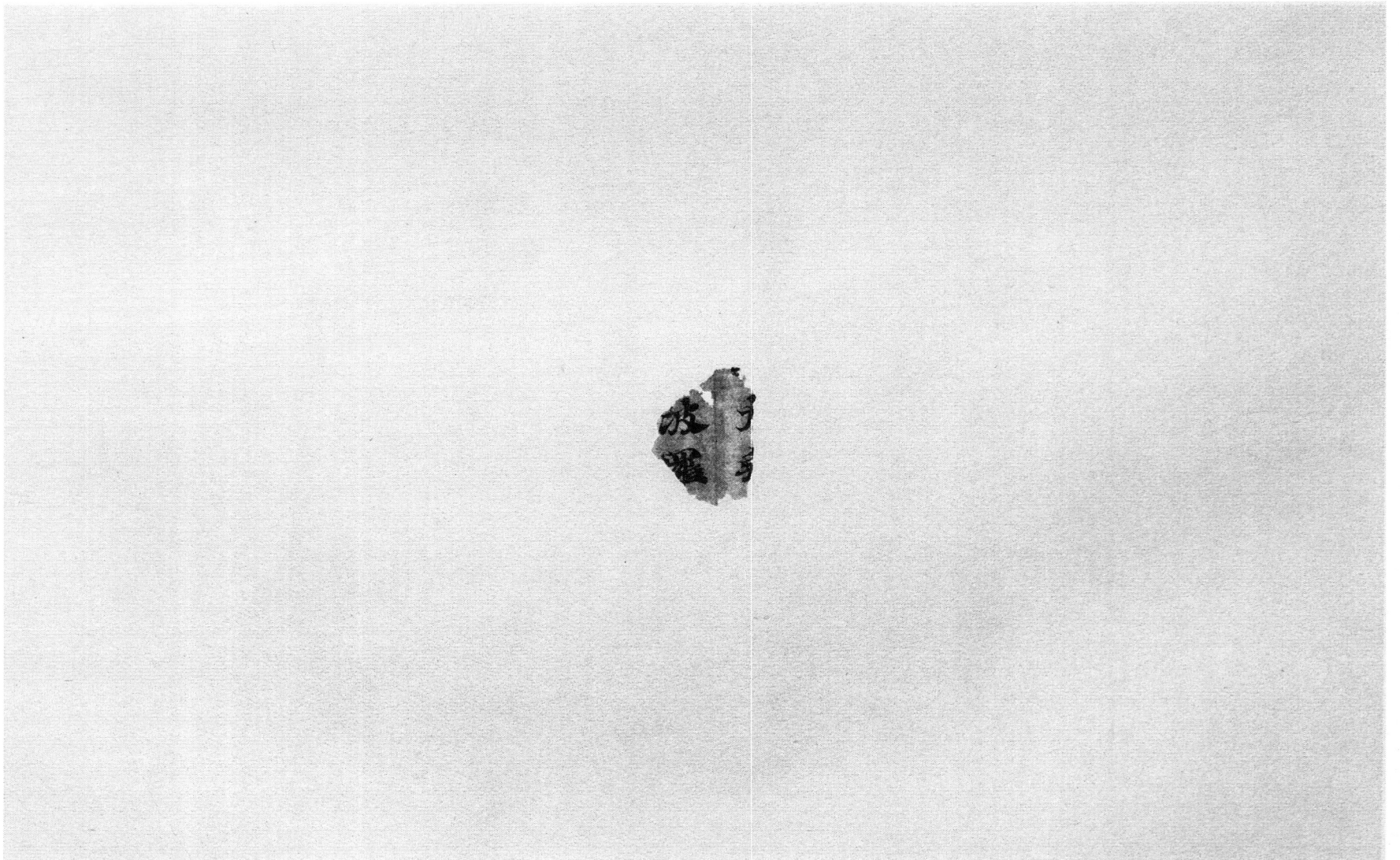

BD10304 號　佛典殘片（擬）　　　　　　　　　　　　　　　　　　　　（1-1）

BD10305 號　佛典殘片（擬）　　　　　　　　　　　　　　　　　　　　　　　　　（1-1）

BD10306 號　某年給冬衣狀殘片（擬）　　　　　　　　　　　　　　　　　　　　（1-1）

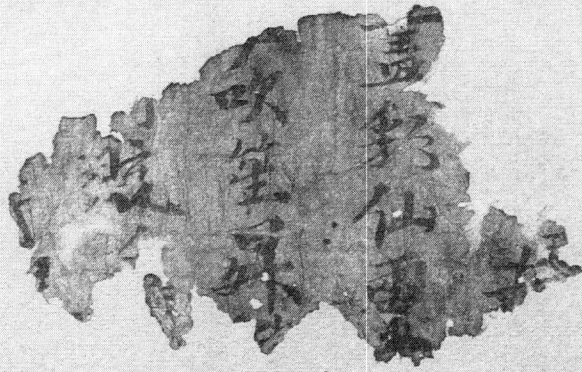

BD10307 號　千字文　　　　　　　　　　　　　　　　　　　　　　　　　　　　　（1-1）

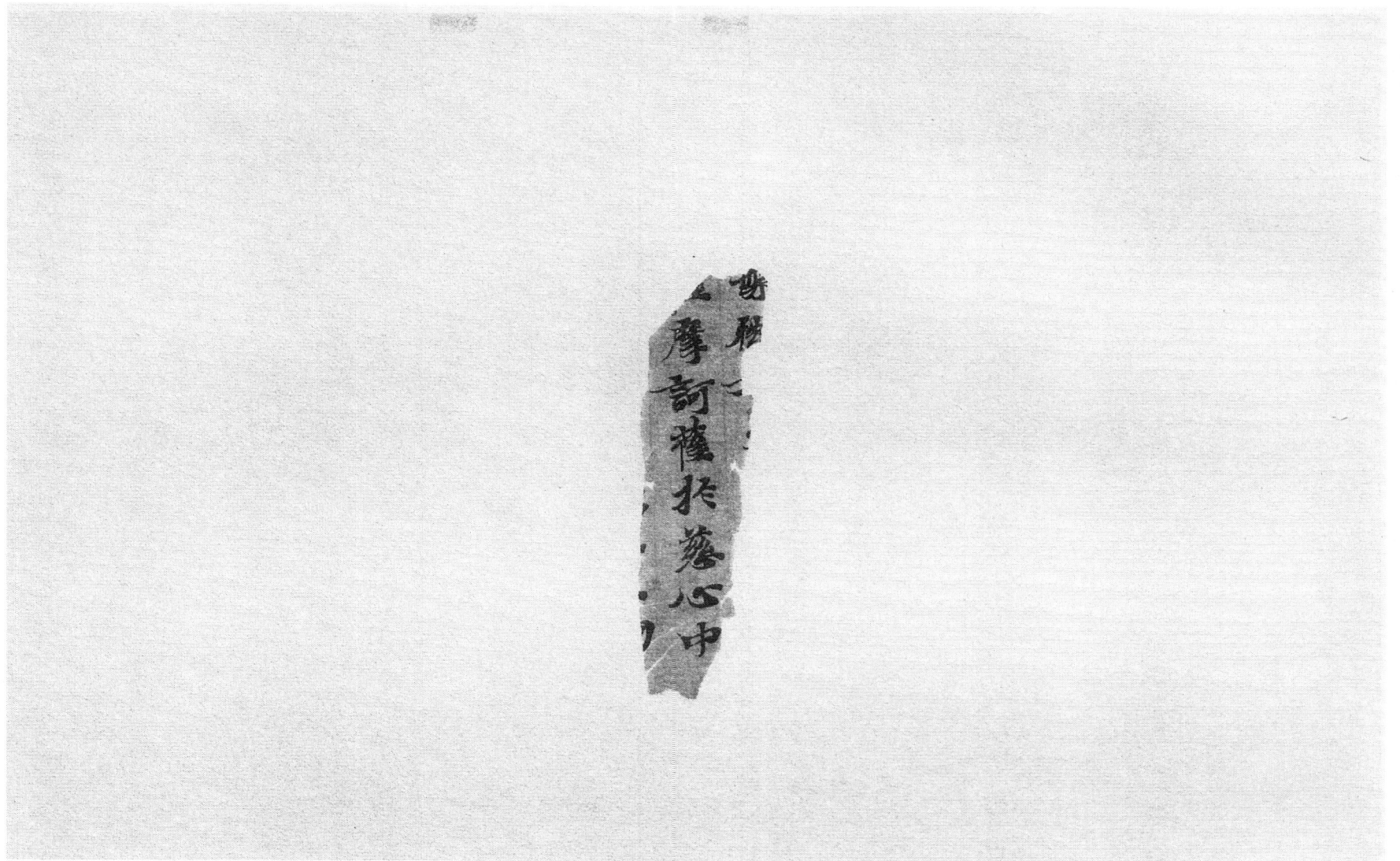

BD10308 號　大般涅槃經（北本）卷一五　　　　　　　　　　　　　　　　（1-1）

BD10309 號　大般涅槃經（北本）卷四　　　　　　　　　　　　　　　　（1-1）

BD10310 號　佛典殘片（擬）　　　　　　　　　　　　　　　　　　　　　　　（1-1）

BD10311 號　四分律卷三四　　　　　　　　　　　　　　　　　　　　　　　（1-1）

BD10312 號　大般涅槃經（北本）卷一五　　　　　　　　　　　　　　　（1-1）

BD10313 號　妙法蓮華經卷七　　　　　　　　　　　　　　　　　　　　（1-1）

不壞不
菩提

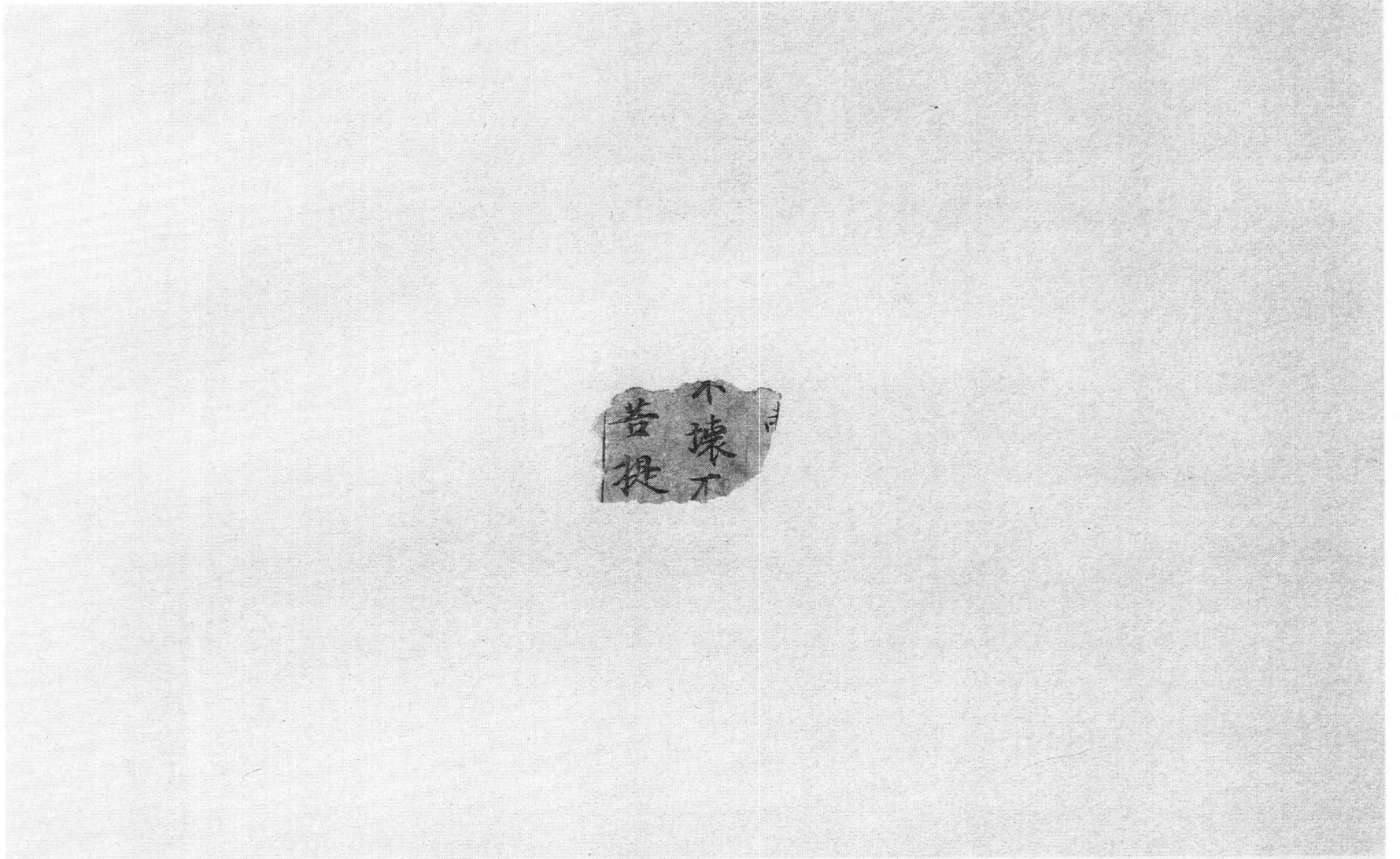

BD10314 號　大寶積經卷九四

（1-1）

BD10315 號　無量壽宗要經

（1-1）

大般若波羅蜜多經卷第二百七十四
初分難信解品第三十四之九十二

善現一切智智

BD10316 號　大般若波羅蜜多經卷二七四　　　　　　　　　　　　　（1-1）

BD10319 號　大般若波羅蜜多經卷一八一　　　　　　　　　　　　（1-1）

BD10320 號　佛名經（十六卷本）卷一三　　　　　　　　　　　　（1-1）

BD10321 號　妙法蓮華經卷五　　　　　　　　　　　　　　　　（1-1）

BD10322 號　佛典殘片（擬）　　　　　　　　　　　　　　　　（1-1）

BD10323 號　大般涅槃經（北本）卷一五　　　　　　　　　　　　　　　　　　　　　（1-1）

BD10324 號　金剛般若波羅蜜經　　　　　　　　　　　　　　　　　　　　　　　　　（1-1）

BD10325 號　佛典殘片（擬）　　　　　　　　　　　　　　　　　　　　　　　　　（1-1）

BD10326 號　佛典殘片（擬）　　　　　　　　　　　　　　　　　　　　　　　　　（1-1）

BD10327 號　無量壽宗要經

（1-1）

BD10328 號　大乘入楞伽經卷二

（1-1）

BD10329 號　大般若波羅蜜多經卷一一五　　　　　　　　　　　　　　（1-1）

BD10330 號　大般涅槃經（北本）卷一一　　　　　　　　　　　　　　（1-1）

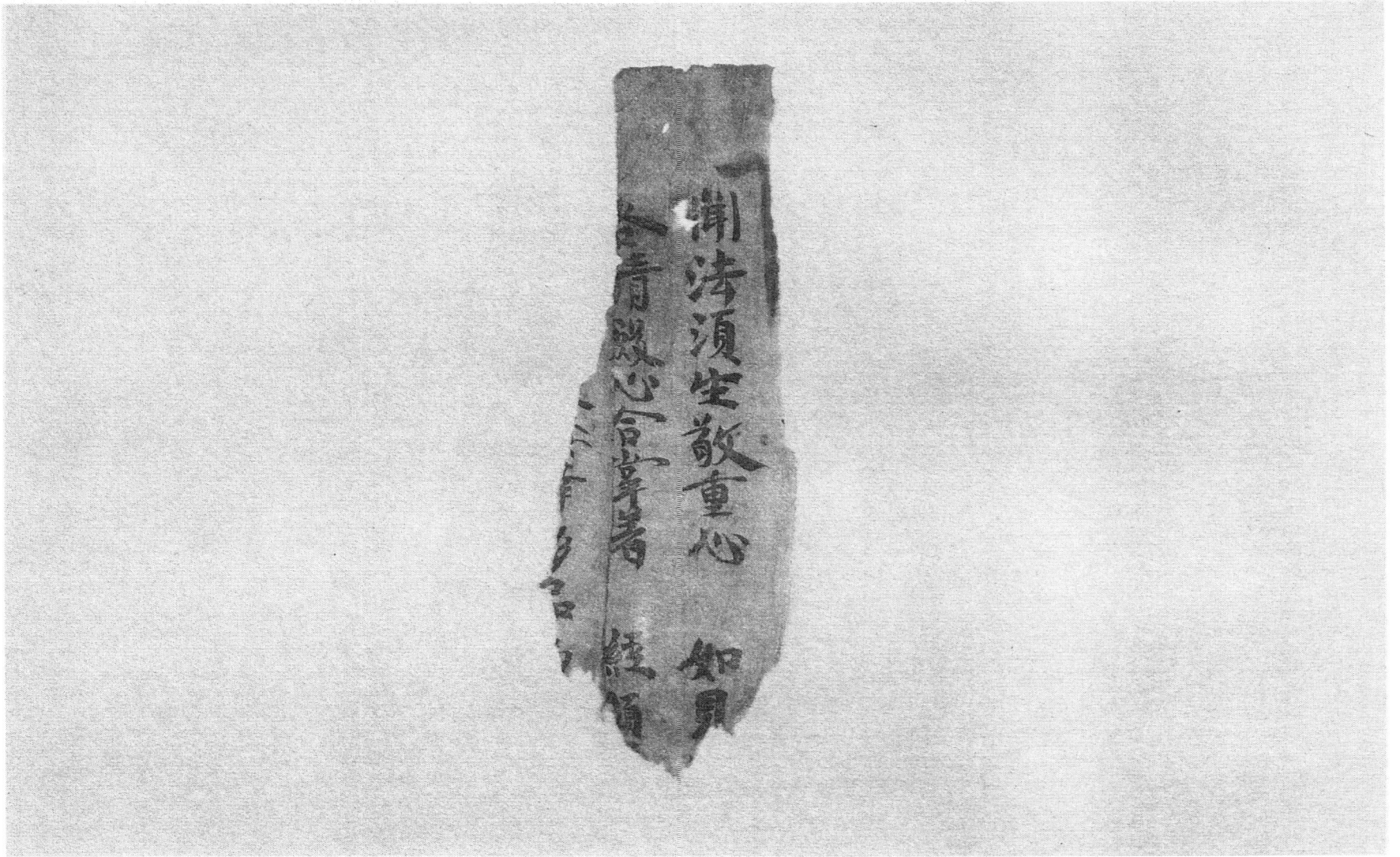

BD10331 號　押座文（擬）　　　　　　　　　　　　　　（1-1）

BD10332 號　大寶積經卷三五　　　　　　　　　　　　　（1-1）

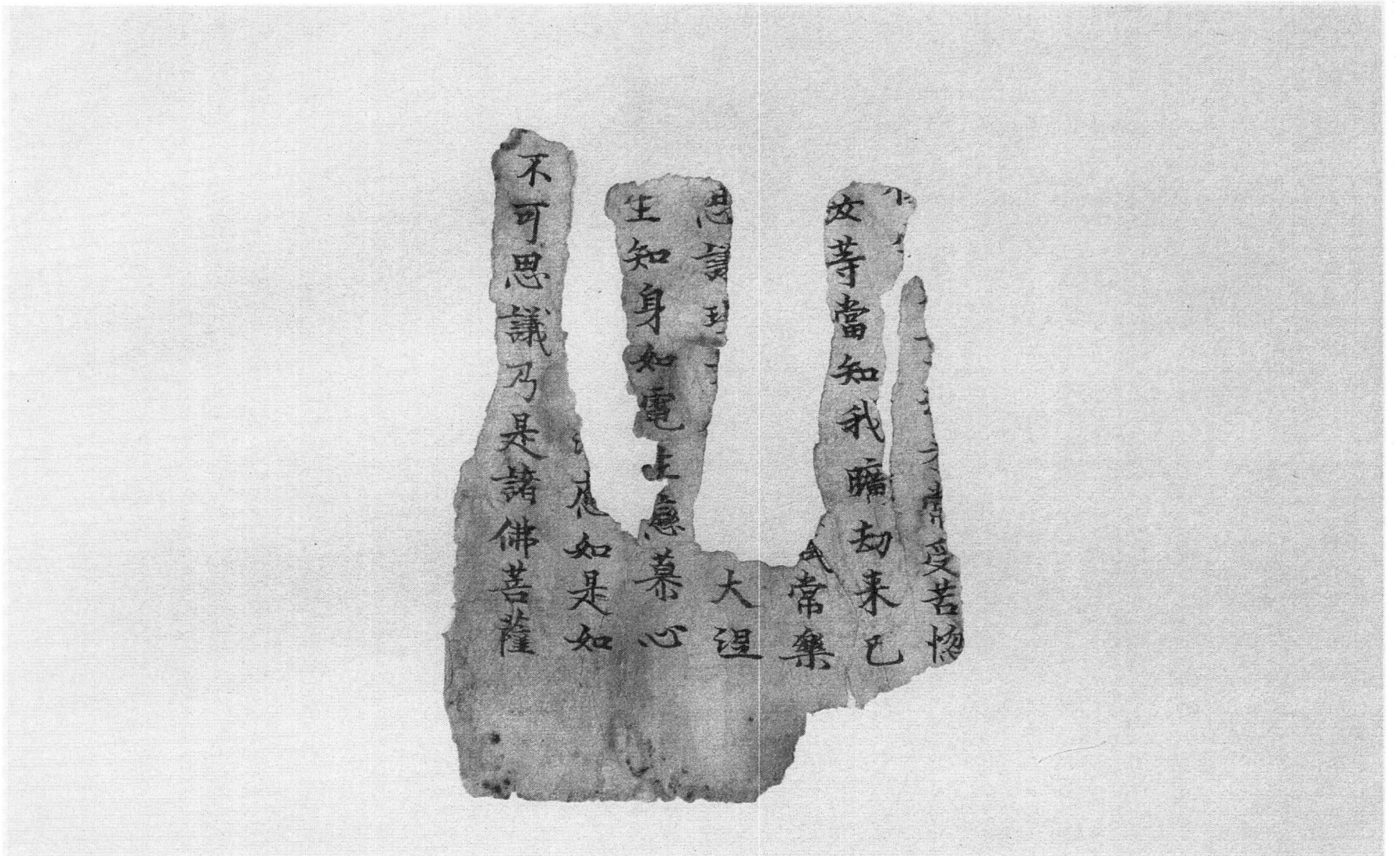

BD10333 號　大般涅槃經後分卷上　　　　　　　　　　　　　　　　　　　　　　（1-1）

BD10334 號　大般若波羅蜜多經卷四九六　　　　　　　　　　　　　　　　　　（1-1）

BD10335 號　占周公八日出行吉凶法（擬）　　　　　　　　　　（1-1）

BD10336 號　仁王般若波羅蜜經卷下　　　　　　　　　　　　（1-1）

BD10337 號　賢劫十方千五百佛名經　　　　　　　　　　（1-1）

BD10338 號　七階佛名經　　　　　　　　　　（1-1）

BD10338 號背　勘記 　　　　　　　　　　　　　　　　　　（1-1）

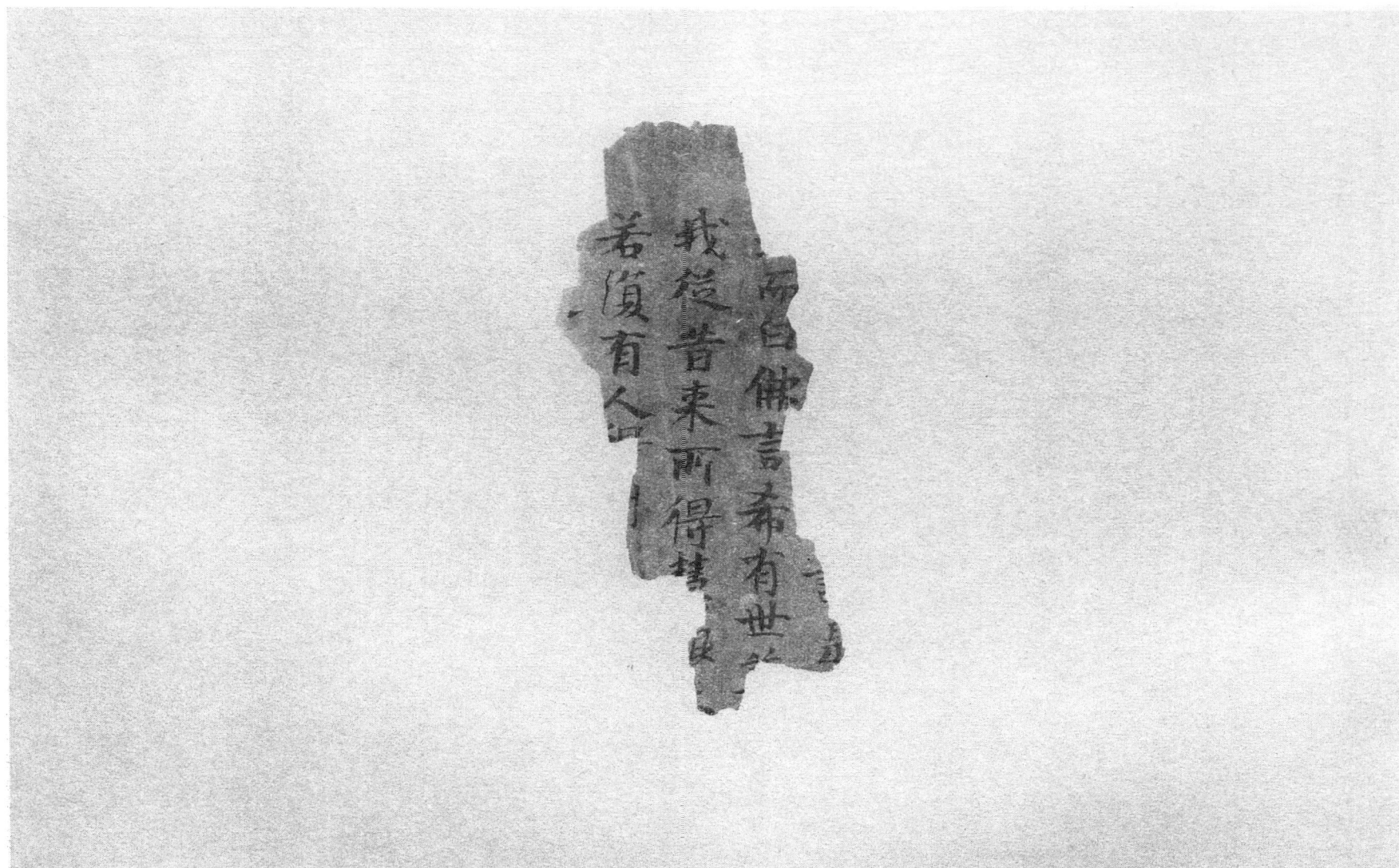

BD10339 號　金剛般若波羅蜜經 　　　　　　　　　　　　　　　　（1-1）

BD10340 號　維摩詰所說經卷中 （1-1）

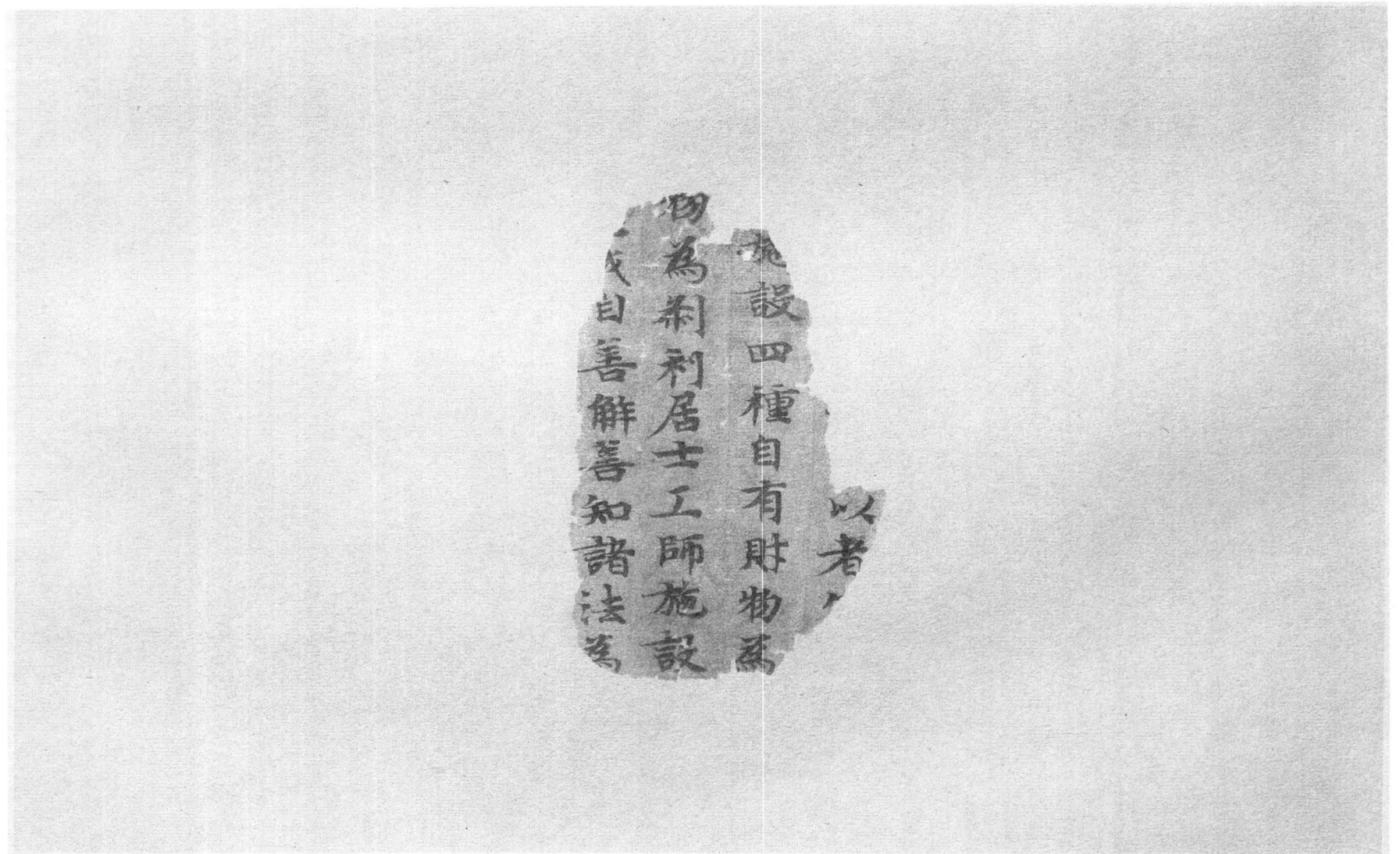

BD10341 號　中阿含經卷三七 （1-1）

名号乃至一時
與扵百千万億
世音菩薩名号

BD10342 號　妙法蓮華經卷七　　　　　　　　　　　　　　　　　（1-1）

四維上下虛空
北菩薩无住相布施
里須菩提菩薩但
可以身目見
時見如

BD10343 號　金剛般若波羅蜜經　　　　　　　　　　　　　　　　（1-1）

BD10344 號　大乘入楞伽經卷二　　　　　　　　　　　　　　　　　　　　　　（1-1）

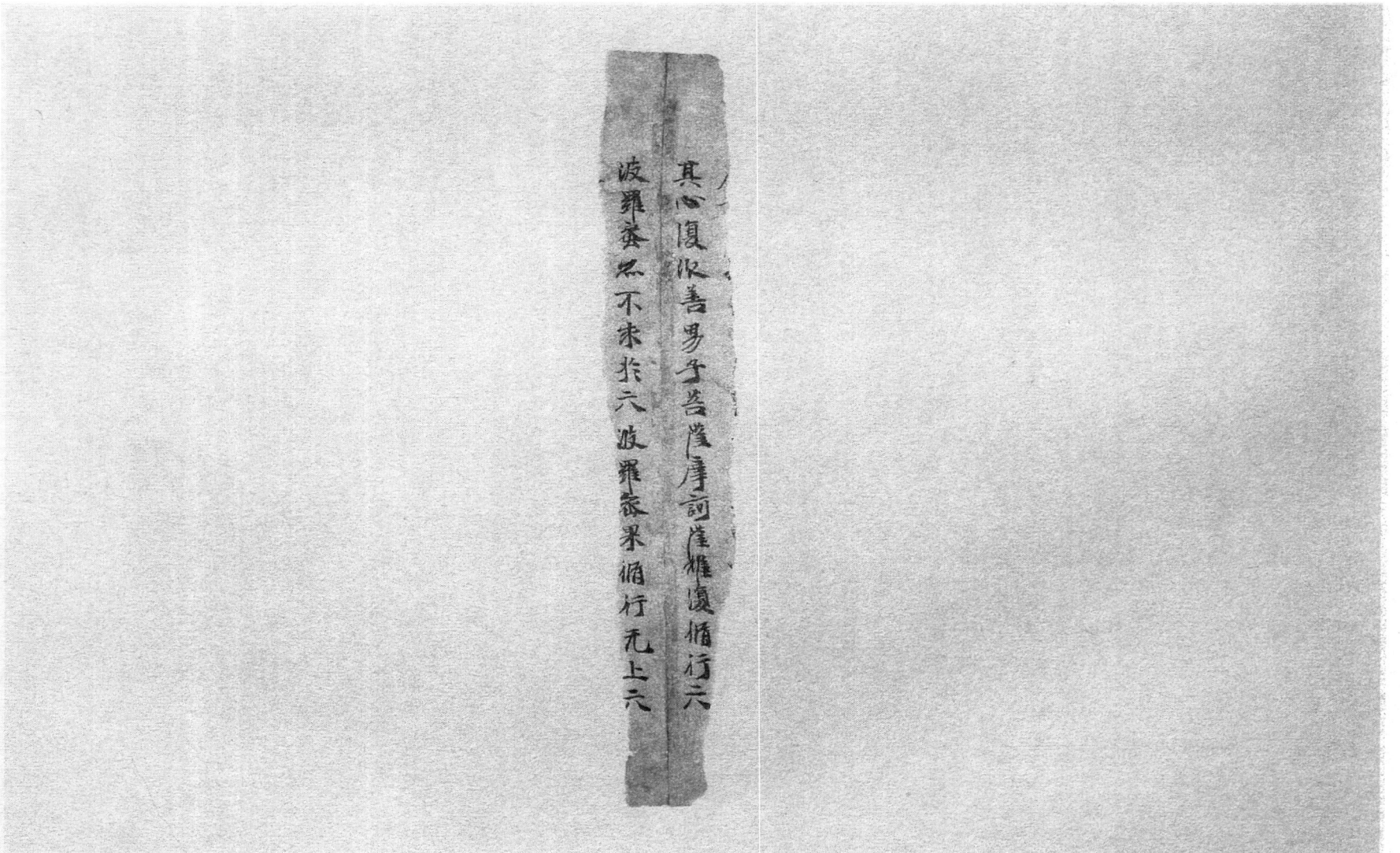

BD10345 號　大般涅槃經（北本）卷三二　　　　　　　　　　　　　　　　　　　（1-1）

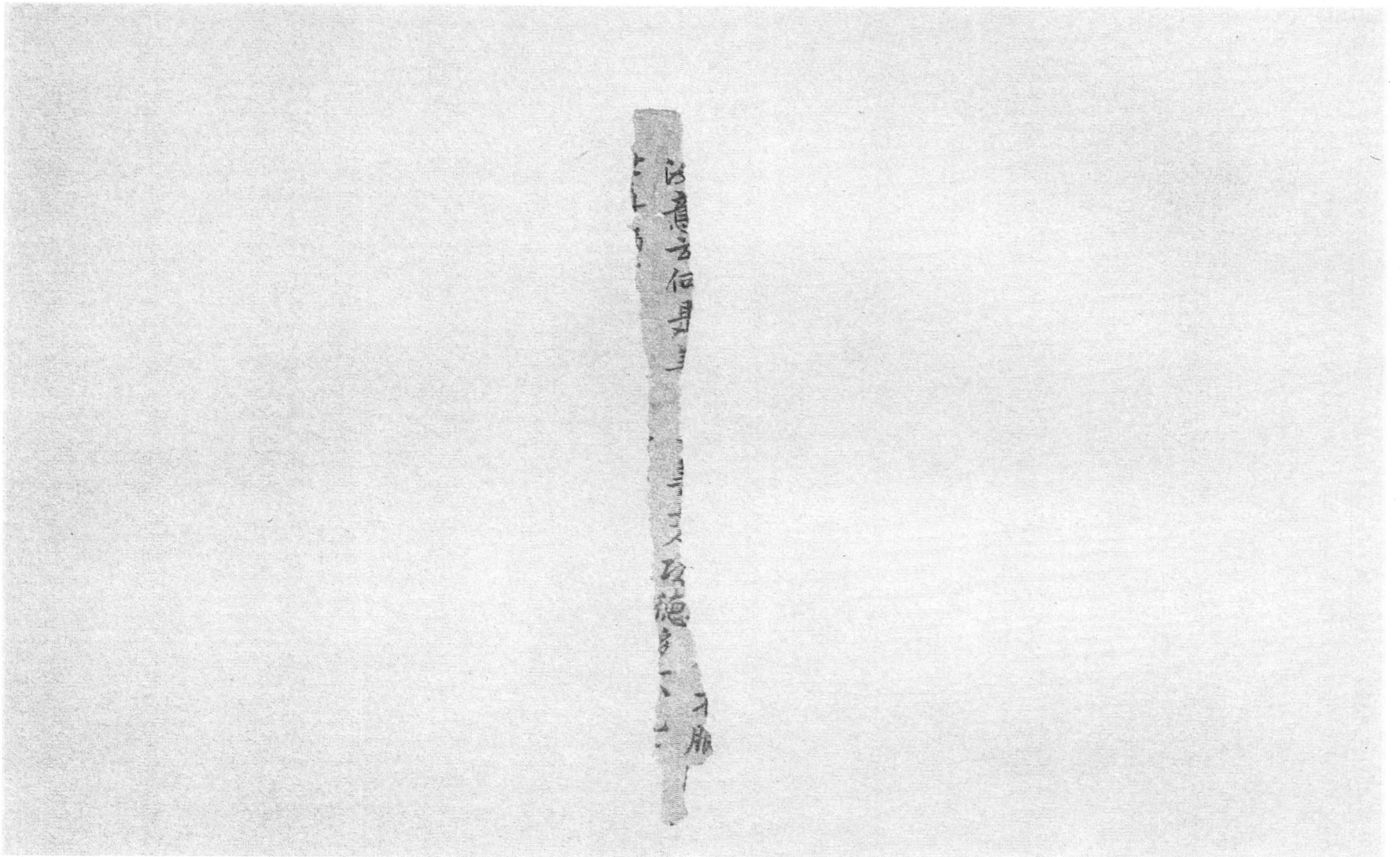

BD10346號　妙法蓮華經卷七　　　　（1-1）

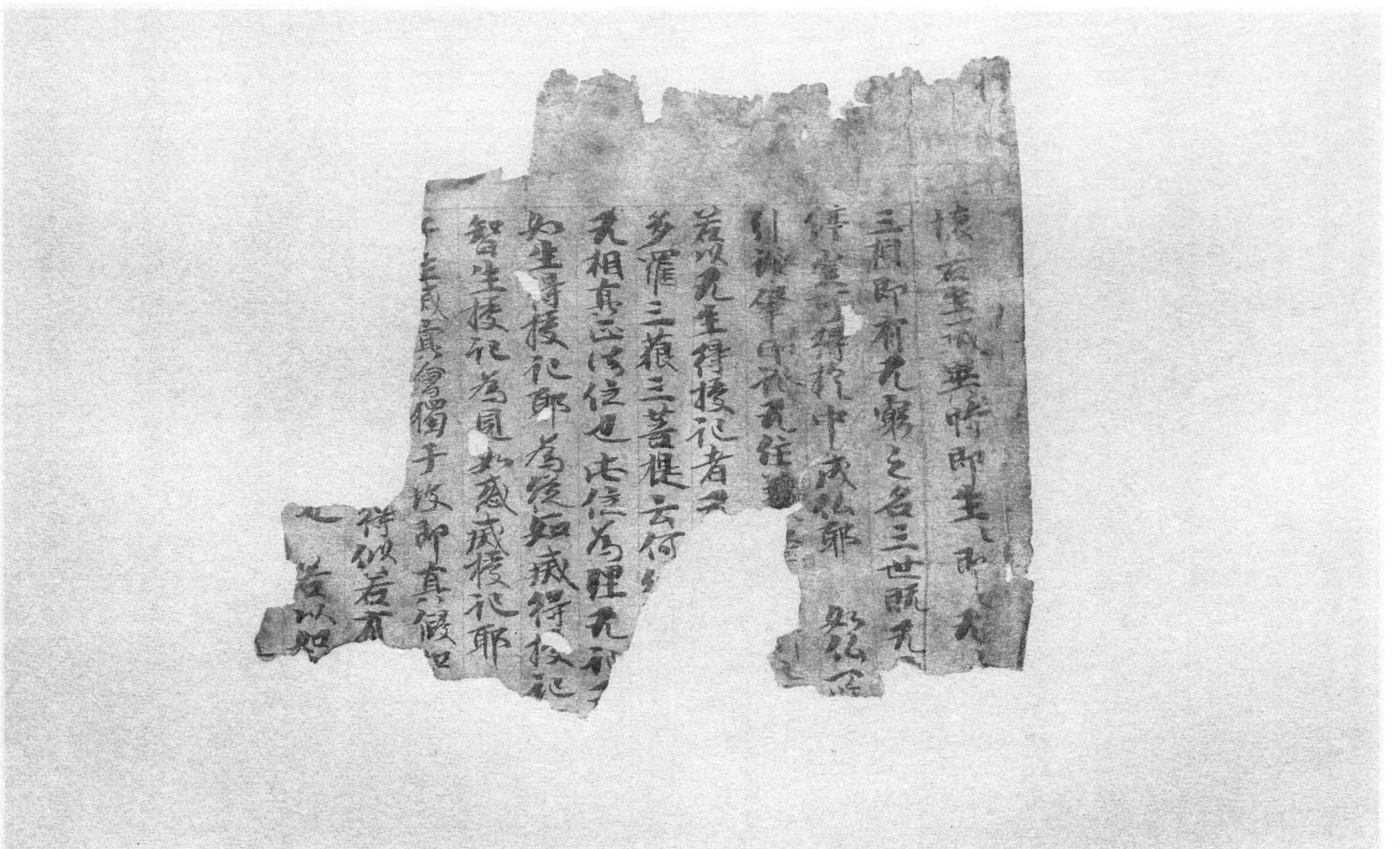

BD10347號　淨名經集解關中疏　　　　（1-1）

BD10348號　金剛般若波羅蜜經　　　　　　　　　　　　　　　　　　　　（1-1）

BD10349號　妙法蓮華經卷五　　　　　　　　　　　　　　　　　　　　　（1-1）

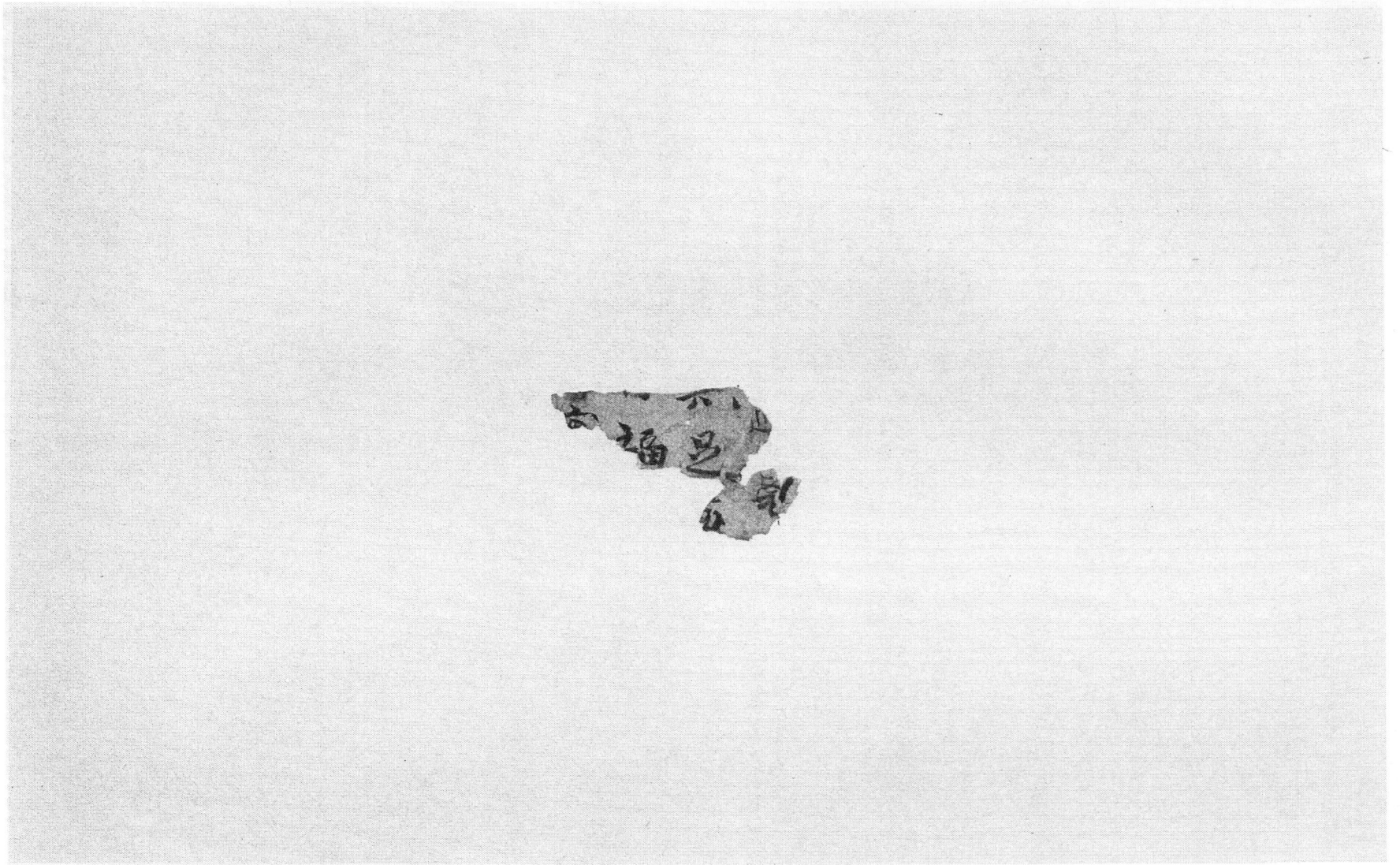

BD10350 號　佛典殘片（擬）　　　　　　　　　　　　　　　　　　　　　　　　　　　（1-1）

BD10351 號　金剛般若波羅蜜經　　　　　　　　　　　　　　　　　　　　　　　　　（1-1）

BD10352 號　金剛般若波羅蜜經　　　　　　　　　　　　　　　　　　　（1-1）

BD10353 號　妙法蓮華經卷五　　　　　　　　　　　　　　　　　　　　（1-1）

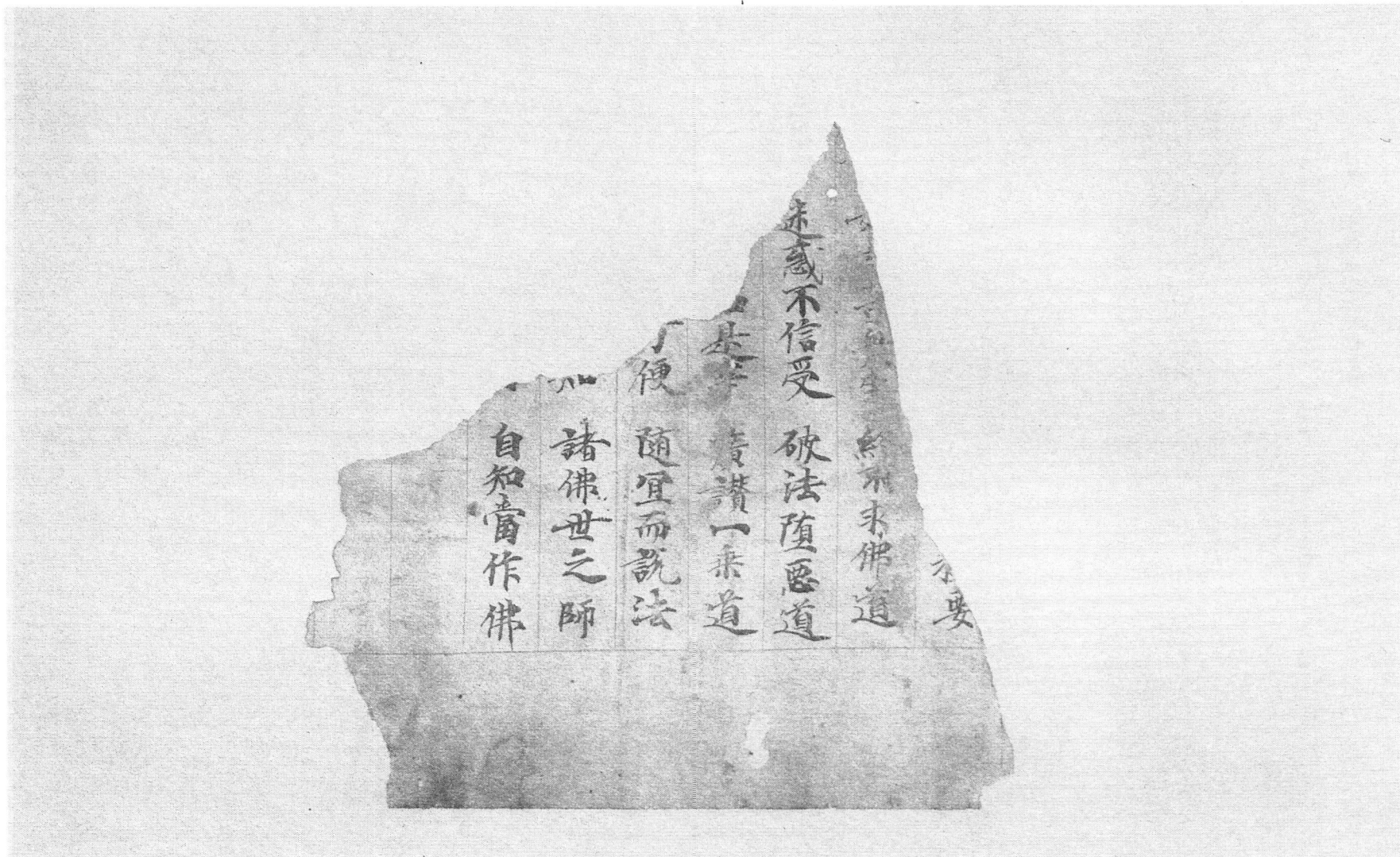

BD10354 號　妙法蓮華經卷一　　　　　　　　　　　　　　　　　　　　　（1-1）

BD10355 號　妙法蓮華經卷七　　　　　　　　　　　　　　　　　　　　　（1-1）

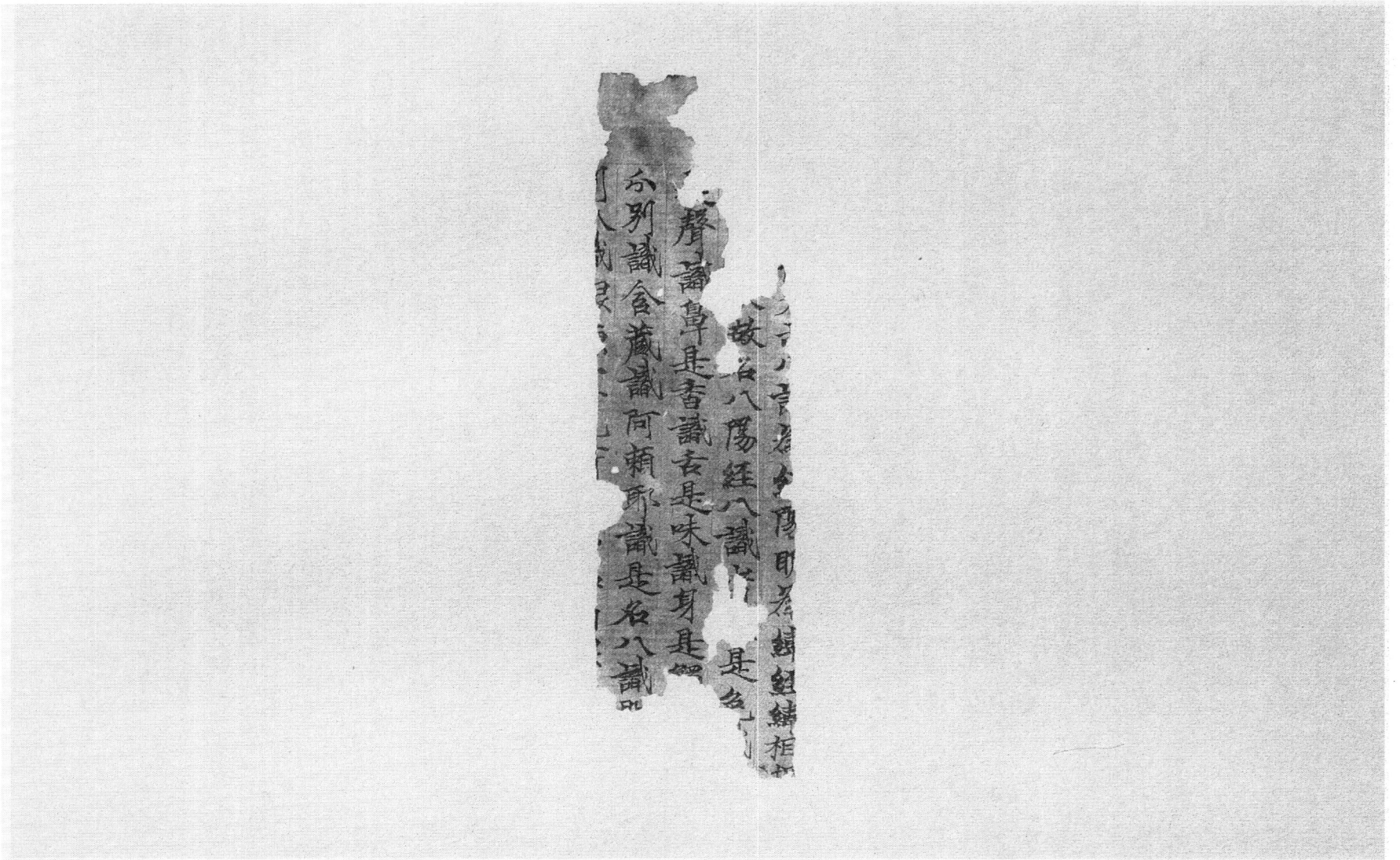

BD10356 號　天地八陽神咒經　　　　　　　　　　　　　　　　　　　　　（1-1）

BD10357 號　佛頂尊勝陀羅尼經（佛陀波利本）　　　　　　　　　　　　　（1-1）

BD10358 號　習字雜寫（擬）　　　　　　　　　　　　　　　　　　　　　（1-1）

BD10358 號背　　　　　　　　　　　　　　　　　　　　　　　　　　　　（1-1）

今為淨故施与僧

轉淨故施与

BD10359 號　羯磨（擬）　　　　　　　　　　　　　　　　　　（1-1）

左右恒持日月旗

於此時中當供養

見有關戰心常路

BD10360 號　金光明最勝王經卷七　　　　　　　　　　　　　（1-1）

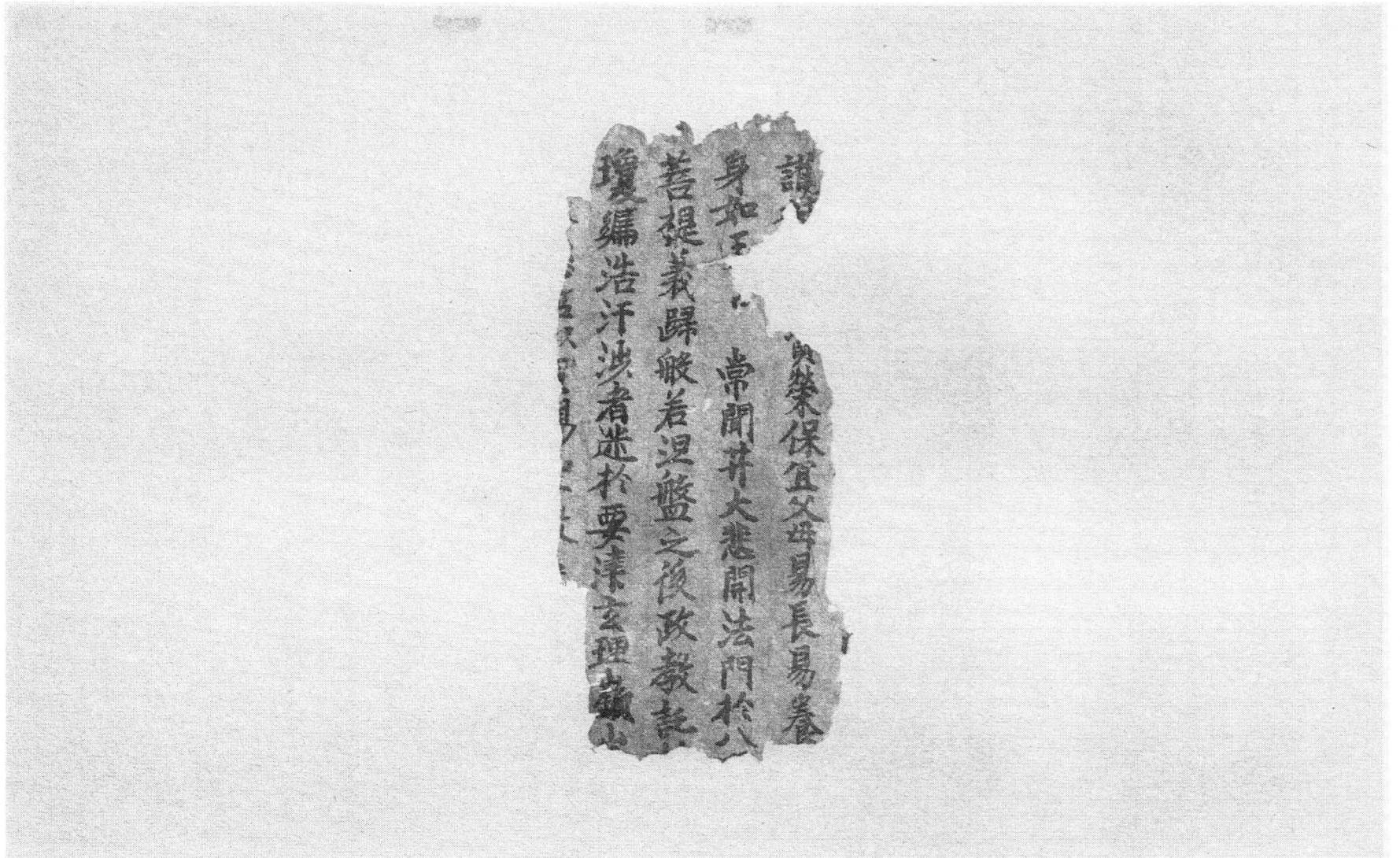

BD10361 號　齋願文（擬）　　　　　　　　　　　　　　（1-1）

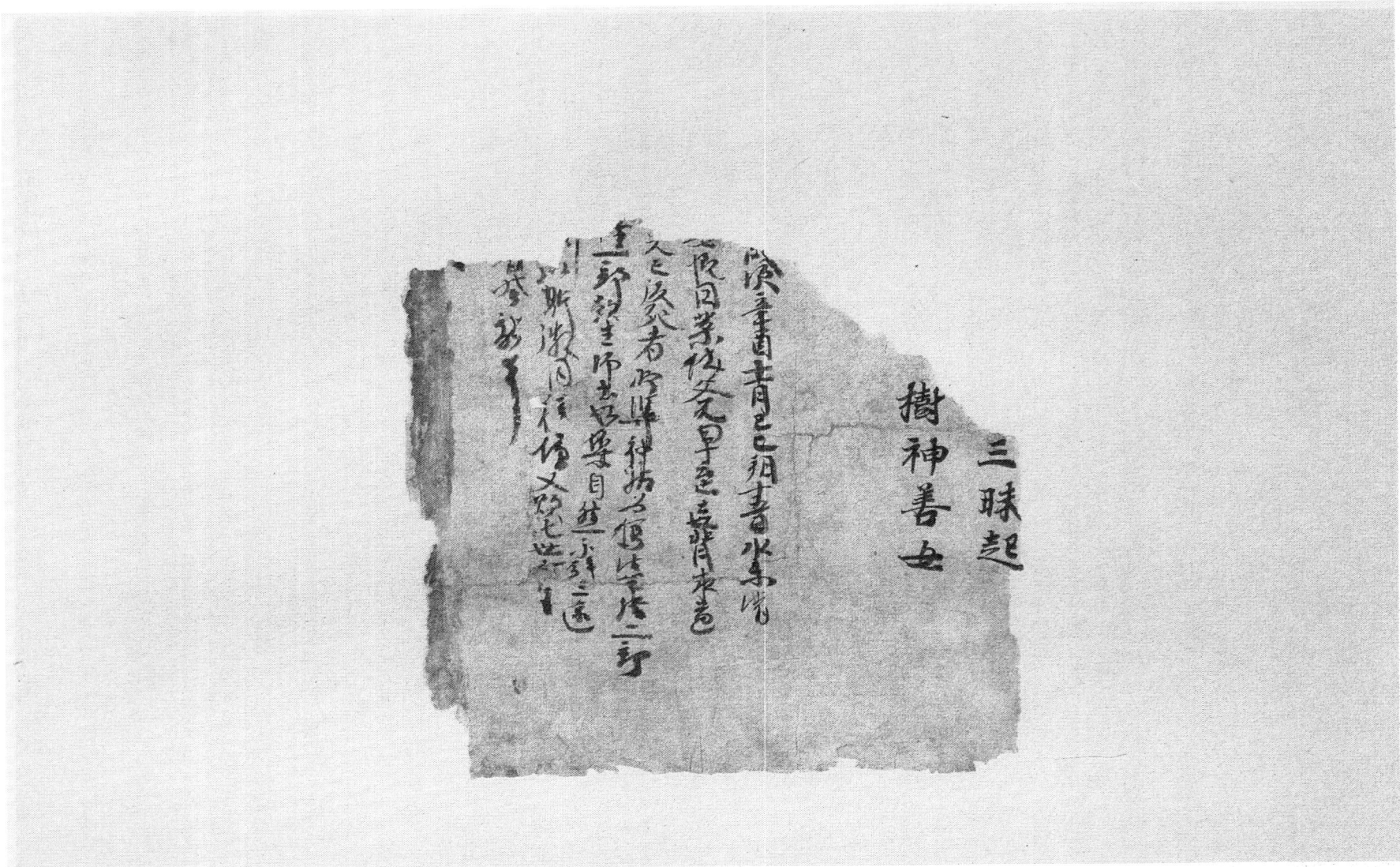

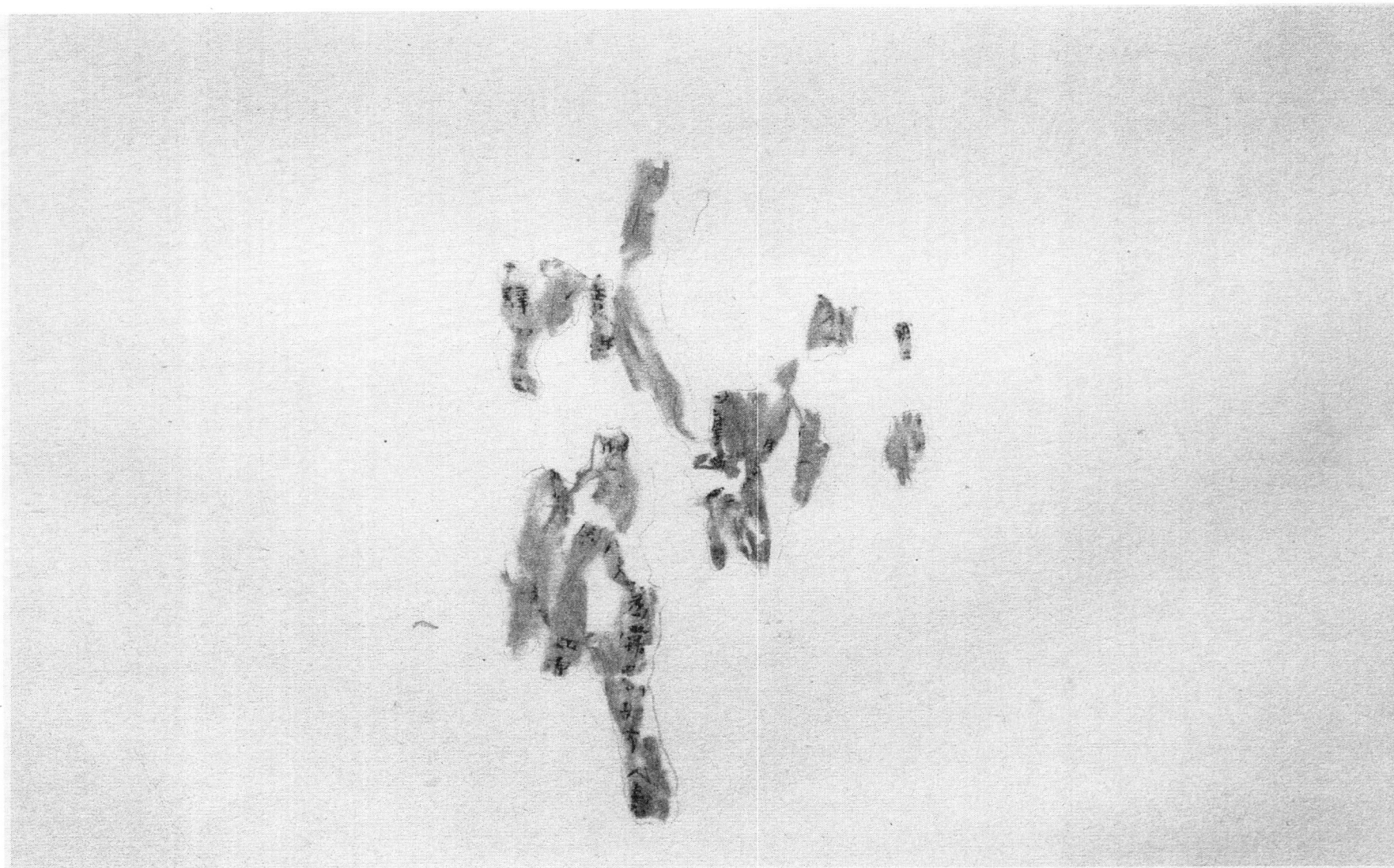

BD10365號　妙法蓮華經卷六　　　　　　　　　　　　　　　（1-1）

BD10366號　大般若波羅蜜多經卷三九〇　　　　　　　　　（1-1）

BD10367 號　金光明最勝王經卷四　　　　　　　　　　　　（1-1）

BD10368 號　妙法蓮華經卷七　　　　　　　　　　　　　　（1-1）

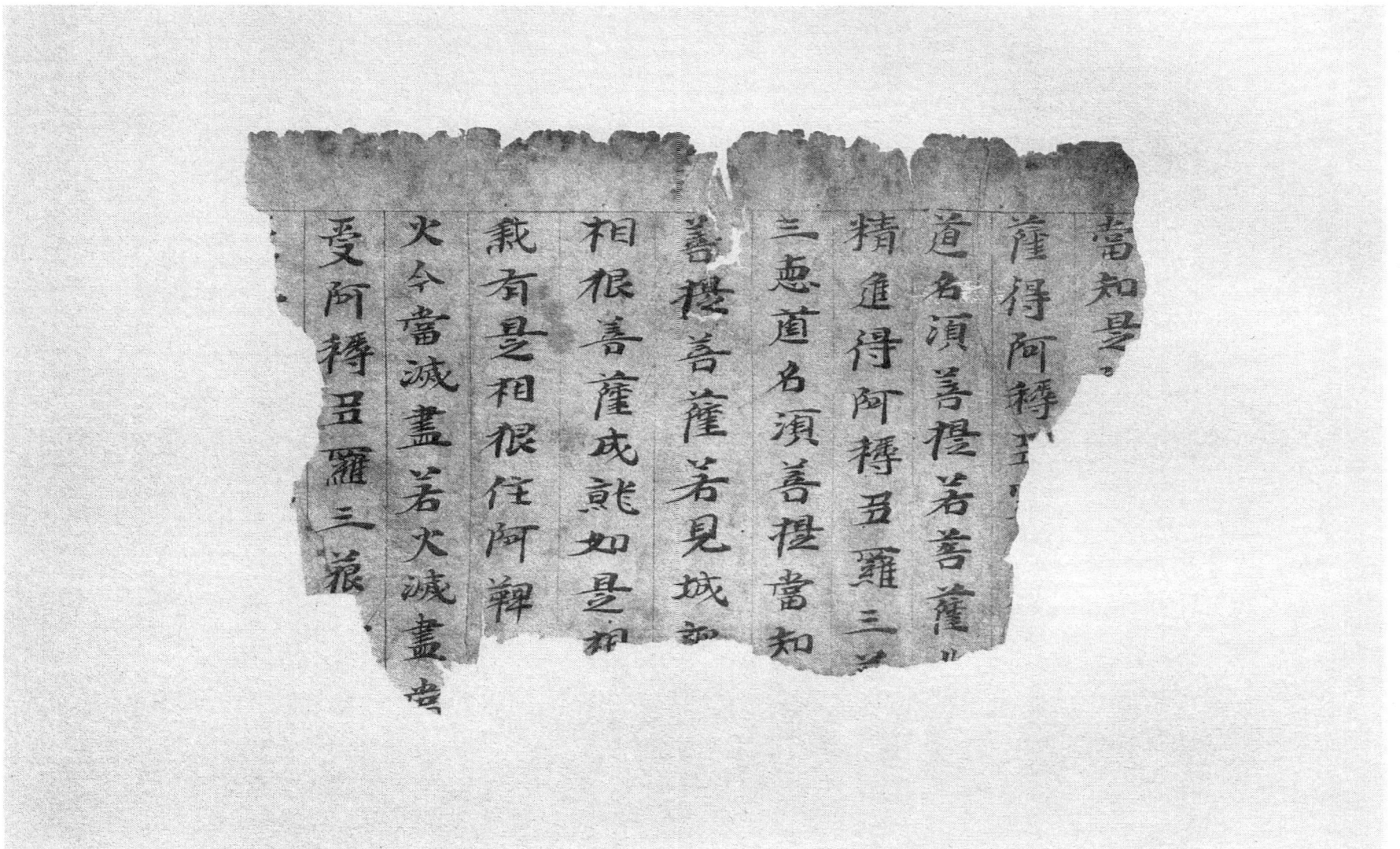

BD10369 號　小品般若波羅蜜經卷七　　　　　　　　　　　　　　　　　（1-1）

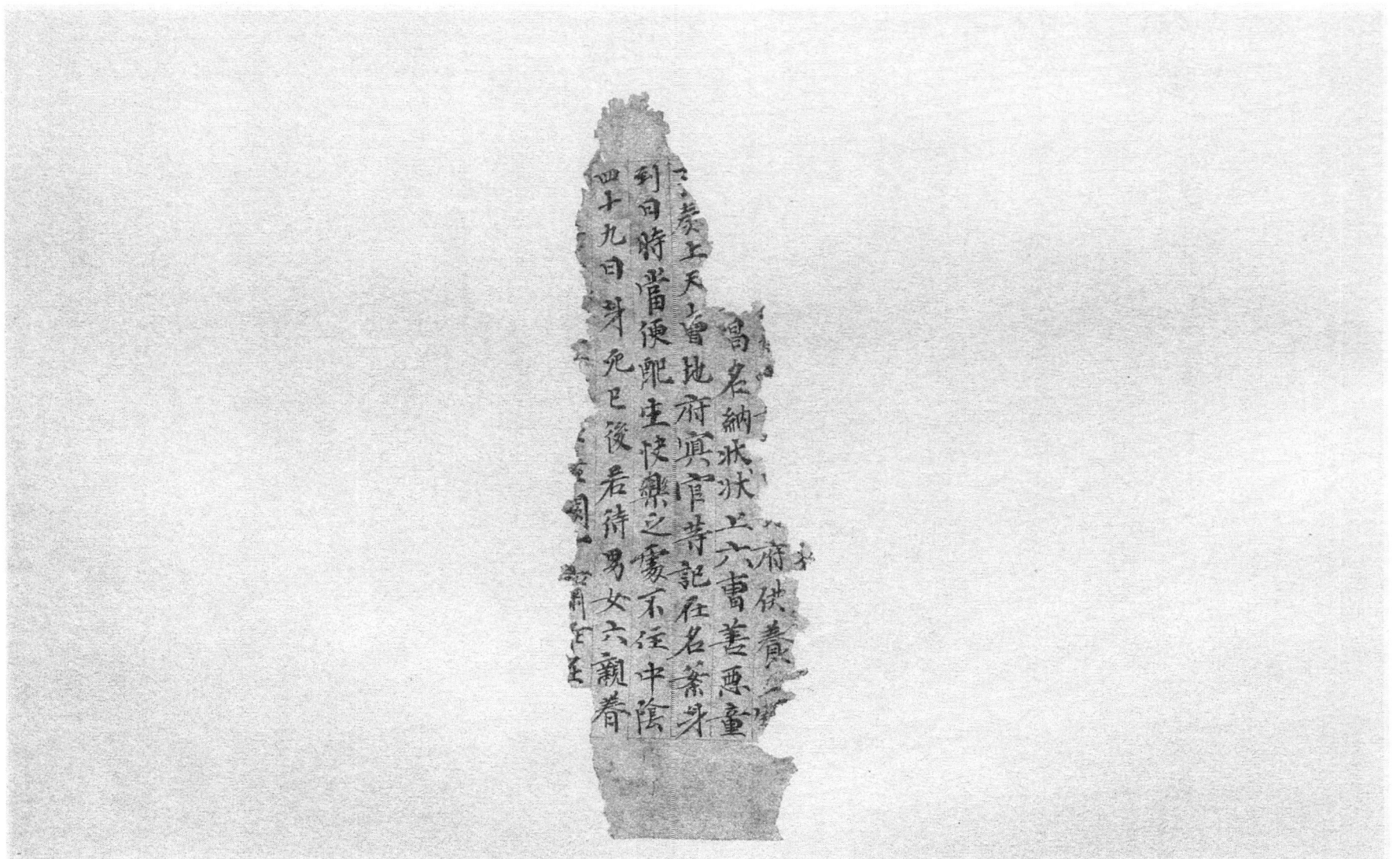

BD10370 號　十王經（乙本）　　　　　　　　　　　　　　　　　（1-1）

僧建福應其業日下食兩鹽締鈇餉
新亡之人并歸在一王得免實間業報
鐵鑊之□若是生在之日作此福者名

事如至廟日
不得作廟請佛蓮

BD10371 號　十王經（乙本）　　　　　　　　　　　　　　　　　（1-1）

土家後時氣食暴到本村其母勸令本
行非法諸笠白仏□曰制戒　言陁制書有所寄子
戒違家仏曰隨制　言廣制者有一氣食□
仏曰廣制滿是戒本　言不犯者□
割戒前蓋皆不犯　言不犯者大乘師
第二望戒乡具通別四義初制
緞棻損棋
不乌而□

BD10372 號　釋僧戒初篇四波羅夷義決　　　　　　　　　　　　（1-1）

BD10373 號　妙法蓮華經卷二　　　　　　　　　　　　　　　　　　　（1-1）

菩薩受記作佛而
失於如來無量□
下若坐若行毎任□
如來以小乘法而自□
也所以者何若我□
羅三藐三菩提□
等人□

BD10374 號　大般涅槃經（北本）卷三五　　　　　　　　　　　　　　　（1-1）

人悕時應一切苦戚何
今不得是故當知无有正
□□法所謂飲食

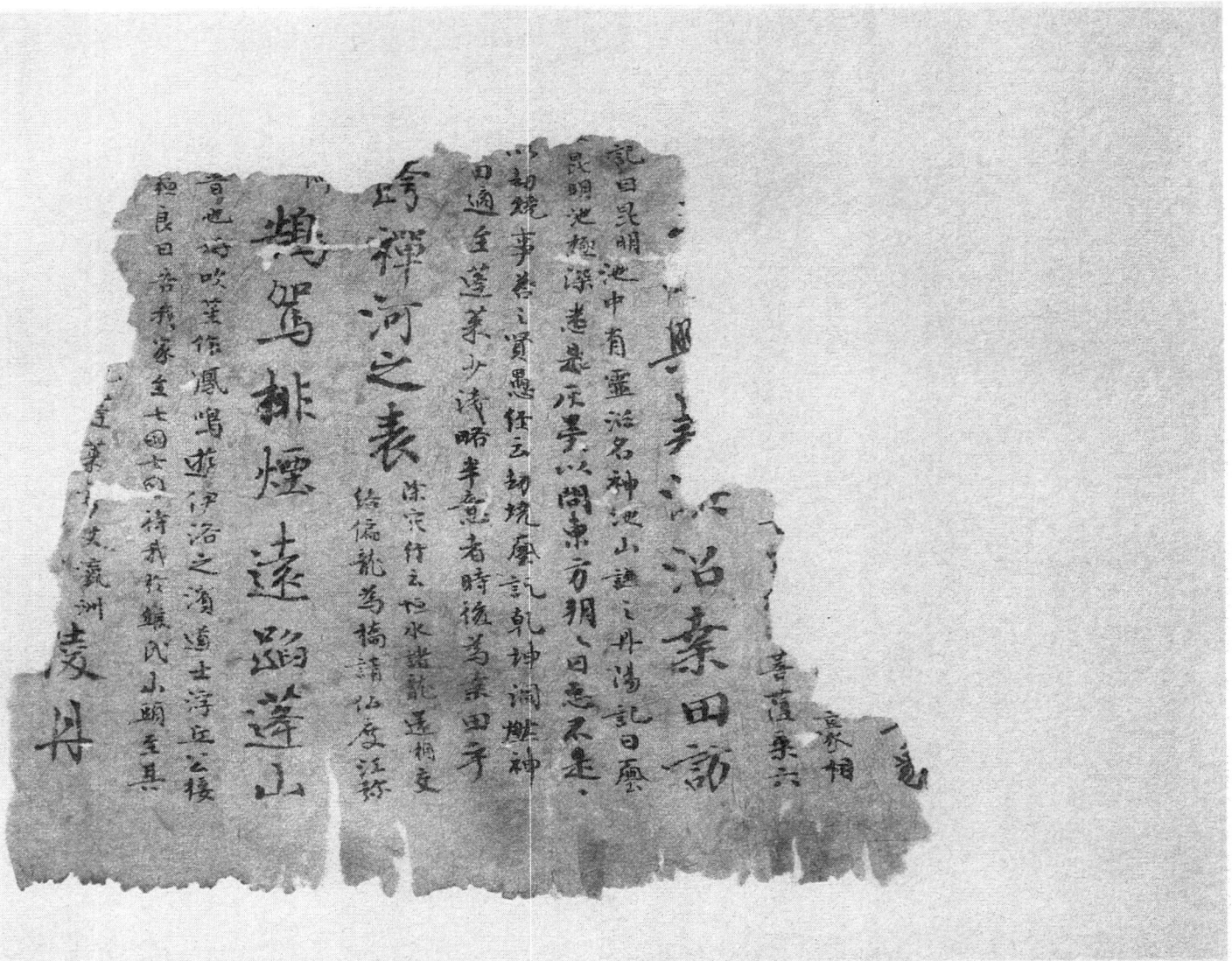

BD10375 號　挾註待考文獻（擬）　　　　　　　　　　　　　　（1-1）

BD10376 號　挾註金剛經（擬）　　　　　　　　　　　　　　（1-1）

不信是經讚不可思
念經
音佛宿王佛香上佛

BD10377 號　淨土五會念佛誦經觀行儀卷中　　　　　　　　　　　　　　　　（1-1）

BD10378 號　待考書儀（擬）　　　　　　　　　　　　　　　　　　　　　　（1-1）

BD10379 號　待考（擬）　(1-1)

BD10379 號背　待考（擬）　(1-1)

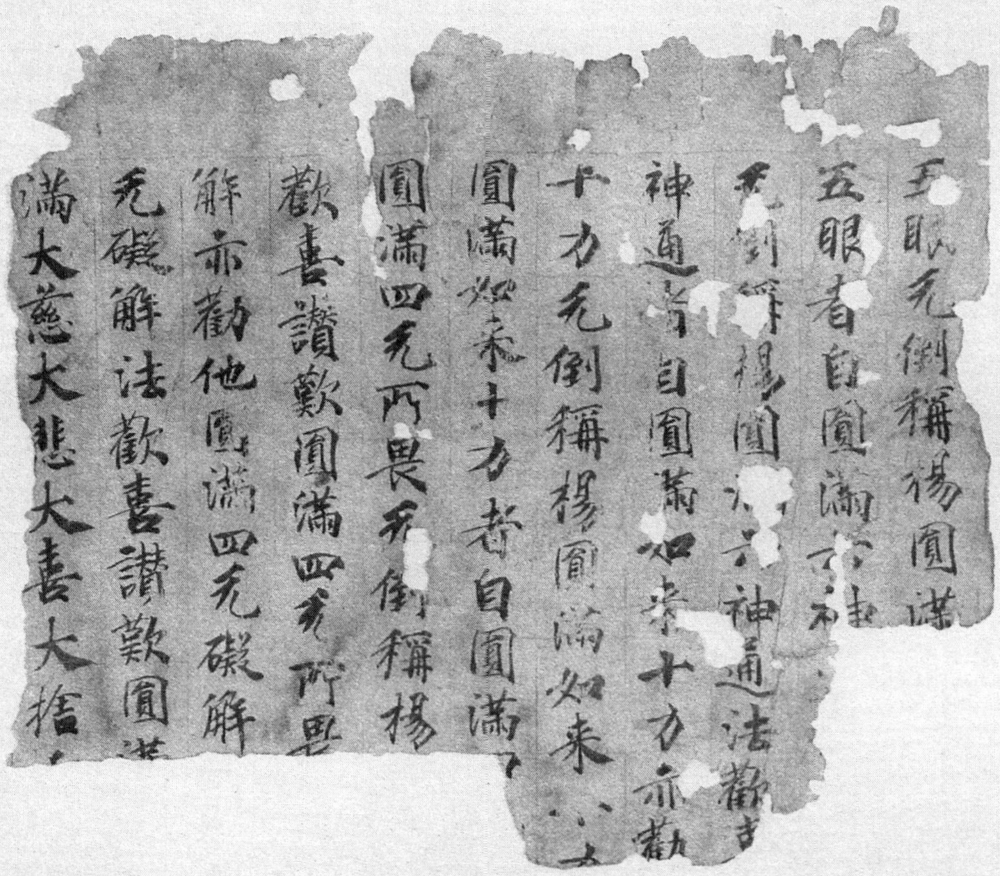
五眼无倒稱揚圓滿
五眼者自圓滿六神
无倒稱揚圓滿六神通法歡
神通者自圓滿如來十力亦勸
十力无倒稱揚圓滿如來
圓滿如來十力者自圓滿
圓滿四无所畏无倒稱揚
歡喜讚歎圓滿四无所畏
解亦勸他圓滿四无礙解
无礙解法歡喜讚歎圓滿
滿大慈大悲大喜大捨

BD10380 號　大般若波羅蜜多經卷四七三　　(1–1)

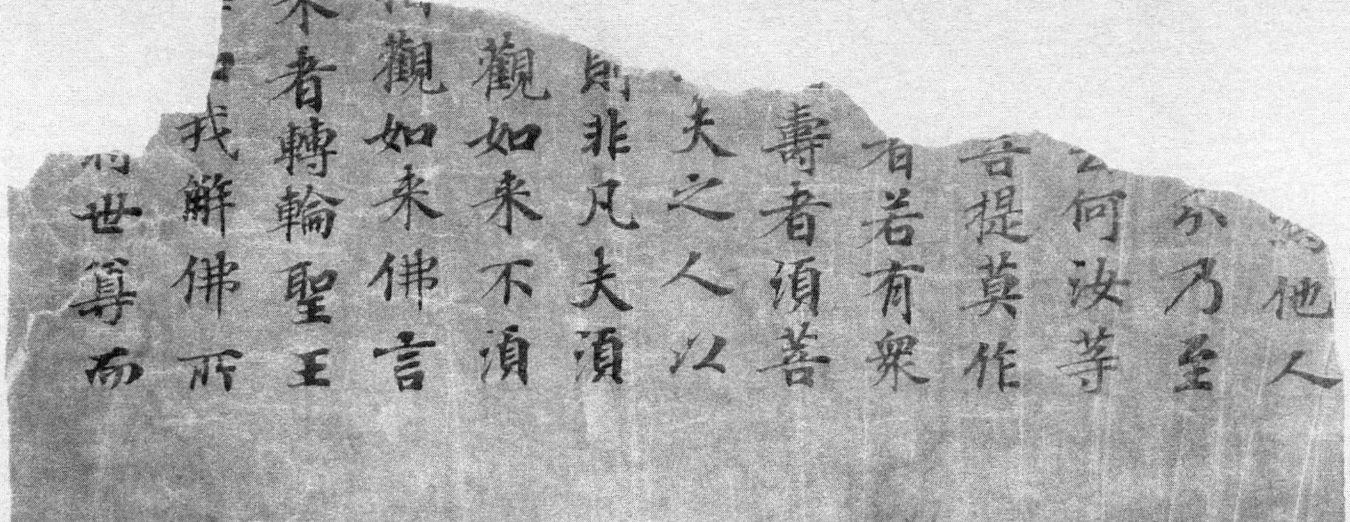
他人
分乃至
何汝等
菩提莫作
者若有衆
壽者須菩
夫之人以
則非凡夫須
觀如來不須
觀如來佛言
來者轉輪聖王
我解佛所
世尊而

BD10381 號　金剛般若波羅蜜經　　(1–1)

BD10382 號　金剛般若波羅蜜經　　　　　　　　　　　　　　　（1-1）

BD10383 號　大般涅槃經（北本）卷三　　　　　　　　　　　　（1-1）

BD10384號　大般涅槃經（北本）卷一六　　　　　　　　　　　　　　　　　（1-1）

BD10385號　大通方廣懺悔滅罪莊嚴成佛經卷下　　　　　　　　　　　　　（1-1）

BD10386 號　摩訶僧祇律卷五 　　　　　　　　　　　　　　　（1-1）

BD10387 號　大般若波羅蜜多經卷五一六 　　　　　　　　　　　（1-1）

BD10388 號　無量壽宗要經　　　　　　　　　　　　　　　　　　　　　　（1-1）

BD10389 號　佛名經（十六卷本）卷三　　　　　　　　　　　　　　　　　（1-1）

BD10390號　妙法蓮華經卷七　　　　　　　　　　　　　　　　　　（1-1）

BD10391號　挾註金剛經（擬）　　　　　　　　　　　　　　　　　（1-1）

BD10392 號　妙法蓮華經卷一 　　　　　　　　　　　　　　　　　　　　（1-1）

BD10393 號　　無量壽宗要經 　　　　　　　　　　　　　　　　　　　　（1-1）

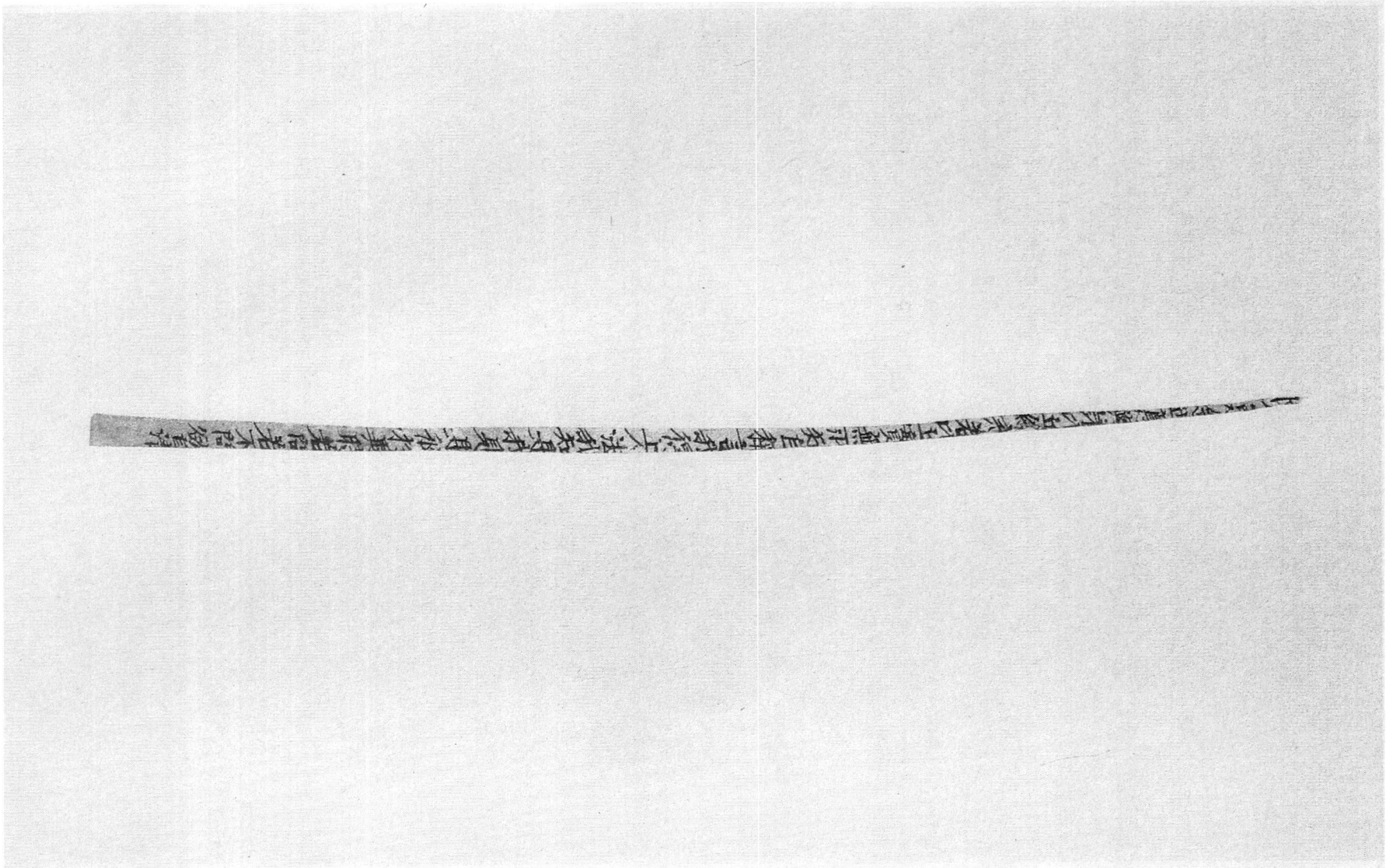

BD10394 號　彌沙塞部和醯五分律卷一　　　　　　　　　　　　　　　　　　　　（1-1）

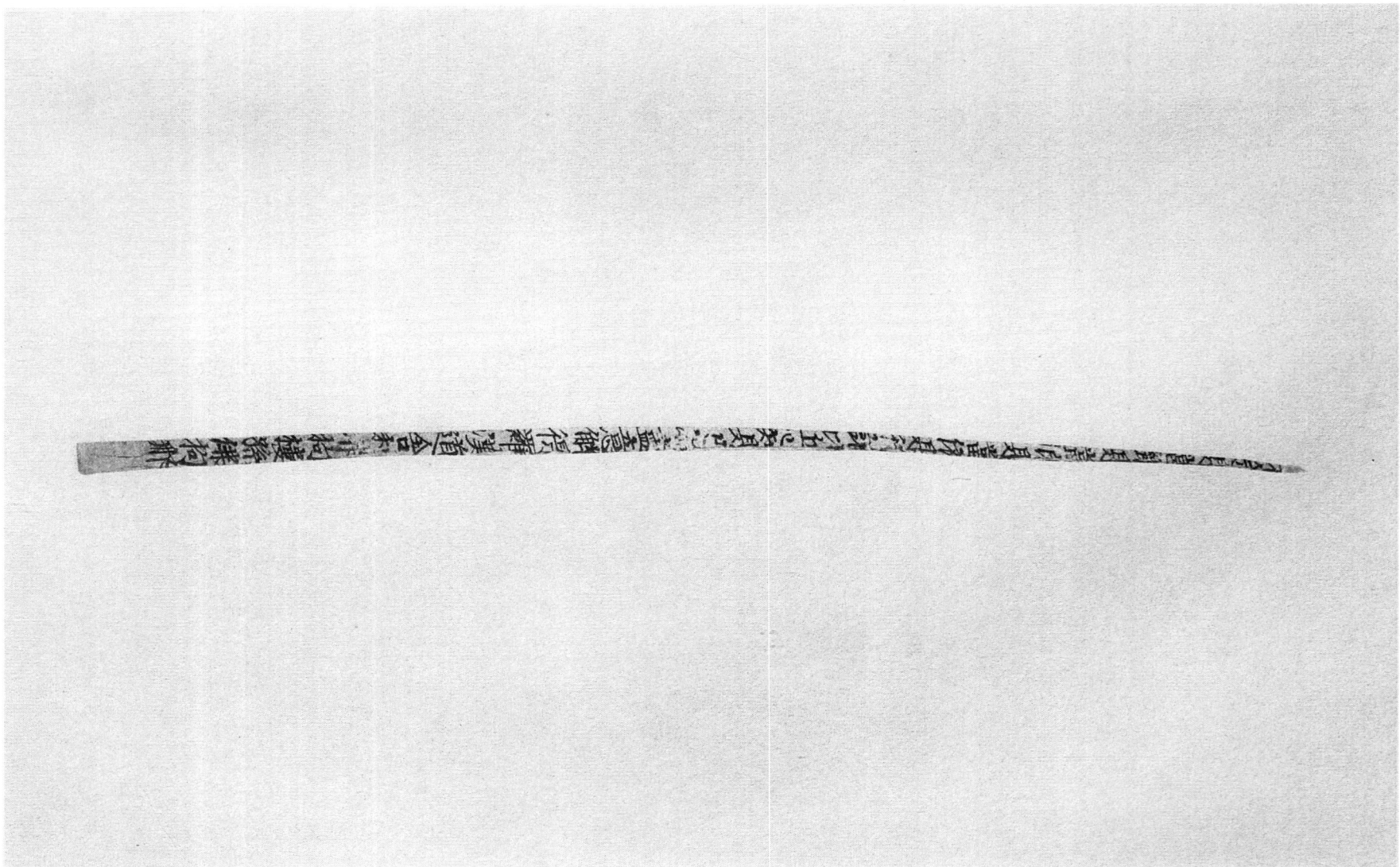

BD10394 號背　四分律卷二　　　　　　　　　　　　　　　　　　　　　　　　（1-1）

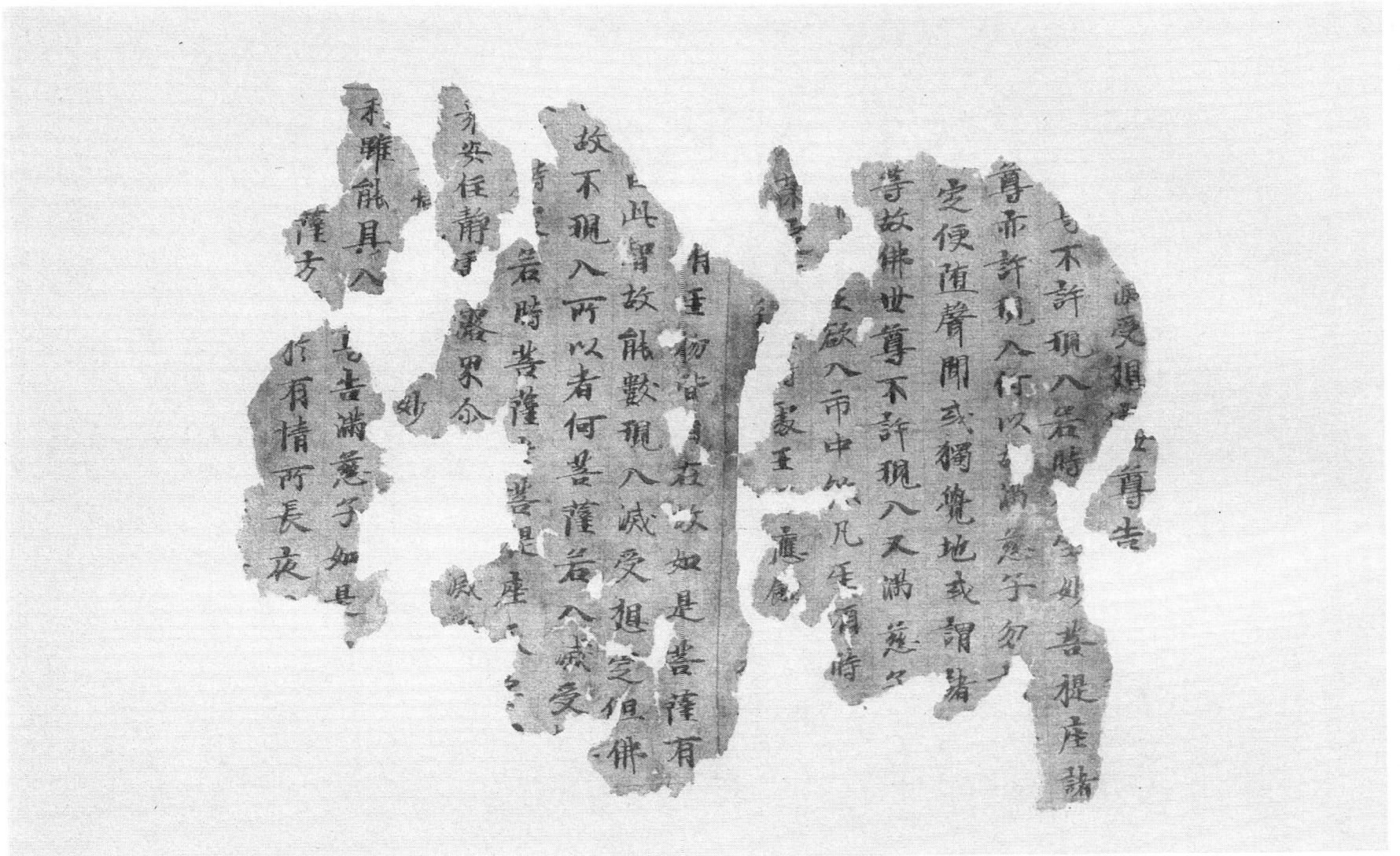

BD10395 號　大般若波羅蜜多經卷五九二　（1-1）

BD10396 號　大乘義章卷一八　（1-1）

來轉週□□□□□□
我今日者皆由本心何致書
日夜日從月至月從年定年心練□
慮心常亂不定故身亦還□
今殷勤起請敦當凡□
菩薩□

BD10397 號　大辯邪正經　　　　　　　　　　　　　　　　　　　　　　（1-1）

情聰明有智
門□□天冒饒計
先學法師經律其
門貧窮諸根不具□
新學菩薩□
法第一義諦□
以好心受菩薩戒時於
若受戒當七日佛前懺悔
若不得好相應二七三
相得好相已便得佛

BD10398 號　梵網經盧舍那佛說菩薩心地戒品第十卷下　　　　　　　　　（1-1）

BD10398 號背　待考（擬）　　　　　　　　　　　　　　　　　　　　　　　　（1-1）

BD10399 號　大般涅槃經（北本）卷三〇　　　　　　　　　　　　　　　　　　（1-1）

　　　　　　　　　　　　　　　　　　　　（1-1）

　　　　　　　　　　　　　　（1-1）

BD10402 號　金光明最勝王經卷一〇　　　　　　　　　　　　　　　　　　　　　　（1-1）

BD10403 號　大般若波羅蜜多經卷二五一　　　　　　　　　　　　　　　　　　　（1-1）

之之之之
之之之之一
清淨

若波羅蜜多
若波羅蜜
客大衆若

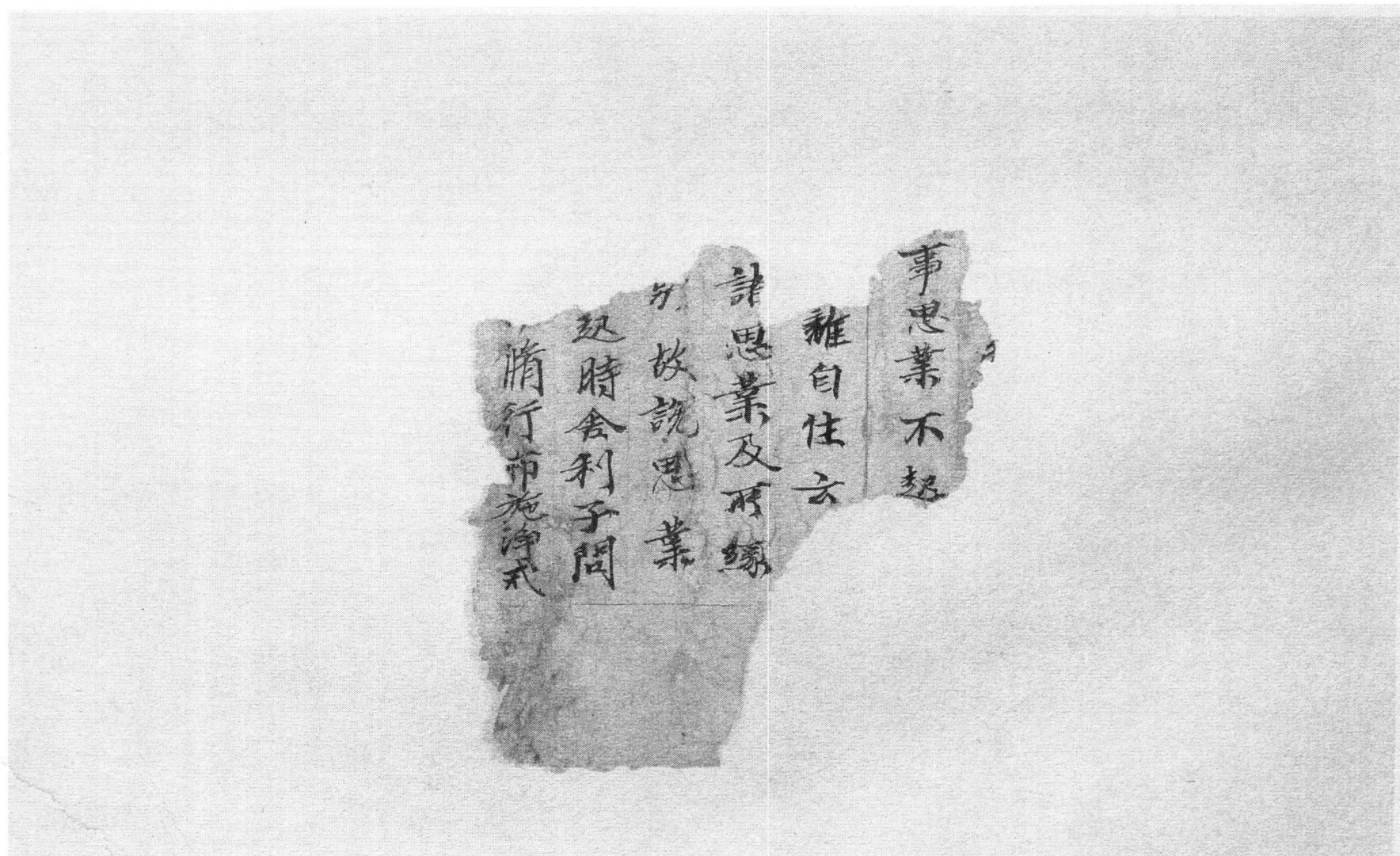

事思業不超
雖自住云
諸思業及所緣
故說思業
爾時舍利子問
隨行布施淨戒

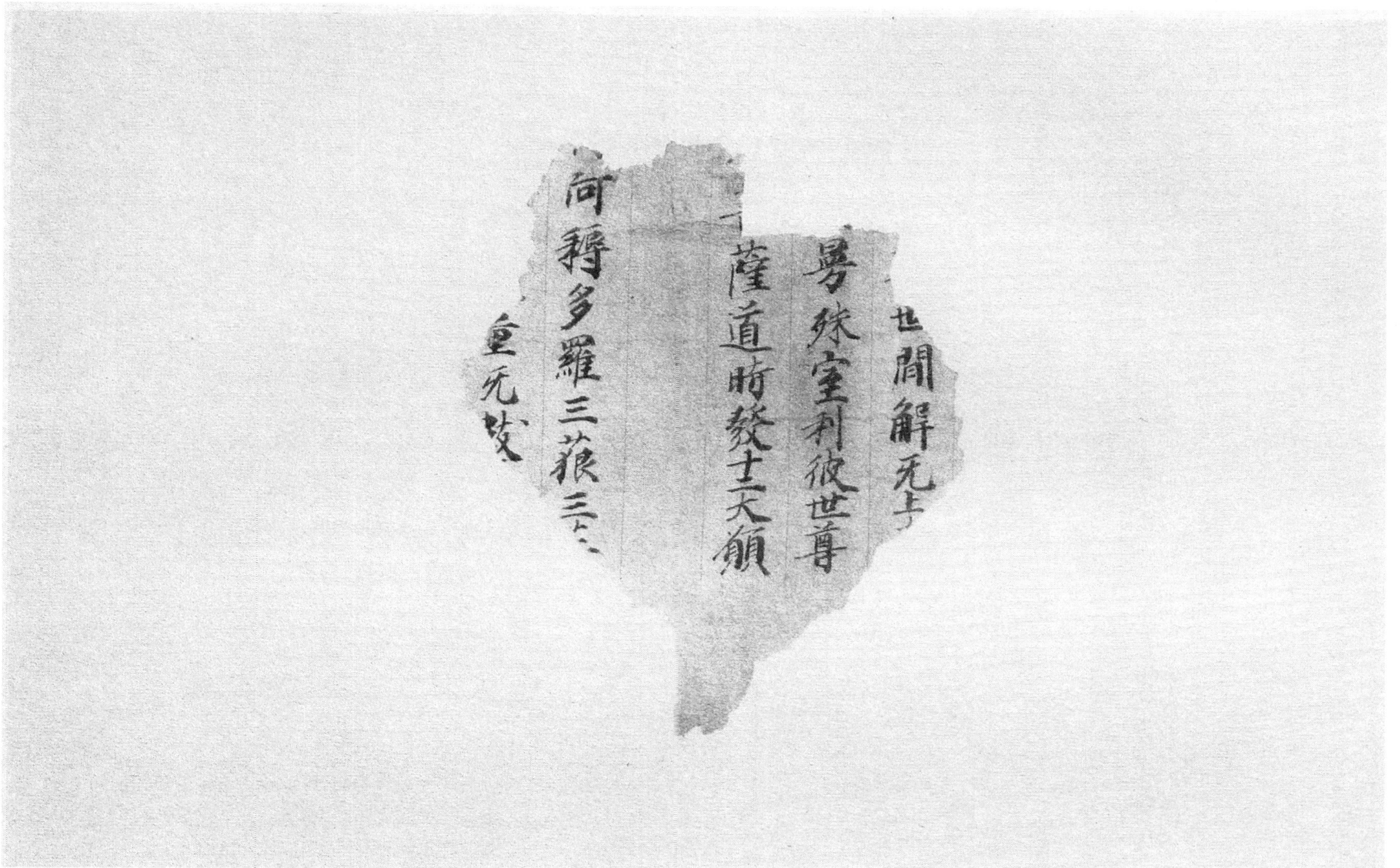

BD10405 號　藥師琉璃光如來本願功德經　　　　　　　　　　　　　　　（1-1）

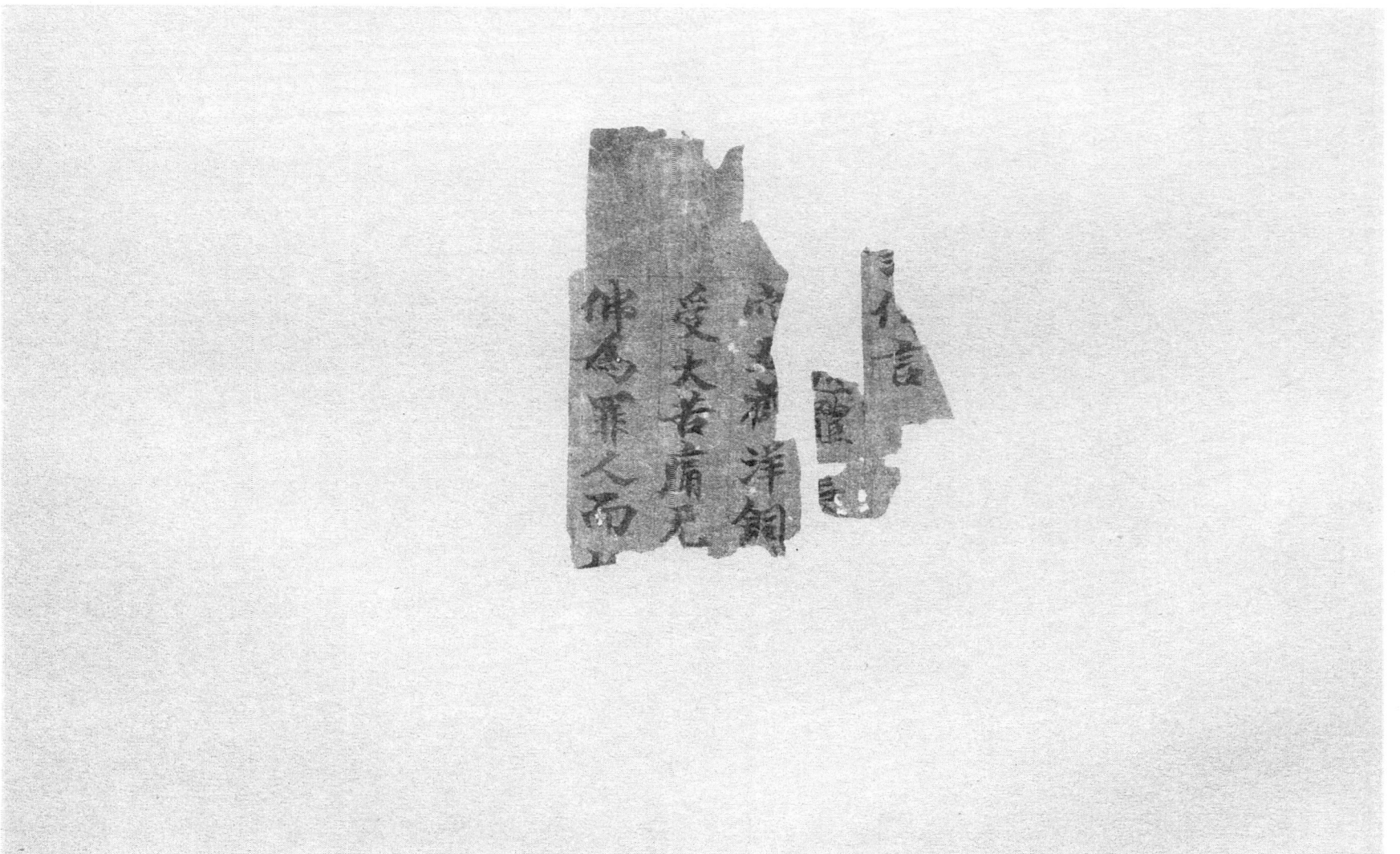

BD10406 號　天地八陽神咒經　　　　　　　　　　　　　　　　　　　　（1-1）

BD10407號　四分比丘尼羯磨法　　　　　　　　　　　　　　　（1-1）

BD10408號　大般若波羅蜜多經卷一七六　　　　　　　　　　　（1-1）

BD10409 號　大般若波羅蜜多經卷一四六　　　　　　　　　　　　　（1-1）

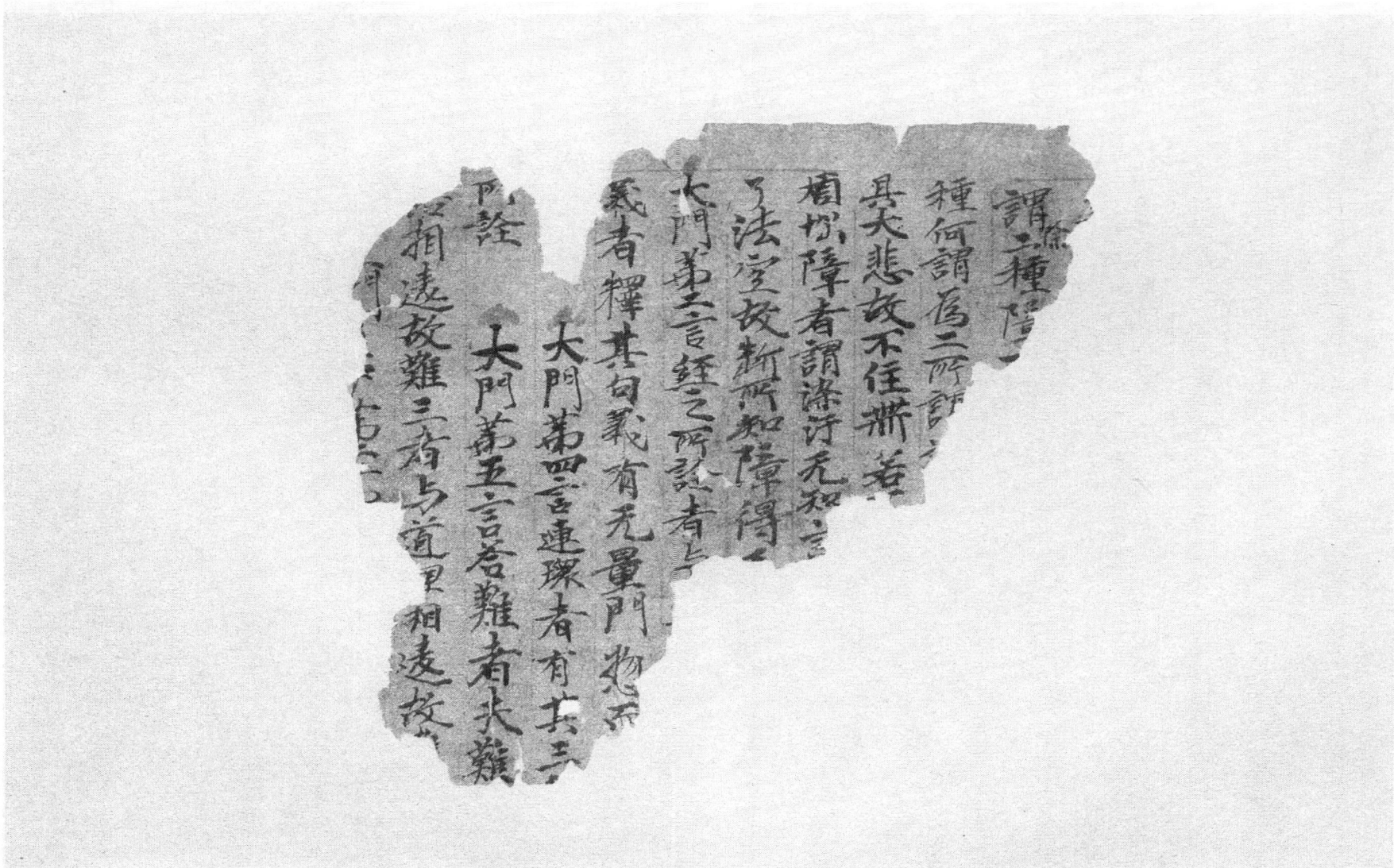

BD10410 號　大乘稻芉經隨聽疏　　　　　　　　　　　　　　　　（1-1）

第二十　僧伽逞瞿沙稱三十　逵摩扰
十　男哆邏三十　奚舍婆
男哆邏六　男哆邏又夜多　二十七

无有分際不可
一切諸法恚无有餘是卷

八解脫
諸根
法頂
念處已
無量善根
本善男子法
聲聞緣覺

BD10413號　大般涅槃經（北本）卷一五　　　　　　　　　　　　　　　　（1-1）

歡樂菩薩而不須
稻不貪無量

BD10414號　維摩詰所說經卷中　　　　　　　　　　　　　　　　（1-1）

291

是如才了。无有而得者 普令諸菩

虛空无是念 我不阿〇

BD10415 號　大方廣佛華嚴經（晉譯五十卷本）卷二九　　　　　　　　　　　　　　　（1-1）

緣喜面 〇說

BD10416 號　大寶積經卷六四　　　　　　　　　　　　　　　（1-1）

BD10417號　待考佛典（擬）　　　　　　　　　　　　　　（1-1）

信佩佩伏平坦方圓
佛元佛眾生芦少如
等虛空界等於一念中
…祭令无有除以巧方便

BD10418號　大般涅槃經（北本）卷七　　　　　　　　　（1-1）

憶諸煩惱即旧
提除一闡提若至大臣作如
作佛不作佛邪有佛性不此
中之有佛性成以不成未脫
如其不作一闡提者必成无
…言是人雖言定之有佛性
即出家時作
一痕三菩提

BD10419 號　金剛般若波羅蜜經　　　　　　　　　　　　　　　　　　　（1-1）

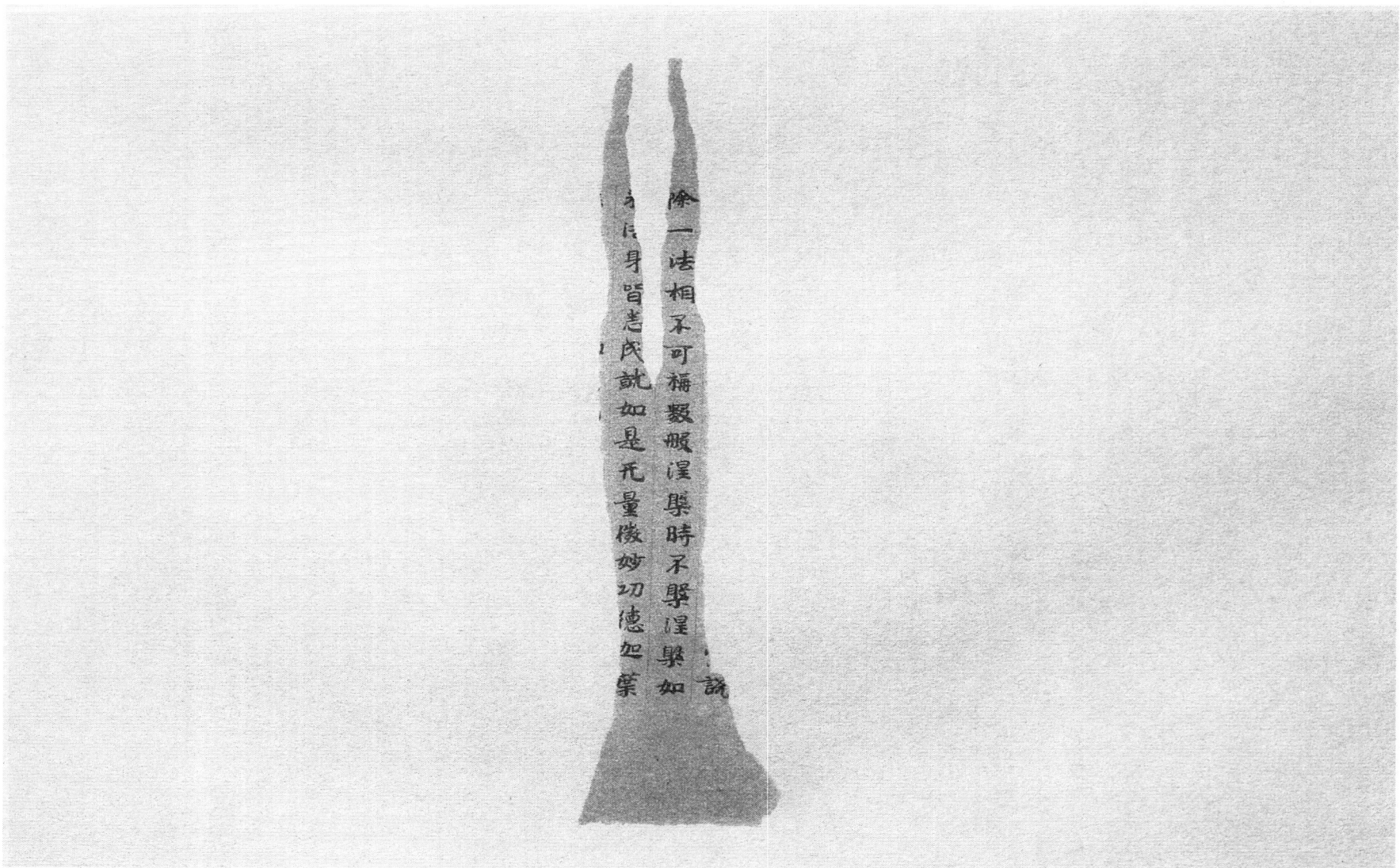

BD10420 號　大般涅槃經（北本）卷三　　　　　　　　　　　　　　　　（1-1）

BD10421 號　大般涅槃經（北本）卷七　　　　　　　　　　　　　　　　　（1-1）

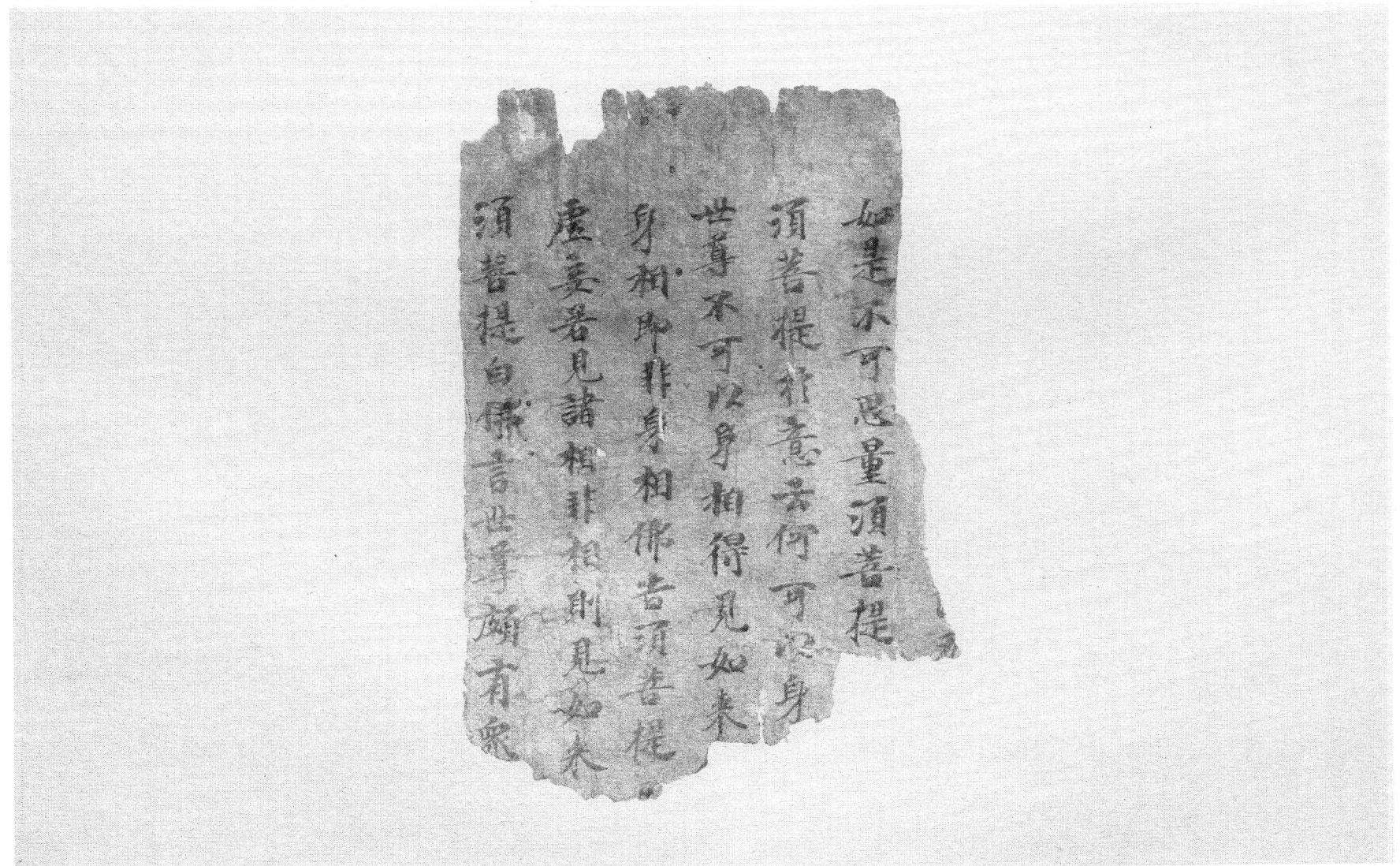

BD10422 號　金剛般若波羅蜜經　　　　　　　　　　　　　　　　　　　（1-1）

BD10423 號　齋文兩道（擬）　　　　　　　　　　　　　　　　（1-1）

BD10424 號　維摩詰所說經卷上　　　　　　　　　　　　　　　　（1-1）

BD10425 號　父母恩重經 　　　　　　　　　　　　　　　（1-1）

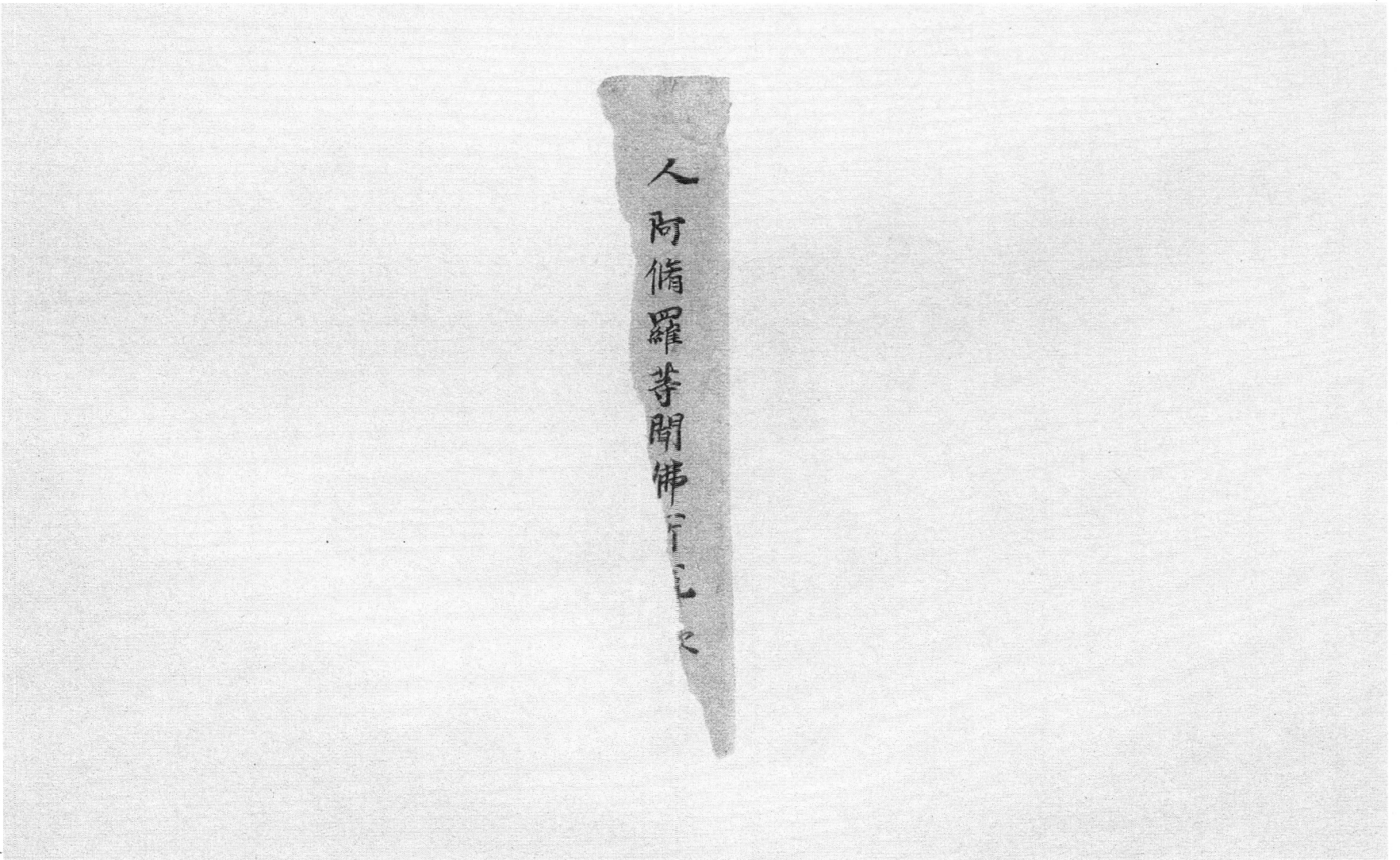

BD10426 號　佛經流通分殘片（擬）　　　　　　　　　　（1-1）

BD10427 號　淨名經集解關中疏　　　　　　　　　　　　　　（1-1）

BD10428 號　楞伽師資記　　　　　　　　　　　　　　　　　（1-1）

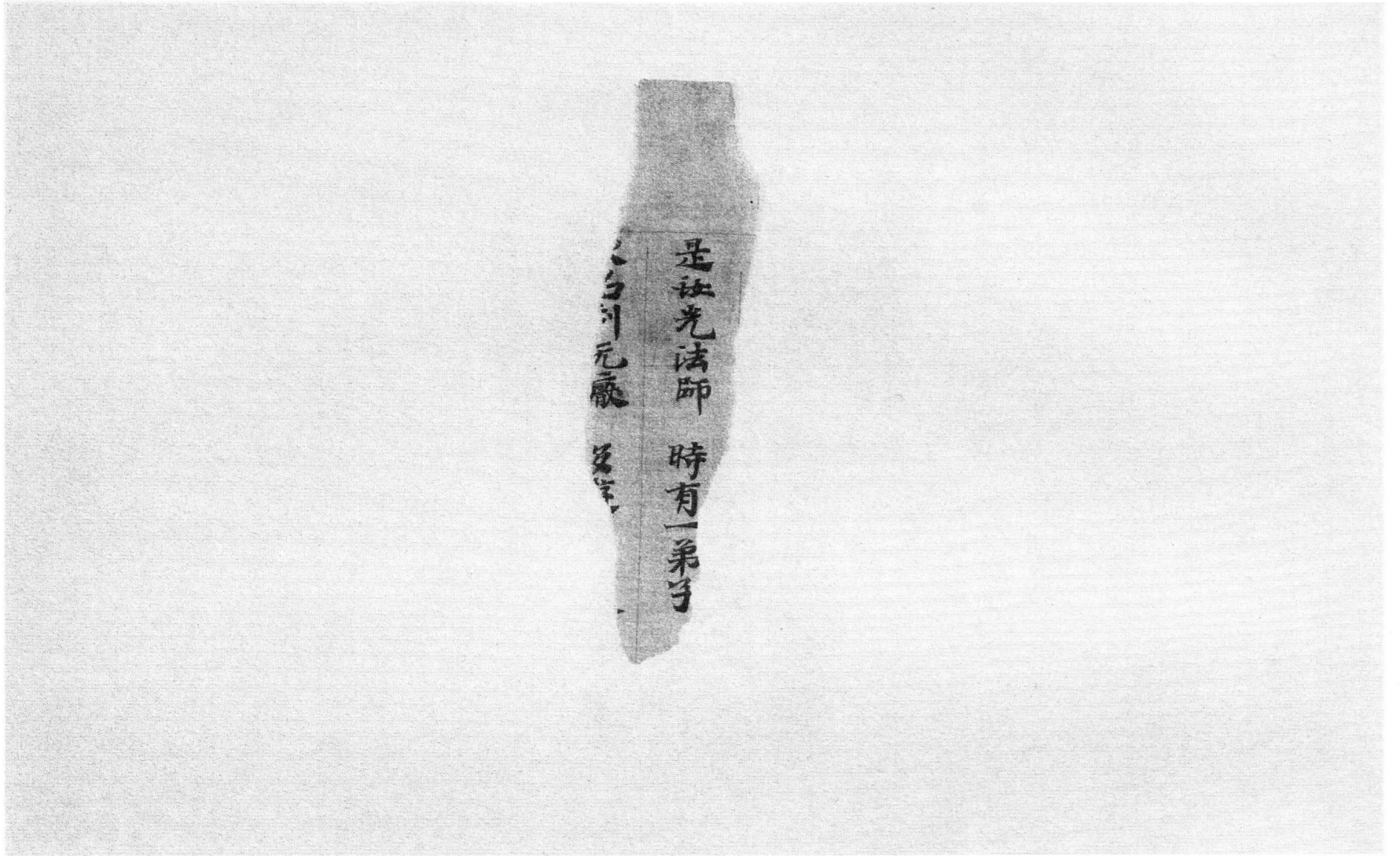

BD10429 號　妙法蓮華經卷一 （1-1）

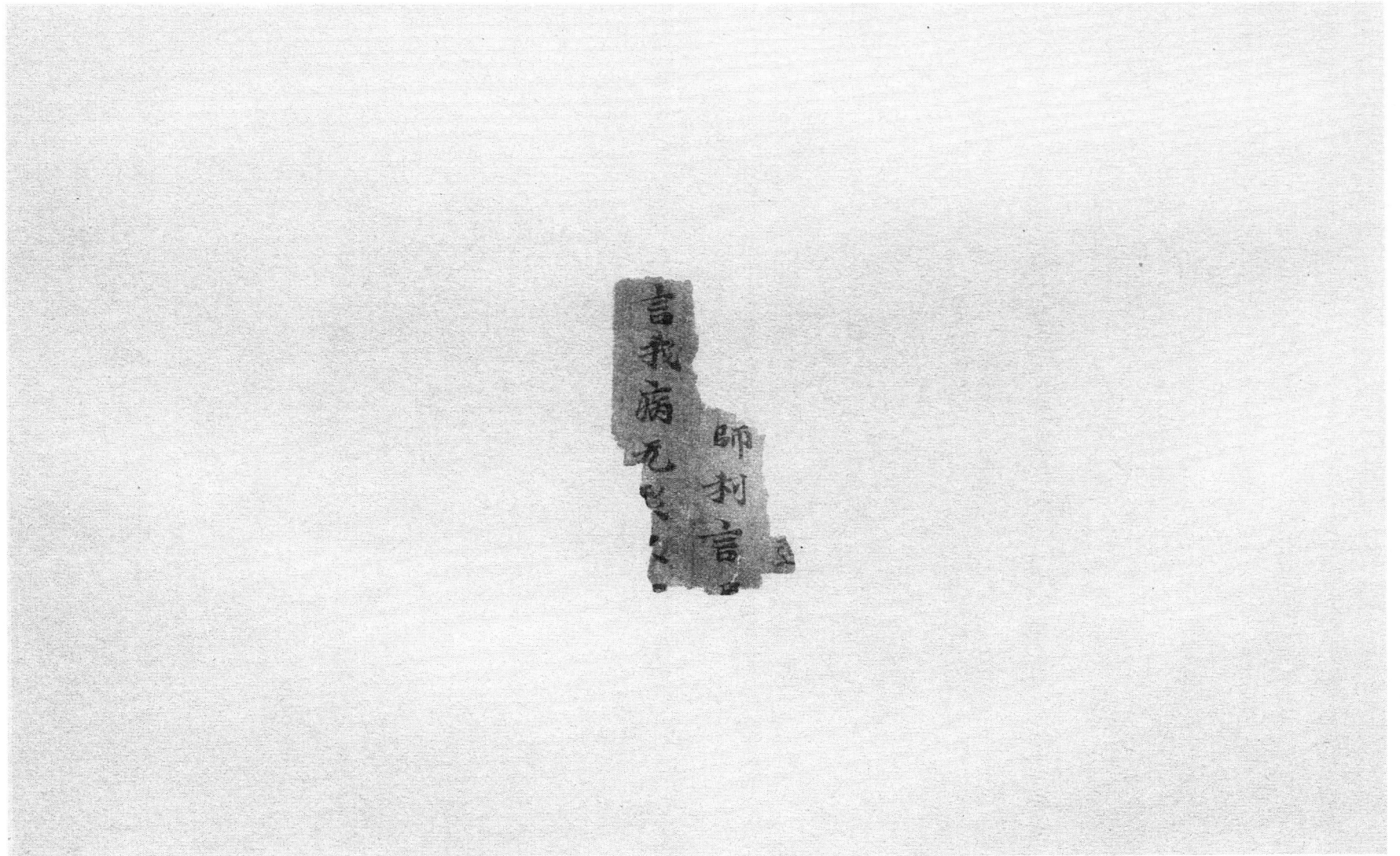

BD10430 號　維摩詰所說經卷中 （1-1）

諸法度生者
說應十二因緣法為諸菩薩
猴三菩提說應六波羅蜜法究竟
勢是威音王佛壽四十万億那
劫

BD10431 號　妙法蓮華經卷六　　　　　　　　　　　　　　　　　　　　　　（1-1）

作礼而覺言論上
面礼敬却住一
微妙淨法身具相
而戴仰　龍
戌菩提　唯使
不久得无上道是
培穢非是法器云何
悲曠經无量劫勤苦

BD10432 號　妙法蓮華經卷四　　　　　　　　　　　　　　　　　　　　　　（1-1）

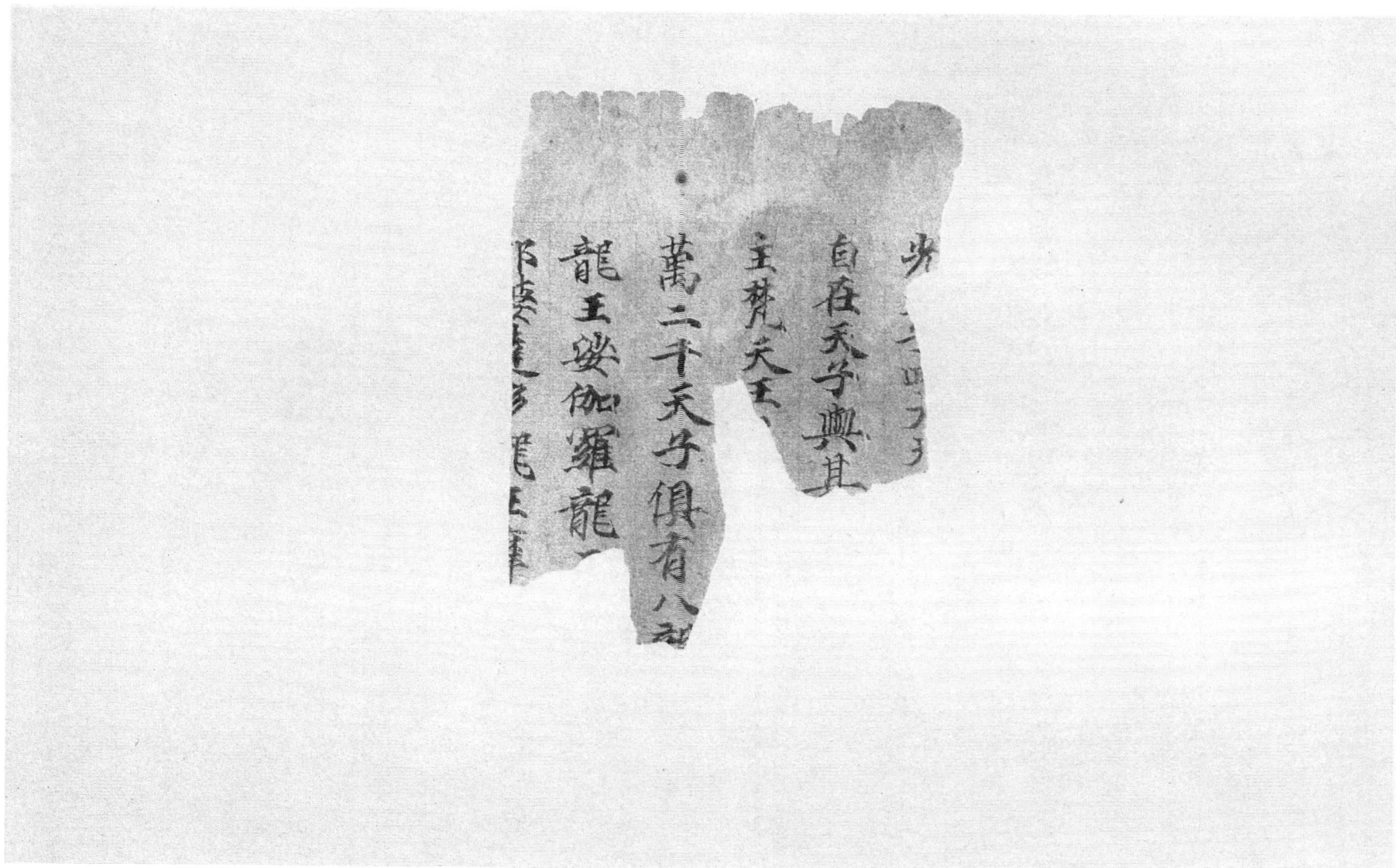

BD10433號　妙法蓮華經卷一　　　　　　　　　　　　　　　（1-1）

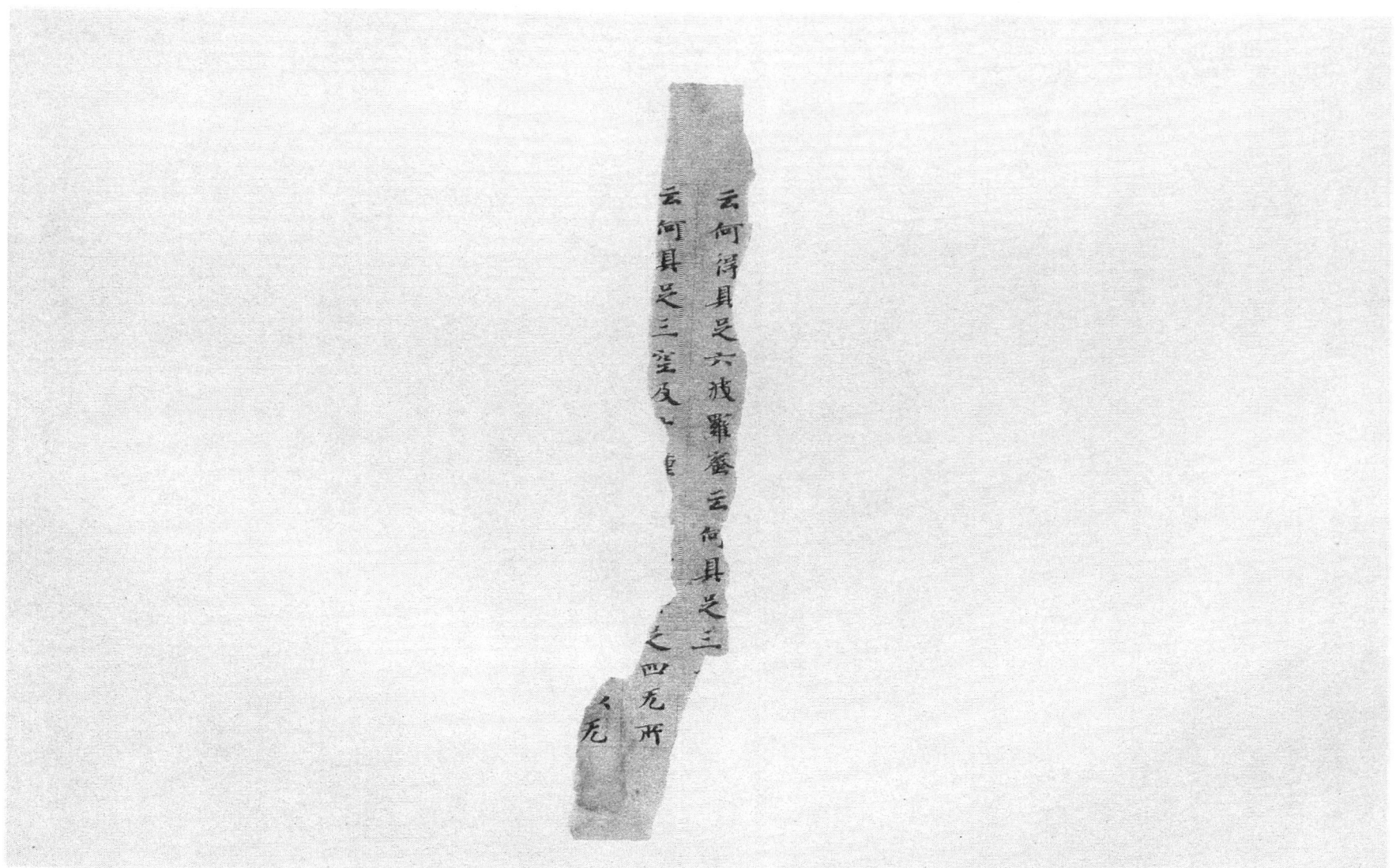

BD10434號　放光般若經卷一七　　　　　　　　　　　　　（1-1）

釋迦名

心去何如來功德無量壽命

尒時四佛告妙幢菩薩言善

思寸以朱壽命長短何以

BD10435 號　金光明最勝王經卷一　　　　　　　　　　　　　　　　（1-1）

諸有情眾

无家貧窮

身心安

巳一切

BD10436 號　本願藥師經古跡上　　　　　　　　　　　　　　　　（1-1）

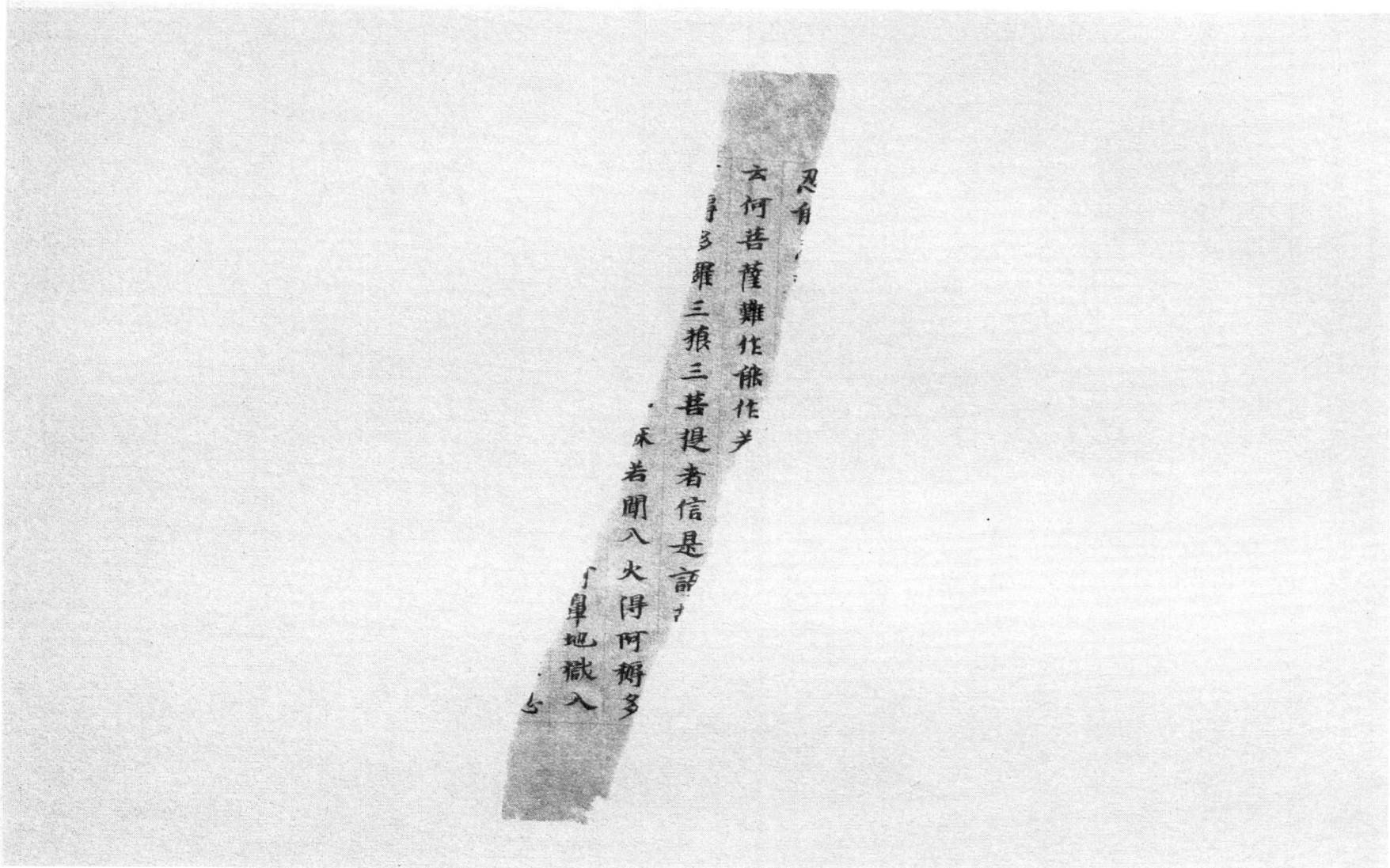

BD10437號　大般涅槃經（北本）卷二六　　　　　　　　　　　　　　　　（1-1）

BD10438號　大般若波羅蜜多經卷一八六　　　　　　　　　　　　　　（1-1）

笑此導師僧
勿復不時此尊甚獨而愛有又復念合不可令以
如常人法服藥當取清蓮華無藥令香乃止尊嶂之

BD10439 號　摩訶僧祇律卷五　　　　　　　　　　　　　　　（1-1）

銅鑊鑻以蹈其身若持錊釪則是盛洋銅器
若所噉食則是吞燒鐵丸飲沸洋銅若受人
供養供給則是地獄卒守之若入精舍則
是入大地
限僧床褥是為坐熱鐵床上

BD10440 號　大智度論卷一三　　　　　　　　　　　　　　　（1-1）

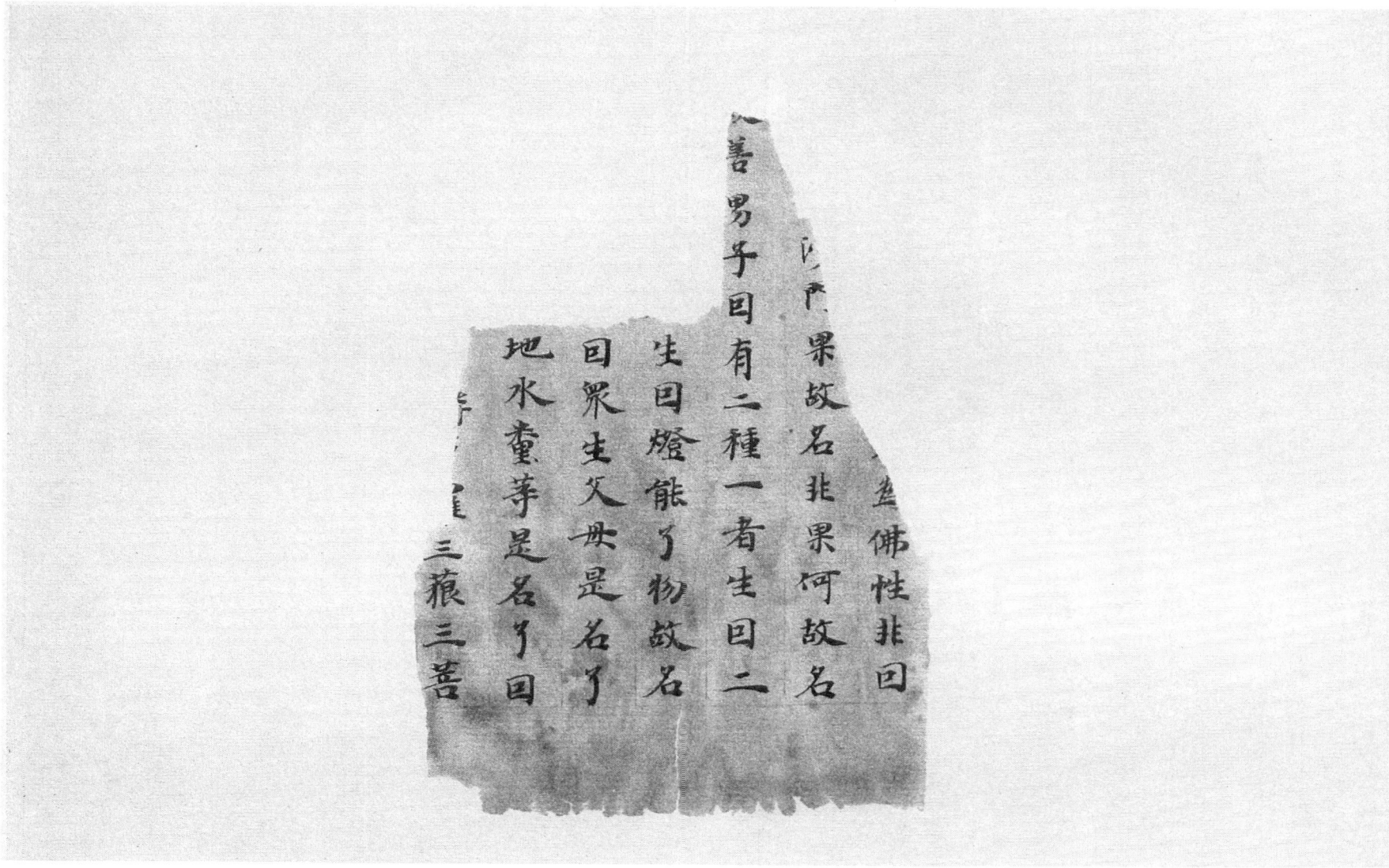

BD10441 號　大般涅槃經（北本）卷二八　　　　　　　　　　　　　　　　　　　　　　（1-1）

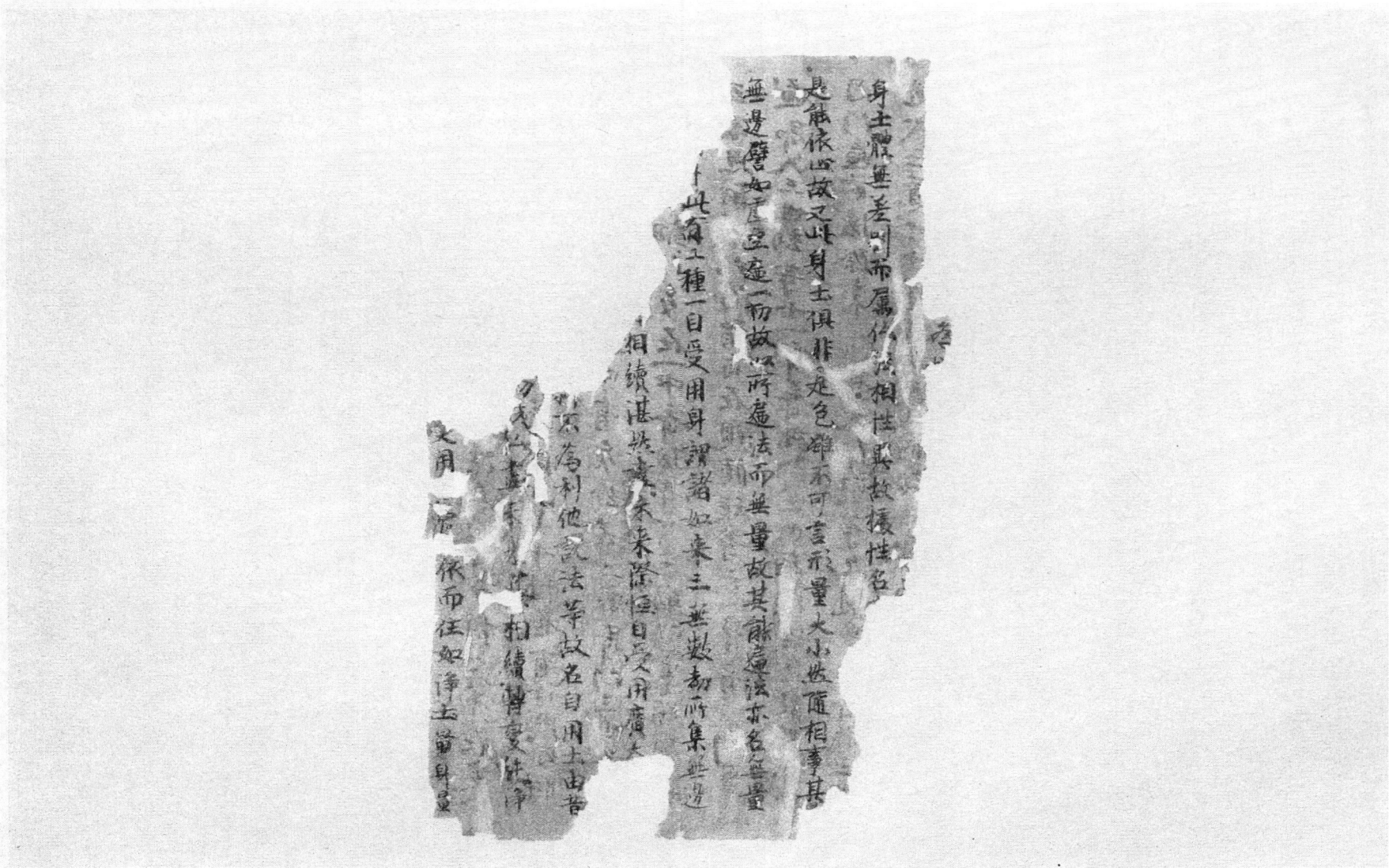

BD10442 號　大乘入道次第　　　　　　　　　　　　　　　　　　　　　　　　　　　（1-1）

BD10442號背　花嚴經探玄記卷一　　　　　　　　　　　　　　　　（1-1）

BD10443號　佛經殘片（擬）　　　　　　　　　　　　　　　　　　（1-1）

水
去欲重
甚得大利益
幹榮華万代昌
說心測惠解捨

BD10444 號　天地八陽神咒經　　　　　　　　　　　　　　　　　　（1-1）

二百六十三
士　三藏法師玄奘奉　詔譯
善女人等為發無上菩
羅蜜多作如是信汝善
蜜多不應觀身界等
何以故
誹謗眾

BD10445 號　大般若波羅蜜多經卷一六三　　　　　　　　　　　　（1-1）

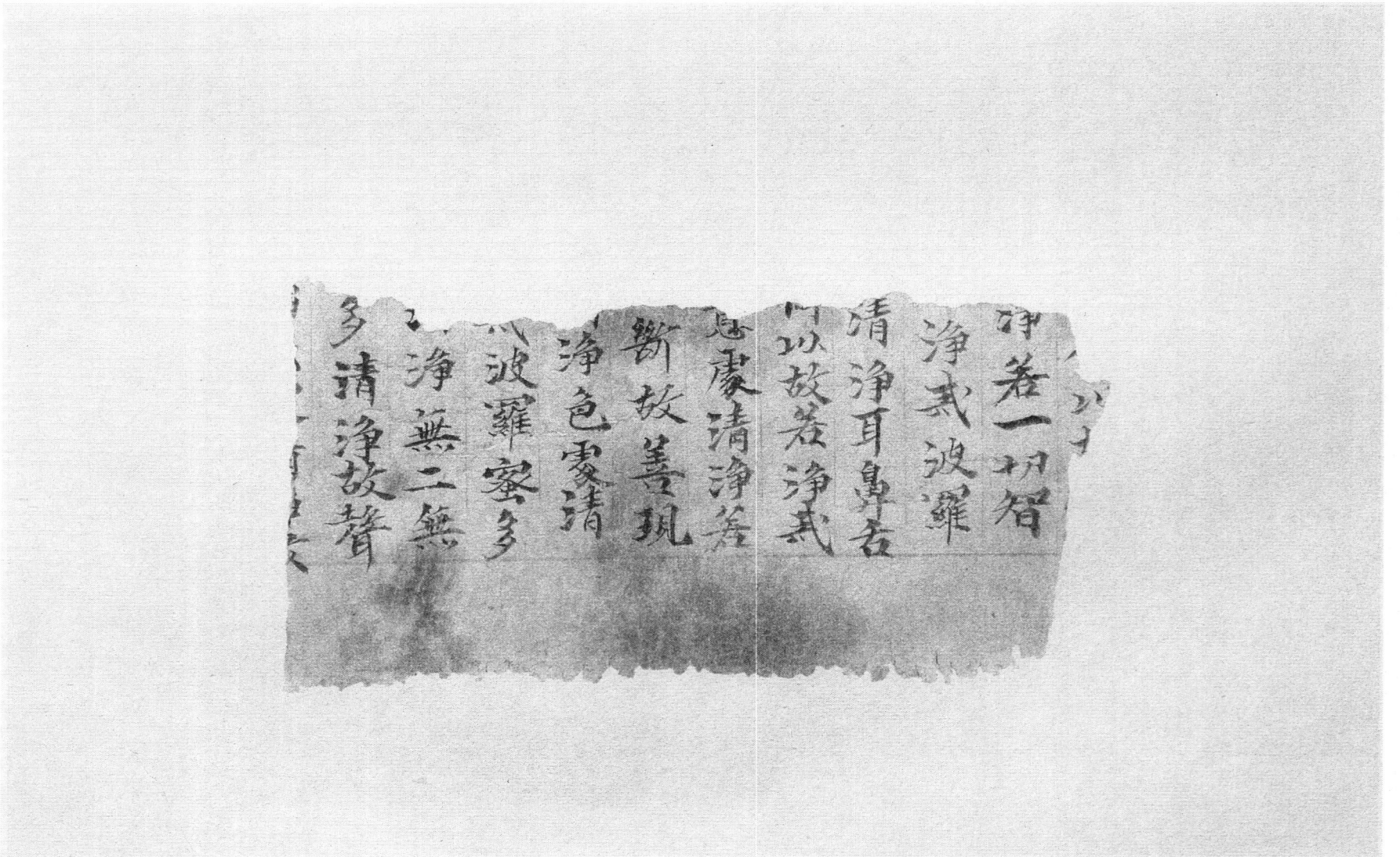

BD10447 號　摩訶般若波羅蜜經卷二七　　　　　　　　　　　　　　　　　　　（1-1）

BD10448 號　摩訶般若波羅蜜經卷一九　　　　　　　　　　　　　　　　　　　（1-1）

BD10449 號　大方等陀羅尼經卷二　　　　　　　　　　　　　　　（1-1）

BD10450 號　待考佛經（擬）　　　　　　　　　　　　　　　　　（1-1）

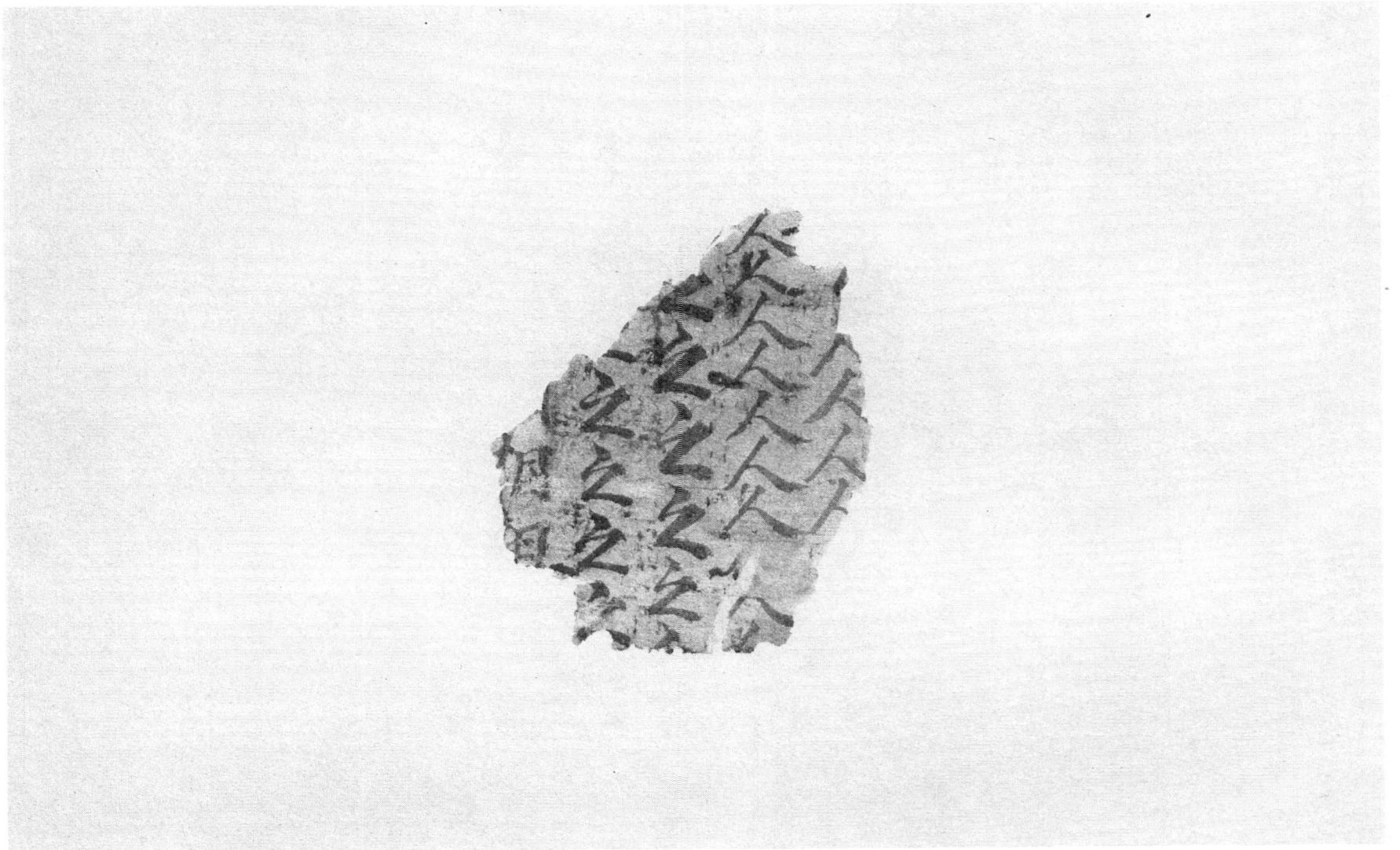

BD10451 號　習字雜寫（擬）　　　　　　　　　　　　　　　（1-1）

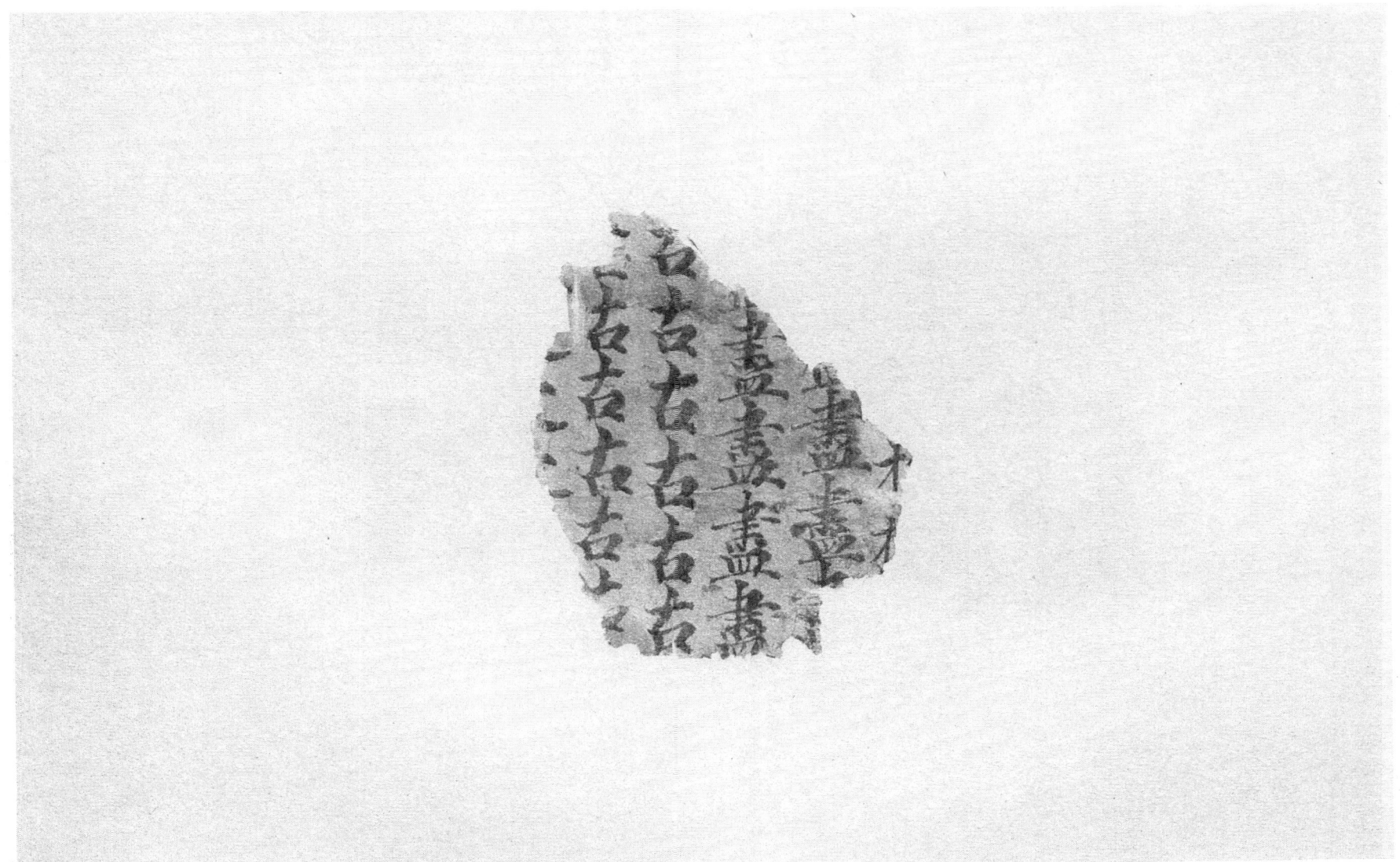

BD10451 號背　雜寫　　　　　　　　　　　　　　　　　　（1-1）

311

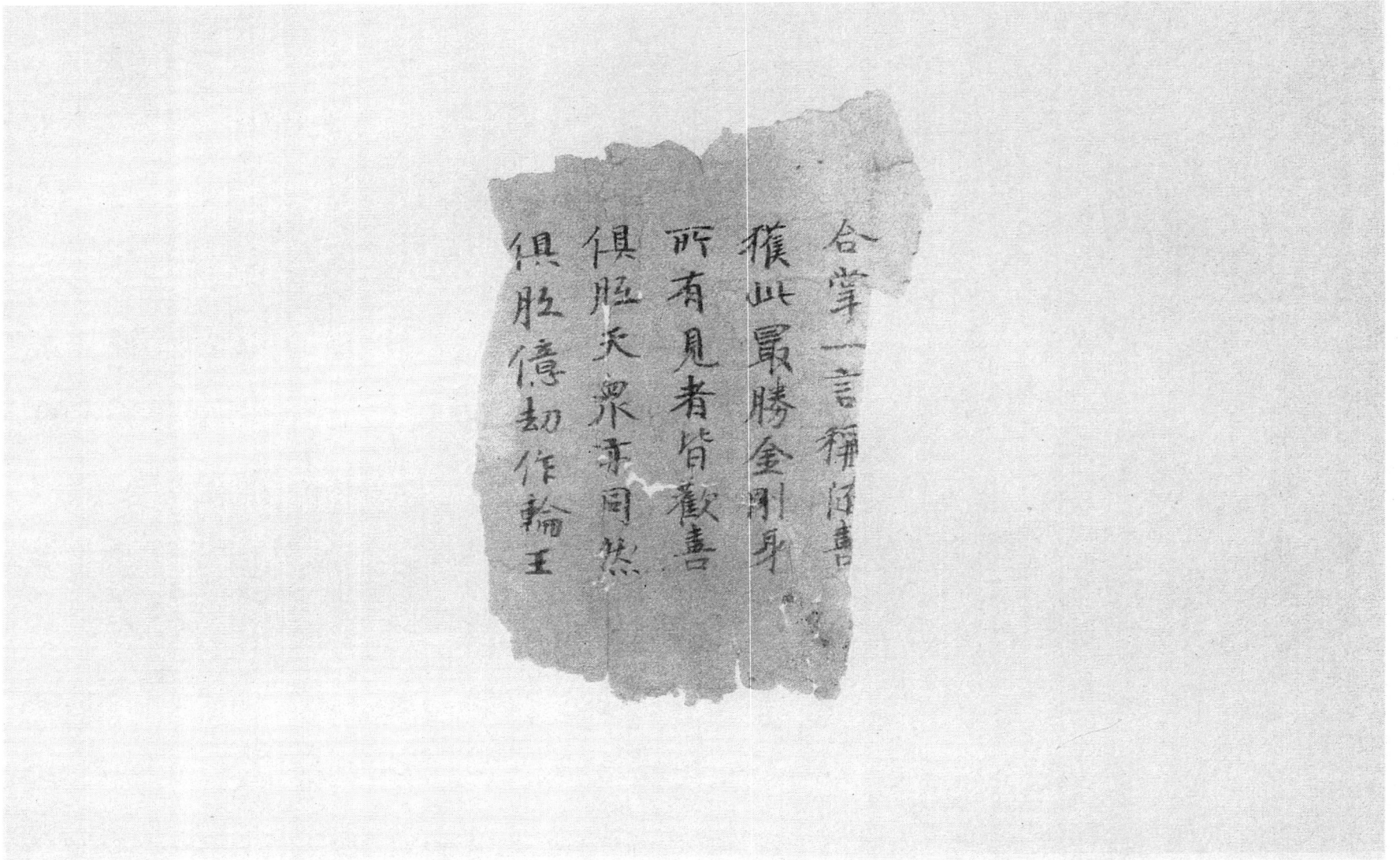

BD10452 號　金光明最勝王經卷九　　　　　　　　　　　　　　　（1-1）

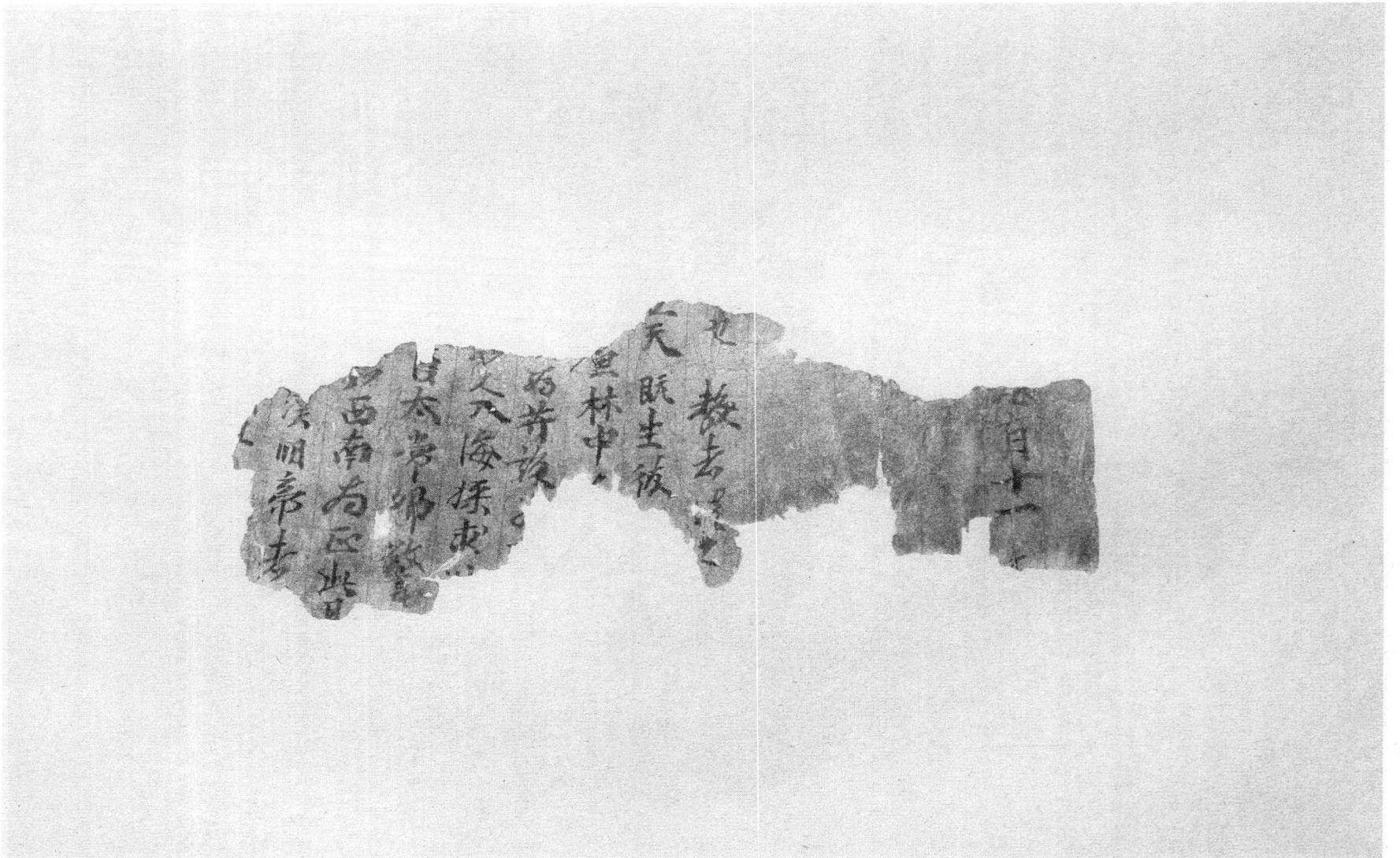

BD10453 號　待考佛典（擬）　　　　　　　　　　　　　　　　　（1-1）

諍鼻冰清
明淨若鼻
分无別无新
以反鼻腦鼻
異腦為緣
若一切
丁上黄吳

阿育某某 譯

BD10454 號　大般若波羅蜜多經卷二五五　　　　　　　　　　　　　　　（1-1）

戌佛道清淨解脫除滅諸惡速離於苦行
德根清淨法身遊行十方見諸如來善薩大
採長養善根如水蓮華恒遇諸佛聞持正法
安住佛道具諸弗

BD10455 號　大方廣佛華嚴經（晉譯五十卷本）卷四九　　　　　　　　　　　　　　　（1-1）

BD10456號　妙法蓮華經卷六　　　　　　　　　　　　　　　　　　　　（1-1）

BD10457號　灌頂章句拔除過罪生死得度經　　　　　　　　　　　　　（1-1）

BD10458 號　待考殘片五塊（擬）　　　　　　　　　　　　　　　　　（1-1）

BD10458 號背　雜寫　　　　　　　　　　　　　　　　　　　　　　（1-1）

BD10459 號　瑜伽師地論卷三四 （1-1）

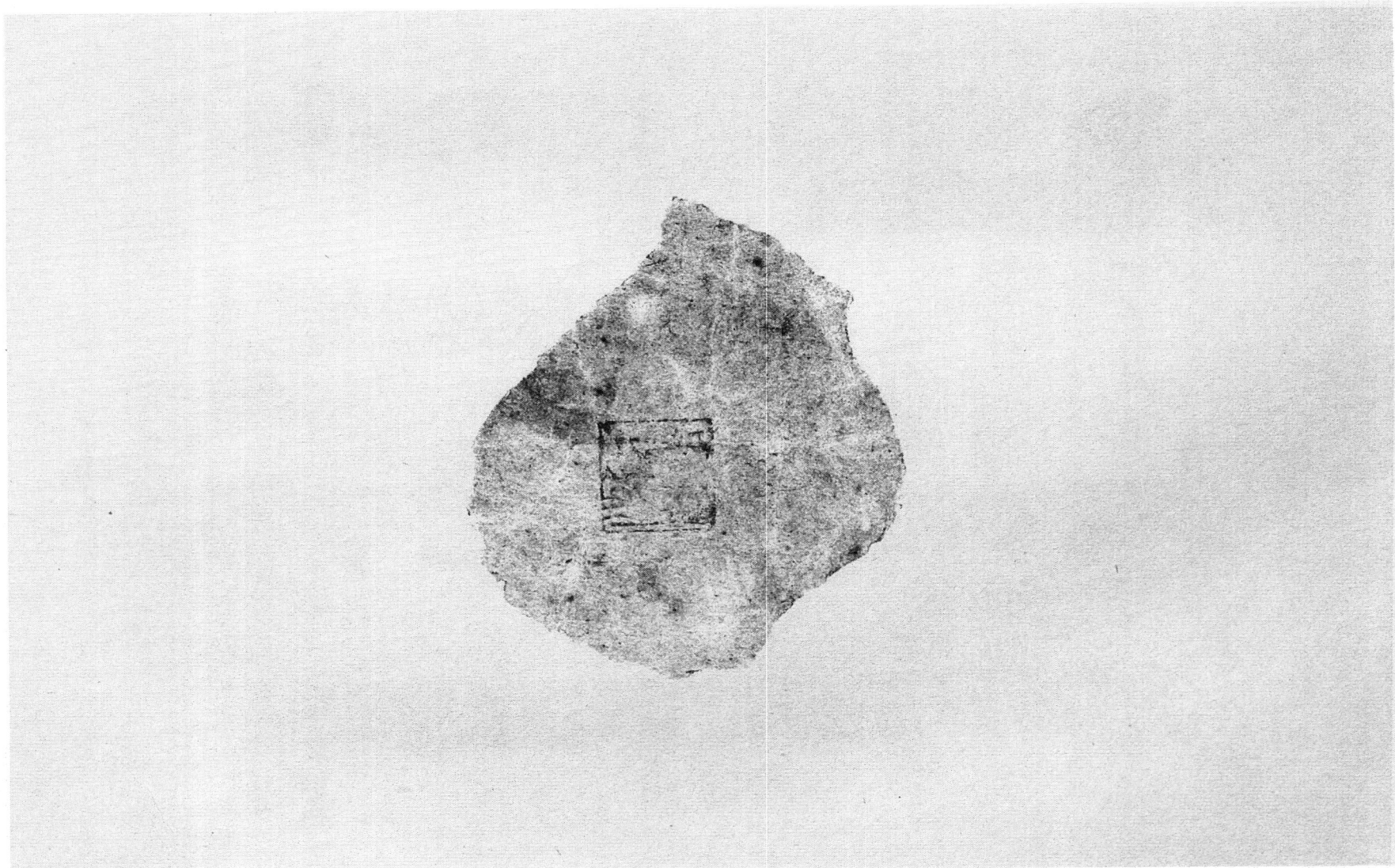

BD10460 號　護首（大般涅槃經）　　　　　　　　　　　　　　　（1-1）

BD10461 號　妙法蓮華經卷四　　　　　　　　　　　　　　　　（1-1）

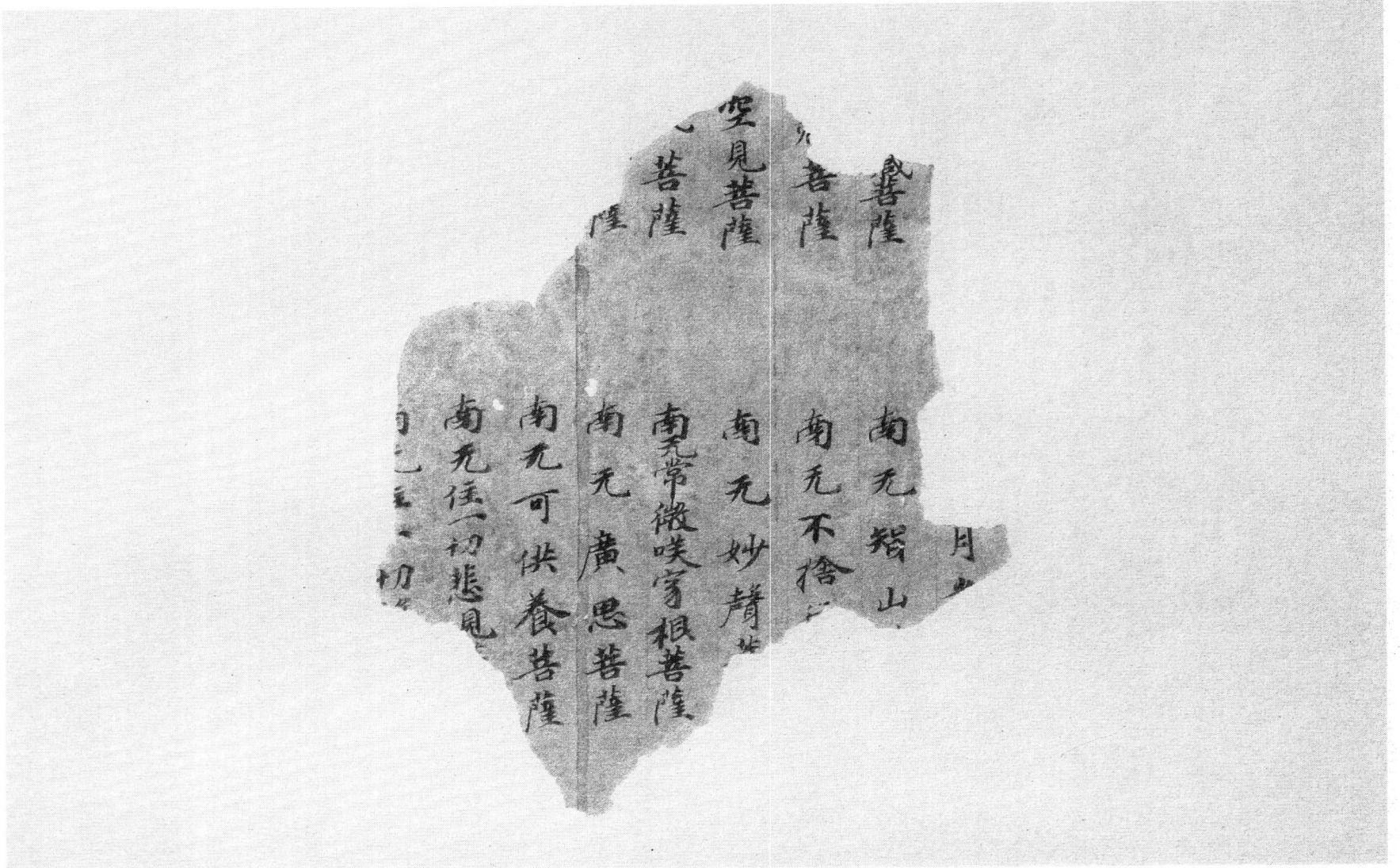

BD10462 號　佛名經（十二卷本）卷一二 　　　　　　　　（1-1）

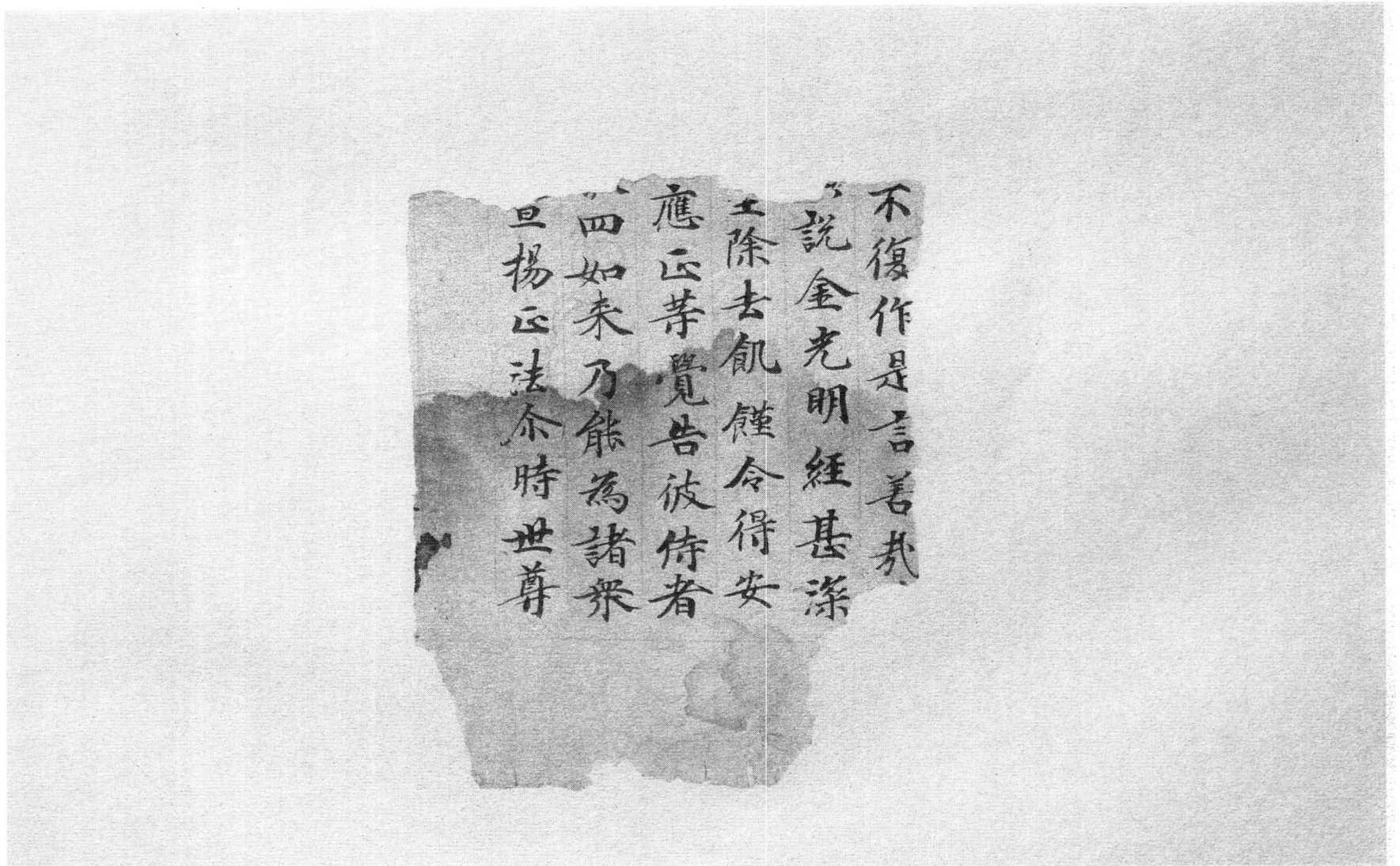

BD10463 號　金光明最勝王經卷一 　　　　　　　　（1-1）

BD10464 號　大智度論卷三六　　　　　　　　　　　　　　　　（1-1）

BD10465 號　　四分比丘尼戒本　　　　　　　　　　　　　　　（1-1）

BD10466號　待考佛經（擬）　　　　　　　　　　　　　　　　　　　　　（1-1）

BD10467號　妙法蓮華經卷三　　　　　　　　　　　　　　　　　　　　（1-1）

BD10468號　維摩詰所說經卷中　　　　　　　　　　　　　　　　　　　　　　（1-1）

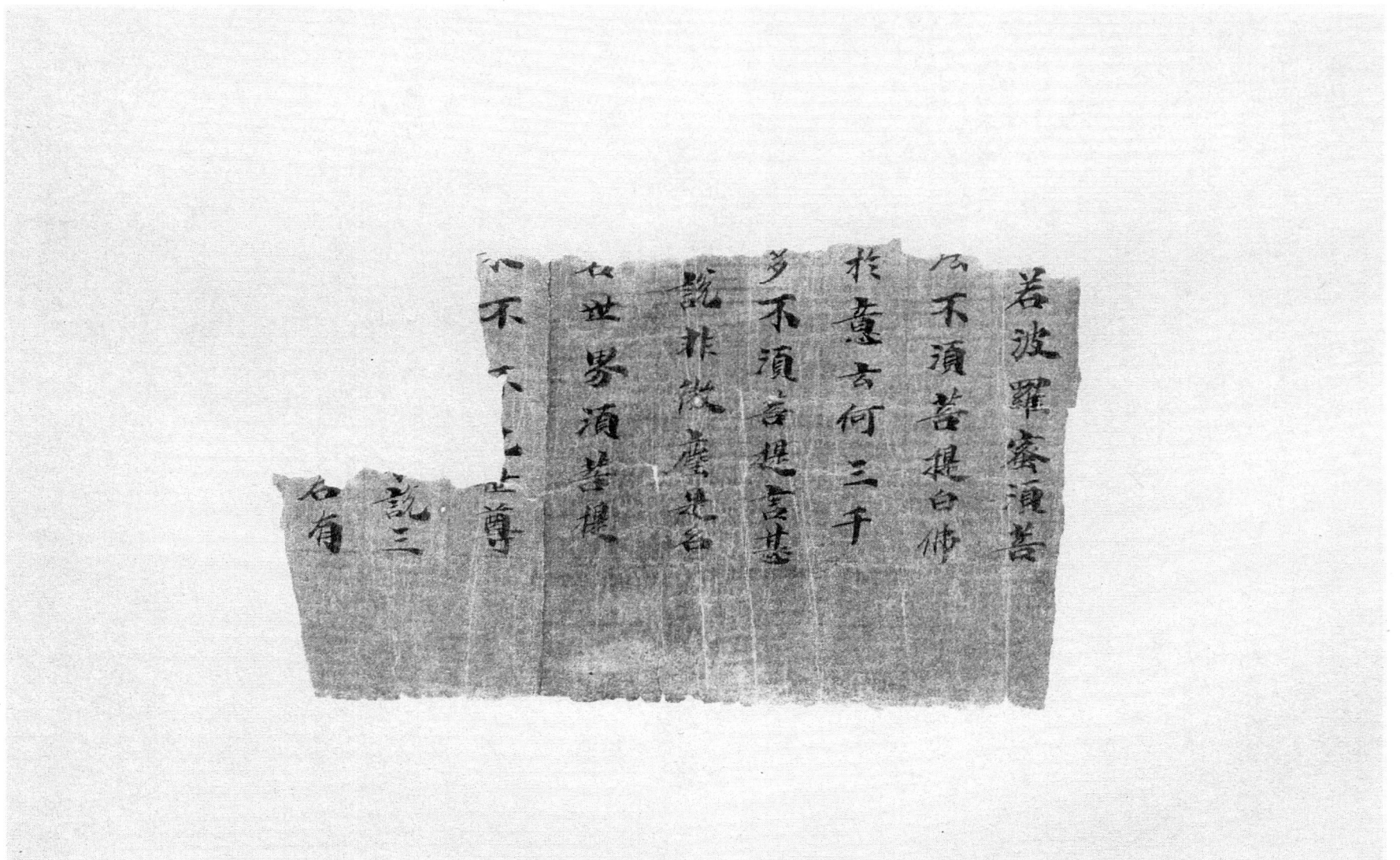

BD10469號　金剛般若波羅蜜經　　　　　　　　　　　　　　　　　　　　　　（1-1）

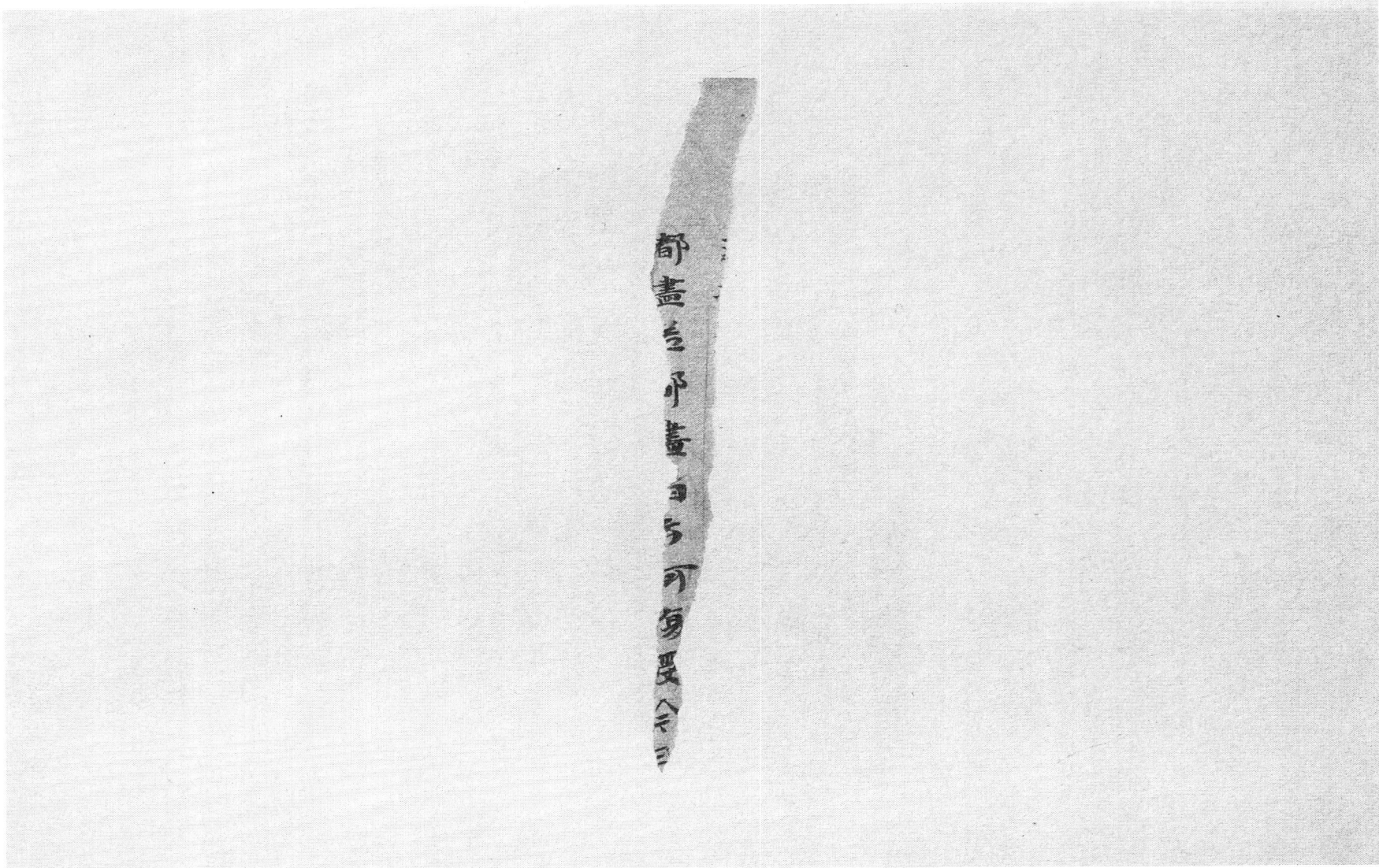

BD10470 號　大般涅槃經（北本）卷四〇 　　　　　　　　　　　　　　　　　（1-1）

BD10471 號　護首（大般若波羅蜜多經） 　　　　　　　　　　　　　　　　　（1-1）

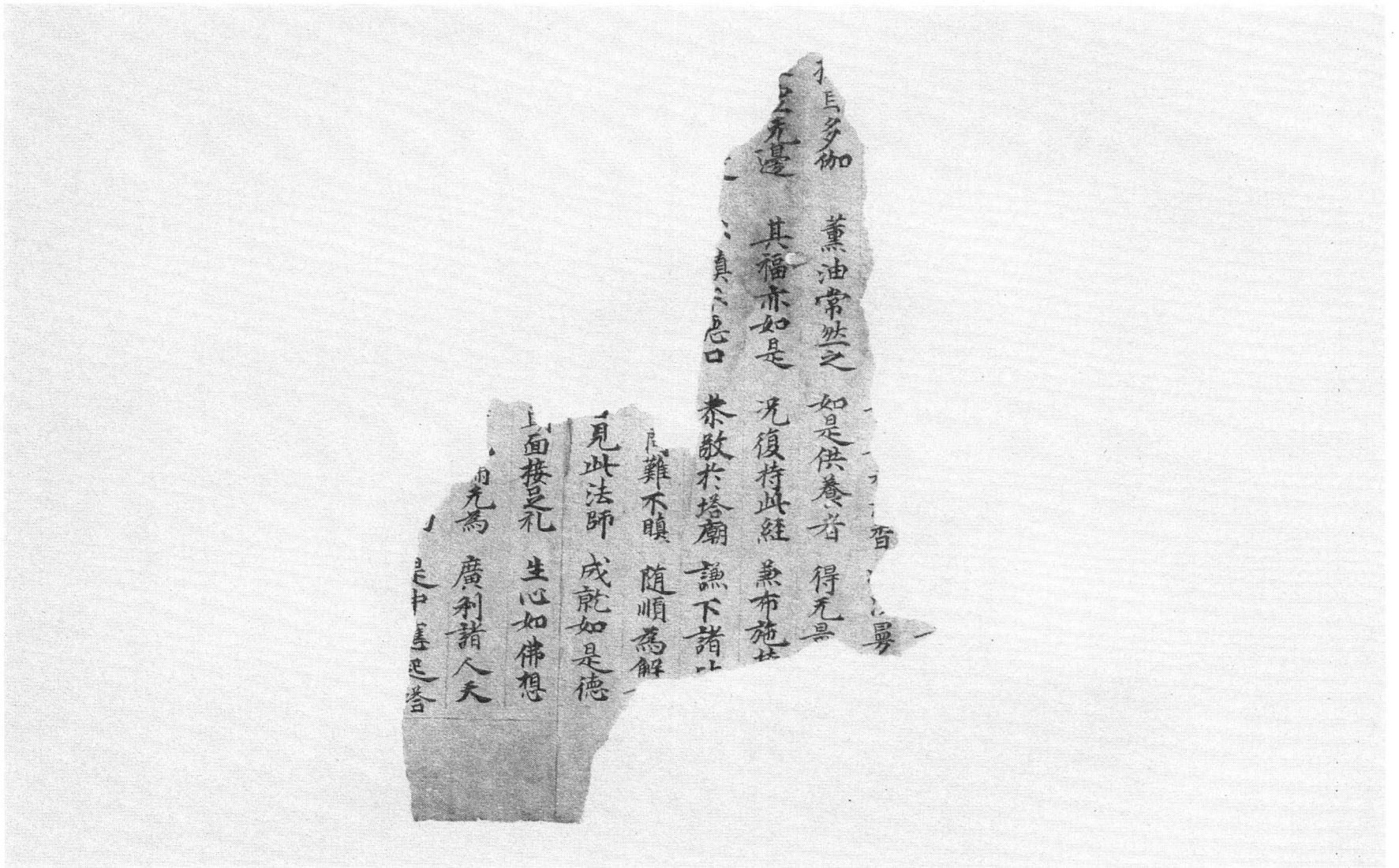

多伽　薰油常然之　如是供養者　得無量
真□忌口　恭敬於塔廟　謙下諸比
其福亦如是　況復持此經　薰布施
難不瞋　隨順爲解
見此法師　成就如是德
上面接足禮　生心如佛想
先爲　廣利諸人天
是中□起塔

BD10472號　妙法蓮華經卷五　　　　　　　　　　　　　　　（1-1）

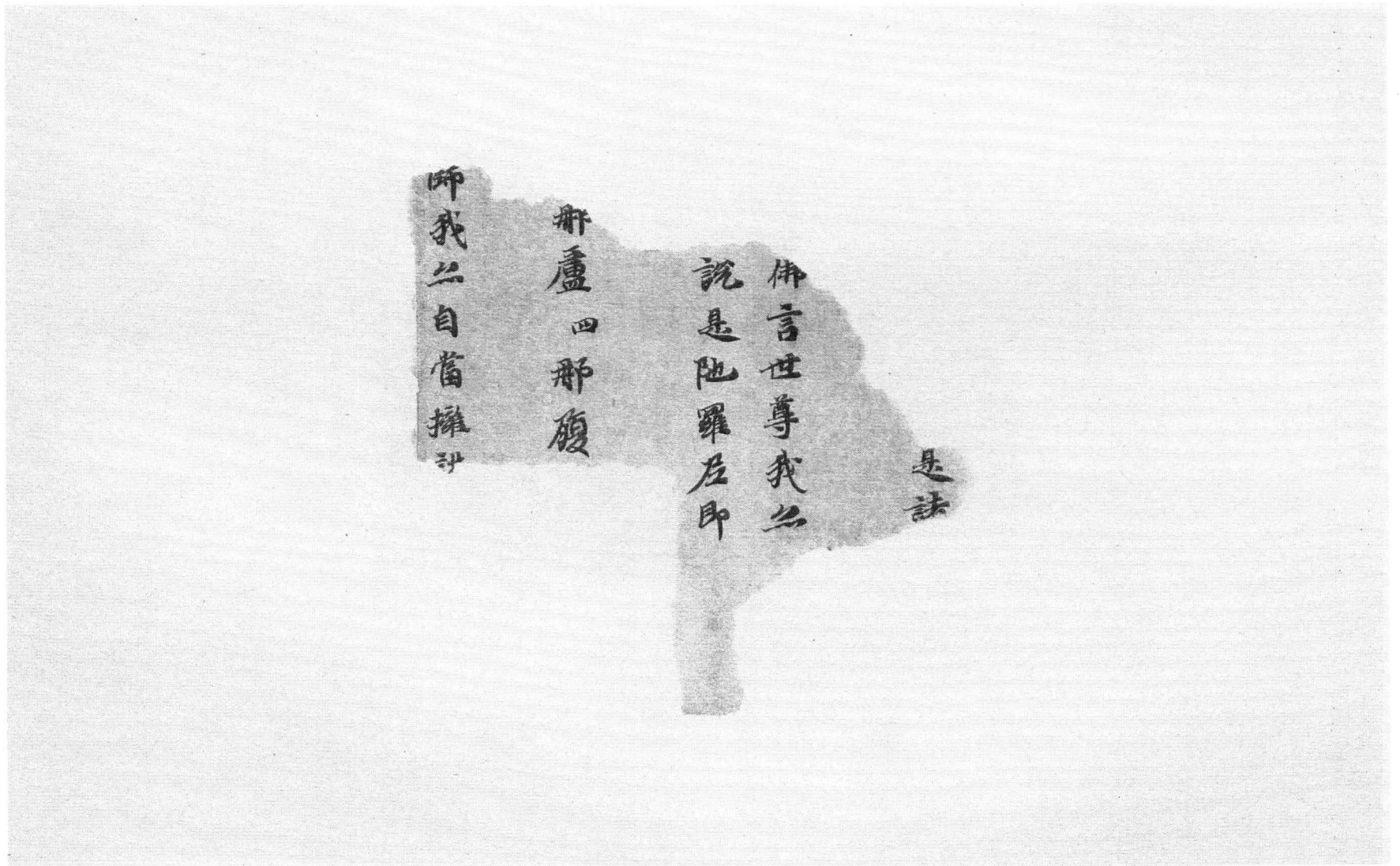

佛言世尊我以　說是陀羅尼呪
師我□自當擁護
□廬□那腹
是詰

BD10473號　妙法蓮華經卷七　　　　　　　　　　　　　　　（1-1）

BD10474 號　待考經疏殘片（擬）　　　　　　　　　　　　　　（1-1）

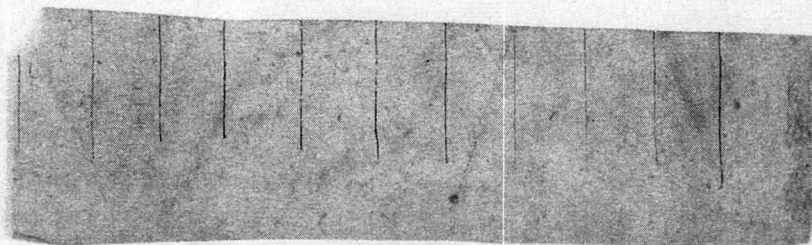

BD10474 號背　烏絲欄　　　　　　　　　　　　　　　　　　（1-1）

公無別無〔...〕
力清淨佛十力清淨故七
一切智智清淨若佛十
無二無二分無別無斷故
四無所畏四無礙解大慈
不共法清淨四無所畏〔...〕
〔...〕悲清淨何以

BD10475 號　大般若波羅蜜多經卷二七七　　　　　　　　　　　　（1-1）

五道土〔...〕魔女即諸如是等皆〔...〕
死墮剝斫地獄中為諸獄卒斬其〔...〕
啄兩眼精今身作師公或葬埋死人占〔...〕
便利尸宅謝蠱瘕頭襄禍詐其庚人多
吉凶之諸者如此之徒死墮鐵鋼地獄中
〔...〕啄其肋骨受醬无窮

BD10476 號　善惡因果經　　　　　　　　　　　　　　　　　（1-1）

切佛本生
底轂寺

BD10477 號　大方廣佛華嚴經（晉譯五十卷本）卷三七　　　　　　　　　　　　（1-1）

相何以故是諸
眾生壽者若取
□取非法
法不應
□

BD10478 號　金剛般若波羅蜜經　　　　　　　　　　　　（1-1）

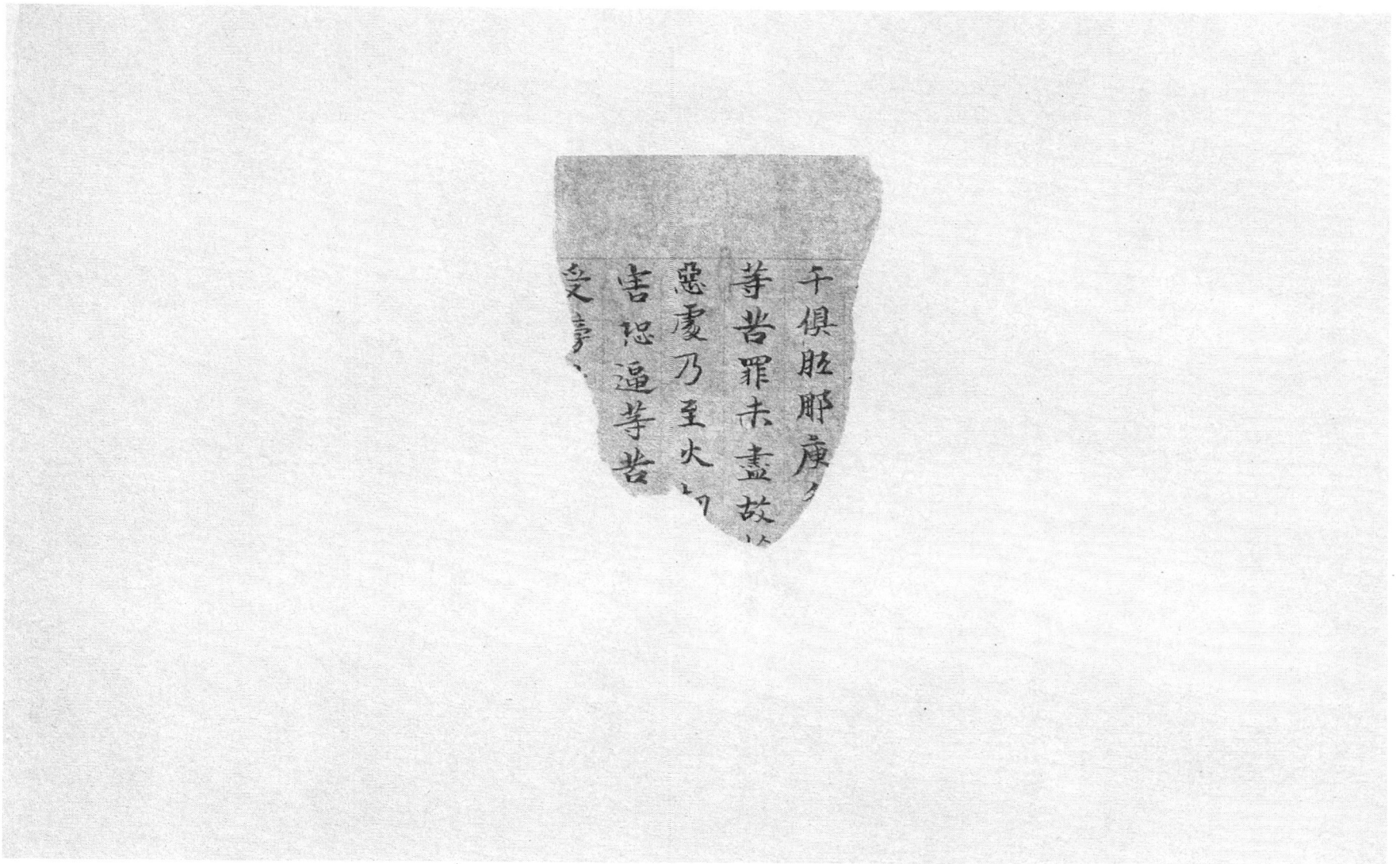

BD10479 號　大般若波羅蜜多經卷五〇六　　　　　　　　　　　　　　　　　　　　　（1-1）

BD10480 號　護首（大般若波羅蜜多經）　　　　　　　　　　　　　　　　　　　　　（1-1）

BD10481 號　金剛般若波羅蜜經 （1-1）

BD10482 號　金光明最勝王經卷一〇 （1-1）

由鈇
亦侍此中諸
賴此國王弘經故
若人應受此經王
國主豐樂無違諍
能令他方賊退散
由此最勝經王力
如寶樹王在宅內
景勝經王亦復然
景勝經王亦復然
譬如澄凄清冷水
景勝經王亦復然
以人盡有妙寶藏
景勝經王亦復然

安隱豐樂無違惱
欲求財貨及財利
隨心願意皆從
離諸苦惱無憂怖
能生一切諸樂具
餘與人王勝功德
能除飢渴諸熱惱
令樂福者心滿足
隨所受用憙後心
福德隨心無所乏
庭當供養此經王
甲慧威神皆具是

BD10483 號　金光明最勝王經卷六　　　　　　　　　　　　　　　（1-1）

如小
普見世尊
唯有天女
若於戰陣恐怖處
河津險難賊盜時
或被王法……如縛
若能專注心不移
於善惡人皆讚歎
是故我以至誠心
合掌婆羅門

或見墮在火坑中
悲能令彼除怖畏
或為怨讎行欺害
決定解脫諸憂苦
慈悲
稽首

BD10484 號　金光明最勝王經卷七　　　　　　　　　　　　　　　（1-1）

BD10485 號　勝鬘師子吼一乘大方便方廣經　　　　　　　　　　　　　　　　（1-1）

BD10486 號　妙法蓮華經卷五　　　　　　　　　　　　　　　　　　　　　　（1-1）

BD10487號　大方廣佛華嚴經（晉譯五十卷本）卷三　　　　　　　　　　　　（1-1）

BD10488號　大智度論卷二四　　　　　　　　　　　　（1-1）

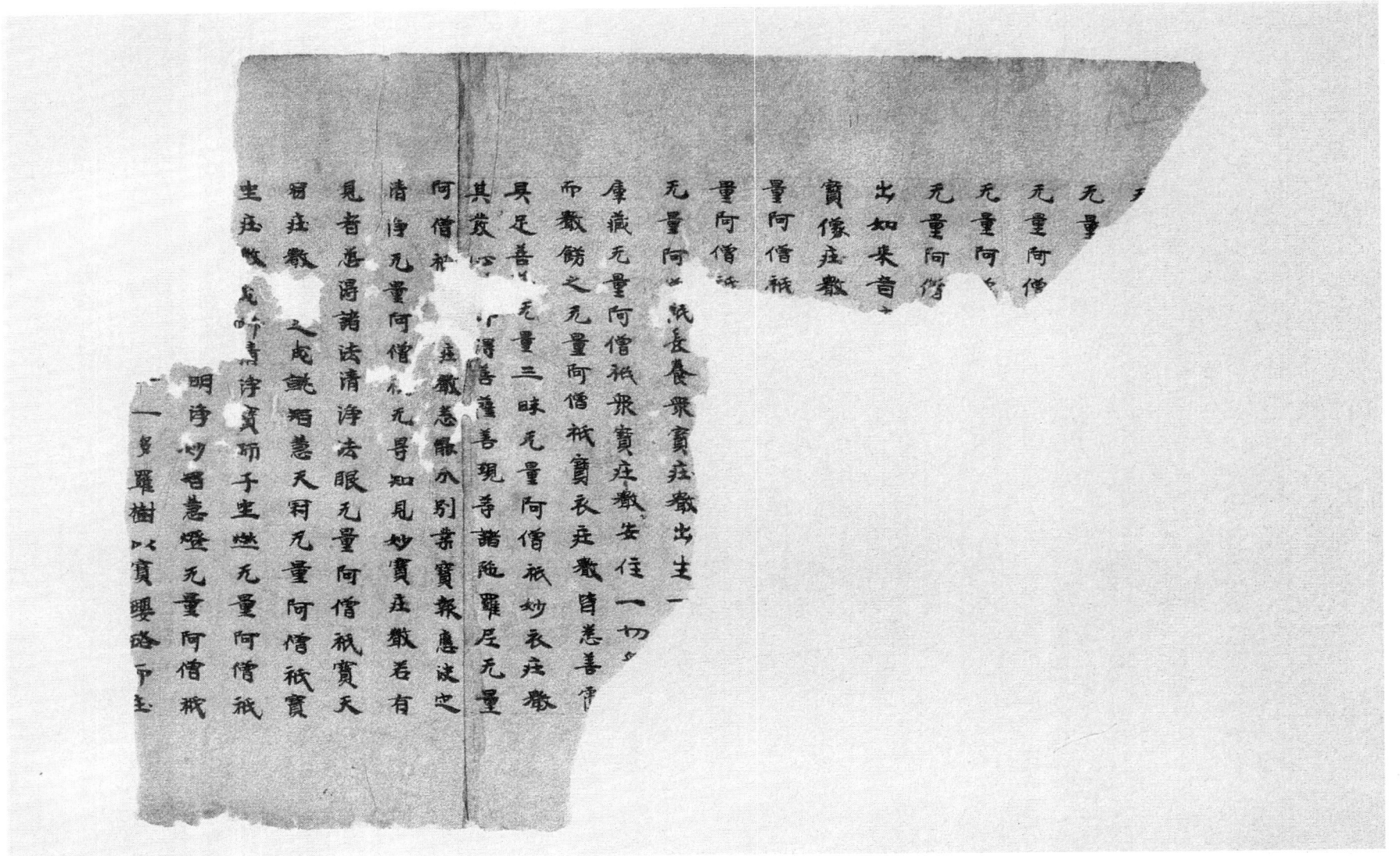

无量
无量阿僧
无量阿僧
出如来言
宝像庄教
无量阿僧祇
量阿僧祇法
无量阿□祇长养众宝宝庄教出生一
库藏无量阿僧祇祇宝宝庄教安住一切
而教饰之无量阿僧祇宝长庄教皆善
具足善□无量三昧无量阿僧祇妙长庄教
其发□广得菩萨善现寻诸随罗尼无量
阿僧祇□庄慈服八别荣宝报应波之
清净无量阿僧祇□□如见妙宝若有
见者居得诸法清净法眼于生燃若
□教□威□天祠无量阿僧祇宝
□之成□净宝师于生燃无量阿僧祇
明净妙□慧灯无量阿僧祇
生庄敬□一切
□罗树以宝璎珞而生

BD10489號　大方廣佛華嚴經（晉譯五十卷本）卷一八　　　（1-1）

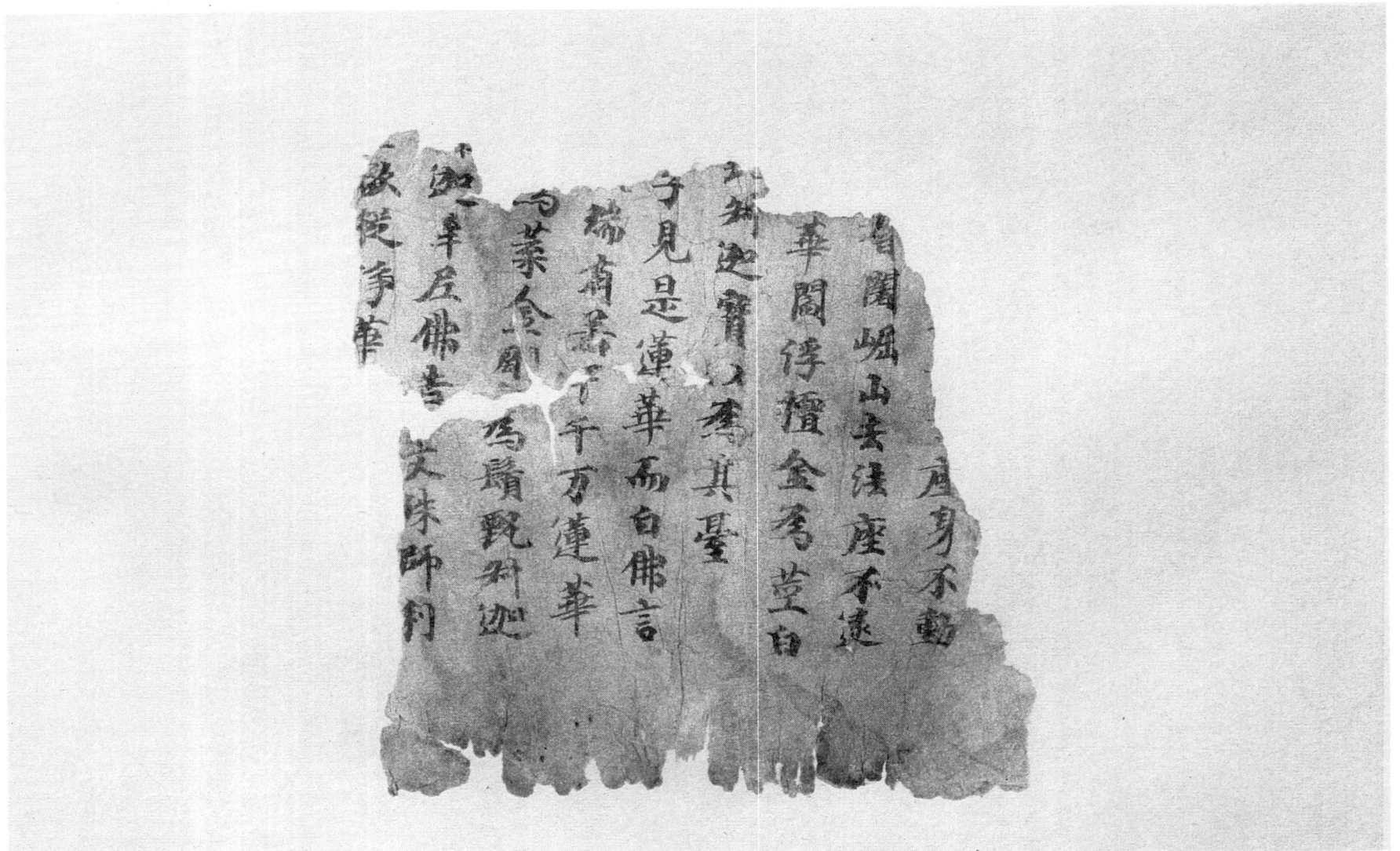

闇崛山云汉座不远　　身不动
华阁浮檀金为堂
我见宝□为其台
□见是莲华而白佛言
瑞满□□千万莲华
一菩萨□□为颜观料迦
迦华坐佛善
敕从净华　文殊师利

BD10490號　妙法蓮華經卷七　　　（1-1）

332

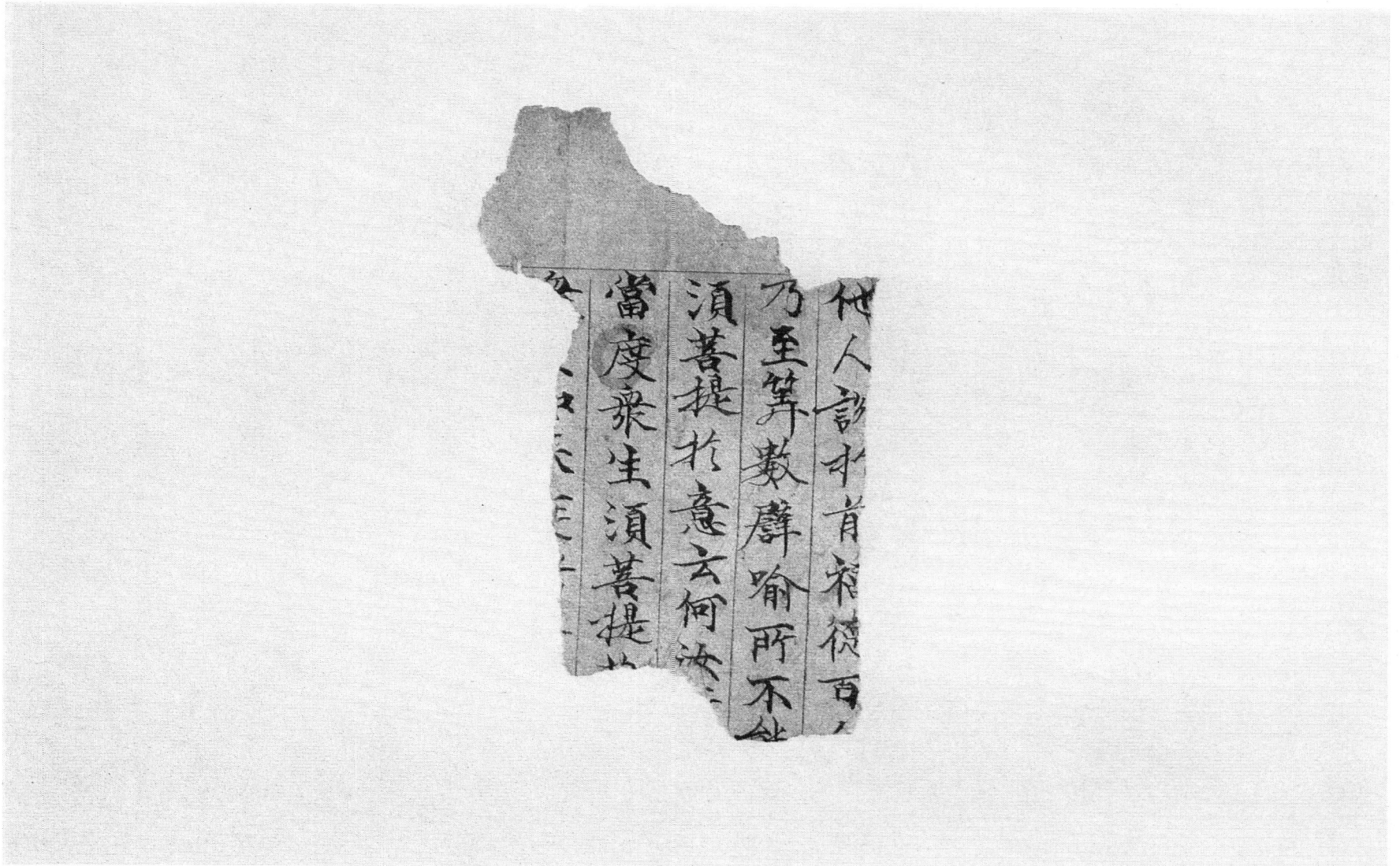

BD10491 號　金剛般若波羅蜜經　　　　　　　　　　　　　　　　　　　　　　（1-1）

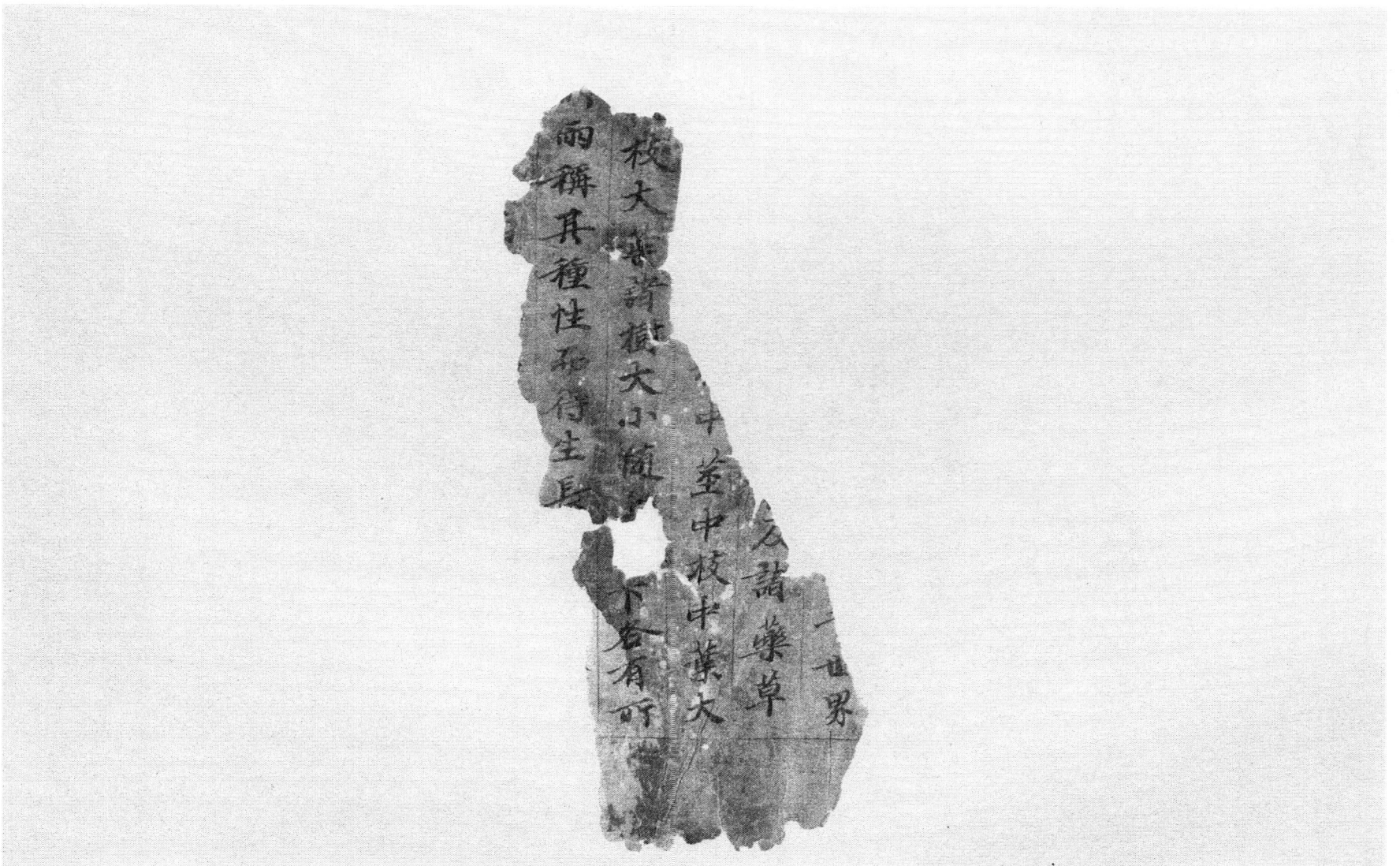

BD10492 號　妙法蓮華經卷三　　　　　　　　　　　　　　　　　　　　　　　（1-1）

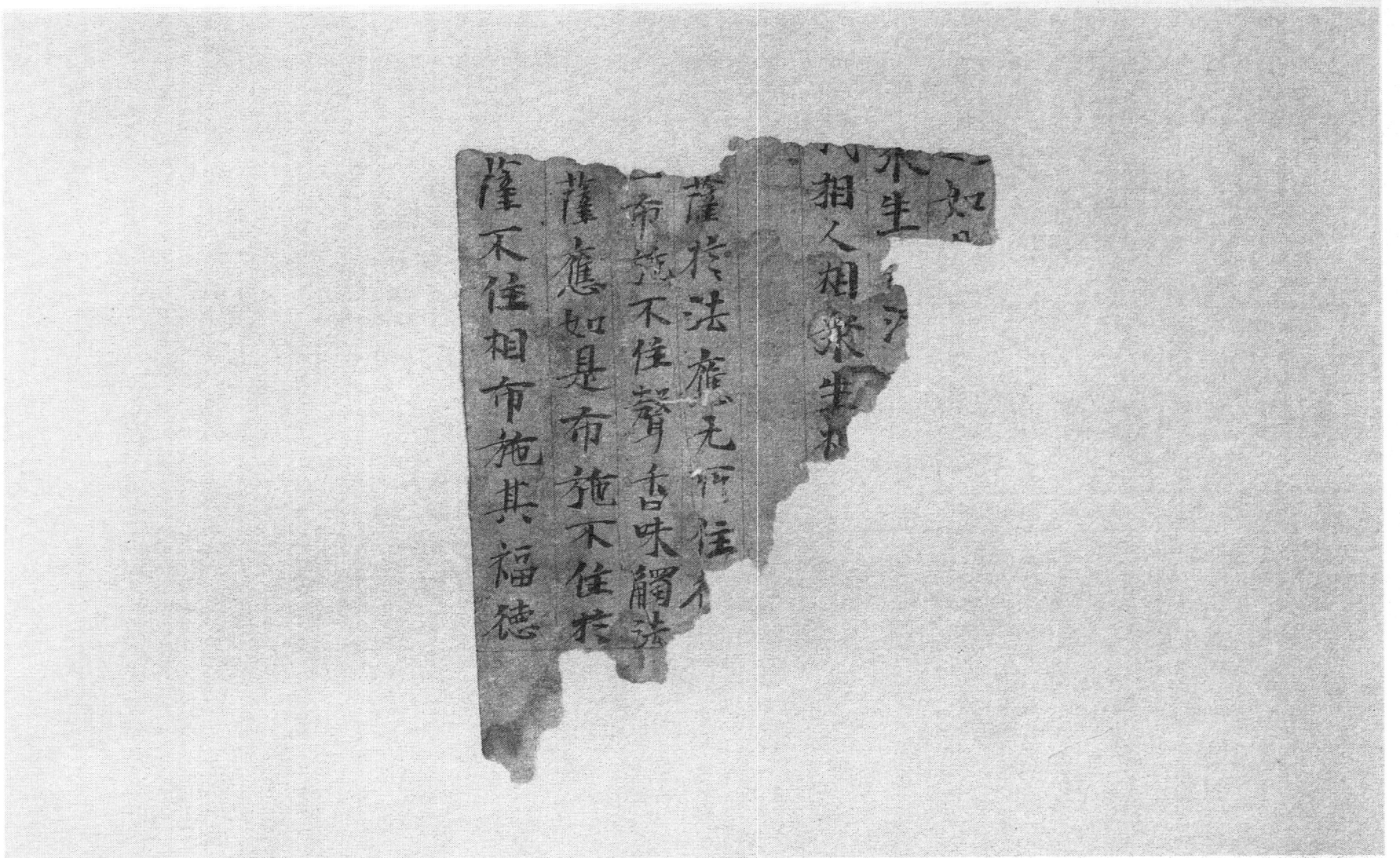

BD10493 號　金剛般若波羅蜜經　　　　　　　　　　　　　　　　　　　　（1-1）

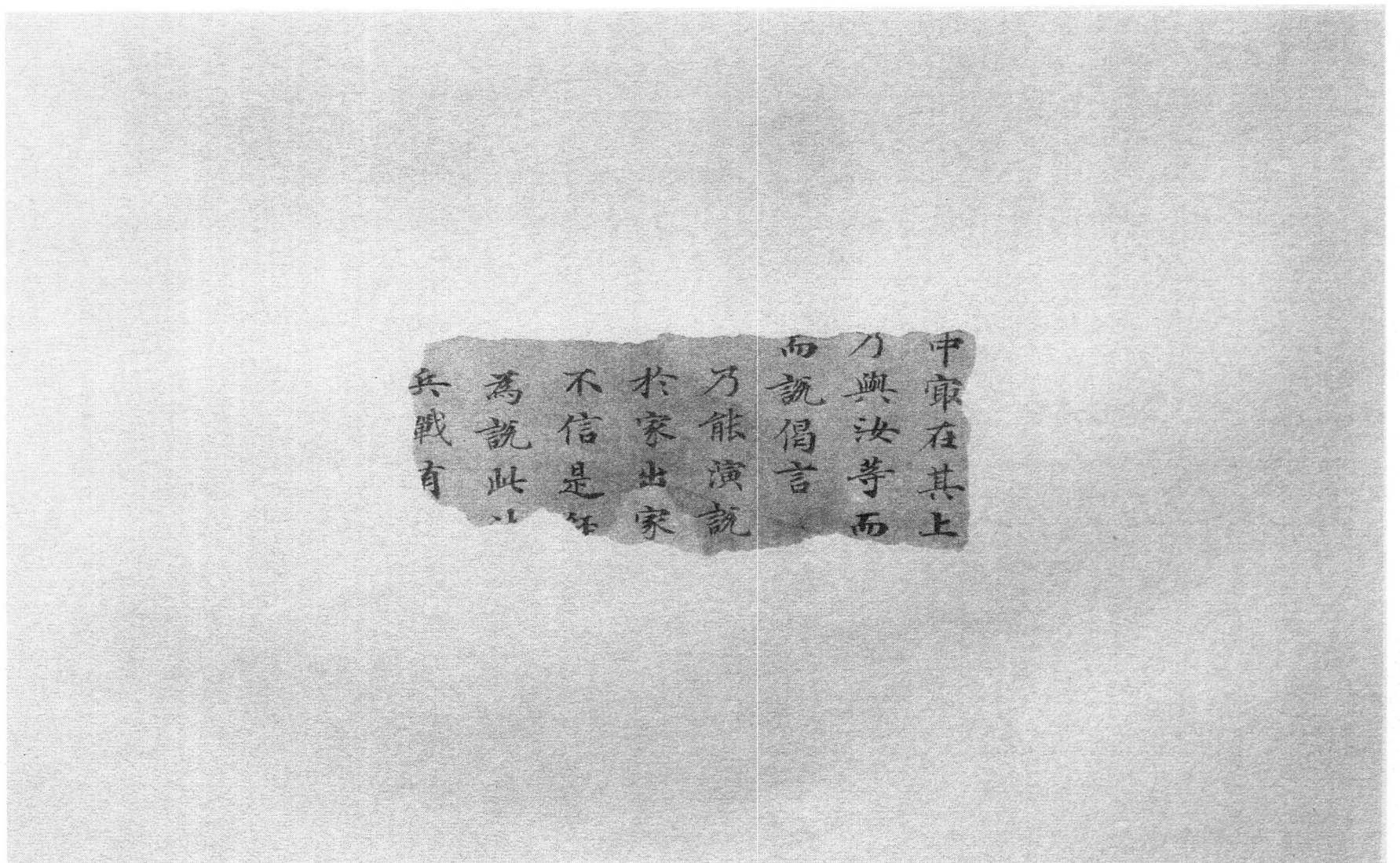

BD10494 號　妙法蓮華經卷五　　　　　　　　　　　　　　　　　　　　　（1-1）

BD10495 號　金剛般若波羅蜜經　　　　　　　　　　　　　　　　　　　　　　（1-1）

BD10496 號　妙法蓮華經卷五　　　　　　　　　　　　　　　　　　　　　　　（1-1）

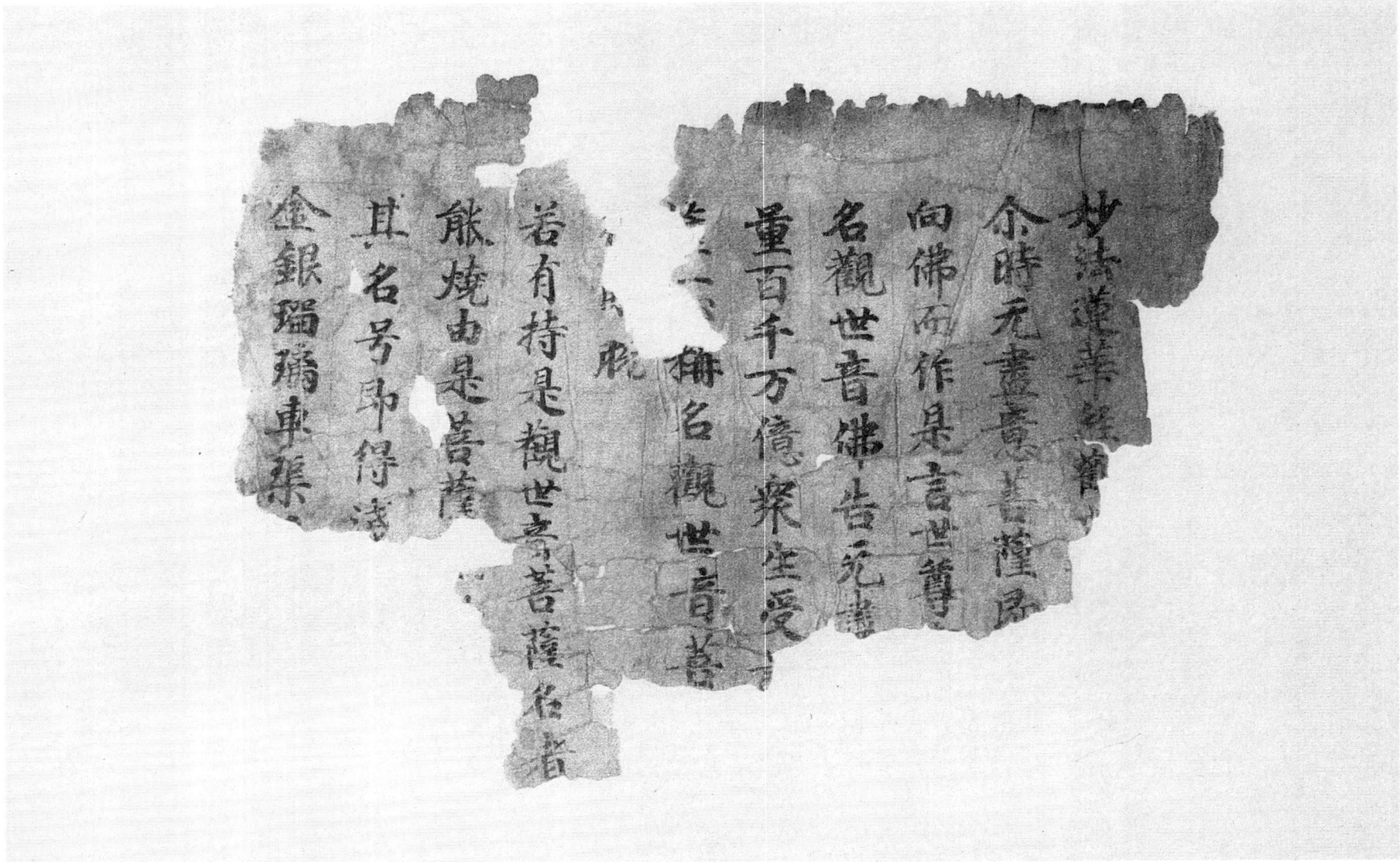

妙法蓮華經觀

尒時無盡意菩薩即

向佛而作是言世尊

名觀世音佛告無盡

重百千万億眾生受

栴名觀世音菩

若有持是觀世音菩薩名者

䑽燒由是菩薩

其名号即得淺

金銀瑠璃車磲

BD10498號背　龍樹菩薩傳　　　　　　　　　　　　　　（1-1）

於龍宮處中盛七寶
性與无量妙法持
九十日通解甚多其心深入體得
心而聞……之日看經贏未盡言……
我可讀者已十倍於閻浮提說……
官中胝有經典言廣……此便不可數龍樹既得
諸經壹用深入无生……
坐大弘佛教摧伏外……
舍十萬偈又誦……嚴
中論五百偈……摩

出於南天

BD10499號　大般涅槃經（北本）卷二七　　　　　　　（1-1）

有覩見諸法猶如
眾生稱美解脫即是无
慧其正慧者遠離一切煩惱諸
言是解脫常恒不變是名讚歎解脫即是无
經是名解脫得解脫者是名讚歎解脫
上大般涅槃涅槃者即是煩惱諸炷火滅又
涅槃者名慈屋宅何以故能遠煩惱惡風而
故又涅槃者名歸依何以故能過一切諸
怖畏故又涅槃者名為洲渚何以故四一者
阿不能漂故何等為四一者欲暴二者有
暴三者見暴四者无明暴是故涅槃名為洲
渚者若畢竟歸何以故

BD10500 號　天地八陽神咒經　　　　　　　　　　　　　　　　　（1-1）

BD10501 號　摩訶般若波羅蜜經卷一四　　　　　　　　　　　　（1-1）

一切經音義卷第一末十七䈣
至肆卷並依次剩重出

BD10502 號　一切經音義點勘籤條（擬）

（1–1）

BD10502 號背　藏文（擬）

（1–1）

339

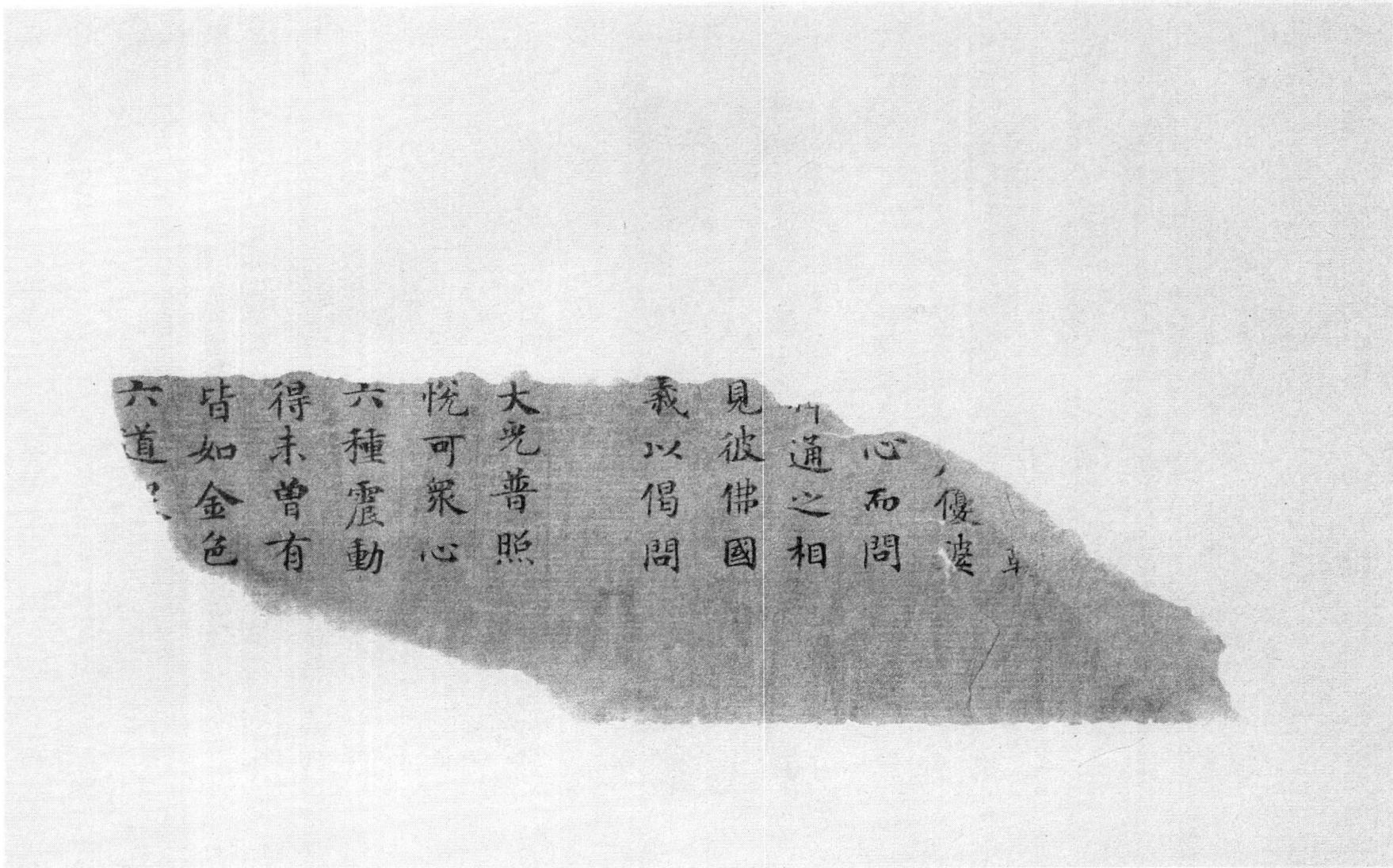

BD10503 號　妙法蓮華經卷一　　　　　　　　　　　　　　　　　　　（1-1）

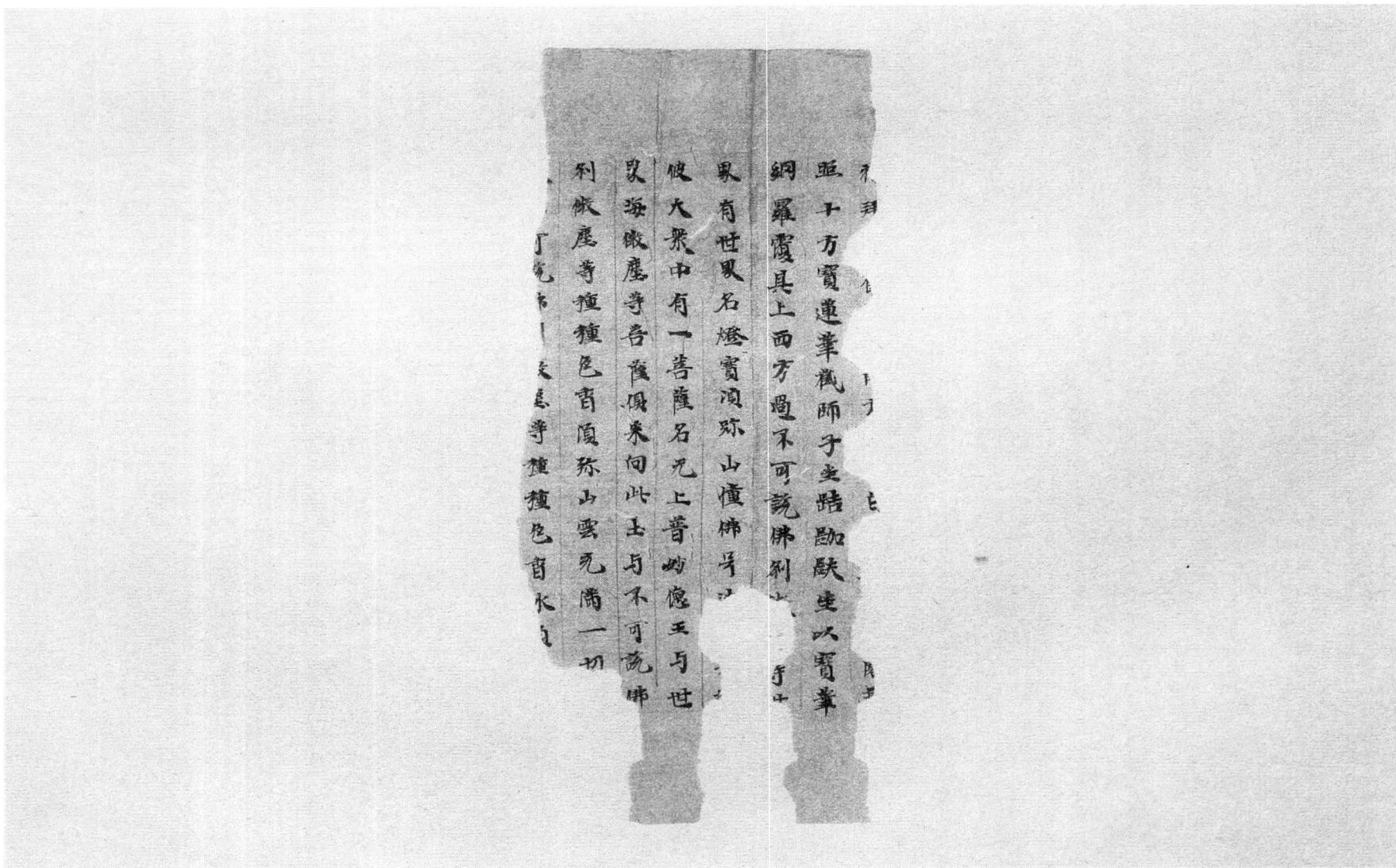

BD10504 號　大方廣佛華嚴經（晉譯五十卷本）卷三七　　　　　　　（1-1）

BD10505 號　大般涅槃經（北本）卷五　　　　　　　　　　（1-1）

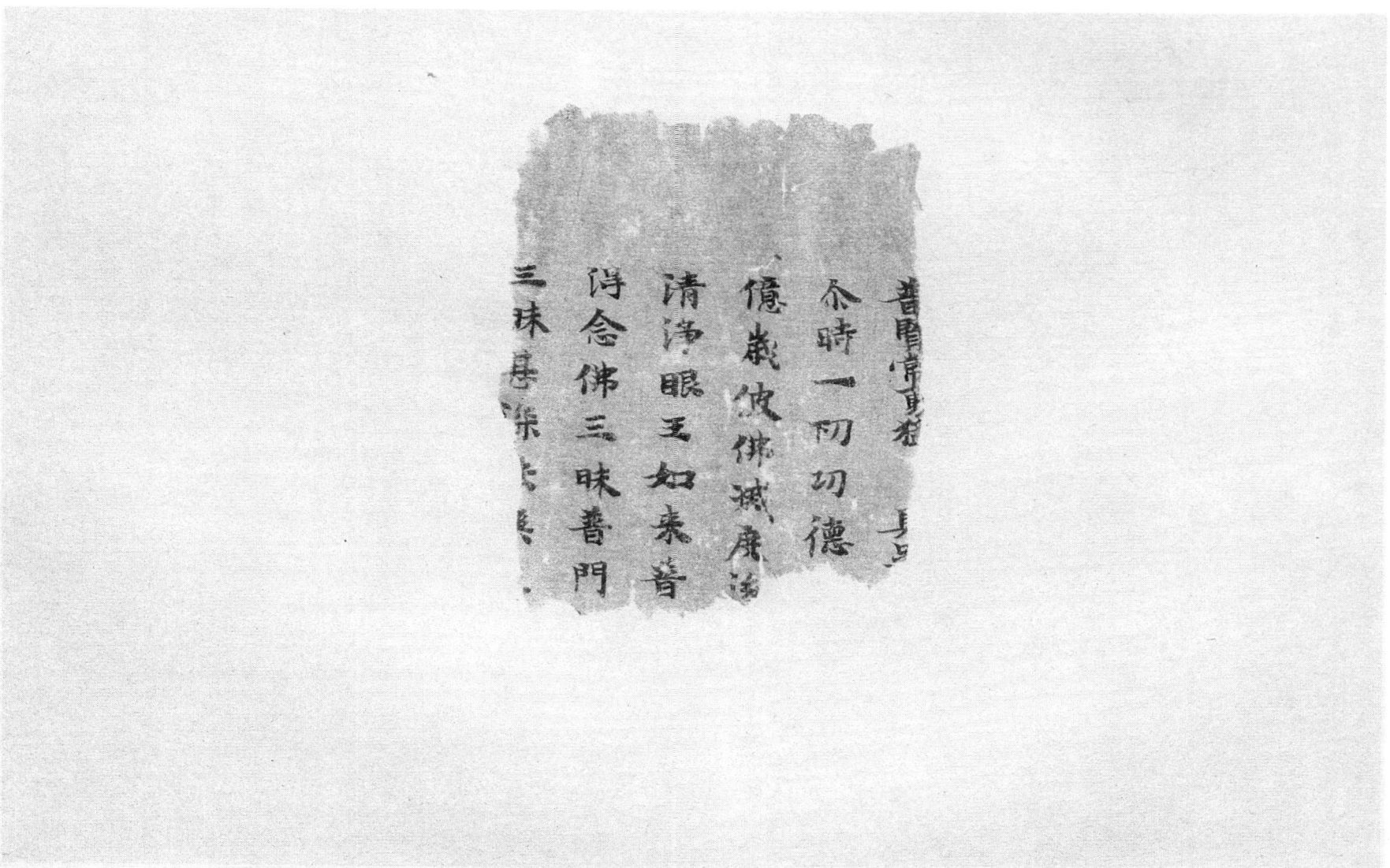

BD10506 號　大方廣佛華嚴經（晉譯五十卷本）卷三　　　　（1-1）

BD10507號　待考佛教文獻（擬）

BD10508號　待考佛教讚頌（擬）

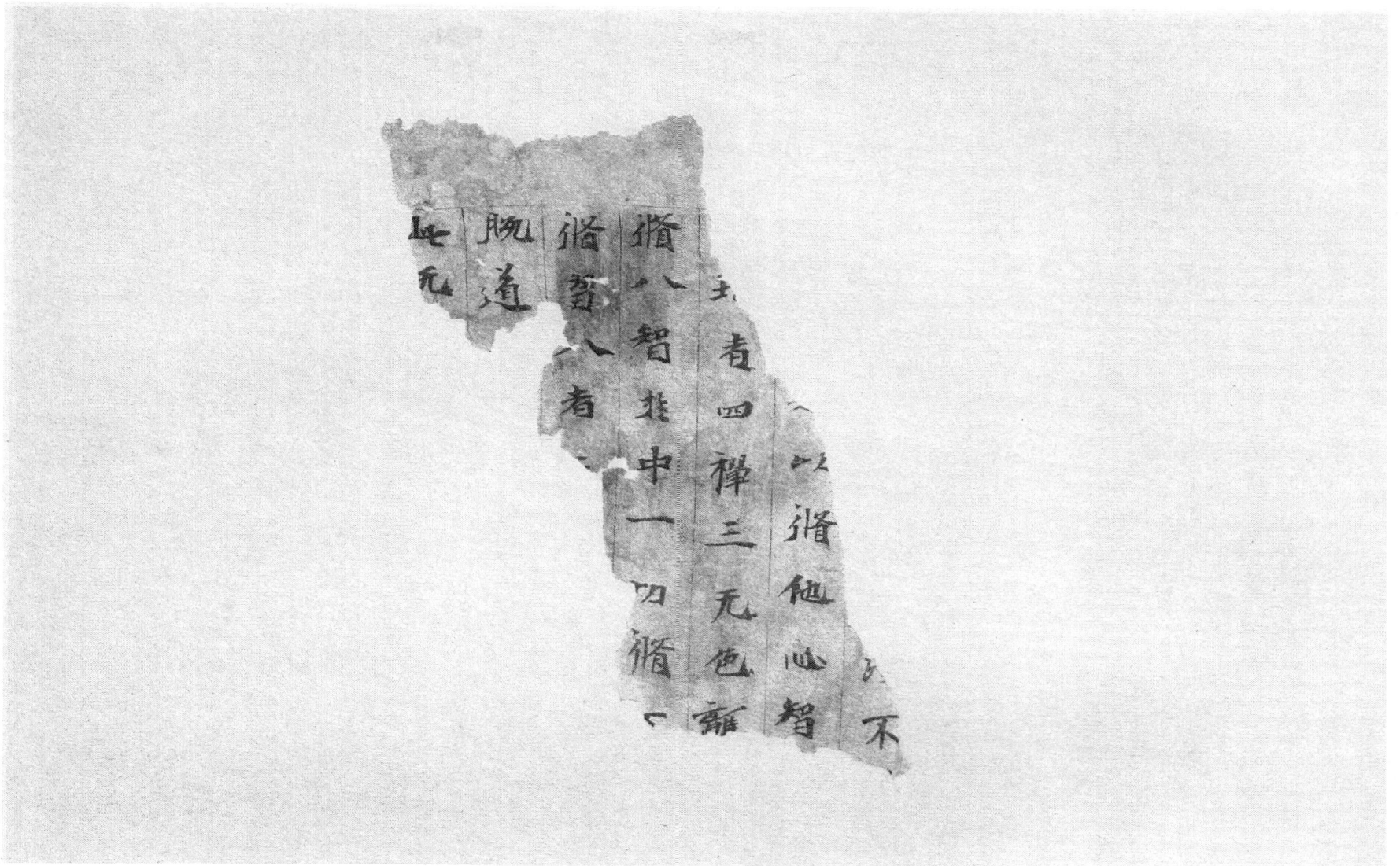

者四禪三无色離
以循伽心智
循八智推中一切循八
循智八者
脫道
此元

BD10509號　阿毗曇心論卷三　　　　　　　　　　（1-1）

即說大法是故當知今佛現光亦復如是欲
令眾生咸得聞知一切世間難信之法故現
斯⋯諸善男子如過去无量无邊不可思議
劫爾時有佛號日月燈月、二

BD10510號　妙法蓮華經卷一　　　　　　　　　　（1-1）

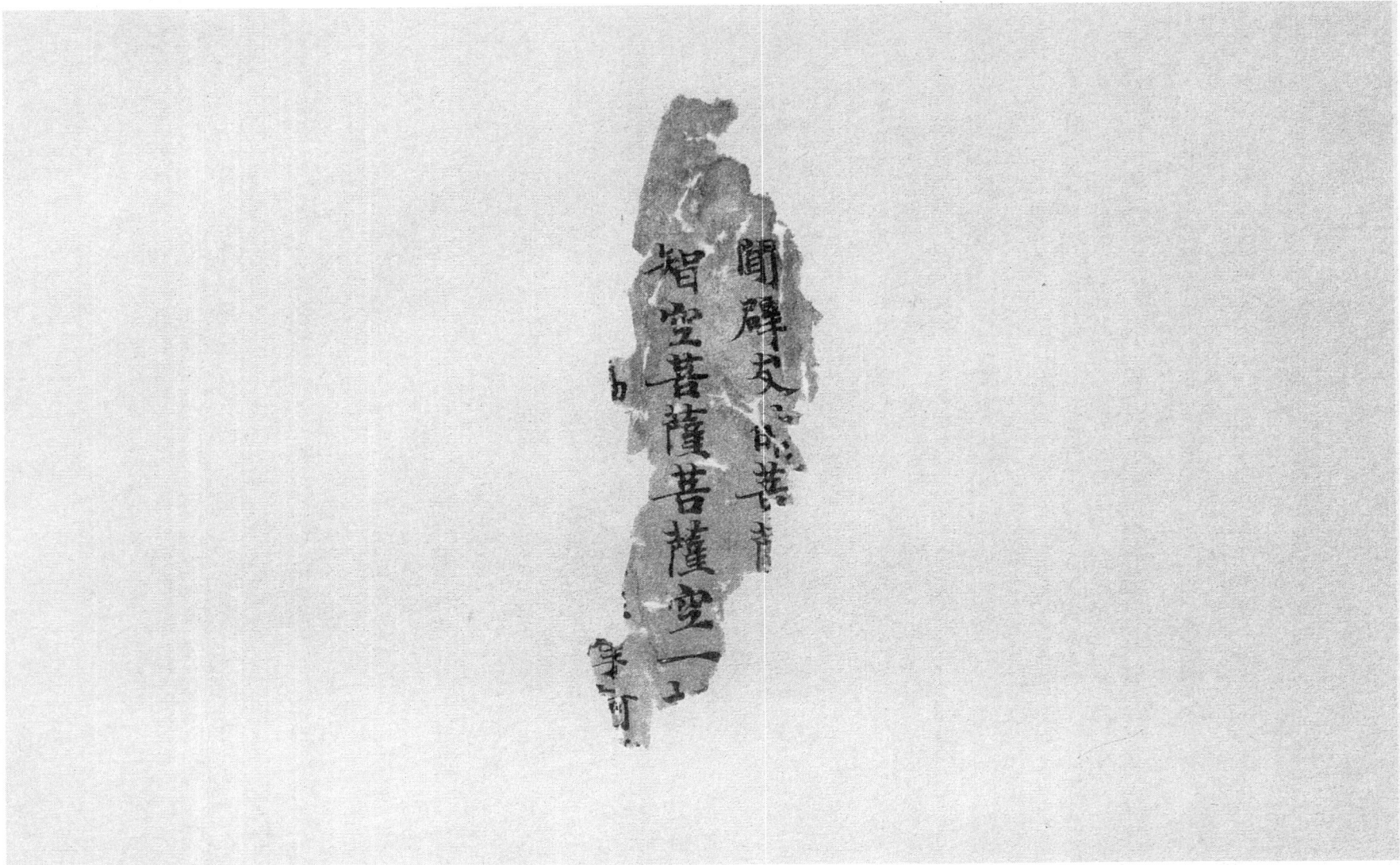

BD10511 號　摩訶般若波羅蜜經卷七

著 錄 凡 例

本目錄採用條目式著錄法。諸條目意義如下：

1.1 著錄編號。用漢語拼音首字"BD"表示，意為"北京圖書館藏敦煌遺書"，簡稱"北敦號"。文獻寫在背面者，標註為"背"。一件遺書上抄有多個文獻者，用數字1、2、3等標示小號。一號中包括幾件遺書，且遺書形態各自獨立者，用字母A、B、C等區別。

1.2 著錄分類號。本條記目錄暫不分類，該項空缺。

1.3 著錄文獻的名稱、卷本、卷次。

1.4 著錄千字文編號。

1.5 著錄縮微膠卷號。

2.1 著錄遺書的總體數據。包括長度、寬度、紙數、正面抄寫總行數與每行字數、背面抄寫總行數與每行字數。如該遺書首尾有殘破，則對殘破部分單獨度量，用加號加在總長度上。凡屬這種情況，長度用括弧標註。

2.2 著錄每紙數據。包括每紙長度及抄寫行數或界欄數。

2.3 著錄遺書的外觀。包括：（1）裝幀形式。（2）首尾存況。（3）護首、軸、軸頭、天竿、縹帶，經名是書寫還是貼簽，有無經名號，扉頁、扉畫。（4）卷面殘破情況及其位置。（5）尾部情況。（6）有無附加物（蟲繭、油污、線繩及其他）。（7）有無裱補及其年代。（8）界欄。（9）修整。（10）其他需要交待的問題。

2.4 著錄一件遺書抄寫多個文獻的情況。

3.1 著錄文獻首部文字與對照本核對的結果。

3.2 著錄文獻尾部文字與對照本核對的結果。

3.3 著錄錄文。

3.4 著錄對文獻的說明。

4.1 著錄文獻首題。

4.2 著錄文獻尾題。

5 著錄本文獻與對照本的不同之處。

6.1 著錄本遺書首部可與另一遺書綴接的編號。

6.2 著錄本遺書尾部可與另一遺書綴接的編號。

7.1 著錄題記、題名、勘記等。

7.2 著錄印章。

7.3 著錄雜寫。

7.4 著錄護首及扉頁的內容。

8 著錄年代。

9.1 著錄字體。如有武周新字、合體字、避諱字等，予以說明。

9.2 著錄卷面二次加工的情況。包括句讀、點標、科分、間隔號、行間加行、行間加字、硃筆、墨塗、倒乙、刪除、兌廢等。

10 著錄敦煌遺書發現後，近現代人所加內容，裝裱、題記、印章等。

11 備註。著錄揭裱互見、圖版本出處及其他需要說明的問題。

上述諸條，有則著錄，無則空缺。

為避文繁，上述著錄中出現的各種參考、對照文獻，暫且不列版本說明。全目結束時，將統一編制本條記目錄出現的各種參考書目。

本條記目錄為農曆年份標註其公曆紀年時，未進行歲頭年末之換算，請讀者使用時注意自行換算。

條 記 目 錄

BD09872—BD10511

1.1　BD09872 號

1.3　大般涅槃經（北本）卷三一

1.4　L0001

2.1　4.1×17.3 厘米；1 紙；2 行。

2.3　殘片。背有古代裱補。有烏絲欄。

3.1　首殘→大正 0374，12/0552A29。

3.2　尾殘→大正 0374，12/0552B01。

8　6 世紀。南北朝寫本。

9.1　隸楷。

1.1　BD09873 號

1.3　素紙

1.4　L0002

2.1　5.2×9.5 厘米；1 紙；1 行。

2.3　殘片。正面有烏絲欄。

3.4　説明：

　　　背面前端有勘記"勘了"。

8　7～8 世紀。唐。

9.1　行書。

1.1　BD09874 號

1.3　大般若波羅蜜多經卷一〇三

1.4　L0003

2.1　10.2×12.4 厘米；1 紙；4 行。

2.3　殘片。背有古代裱補。有烏絲欄。已修整。

3.1　首殘→大正 0220，05/0569B03。

3.2　尾殘→大正 0220，05/0569B08。

4.1　□…□三藏法師玄奘奉詔譯（首）。

8　8～9 世紀。吐蕃統治時期寫本。

9.1　楷書。

1.1　BD09875 號

1.3　妙法蓮華經卷四

1.4　L0004

2.1　9.5×13.3 厘米；1 紙；4 行。

2.3　殘片。有烏絲欄。已修整。

3.1　首殘→大正 0262，09/0033B04。

3.2　尾殘→大正 0262，09/0033B08。

8　5～6 世紀。南北朝寫本。

9.1　隸書。

1.1　BD09876 號

1.3　大方廣佛華嚴經（晉譯五十卷本）卷二九

1.4　L0005

2.1　4.4×25.3 厘米；1 紙；3 行，行 17 字。

2.3　殘片。有烏絲欄。已修整。

3.1　首殘→大正 0278，09/0617A09。

3.2　尾殘→大正 0278，09/0617A12。

8　5～6 世紀。南北朝寫本。

9.1　隸書。

1.1　BD09877 號

1.3　摩訶般若波羅蜜經卷二一

1.4　L0006

2.1　5.8×13.5 厘米；2 紙；3 行。

2.2　01：0.8，素紙；　　02：05.0，03。

2.3　殘片。有烏絲欄。已修整。

3.1　首殘→大正 0223，08/0371C26。

3.2　尾殘→大正 0223，08/0371C29。

8　5～6 世紀。南北朝寫本。

9.1　隸楷。

1.1　BD09878 號

1.3　妙法蓮華經卷六

1.4　L0007

2.1　9.6×12.9 厘米；1 紙；6 行。

2.3 殘片。經黃打紙。有烏絲欄。已修整。

3.1 首殘→大正0262，09/0046C03。

3.2 尾殘→大正0262，09/0046C09。

8 7～8世紀。唐寫本。

9.1 楷書。

1.1 BD09879號

1.3 大般若波羅蜜多經卷二九六

1.4 L0008

2.1 20.9×7.4厘米；1紙；12行。

2.3 殘片。首尾均殘。有烏絲欄。已修整。

3.1 首殘→大正0220，06/0504C15。

3.2 尾殘→大正0220，06/0504C26。

8 8世紀。唐寫本。

9.1 楷書。

1.1 BD09880號

1.3 無量壽宗要經

1.4 L0009

2.1 9.4×15.5厘米；1紙；5行。

2.3 殘片。有烏絲欄。已修整。

3.1 首殘→大正0936，19/0082A29。

3.2 尾殘→大正0936，19/0082B04。

5 與《大正藏》本對照，文字略有參差。

8 9～10世紀。歸義軍時期寫本。

9.1 楷書。

9.2 有刮改。

1.1 BD09881號

1.3 大般涅槃經（北本）卷三七

1.4 L0010

2.1 2.7×16.8厘米；1紙；1行。

2.3 殘片。有烏絲欄。

3.1 首殘→大正0374，12/0583B16。

3.2 尾殘→大正0374，12/0583B17。

5 與《大正藏》本對照，文字略有參差。

8 5～6世紀。南北朝寫本。

9.1 隸楷。

1.1 BD09882號

1.3 維摩詰所說經卷中

1.4 L0011

2.1 6.1×11.8厘米；1紙；3行。

2.3 殘片。有烏絲欄。

3.1 首殘→大正0475，14/0550A25。

3.2 尾殘→大正0475，14/0550A29。

8 7～8世紀。唐寫本。

9.1 楷書。

1.1 BD09883號

1.3 大般涅槃經（北本）卷二八

1.4 L0012

2.1 3.2×6.3厘米；1紙；8行。

2.3 殘片。有烏絲欄。

3.1 首殘→大正0374，12/0530A25。

3.2 尾殘→大正0374，12/0530B04。

8 5～6世紀。南北朝寫本。

9.1 隸楷。

13 大般涅槃經（南本）卷二六亦有相同的文字，參見大正0375，12/0775A03～12。

1.1 BD09884號

1.3 金剛般若波羅蜜經

1.4 L0013

2.1 14.5×13厘米；1紙；7行。

2.3 殘片。有烏絲欄。已修整。

3.1 首殘→大正0235，08/0748C15。

3.2 尾殘→大正0235，08/0748C28。

4.1 佛說金剛般若波羅蜜經（首）。

8 7～8世紀。唐寫本。

9.1 楷書。

1.1 BD09885號

1.3 蘇晟供養題記（擬）

1.4 L0014

2.1 3.4×6.7厘米；1紙；1行。

2.3 殘片。有烏絲欄。已修整。

3.4 說明：

僅殘留寫經題記"佛弟子蘇晟供養經"1行。

8 5～6世紀。南北朝寫本。

9.1 隸書。

1.1 BD09886號

1.3 文殊師利所說般若波羅蜜經

1.4 L0015

2.1 18×18.3厘米；1紙；8行。

2.3 卷軸裝。首尾均殘。通卷上殘。經黃紙。卷面有水漬。有烏絲欄。已修整。

3.1 首殘→大正0233，08/0733B28。

3.2 尾殘→大正0233，08/0733C07。

8 7～8世紀。唐寫本。

9.1 楷書。

1.1 BD09887號

1.3 佛名經（十二卷本）卷一〇
1.4 L0016
2.1 （5.7＋3.8）×26 厘米；2 紙；5 行。
2.2 01：05.7，03；　　02：03.8，02。
2.3 殘片。卷面有水漬。有烏絲欄。已修整。
3.1 首殘→大正 0440，12/0168B25。
3.2 尾殘→大正 0440，12/0168B28。
8　7～8 世紀。唐寫本。
9.1 楷書。

1.1 BD09888 號
1.3 維摩詰所說經卷上
1.4 L0017
2.1 37.6×25.3 厘米；2 紙；20 行，行 17 字。
2.2 01：30.0，16；　　02：07.6，04。
2.3 卷軸裝。首尾均殘。卷面殘破，有水漬及油污。有烏絲欄。
已修整。
3.1 首殘→大正 0475，14/0538A07。
3.2 尾殘→大正 0475，14/0538A26。
8　8 世紀。唐寫本。
9.1 楷書。

1.1 BD09889 號
1.3 金剛般若波羅蜜經
1.4 L0018
2.1 13.8×11.2 厘米；1 紙；7 行。
2.3 殘片。有烏絲欄。已修整。
3.1 首殘→大正 0235，08/0750B07。
3.2 尾殘→大正 0235，08/0750B13。
8　7～8 世紀。唐寫本。
9.1 楷書。

1.1 BD09890 號
1.3 大智度論卷九七
1.4 L0019
2.1 22.5×26.5 厘米；1 紙；12 行，行 17 字。
2.3 卷軸裝。首尾均殘。卷面殘破。有烏絲欄。已修整。
3.1 首殘→大正 1509，25/0736A18。
3.2 尾殘→大正 1509，25/0736B02。
8　5～6 世紀。南北朝寫本。
9.1 隸書。

1.1 BD09891 號
1.3 佛名經（十二卷本）卷四
1.4 L0020
2.1 （9.8＋3.7）×25.5 厘米；2 紙；8 行。
2.2 01：09.8，06；　　02：03.7，02。

2.3 卷軸裝。首尾均殘。有烏絲欄。已修整。
3.1 首殘→大正 0220，14/0135A15。
3.2 尾殘→大正 0220，14/0135A19。
8　5～6 世紀。南北朝寫本。
9.1 隸書。

1.1 BD09892 號
1.3 大乘密嚴經（地婆訶羅本）卷下
1.4 L0021
2.1 6.8×7.9 厘米；1 紙；3 行。
2.3 殘片。有烏絲欄。
3.1 首殘→大正 0681，16/0738C18。
3.2 尾殘→大正 0681，16/0738C21。
4.1 □…□訶羅奉詔譯（首）。
8　7～8 世紀。唐寫本。
9.1 楷書。

1.1 BD09893 號
1.3 佛教文獻（擬）
1.4 L0022
2.1 6.5×6.9 厘米；1 紙；3 行。
2.3 殘片。打紙，砑光上蠟。有上邊欄。已修整。
3.3 錄文：
（首殘）
成敗有□…□/
如法界□…□/
盡三□…□/
（錄文完）
8　7～8 世紀。唐寫本。
9.1 楷書。

1.1 BD09894 號
1.3 佛名經（十二卷本）卷一
1.4 L0023
2.1 6.4×7.1 厘米；1 紙；3 行。
2.3 殘片。有烏絲欄。已修整。
3.1 首殘→大正 0440，14/0114A07。
3.2 尾殘→大正 0440，14/0114A09。
8　5～6 世紀。南北朝寫本。
9.1 隸書。

1.1 BD09895 號
1.3 金光明最勝王經卷一〇
1.4 L0024
2.1 6.5×6.8 厘米；1 紙；4 行。
2.3 殘片。有烏絲欄。已修整。
3.1 首殘→大正 0665，16/0455B15。

3.2　尾殘→大正 0665，16/0455B18。

8　　8 ~ 9 世紀。吐蕃統治時期寫本。

9.1　楷書。

1.1　BD09896 號

1.3　勘經簽條（擬）

1.4　L0025

2.1　2.7×9.4 厘米；1 紙；1 行。

2.3　單張紙。首尾均全。

3.3　錄文：

（首全）

欠第一　┌第二　第三　第六　第七　第九。

（錄文完）

3.4　説明：

此件為佛經簽條。"第三"下原有"第五"，被塗去。

8　　9 ~ 10 世紀。歸義軍時期寫本。

9.1　行楷。

9.2　有塗抹。有間隔號。

1.1　BD09897 號

1.3　大般若波羅蜜多經卷一七九

1.4　L0026

2.1　2.5×10.3 厘米；1 紙；2 行。

2.3　殘片。有烏絲欄。

3.1　首殘→大正 0220，05/0967B23。

3.2　尾殘→大正 0220，05/0967B24。

8　　8 ~ 9 世紀。吐蕃統治時期寫本。

9.1　楷書。

1.1　BD09898 號

1.3　大般涅槃經（北本）卷一四

1.4　L0027

2.1　7.1×16.9 厘米；1 紙；3 行。

2.3　殘片。首尾均殘。有烏絲欄。已修整。

3.1　首殘→大正 0374，12/0449A20。

3.2　尾殘→大正 0374，12/0449A22。

8　　5 ~ 6 世紀。南北朝寫本。

9.1　隸書。

1.1　BD09899 號

1.3　妙法蓮華經卷二

1.4　L0028

2.1　15.1×5.5 厘米；1 紙；9 行。

2.3　殘片。有烏絲欄。已修整。

3.1　首殘→大正 0262，09/0013C08。

3.2　尾殘→大正 0262，09/0013C17。

5　　與《大正藏》本對照，行文有脱漏。

8　　5 ~ 6 世紀。南北朝寫本。

9.1　隸楷。

1.1　BD09900 號

1.3　大般若波羅蜜多經卷二七三

1.4　L0029

2.1　8.6×5 厘米；1 紙；4 行。

2.3　殘片。首尾均殘。有烏絲欄。已修整。

3.1　首殘→大正 0220，06/0386A04。

3.2　尾殘→大正 0220，06/0386A07。

8　　8 ~ 9 世紀。吐蕃統治時期寫本。

9.1　楷書。

1.1　BD09901 號

1.3　大般涅槃經（北本）卷三七

1.4　L0030

2.1　11.3×16.7 厘米；1 紙；7 行。

2.3　卷軸裝。首尾均殘。通卷下殘。有烏絲欄。已修整。

3.1　首殘→大正 0374，12/0583A28。

3.2　尾殘→大正 0374，12/0583B05。

8　　5 ~ 6 世紀。南北朝寫本。

9.1　隸書。

1.1　BD09902 號

1.3　大方等陀羅尼經卷一

1.4　L0031

2.1　5.9×5.5 厘米；1 紙；3 行。

2.3　殘片。有烏絲欄。已修整。

3.1　首殘→大正 1339，21/0644A21。

3.2　尾殘→大正 1339，21/0644A23。

8　　5 ~ 6 世紀。南北朝寫本。

9.1　隸楷。

1.1　BD09903 號

1.3　維摩詰所説經卷上

1.4　L0032

2.1　10.7×24.5 厘米；1 紙；6 行，行 17 字。

2.3　卷軸裝。首尾均殘。通卷上殘。有烏絲欄。已修整。

3.1　首殘→大正 0475，14/0541C04。

3.2　尾殘→大正 0475，14/0541C11。

8　　8 ~ 9 世紀。吐蕃統治時期寫本。

9.1　楷書。

1.1　BD09904 號

1.3　摩訶般若波羅蜜經卷一六

1.4　L0033

2.1　8.6×11 厘米；1 紙；4 行。

2.3 殘片。有烏絲欄。已修整。

3.1 首殘→大正 0223，08/0336A14。

3.2 尾殘→大正 0223，08/0336A18。

8 7～8 世紀。唐寫本。

9.1 楷書。

1.1 BD09905 號

1.3 大方廣佛華嚴經（晉譯五十卷本）卷一

1.4 L0034

2.1 9.7×19.6 厘米；1 紙；6 行。

2.3 殘片。首尾均殘。有烏絲欄。已修整。

3.1 首殘→大正 0278，09/0397A17。

3.2 尾殘→大正 0278，09/0397A22。

8 5～6 世紀。南北朝寫本。

9.1 隸楷。

1.1 BD09906 號

1.3 佛教文獻（擬）

1.4 L0035

2.1 17.1×26 厘米；1 紙；11 行。

2.3 殘片。有烏絲欄。已修整。

3.3 錄文：

（首殘）

□□不異明□…□/

□之以常常見之人於□…□/

今恆無壞相故所以是常□…□/

□是樂樂無濁穢所以是淨□…□/

□□身中計神我常樂迴境轉心心事□…□/

□□五陰實是無常苦空無我於此苦空/

□樂我淨迴彼苦空以為常樂此之常［樂］正与境相□故/

□…□常樂可以當心到或因緣上（？）計為有故名轉/

□…□常樂故名心事俱到是常見之人計/

□…□終常爾恆無壞相此神我不滅至於道/

□…□佛計此神我終至成佛常/

（錄文完）

8 7～8 世紀。唐寫本。

9.1 楷書。

9.2 有行間校加字及重文號。

1.1 BD09907 號

1.3 攝大乘論釋（真諦本）卷一四

1.4 L0036

2.1 7.6×13.7 厘米；1 紙；5 行。

2.3 殘片。首尾均殘。有烏絲欄。已修整。

3.1 首殘→大正 1595，31/0255C20。

3.2 尾殘→大正 1595，31/0255C27。

7.3 背有雜寫："□西方/□…□於軍（？）在戰場。"

8 7～8 世紀。唐寫本。

9.1 楷書。

1.1 BD09908 號

1.3 大般涅槃經（北本）卷四〇

1.4 L0037

2.1 7×24.6 厘米；1 紙；4 行。

2.3 殘片。有烏絲欄。已修整。

3.1 首殘→大正 0374，12/0599B04。

3.2 尾殘→大正 0374，12/0599B08。

8 5～6 世紀。南北朝寫本。

9.1 隸書。

1.1 BD09909 號

1.3 曇無德律部雜羯磨

1.4 L0038

2.1 5.5×11.1 厘米；1 紙；2 行。

2.3 殘片。已修整。

3.1 首殘→大正 1432，22/1045A13。

3.2 尾殘→大正 1432，22/1045A15。

5 與《大正藏》本對照，漏抄一"破"字。

8 7～8 世紀。唐寫本。

9.1 楷書。

9.2 有硃筆斷句。

1.1 BD09910 號

1.3 大般若波羅蜜多經卷五〇七

1.4 L0039

2.1 5.6×14.2 厘米；1 紙；3 行。

2.3 殘片。有烏絲欄。已修整。

3.1 首殘→大正 0220，07/0586C05。

3.2 尾殘→大正 0220，07/0586C07。

8 8～9 世紀。吐蕃統治時期寫本。

9.1 楷書。

1.1 BD09911 號

1.3 殘字（擬）

1.4 L0040

2.1 1.9×2.5 厘米；1 紙；1 行。

2.3 殘片。已修整。

3.4 說明：

僅有 1 個"買"字殘形。

8 9～10 世紀。歸義軍時期寫本。

9.1 行書。

1.1 BD09912 號

1.3 金光明最勝王經卷三

7

1.4　L0041

2.1　18.8×26 厘米；1 紙；11 行，行 17 字。

2.3　卷軸裝。首尾均殘。有烏絲欄。已修整。

3.1　首殘→大正 0665，16/0416C13。

3.2　尾殘→大正 0665，16/0416C24。

8　8 世紀。唐寫本。

9.1　楷書。

1.1　BD09913 號

1.3　十方千五百佛名經

1.4　L0042

2.1　3×6.8 厘米；1 紙；1 行。

2.3　殘片。已修整。

3.1　首殘→大正 0442，14/0313C02。

3.2　尾殘→大正 0442，14/0313C02。

8　7~8 世紀。唐寫本。

9.1　楷書。

1.1　BD09914 號

1.3　金光明最勝王經卷六

1.4　L0043

2.1　5.5×11.9 厘米；1 紙；4 行。

2.3　殘片。有烏絲欄。已修整。

3.1　首殘→大正 0665，16/0427B25。

3.2　尾殘→大正 0665，16/0427B28。

8　8~9 世紀。吐蕃統治時期寫本。

9.1　楷書。

1.1　BD09915 號

1.3　大般若波羅蜜多經卷二六

1.4　L0044

2.1　6×16.2 厘米；1 紙；4 行。

2.3　殘片。有烏絲欄。已修整。

3.1　首殘→大正 0220，05/0143A12。

3.2　尾殘→大正 0220，05/0143A15。

7.1　背有勘記"廿六"。

8　8 世紀。唐寫本。

9.1　楷書。

1.1　BD09916 號

1.3　維摩詰所說經卷下

1.4　L0045

2.1　4.7×8.9 厘米；1 紙；3 行。

2.3　殘片。有烏絲欄。已修整。

3.1　首殘→大正 0475，14/0553B27。

3.2　尾殘→大正 0475，14/0553B29。

8　7~8 世紀。唐寫本。

9.1　楷書。

1.1　BD09917 號

1.3　大佛頂如來密因修證了義諸菩薩萬行首楞嚴經卷七

1.4　L0046

2.1　7.8×9.5 厘米；1 紙；3 行。

2.3　殘片。已修整。有烏絲欄。

3.1　首殘→大正 0945，19/0139A14。

3.2　尾殘→大正 0945，19/0139A16。

3.4　說明：

　　　存文為《大佛頂如來密因修證了義諸菩薩萬行首楞嚴咒》，行文與《思溪藏》本相同。

8　7~8 世紀。唐寫本。

9.1　楷書。

9.2　有硃筆斷句。

1.1　BD09918 號

1.3　大般涅槃經（北本）卷三一

1.4　L0047

2.1　7.5×7.2 厘米；1 紙；3 行。

2.3　殘片。有烏絲欄。已修整。

3.1　首殘→大正 0374，12/0549B14。

3.2　尾殘→大正 0374，12/0549B16。

8　5~6 世紀。南北朝寫本。

9.1　隸書。

1.1　BD09919 號

1.3　仁王般若波羅蜜經卷下

1.4　L0048

2.1　7.7×10 厘米；1 紙；4 行。

2.3　殘片。有烏絲欄。已修整。

3.1　首殘→大正 0245，08/0831C25。

3.2　尾殘→大正 0245，08/0831C28。

8　5~6 世紀。南北朝寫本。

9.1　隸書。

1.1　BD09920 號

1.3　殘片"十二大"（擬）

1.4　L0049

2.1　4.7×5.7 厘米；1 紙；1 行。

2.3　殘片。有烏絲欄。已修整。

3.4　說明：

　　　此遺書上僅殘賸"十二大"3 字。

8　7~8 世紀。唐寫本。

9.1　楷書。

1.1　BD09921 號

1.3 維摩詰所說經卷上

1.4 L0050

2.1 4.1×6.1厘米；1紙；3行。

2.3 殘片。有烏絲欄。已修整。

3.1 首殘→大正0475，14/0537A20。

3.2 尾殘→大正0475，14/0537A22。

8 8～9世紀。吐蕃統治時期寫本。

9.1 楷書。

9.2 有硃筆斷句。

1.1 BD09922號

1.3 無量壽宗要經

1.4 L0051

2.1 3.2×4.8厘米；1紙；2行。

2.3 殘片。有烏絲欄。已修整。

3.1 首殘→大正0936，19/0082B14。

3.2 尾殘→大正0936，19/0082B16。

8 8～9世紀。吐蕃統治時期寫本。

9.1 楷書。

1.1 BD09923號

1.3 大般涅槃經（北本）卷二五

1.4 L0052

2.1 12.3×11.3厘米；1紙；7行。

2.3 殘片。有烏絲欄。已修整。

3.1 首殘→大正0374，12/0513A37。

3.2 尾殘→大正0374，12/0513B05。

8 5～6世紀。南北朝寫本。

9.1 隸書。

1.1 BD09924號

1.3 妙法蓮華經卷四

1.4 L0053

2.1 9.6×12.9厘米；1紙；4行。

2.3 殘片。卷面污穢。有烏絲欄。已修整。

3.1 首殘→大正0262，09/0034C11。

3.2 尾殘→大正0262，09/0034C17。

8 7～8世紀。唐寫本。

9.1 楷書。

1.1 BD09925號

1.3 妙法蓮華經卷七

1.4 L0054

2.1 5.8×5.7厘米；1紙；4行。

2.3 殘片。有烏絲欄。已修整。

3.1 首殘→大正0262，09/0057A19。

3.2 尾殘→大正0262，09/0057A22。

8 7～8世紀。唐寫本。

9.1 楷書。

1.1 BD09926號

1.3 無量壽宗要經

1.4 L0055

2.1 5.8×13.4厘米；1紙；4行。

2.3 卷軸裝。首尾均殘。有烏絲欄。已修整。

3.1 首殘→大正0936，19/0084C07。

3.2 尾殘→大正0936，19/0084C14。

8 8～9世紀。吐蕃統治時期寫本。

9.1 楷書。

1.1 BD09927號

1.3 金剛般若波羅蜜經

1.4 L0056

2.1 6.2×6.5厘米；1紙；3行。

2.3 殘片。已修整。

3.1 首殘→大正0235，08/0748C22。

3.2 尾殘。08/0748C24。

8 7～8世紀。唐寫本。

9.1 楷書。

1.1 BD09928號

1.3 無量壽宗要經

1.4 L0057

2.1 4.6×7.3厘米；1紙；3行。

2.3 殘片。有烏絲欄。已修整。

3.1 首殘→大正0936，19/0082A11。

3.2 尾殘→大正0936，19/0082A15。

8 8～9世紀。吐蕃統治時期寫本。

9.1 楷書。

1.1 BD09929號

1.3 金光明最勝王經卷一

1.4 L0058

2.1 5.4×4.2厘米；1紙；4行。

2.3 殘片。有烏絲欄。已修整。

3.1 首殘→大正0665，16/0403B15。

3.2 尾殘→大正0665，16/0403B18。

8 8～9世紀。吐蕃統治時期寫本。

9.1 楷書。

1.1 BD09930號

1.3 大方廣佛華嚴經（唐譯四十卷本）卷九

1.4 L0059

2.1 4×20.2厘米；1紙；2行。

2.3　殘片。已修整。

3.1　首殘→大正 0293，10/0701B25。

3.2　尾殘→大正 0293，10/0701B27。

8　9～10 世紀。歸義軍時期寫本。

9.1　楷書。有合體字"菩提"。

1.1　BD09931 號

1.3　護首（經名不詳）（擬）

1.4　L0060

2.1　3.5×14.2 厘米；1 紙；1 行。

2.3　殘片。已修整。

3.4　說明：

　　此件為殘護首，有殘經名"卷第卅四，卅四"。

8　8～9 世紀。吐蕃統治時期寫本。

9.1　楷書。

1.1　BD09932 號

1.3　藏文文獻（擬）

1.4　L0061

2.1　3.8×7.6 厘米；1 紙；1 行。

2.3　殘片。已修整。

3.4　說明：

　　殘賸藏文 2 行。

8　8～9 世紀。吐蕃統治時期寫本。

9.1　正體。

1.1　BD09933 號

1.3　禪宗殘文獻（擬）

1.4　L0062

2.1　11.5×9.3 厘米；1 紙；正面 7 行，背面 6 行。

2.3　殘片。有烏絲欄。已修整。

2.4　本遺書包括 2 個文獻：（一）《禪宗殘文獻》（擬），7 行，今編為 BD09933 號。（二）《楞伽師資記》，6 行，抄寫在背面，今編為 BD09933 號背。

3.3　錄文：

　　（首殘）

　　□…□心本無□…□/

　　□…□八道/

　　□…□境故發起時屬境不/

　　□…□即是心境無自體/

　　□…□境不至心心境雙亡真如/

　　□…□道悉皆□□更不受/

　　□…□段緣和/

　　（錄文完）

6.3　與 BD09934 號、BD09969 號原為同遺書，但不能直接綴接。

8　8 世紀。唐寫本。

9.1　楷書。

1.1　BD09933 號背

1.3　楞伽師資記

1.4　L0062

2.4　本遺書由 2 個文獻組成，本文獻為第 2 個，6 行，抄寫在背面，餘參見 BD09933 號第 2 項。

3.1　首殘→大正 2837，85/1285B19。

3.2　尾殘→大正 2837，85/1285B27。

3.3　錄文：

　　（首殘）

　　□…□流通/

　　□…□偽造達摩經三卷文/

　　□…□換物名變易問之又云/

　　□…□污虛空然能翳虛空不/

　　□…□故名為中道□…□/

　　□…□可禪師。俗□…□/

　　（錄文完）

6.3　與 BD09934 號背、BD09969 號背原為同遺書，但不能直接綴接。

8　8 世紀。唐寫本。

9.1　楷書。

1.1　BD09934 號

1.3　禪宗殘文獻（擬）

1.4　L0063

2.1　6.8×5.3 厘米；1 紙；正面 6 行，背面 4 行。

2.3　殘片。有烏絲欄。已修整。

2.4　本遺書包括 2 個文獻：（一）《禪宗殘文獻》（擬），6 行，今編為 BD09934 號。（二）《楞伽師資記》，4 行，抄寫在背面，今編為 BD09934 號背。

3.4　說明：

　　本遺書修整時將兩塊殘片粘接在一起，造成文意不暢。原件應為兩塊殘片，情況如下：

　　A. 圖版前三行，錄文如下：

　　（錄文）

　　1.□…□上（?）/

　　2.□…□是無/

　　3.□…□番（?）/

　　（錄文完）

　　B. 圖版後三行，錄文如下：

　　（錄文）

　　1.□…□五□□□□/

　　2.□…□十八界十二入/

　　3.□…□而無□…□/

　　（錄文完）

6.3　與 BD09933 號、BD09969 號原為同遺書，但不能直接綴接。

8　8 世紀。唐寫本。

9.1　楷書。

1.1　BD09934 號背

1.3　楞伽師資記

1.4　L0063

2.4　本遺書由 2 個文獻組成，本文獻為第 2 個，4 行，抄寫在背面，餘參見 BD09934 號第 2 項。

3.4　說明：

　　本遺書修整時將兩塊殘片粘接在一起，造成文意不暢。原件應為兩塊殘片，情況如下：

　　A. 圖版後兩行，錄文如下：

　　（錄文）

　　1. □…□磨銅/

　　2. □…□亦不度□…□/

　　（錄文完）

　　上兩行可見大正 2837，85/01284B15～17。

　　B. 圖版前兩行，錄文如下：

　　（錄文）

　　1. □…□磨□…□

　　2. □…□〔二〕三紙◇名之/

　　（錄文完）

　　上兩行可見大正 2837，85/01285B16～18。行文雖然略有不同，應屬於傳抄的訛誤。

6.3　與 BD09933 號背、BD09969 號背原為同遺書，但不能直接綴接。

8　8 世紀。唐寫本。

9.1　楷書。

1.1　BD09935 號

1.3　四分律刪繁補闕行事鈔卷中

1.4　L0064

2.1　5.7×7.4 厘米；1 紙；3 行。

2.3　殘片。有烏絲欄。已修整。

3.1　首殘→大正 1804，40/0102B17。

3.2　尾殘→大正 1804，40/0102B19。

3.3　錄文：

　　（首殘）

　　□…□數□□伽梨/

　　□…□亦有根本□…□/

　　□…□僧忍聽□…□/

　　（錄文完）

8　9～10 世紀。歸義軍時期寫本。

9.1　楷書。

1.1　BD09936 號

1.3　妙法蓮華經卷七

1.4　L0065

2.1　4.1×5.7 厘米；1 紙；2 行。

2.3　殘片。已修整。

3.1　首殘→大正 0262，09/0057A17。

3.2　尾殘→大正 0262，09/0057A18。

8　7～8 世紀。唐寫本。

9.1　楷書。

1.1　BD09937 號

1.3　金剛般若波羅蜜經

1.4　L0066

2.1　6.5×9 厘米；1 紙；3 行。

2.3　殘片。已修整。

3.1　首殘→大正 0235，08/0751C01。

3.2　尾殘→大正 0235，08/0751C04。

8　7～8 世紀。唐寫本。

9.1　楷書。

1.1　BD09938 號

1.3　金光明最勝王經卷二

1.4　L0067

2.1　3.6×5.9 厘米；1 紙；2 行。

2.3　殘片。有烏絲欄。

3.1　首殘→大正 0665，16/0410B02。

3.2　尾殘→大正 0665，16/0410B04。

3.3　錄文：

　　（首殘）

　　□…□退故/

　　□…□心生/

　　（錄文完）

8　9～10 世紀。歸義軍時期寫本。

9.1　楷書。

1.1　BD09939 號

1.3　社司轉帖殘片（擬）

1.4　L0068

2.1　6.2×7.7 厘米；1 紙；3 行。

2.3　殘片。已修整。

3.3　錄文：

　　（首殘）

　　□…□◇□…□/

　　□…□日□…□/

　　□…□罰酒□…□/

　　（錄文完）

8　9～10 世紀。歸義軍時期寫本。

9.1　行書。

1.1　BD09940 號

1.3　大般涅槃經（北本）卷一六

1.4　L0069

2.1　7.1×5.3 厘米；1 紙；4 行。

2.3　殘片。有烏絲欄。已修整。

3.1　首殘→大正 0374，12/0461B22。

3.2　尾殘→大正 0374，12/0461B26。

8　　5～6 世紀。南北朝寫本。

9.1　隸書。

1.1　BD09941 號

1.3　千字文習字（擬）

1.4　L0070

2.1　6.1×7.1 厘米；1 紙；正面 3 行，背面 2 行。

2.3　殘片。兩面均有文字。已修整。

3.4　説明：

　　　原件為三個小殘片。一片一面書寫，作“才”。一片兩面書寫，一面作“惟”，另一面作“身”“髮”。第三片兩面書寫，存文均為殘字。三塊殘片所寫《千字文》不能連綴，修整時綴接錯誤。

8　　9～10 世紀。歸義軍時期寫本。

9.1　楷書。

1.1　BD09942 號

1.3　增壹阿含經卷三二

1.4　L0071

2.1　10.4×2.5 厘米；1 紙；5 行。

2.3　殘片。有烏絲欄。已修整。

3.1　首殘→大正 0125，02/0726Aa08。

3.2　尾殘→大正 0125，02/0726Aa12。

8　　5～6 世紀。南北朝寫本。

9.1　隸書。

1.1　BD09943 號

1.3　金剛般若波羅蜜經

1.4　L0072

2.1　8.4×5.2 厘米；1 紙；3 行。

2.3　殘片。有烏絲欄。已修整。

3.1　首殘→大正 0235，08/0751B09。

3.2　尾殘→大正 0235，08/0751B12。

5　　與《大正藏》本對照，漏抄“來”字。

8　　9～10 世紀。歸義軍時期寫本。

9.1　楷書。

9.2　有刪除號。

1.1　BD09944 號

1.3　金剛般若波羅蜜經

1.4　L0073

2.1　7×6.5 厘米；1 紙；5 行。

2.3　殘片。卷面油污。已修整。

3.1　首殘→大正 0235，08/0751A27。

3.2　尾殘→大正 0235，08/0751B02。

8　　7～8 世紀。唐寫本。

9.1　楷書。

1.1　BD09945 號

1.3　佛名經殘片（擬）

1.4　L0074

2.1　7.2×9.5 厘米；1 紙；4 行。

2.3　殘片。已修整。

3.3　錄文：

（首殘）

南無□…□/

南無舍（？）□…□/

南無思□…□/

南無□…□/

（錄文完）

8　　9～10 世紀。歸義軍時期寫本。

9.1　楷書。

1.1　BD09946 號

1.3　大般涅槃經（北本）卷一五

1.4　L0075

2.1　3×11.2 厘米；1 紙；2 行。

2.3　殘片。有烏絲欄。已修整。

3.1　首殘→大正 0374，12/0456B05。

3.2　尾殘→大正 0374，12/0456B06。

8　　5～6 世紀。南北朝寫本。

9.1　隸書。

1.1　BD09947 號

1.3　妙法蓮華經卷二

1.4　L0076

2.1　4.5×14 厘米；1 紙；3 行。

2.3　卷軸裝。首尾均殘。上下邊殘缺。有烏絲欄。

3.1　首殘→大正 0262，09/0011A22。

3.2　尾殘→大正 0262，09/0011A27。

8　　7～8 世紀。唐寫本。

9.1　楷書。

1.1　BD09948 號

1.3　入布薩堂説偈文等

1.4　L0077

2.1　6.7×3.8 厘米；1 紙；4 行。

2.3　殘片。有烏絲欄。已修整。

3.1　首殘→大正 2852，85/1301A07。

3.2　尾殘→大正 2852，85/1301A12。

3.3 錄文：

（首殘）

□…□薩□…□/

□…□灌掌去□…□/

□…□如是浴□…□/

□…□夫衆和□…□/

（錄文完）

8　9~10世紀。歸義軍時期寫本。

9.1　楷書。

1.1　BD09949號

1.3　佛經殘片（擬）

1.4　L0078

2.1　3.4×4.3厘米；1紙；2行。

2.3　殘片。有烏絲欄。

3.4　說明：

此件上僅有"舍□…□/衆□…□/"2行2字。

8　7~8世紀。唐寫本。

9.1　楷書。

1.1　BD09950號

1.3　妙法蓮華經卷一

1.4　L0079

2.1　5.3×5.4厘米；1紙；2行。

2.3　殘片。有烏絲欄。已修整。

3.1　首殘→大正0262，09/0009C13。

3.2　尾殘→大正0262，09/0009C15。

5　與《大正藏》本對照，"我墜"，《大正藏》本作"墜於"。

8　5~6世紀。南北朝寫本。

9.1　隸楷。

1.1　BD09951號

1.3　妙法蓮華經卷七

1.4　L0080

2.1　6.1×5.5厘米；1紙；3行。

2.3　殘片。有烏絲欄。已修整。

3.1　首殘→大正0262，09/0055C29。

3.2　尾殘→大正0262，09/0056A03。

8　7~8世紀。唐寫本。

9.1　楷書。

1.1　BD09952號

1.3　妙法蓮華經卷三

1.4　L0081

2.1　2.3×5.7厘米；1紙；1行。

2.3　殘片。有烏絲欄。

3.1　首殘→大正0262，09/0026A02。

3.2　尾殘→大正0262，09/0026A03。

8　7~8世紀。唐寫本。

9.1　楷書。

1.1　BD09953號

1.3　某年給常洪則冬衣狀（擬）

1.4　L0082

2.1　2.4×9.5厘米；1紙；2行。

2.3　殘片。背有古代裱補。已修整。

3.3　錄文：

（首殘）

常洪則：襖子一，複袴一，襆頭、□□□□（鞋、靺各一）。/

（錄文完）

6.3　與BD09962號、BD10077號為同文獻，但不能直接綴接。

8　8世紀。唐寫本。

9.1　楷書。

1.1　BD09954號

1.3　論語鄭氏註

1.4　L0083

2.1　4.8×5.5厘米；1紙；2行。

2.3　殘片。有烏絲欄。已修整。

3.1　首殘→《唐寫本論語鄭氏註及其研究》，01/0077A07。

3.2　尾殘→《唐寫本論語鄭氏註及其研究》，01/0077A08。

3.3　錄文：

（首殘）

□…□子貢曰□…□/

（□…□帥師/□…□輒不乎/）入曰伯□…□/

（錄文完）

錄文者按：括號中為雙行小字。

8　7~8世紀。唐寫本。

9.1　楷書。

1.1　BD09955號

1.3　大愛道般泥洹經

1.4　L0084

2.1　2.7×4.3厘米；1紙；1行。

2.3　殘片。有烏絲欄。

3.1　首殘→大正0144，02/0868A20。

3.2　尾殘→大正0144，02/0868A20。

8　5~6世紀。南北朝寫本。

9.1　隸書。

1.1　BD09956號

1.3　天地八陽神咒經

1.4　L0085

2.1　2.9×5 厘米；1 紙；2 行。

2.3　殘片。有烏絲欄。已修整。

3.1　首殘→大正 2897，85/1425A18。

3.2　尾殘→大正 2897，85/1425A19。

8　9～10 世紀。歸義軍時期寫本。

9.1　楷書。

1.1　BD09957 號

1.3　大般涅槃經（北本）卷一五

1.4　L0086

2.1　2×6.5 厘米；1 紙；2 行。

2.3　殘片。有烏絲欄。已修整。

3.1　首殘→大正 0374，12/0456C14。

3.2　尾殘→大正 0374，12/0456C15。

8　5～6 世紀。南北朝寫本。

9.1　隸書。

1.1　BD09958 號

1.3　佛典疏釋殘片（擬）

1.4　L0087

2.1　10.6×10.8 厘米；1 紙；7 行。

2.3　殘片。已修整。

3.3　錄文：

（首殘）

□…□於（？）感（？）/

□…□流與無流◇二種（？）皆無/

□…□滿（？）是無滿無滿/

□…□自體◇有為◇然/

□…□有為同性不於/

□…□有漏然皆於/

□…□體（？）□…□為/

（錄文完）

8　8 世紀。唐寫本。

9.1　行書。

1.1　BD09959 號

1.3　佛藏經卷上

1.4　L0088

2.1　8.7×11.1 厘米；1 紙；4 行。

2.3　殘片。有烏絲欄。已修整。

3.1　首殘→大正 0653，15/0788B19。

3.2　尾殘→大正 0653，15/0788B23。

8　5～6 世紀。南北朝寫本。

9.1　隸書。

1.1　BD09960 號

1.3　四分律比丘含注戒本疏（擬）

1.4　L0089

2.1　4.6×7.8 厘米；1 紙；2 行。

2.3　殘片。已修整。

3.3　錄文：

（首殘）

□…□言通者已結戒□…□/

□…□於僧 二◇僧歡喜□…□/

（錄文完）

3.4　説明：

所疏釋文字可參見《四分律比丘含注戒》（大正 1806，40/0430C10）。

8　8 世紀。唐寫本。

9.1　楷書。

1.1　BD09961 號

1.3　金剛般若波羅蜜經

1.4　L0090

2.1　4.9×12.9 厘米；1 紙；2 行。

2.3　殘片。有烏絲欄。已修整。

3.1　首殘→大正 0235，08/0749B18。

3.2　尾殘→大正 0235，08/0749B19。

8　9～10 世紀。歸義軍時期寫本。

9.1　楷書。

1.1　BD09962 號

1.3　某年給冬衣狀殘片（擬）

1.4　L0091

2.1　7×8.5 厘米；1 紙；2 行。

2.3　殘片。背有古代裱補。已修整。

3.3　錄文：

（首殘）

□…□［襖］子一，複袴一，鞋、韈、襆頭各一；/

□…□一，複袴一，襆頭、鞋、韈各一。/

（錄文完）

6.1　首→BD10077 號。

6.3　與 BD09953 號為同文獻，但不能直接綴接。

8　8 世紀。唐寫本。

9.1　行書。

1.1　BD09963 號

1.3　妙法蓮華經卷一

1.4　L0092

2.1　9.1×6.4 厘米；1 紙；5 行。

2.3　殘片。有烏絲欄。已修整。

3.1　首殘→大正 0262，09/0009C12。

3.2　尾殘→大正 0262，09/0009C20。

8　5～6 世紀。南北朝寫本。

9.1　隸書。

1.1　BD09964 號

1.3　金剛般若波羅蜜經

1.4　L0093

2.1　10.5×7 厘米；1 紙；正面 6 行，背面 6 行。

2.3　殘片。已修整。

2.4　本遺書包括 2 個文獻：（一）《金剛般若波羅蜜經》，6 行，抄寫在正面，今編為 BD09964 號。（二）《救諸衆生若難經》，6 行，抄寫在背面，今編為 BD09964 號背。

3.1　首殘→大正 0235，08/0749A29。

3.2　尾殘→大正 0235，08/0749B05。

8　8 世紀。唐寫本。

9.1　楷書。

1.1　BD09964 號背

1.3　救諸衆生苦難經

1.4　L0093

2.4　本遺書由 2 個文獻組成，本文獻為第 2 個，6 行，抄寫在背面，餘參見 BD09964 號第 2 項。

3.1　首殘→大正 2915，85/1461C06。

3.2　尾殘→大正 2915，85/1461C12。

8　9～10 世紀。歸義軍時期寫本。

9.1　楷書。

1.1　BD09965 號

1.3　金剛般若波羅蜜經

1.4　L0094

2.1　10.7×6.3 厘米；1 紙；6 行。

2.3　殘片。已修整。

3.1　首殘→大正 0235，08/0751A17。

3.2　尾殘→大正 0235，08/0751A23。

8　7～8 世紀。唐寫本。

9.1　楷書。

1.1　BD09966 號

1.3　大般若波羅蜜多經卷四五五

1.4　L0095

2.1　6.9×11.7 厘米；1 紙；5 行。

2.3　殘片。有烏絲欄。已修整。

3.1　首殘→大正 0220，07/0295B06。

3.2　尾殘→大正 0220，07/0295B10。

8　8～9 世紀。吐蕃統治時期寫本。

9.1　楷書。

1.1　BD09967 號

1.3　妙法蓮華經卷五

1.4　L0096

2.1　11.1×12 厘米；1 紙；5 行。

2.3　殘片。經黃打紙。有烏絲欄。已修整。

3.1　首殘→大正 0262，09/0037A07。

3.2　尾殘→大正 0262，09/0037A12。

8　7～8 世紀。唐寫本。

9.1　楷書。

1.1　BD09968 號

1.3　妙法蓮華經卷一

1.4　L0097

2.1　7.6×6.5 厘米；1 紙；4 行。

2.3　殘片。有烏絲欄。已修整。

3.1　首殘→大正 0262，09/0009C03。

3.2　尾殘→大正 0262，09/0009C09。

8　5～6 世紀。南北朝寫本。

9.1　隸書。

1.1　BD09969 號

1.3　禪宗殘文獻（擬）

1.4　L0098

2.1　17.6×12.1 厘米；1 紙；正面 9 行，背面 9 行。

2.3　殘片。兩面均有文字。已修整。

2.4　本遺書包括 2 個文獻：（一）《禪宗殘文獻》（擬），9 行，抄寫在正面，今編為 BD09969 號。（二）《禪宗殘文獻》（擬），9 行，抄寫在背面，今編為 BD09969 號背。

3.3　錄文：

（首殘）

□…□一身。貧□…□/

□…□流。唯害一身□…□/

□…□海。生死不□…□/

□…□不淨觀□…□/

□…□緣觀為對治□…□/

□…□是久境說。為非久境說。見□…□/

□…□此物不解思惟分別。見□…□/

□…□別。見與□…□/

□…□分別。□…□/

（錄文完）

6.3　與 BD09933 號、BD09934 號原為同遺書，但不能直接綴接。

8　8 世紀。唐寫本。

9.1　楷書。

9.2　有硃筆斷句。

1.1　BD09969 號背

1.3　禪宗殘文獻（擬）

1.4　L0098

2.4　本遺書由 2 個文獻組成，本文獻為第 2 個，10 行，抄寫在

背面，餘參見 BD09969 號第 2 項。

3.3　錄文：

（首殘）

□…□於一得□…□/

□…□有□…□/

□…□同感無□…□/

□…□若凡夫為◇◇，便無□…□/

□…□報。若聖人於（?）涅槃還受□…□/

□…□並（?）用世道（?）□…□/

□…□種◇夜□…□/

□…□涂◇◇□…□/

□…□◇◇◇□…□/

（錄文完）

以上錄文，僅供參考。

3.4　說明：

本號與 BD09933 號背、BD09934 號背原為同遺書，但不能直接綴接。BD09933 號背、BD09934 號背所寫均為《楞伽師資記》，本號與 BD09933 號背、BD09934 號背雖為同一人抄寫，所抄寫卻並非《楞伽師資記》。從內容看，應為禪宗文獻，詳情待考。

6.3　與 BD09933 號背、BD09934 號背原為同遺書，但不能直接綴接。

8　9～10 世紀。歸義軍時期寫本。

9.1　行楷。

1.1　BD09970 號

1.3　玉關馬幸德戶（擬）

1.4　L0099

2.1　2.2×7 厘米；1 紙；1 行。

2.3　殘片。

3.4　說明：

此遺書上有文字"玉關馬幸德戶" 6 字。

8　9～10 世紀。歸義軍時期寫本。

9.1　楷書。

1.1　BD09971 號

1.3　妙法蓮華經卷七

1.4　L0100

2.1　6.2×3.6 厘米；1 紙；3 行。

2.3　殘片。已修整。

3.1　首殘→大正 0262，09/0055B26。

3.2　尾殘→大正 0262，09/0055B29。

8　7～8 世紀。唐寫本。

9.1　楷書。

1.1　BD09972 號

1.3　經名簽條（擬）

1.4　L0101

2.1　2.8×27 厘米；1 紙；1 行。

2.3　單葉紙。首尾均全。已修整。

3.3　錄文：

（首殘）

佛阿毗曇經（大愛道尼經/優婆塞威儀經/）/

（錄文完）

錄文者按：括號中為雙行小字。

3.4　說明：

本遺書為經名簽條。

7.3　有雜寫"佛阿"。

8　9～10 世紀。歸義軍時期寫本。

9.1　楷書。

1.1　BD09973 號

1.3　金剛般若波羅蜜經

1.4　L0102

2.1　5.8×6.4 厘米；1 紙；3 行。

2.3　卷軸裝。首脫尾殘。有烏絲欄。已修整。

3.1　首殘→大正 0235，08/0750B21。

3.2　尾殘→大正 0235，08/0750B23。

8　7～8 世紀。唐寫本。

9.1　楷書。

1.1　BD09974 號

1.3　佛名經（十二卷本）卷二

1.4　L0103

2.1　6.3×8.3 厘米；1 紙；2 行。

2.3　殘片。有烏絲欄。已修整。

3.1　首殘→大正 0440，14/0121B09。

3.2　尾殘→大正 0441，14/0121B10。

8　9～10 世紀。歸義軍時期寫本。

9.1　楷書。

1.1　BD09975 號

1.3　無量壽經卷下

1.4　L0104

2.1　2.2×4.4 厘米；1 紙；1 行。

2.3　殘片。已修整。

3.1　首殘→大正 0360，12/0277B22。

3.2　尾殘→大正 0360，12/0277B22。

8　5～6 世紀。南北朝寫本。

9.1　隸書。

1.1　BD09976 號

1.3　維摩詰所說經卷中

1.4　L0105

2.1 2.7×9.8厘米；1紙；1行。

2.3 殘片。有烏絲欄。已修整。

3.1 首殘→大正0475，14/0551B15。

3.2 尾殘→大正0475，14/0551B17。

8 7～8世紀。唐寫本。

9.1 楷書。

1.1 BD09977號

1.3 金剛般若波羅蜜經

1.4 L0106

2.1 4.6×8.6厘米；1紙；3行。

2.3 殘片。有烏絲欄。已修整。

3.1 首殘→大正0235，08/0750C06。

3.2 尾殘→大正0235，08/0750C09。

8 9～10世紀。歸義軍時期寫本。

9.1 楷書。

1.1 BD09978號

1.3 月燈三昧經卷五

1.4 L0107

2.1 2.6×5.8厘米；1紙；1行。

2.3 殘片。有烏絲欄。已修整。

3.1 首殘→大正0639，15/0573A24。

3.2 尾殘→大正0639，15/0573A24。

3.4 説明：

本文獻存一行4字，前有一殘字，應為“佛”。故定為《月燈三昧經》卷五。

8 8世紀。唐寫本。

9.1 楷書。

1.1 BD09979號

1.3 金剛般若波羅蜜經

1.4 L0108

2.1 6.1×9厘米；1紙；3行。

2.3 殘片。已修整。

3.1 首殘→大正0235，08/0749A03。

3.2 尾殘→大正0235，08/0749A06。

8 7～8世紀。唐寫本。

9.1 楷書。

1.1 BD09980號

1.3 妙法蓮華經卷五

1.4 L0109

2.1 8.2×23.3厘米；1紙；5行，行20字（偈）。

2.3 卷軸裝。首尾均殘。通卷上下殘，下邊有火灼殘缺。有烏絲欄。已修整。

3.1 首殘→大正0262，09/0043C23。

3.2 尾殘→大正0262，09/0044A03。

8 7～8世紀。唐寫本。

9.1 楷書。

1.1 BD09981號

1.3 佛經疏釋（擬）

1.4 L0110

2.1 6.8×3.5厘米；1紙；5行。

2.3 殘片。有烏絲欄。背有烏絲欄。已修整。

3.3 錄文：

（首殘）

□…□預放/

□…□未開悟/

□…□故如文/

□…□結問二/

□…□前所説/

（錄文完）

8 7～8世紀。唐寫本。

9.1 行書。

9.2 有硃筆斷句。

1.1 BD09982號

1.3 大般涅槃經（北本）卷一五

1.4 L0111

2.1 4.6×10.1厘米；1紙；3行。

2.3 卷軸裝。首尾均殘。有烏絲欄。已修整。

3.1 首殘→大正0374，12/0455B06。

3.2 尾殘→大正0374，12/0455B08。

8 5～6世紀。南北朝寫本。

9.1 隸書。

1.1 BD09983號

1.3 藥師琉璃光如來本願功德經

1.4 L0112

2.1 19.5×11.8厘米；1紙；5行。

2.3 卷軸裝。首尾均殘。有烏絲欄。已修整。

3.1 首殘→大正0450，14/0404C18。

3.2 尾殘→大正0450，14/0404C22。

8 7～8世紀。唐寫本。

9.1 楷書。

1.1 BD09984號

1.3 金剛般若波羅蜜經

1.4 L0113

2.1 12.8×7.8厘米；1紙；5行。

2.3 卷軸裝。首尾均殘。已修整。

3.1 首殘→大正0235，08/0749A09。

3.2 尾殘→大正 0235，08/0749A15。

8 7~8 世紀。唐寫本。

9.1 楷書。

1.1 BD09985 號

1.3 大般若波羅蜜多經卷三五七

1.4 L0114

2.1 8.5×12.4 厘米；1 紙；4 行。

2.3 卷軸裝。首全尾殘。通卷上殘。有烏絲欄。已修整。

3.1 首殘→大正 0220，06/0836B03。

3.2 尾殘→大正 0220，06/0836B07。

4.1 □…□三藏法師玄奘奉詔譯（首）／。

8 8~9 世紀。吐蕃統治時期寫本。

9.1 楷書。

1.1 BD09986 號

1.3 金剛般若波羅蜜經

1.4 L0115

2.1 18.6×8.1 厘米；1 紙；9 行。

2.3 卷軸裝。首尾均殘。通卷上殘。經黃打紙，研光上蠟。有烏絲欄。已修整。

3.1 首殘→大正 0235，08/0750B25。

3.2 尾殘→大正 0235，08/0750C05。

8 7~8 世紀。唐寫本。

9.1 楷書。

1.1 BD09987 號

1.3 妙法蓮華經卷五

1.4 L0116

2.1 9×11.2 厘米；2 紙；4 行。

2.2 01：02.9，01； 02：06.1，03。

2.3 卷軸裝。首尾均殘。通卷下殘。有烏絲欄。已修整。

3.1 首殘→大正 0262，09/0042B10。

3.2 尾殘→大正 0262，09/0042B13。

8 7~8 世紀。唐寫本。

9.1 楷書。

1.1 BD09988 號

1.3 素紙（擬）

1.4 L0117

2.1 4.5×6.2 厘米；1 紙。

2.3 殘片。卷面有糨糊痕跡。有烏絲欄。

8 8~9 世紀。吐蕃統治時期紙張。

1.1 BD09989 號

1.3 大般涅槃經（北本）卷三七

1.4 L0118

2.1 8.5×26.7 厘米；1 紙；6 行，行 17 字。

2.3 卷軸裝。首尾均殘。有烏絲欄。已修整。

3.1 首殘→大正 0374，12/0584A23。

3.2 尾殘→大正 0374，12/0584A28。

8 5~6 世紀。南北朝寫本。

9.1 隸書。

1.1 BD09990 號

1.3 妙法蓮華經卷一

1.4 L0119

2.1 10×16.5 厘米；1 紙；5 行。

2.3 卷軸裝。首尾均殘。經黃紙。下邊殘缺。有烏絲欄。

3.1 首殘→大正 0262，09/0002B14。

3.2 尾殘→大正 0262，09/0002B17。

8 7~8 世紀。唐寫本。

9.1 楷書。

1.1 BD09991 號

1.3 金剛般若波羅蜜經

1.4 L0120

2.1 13.5×14.5 厘米；1 紙；7 行。

2.3 卷軸裝。首尾均殘。通卷下殘。經黃紙。已修整。

3.1 首殘→大正 0235，08/0749C19。

3.2 尾殘→大正 0235，08/0749C26。

8 7~8 世紀。唐寫本。

9.1 楷書。

1.1 BD09992 號

1.3 維摩詰所說經卷上

1.4 L0121

2.1 14.5×10.9 厘米；1 紙；11 行。

2.3 卷軸裝。首殘尾脫。通卷上殘。有烏絲欄。已修整。

3.1 首殘→大正 0475，14/0537A18。

3.2 尾殘→大正 0475，14/0537B07。

8 8~9 世紀。吐蕃統治時期寫本。

9.1 楷書。

1.1 BD09993 號

1.3 殘字痕（擬）

1.4 L0122

2.1 4.3×3.4 厘米；1 紙；1 行。

2.3 殘片。有烏絲欄。

3.4 說明：

本遺書上僅有 1 個殘字痕，不清。

8 7~8 世紀。唐寫本。

1.1 BD09994 號

1.3 妙法蓮華經卷四

1.4 L0123

2.1 11×17.5 厘米；1 紙；6 行。

2.3 卷軸裝。首尾均殘。經黃紙。下邊殘缺。有烏絲欄。

3.1 首殘→大正 0262，09/0033A22。

3.2 尾殘→大正 0262，09/0033A27。

8 7～8 世紀。唐寫本。

9.1 楷書。

1.1 BD09995 號

1.3 金光明最勝王經卷八

1.4 L0124

2.1 10.6×13.3 厘米；1 紙；7 行。

2.3 卷軸裝。首尾均殘。通卷下殘。卷面有紅色污痕。有烏絲
欄。

3.1 首殘→大正 0665，16/0443B02。

3.2 尾殘→大正 0665，16/0443B14。

8 8～9 世紀。吐蕃統治時期寫本。

9.1 楷書。

1.1 BD09996 號

1.3 習字雜寫（擬）

1.4 L0125

2.1 8.8×15.8 厘米；1 紙；4 行。

2.3 卷軸裝。首殘尾脫。通卷上下殘。有折疊欄。已修整。

3.4 説明：

本遺書上有 4 行習字雜寫。其中有 "蓮華經卷第四" 等文
字。

8 7～8 世紀。唐寫本。

9.1 楷書。

1.1 BD09997 號

1.3 占卜書殘片（擬）

1.4 L0126

2.1 8.8×12.3 厘米；1 紙；正面 6 行，背面 1 行。

2.3 卷軸裝。首尾均殘。通卷上殘。有烏絲欄。

2.4 本遺書包括 2 個文獻：（一）《占卜書殘片》（擬），6 行，
抄寫在正面，今編為 BD09997 號。（二）《書狀》（擬），1 行，
抄寫在背面，今編為 BD09997 號背。

3.3 錄文：

（首殘）

□…□在□…□/

□…□宜西北方臥。宜灸不宜針。宜服白藥。忌/

□…□北行捕魚射獵。必逢惡獸所傷。/

□…□五十一。/

□…□年在坎。五鬼正西。/

□…□離離為/

（錄文完）

8 9～10 世紀。歸義軍時期寫本。

9.1 楷書。

1.1 BD09997 號背

1.3 書狀（擬）

1.4 L0126

2.4 本遺書由 2 個文獻組成，本文獻為第 2 個，1 行，抄寫在背
面，餘參見 BD09997 號第 2 項。

3.4 説明：

有 "季夏極熱" 4 字。

8 9～10 世紀。歸義軍時期寫本。

9.1 楷書。

1.1 BD09998 號

1.3 阿彌陀經

1.4 L0127

2.1 4×11.2 厘米；1 紙；2 行。

2.3 卷軸裝。首尾均殘。通卷上殘。有烏絲欄。

3.1 首殘→大正 0366，12/0348A19。

3.2 尾殘→大正 0366，12/0348A20。

8 8 世紀。唐寫本。

9.1 楷書。

1.1 BD09999 號

1.3 殘契（擬）

1.4 L0128

2.1 10×13 厘米；1 紙；6 行。

2.3 卷軸裝。首尾均殘。上邊殘缺，多處破裂。已修整。

3.3 錄文：

（首殘）

□…□口上面上，買八歲駱駞。/

□…□陸疋。中亭銅（？）鑑各㽵（肆？）/

□…□事簡重貳拾柒兩。/

□…□簡至壹簡月内頃還。/

□…□生利。若身東西不/

□…□了（？）甲（申？）年（？）□…□。/

（錄文完）

8 9～10 世紀。歸義軍時期寫本。

9.1 楷書。

1.1 BD10000 號

1.3 佛典疏釋（擬）

1.4 L0129

2.1 5.8×19 厘米；1 紙；4 行。

2.3 卷軸裝。首尾均殘。通卷上殘。有烏絲欄。已修整。

3.3 錄文：

（首殘）

□…□等皆是地繫法不可/

□…□非想。此是從細生細。有何相資。政以欲界/

□…□細。所以得論資身。若令資心資業。此何謂資於無/

□…□言若人以深厚纏害於蟻子。重於煞人。此皆遂心。

品論輕重。/

（錄文完）

8　　9～10世紀。歸義軍時期寫本。

9.1　行書。

1.1　BD10001號

1.3　殘字痕（擬）

1.4　L0130

2.1　2.7×3.9厘米；1紙；2行。

2.3　殘片。已修整。

3.4　說明：

　　　本遺書上僅存四、五個殘字痕。

8　　7～8世紀。唐寫本。

9.1　楷書。

1.1　BD10002號

1.3　合部金光明經卷六

1.4　L0131

2.1　13.1×12.5厘米；1紙；8行。

2.3　卷軸裝。首尾均殘。通卷下殘。已修整。

3.1　首殘→大正0664，16/0389C04。

3.2　尾殘→大正0664，16/0389C11。

7.3　卷背有雜寫3個"大"字。

8　　8～9世紀。吐蕃統治時期寫本。

9.1　楷書。

1.1　BD10003號

1.3　金剛般若波羅蜜經

1.4　L0132

2.1　8×12.9厘米；1紙；4行。

2.3　卷軸裝。首尾均殘。通卷上殘。卷面油污。已修整。

3.1　首殘→大正0235，08/0749B21。

3.2　尾殘→大正0235，08/0749B25。

8　　9～10世紀。歸義軍時期寫本。

9.1　楷書。

1.1　BD10004號

1.3　大般若波羅蜜多經首題（擬）

1.4　L0133

2.1　7.5×13.6厘米；2紙；1行。

2.2　01：05.0，素紙；　　02：02.5，01。

2.3　卷軸裝。首尾均殘。通卷下殘。有烏絲欄。已修整。

3.4　說明：

　　　本遺書上僅有"大般"2字。但首紙為素紙，應為扉頁。故

此行應為首題。

8　　8～9世紀。吐蕃統治時期寫本。

9.1　楷書。

1.1　BD10005號

1.3　金剛般若波羅蜜經

1.4　L0134

2.1　12×8.7厘米；2紙；6行。

2.2　01：04.9，02；　　02：06.0，04。

2.3　卷軸裝。首尾均殘。通卷上下殘。已修整。

3.1　首殘→大正0235，08/0749B26。

3.2　尾殘→大正0235，08/0749C03。

8　　7～8世紀。唐寫本。

9.1　楷書。

1.1　BD10006號

1.3　大智度論卷一○○

1.4　L0135

2.1　9.2×22.4厘米；1紙；5行。

2.3　卷軸裝。首尾均殘。通卷上下殘。有烏絲欄。已修整。

3.1　首殘→大正1509，25/0756B10。

3.2　尾殘→大正1509，25/0756B14。

8　　5～6世紀。南北朝寫本。

9.1　楷書。

1.1　BD10007號

1.3　金光明經卷二

1.4　L0136

2.1　15.9×18.3厘米；1紙；9行。

2.3　卷軸裝。首尾均殘。通卷下殘。有烏絲欄。已修整。

3.1　首殘→大正0663，16/0343C19。

3.2　尾殘→大正0663，16/0343C28。

8　　9～10世紀。歸義軍時期寫本。

9.1　楷書。

1.1　BD10008號

1.3　天地八陽神咒經

1.4　L0137

2.1　16.6×13.5厘米；1紙；3行。

2.3　卷軸裝。首全尾殘。通卷上殘。有烏絲欄。已修整。

3.1　首殘→大正2897，85/1422B17。

3.2　尾殘→大正2897，85/1422B19。

8　　9～10世紀。歸義軍時期寫本。

9.1　楷書。

1.1 BD10009 號

1.3 金剛般若波羅蜜經

1.4 L0138

2.1 18.4×13.4 厘米；1 紙；11 行。

2.3 卷軸裝。首尾均殘。通卷上殘。已修整。

3.1 首殘→大正 0235，08/0748C19。

3.2 尾殘→大正 0235，08/0749A06。

8 8 世紀。唐寫本。

9.1 楷書。

1.1 BD10010 號

1.3 白畫（擬）

1.4 L0139

2.1 17.8×13.2 厘米；1 紙；2 行。

2.3 單葉紙。首尾均斷。下部殘缺。已修整。

2.4 本遺書包括 2 個文獻：（一）《白畫》（擬），畫在正面，今編為 BD10010 號。（二）《白畫》（擬），畫在背面，今編為 BD10010 號背。

3.4 説明：

本遺書正面為舍利素描像。上身完整，一手結印契，一手持摩尼寶珠。右側註有"舍利佛（弗）智惠第一"一行 7 字。

8 9～10 世紀。歸義軍時期寫本。

9.1 楷書。

1.1 BD10010 號背

1.3 白畫（擬）

1.4 L0139

2.4 本遺書由 2 個文獻組成，本文獻為第 2 個，畫在背面，餘參見 BD10010 號第 2 項。

3.4 説明：

本遺書背面為不知名氏素描，僅存半個頭像。

7.3 有"千字文敕"雜寫 4 字。

8 9～10 世紀。歸義軍時期寫本。

9.1 楷書。

1.1 BD10011 號

1.3 妙法蓮華經卷一

1.4 L0140

2.1 14.5×13 厘米；1 紙；9 行。

2.3 卷軸裝。首尾均殘。通卷下殘。經黃打紙。下邊殘缺。有烏絲欄。

3.1 首殘→大正 0262，09/0008C12。

3.2 尾殘→大正 0262，09/0008C28。

8 7～8 世紀。唐寫本。

9.1 楷書。

1.1 BD10012 號

1.3 維摩詰所說經卷中

1.4 L0141

2.1 16.4×6.6 厘米；1 紙；10 行。

2.3 卷軸裝。首尾均殘。通卷下殘。已修整。背有近代裱補。有烏絲欄。

3.1 首殘→大正 0475，14/0545A14。

3.2 尾殘→大正 0475，14/0545A25。

6.3 與 BD00015 號為同文獻。

8 5～6 世紀。南北朝寫本。

9.1 隸書。

1.1 BD10013 號

1.3 金剛般若波羅蜜經

1.4 L0142

2.1 25.5×14.5 厘米；1 紙；17 行。

2.3 卷軸裝。首尾均殘。通卷下殘。背有古代裱補。已修整。

3.1 首殘→大正 0235，08/0749C28。

3.2 尾殘→大正 0235，08/0750A17。

8 7～8 世紀。唐寫本。

9.1 楷書。

1.1 BD10014 號

1.3 妙法蓮華經卷二

1.4 L0143

2.1 11.6×15.7 厘米；1 紙；6 行。

2.3 卷軸裝。首尾均殘。通卷上殘。有烏絲欄。已修整。

3.1 首殘→大正 0262，09/0012B09。

3.2 尾殘→大正 0262，09/0012B15。

8 7～8 世紀。唐寫本。

9.1 楷書。

1.1 BD10015 號

1.3 維摩詰所說經卷中

1.4 L0144

2.1 7×12 厘米；1 紙；4 行。

2.3 卷軸裝。首尾均殘。通卷下殘。有烏絲欄。已修整。

3.1 首殘→大正 0475，14/0544C18。

3.2 尾殘→大正 0475，14/0544C22。

6.3 與 BD00012 號為同文獻。

8 5～6 世紀。南北朝寫本。

9.1 隸書。

1.1 BD10016 號

1.3 大般涅槃經（北本）卷三四

1.4 L0145

2.1 7.1×4.2 厘米；1 紙；5 行。

2.3 殘片。有烏絲欄。已修整。

3.1　首殘→大正 0374，12/0568C01。

3.2　尾殘→大正 0374，12/0568C05。

8　5～6 世紀。南北朝寫本。

9.1　隸書。

1.1　BD10017 號

1.3　妙法蓮華經卷二

1.4　L0146

2.1　5.8×14.5 厘米；1 紙；4 行。

2.3　卷軸裝。首尾均殘。通卷上下殘。有烏絲欄。已修整。

3.1　首殘→大正 0262，09/0010C18。

3.2　尾殘→大正 0262，09/0010C23。

8　7～8 世紀。唐寫本。

9.1　楷書。

1.1　BD10018 號

1.3　妙法蓮華經卷七

1.4　L0147

2.1　11.2×6.1 厘米；1 紙；7 行。

2.3　卷軸裝。首尾均殘。通卷上下殘。有烏絲欄。已修整。

3.1　首殘→大正 0262，09/0058A01。

3.2　尾殘→大正 0262，09/0058A13。

8　9～10 世紀。歸義軍時期寫本。

9.1　楷書。

1.1　BD10019 號

1.3　賢劫十方千五百佛名經

1.4　L0148

2.1　12.5×11.5 厘米；1 紙；8 行。

2.3　卷軸裝。首尾均殘。通卷上殘。已修整。

3.1　首殘→大正 0442，14/0312B08。

3.2　尾殘→大正 0442，14/0312B15。

8　7～8 世紀。唐寫本。

9.1　楷書。

1.1　BD10020 號

1.3　妙法蓮華經疏

1.4　L0149

2.1　4×26.5 厘米；1 紙；2 行。

2.3　卷軸裝。首尾均殘。有烏絲欄。已修整。

3.3　錄文：

（首殘）

□…□而說法者，舉/

學之法。"其不習學者，不能曉了此"，明不學有損。"汝等既已知，諸佛" /

（錄文完）

3.4　說明：

本文獻所疏釋文字為《妙法蓮華經》卷一，參見大正 0262，09/0001B16～18。此疏釋未為歷代大藏經所收。

8　7～8 世紀。唐寫本。

9.1　行書。

1.1　BD10021 號

1.3　七千佛神符經

1.4　L0150

2.1　21.7×25.4 厘米；1 紙；13 行，行 17 字。

2.3　卷軸裝。首尾均殘。薄黃紙。有烏絲欄。已修整。

3.1　首 4 行上殘→大正 2904，85/1446A27～30。

3.2　尾 3 行上下殘→大正 2904，85/1446B08～10。

8　7 世紀。唐寫本。

9.1　楷書。

1.1　BD10022 號

1.3　妙法蓮華經卷三

1.4　L0151

2.1　14×17 厘米；1 紙；9 行。

2.3　卷軸裝。首尾均殘。下邊殘缺。有烏絲欄。

3.1　首殘→大正 0262，09/0019A26。

3.2　尾殘→大正 0262，09/0019B08。

8　7～8 世紀。唐寫本。

9.1　楷書。

1.1　BD10023 號

1.3　金剛般若波羅蜜經（菩提留支本）

1.4　L0152

2.1　29×12.6 厘米；2 紙；15 行。

2.2　01：11.6，05；　　02：17.4，10。

2.3　卷軸裝。首尾均殘。通卷上殘。背有古代裱補。已修整。

3.1　首殘→大正 0236A，08/0755A13。

3.2　尾殘→大正 0236，08/0755A27。

8　5～6 世紀。南北朝寫本。

9.1　隸楷。

1.1　BD10024 號 1

1.3　新菩薩經

1.4　L0153

2.1　40×27 厘米；1 紙；24 行，行 20 餘字。

2.3　卷軸裝。首尾均殘。下邊殘缺，上邊有破裂，中間有殘洞。有烏絲欄。已修整。

2.4　本遺書包括 2 個文獻：（一）《新菩薩經》，11 行，今編為 BD10024 號 1。（二）《救諸衆生苦難經》，13 行，今編為 BD10024 號 2。

3.1　首全→大正 2917，85/1462A18。

3.2　尾全→大正 2917，85/1462B08。

4.1 新菩薩經一卷（首）。

4.2 新菩薩經一卷（尾）。

8　8～9世紀。吐蕃統治時期寫本。

9.1 楷書。

9.2 有行間校加字。

1.1 BD10024 號2

1.3 救諸衆生苦難經

1.4 L0153

2.4 本遺書由2個文獻組成，本文獻爲第2個，13行，餘參見BD10024號第2項。

3.1 首全→大正2915，85/1461C39。

3.2 尾殘→大正2915，85/1461C19。

4.1 救菩薩諸衆生一切苦難經（首）。

8　8～9世紀。吐蕃統治時期寫本。

9.1 楷書。

9.2 有刪除號。有倒乙。

1.1 BD10025 號

1.3 金光明最勝王經卷一

1.4 L0154

2.1 11×18厘米；1紙；6行。

2.3 卷軸裝。首尾均殘。背有古代裱補。有烏絲欄。已修整。

3.1 首殘→大正0665，16/0405A07。

3.2 尾殘→大正0665，16/0405A14。

8　9～10世紀。歸義軍時期寫本。

9.1 楷書。

1.1 BD10026 號

1.3 妙法蓮華經卷一

1.4 L0155

2.1 18.2×10.1厘米；1紙；11行。

2.3 卷軸裝。首尾均殘。通卷上下殘。有烏絲欄。已修整。

3.1 首殘→大正0262，09/0008C21。

3.2 尾殘→大正0262，09/0009A12。

8　7～8世紀。唐寫本。

9.1 楷書。

1.1 BD10027 號

1.3 妙法蓮華經卷二

1.4 L0156

2.1 13×12.5厘米；1紙；8行。

2.3 卷軸裝。首尾均殘。通卷下殘。經黃打紙。有烏絲欄。

3.1 首殘→大正0262，09/0010C04。

3.2 尾殘→大正0262，09/0010C11。

8　7～8世紀。唐寫本。

9.1 楷書。

1.1 BD10028 號

1.3 護首（大般若波羅蜜多經）

1.4 L0157

2.1 12.7×13.3厘米；1紙；1行。

2.3 卷軸裝。首尾均殘。已修整。

3.4 說明：

本遺書爲大般若波羅蜜多經護首。有殘經名"大般若波羅蜜多經卷"，上有經名號。

8　8～9世紀。吐蕃統治時期寫本。

9.1 楷書。

1.1 BD10029 號

1.3 金光明最勝王經卷五

1.4 L0158

2.1 17.7×13.8厘米；1紙；10行。

2.3 卷軸裝。首尾均殘。通卷下殘。有烏絲欄。已修整。

3.1 首殘→大正0665，16/0426C02。

3.2 尾殘→大正0665，16/0426C12。

8　9～10世紀。歸義軍時期寫本。

9.1 楷書。

1.1 BD10030 號

1.3 護首（大般若波羅蜜多經）

1.4 L0159

2.1 12×23.1厘米；1紙；1行。

2.3 卷軸裝。首尾均殘。已修整。

3.4 說明：

本遺書爲大般若波羅蜜多經護首。有經名"大般若波羅蜜多經卷第二百四，廿一"，上有經名號。

8　8～9世紀。吐蕃統治時期寫本。

9.1 楷書。

1.1 BD10031 號

1.3 妙法蓮華經卷七

1.4 L0160

2.1 8.5×21厘米；1紙；5行。

2.3 卷軸裝。首尾均殘。下邊殘缺。有烏絲欄。

3.1 首殘→大正0262，09/0057A08。

3.2 尾殘→大正0262，09/0057A13。

8　6世紀。南北朝寫本。

9.1 隸楷。

1.1 BD10032 號

1.3 妙法蓮華經卷三

1.4 L0161

2.1 20×15厘米；1紙；12行。

2.3 卷軸裝。首尾均殘。下邊殘缺。有烏絲欄。已修整。

3.1 首殘→大正 0262，09/0020A21。

3.2 尾殘→大正 0262，09/0020B05。

8 5～6 世紀。南北朝寫本。

9.1 隸楷。

1.1 BD10033 號

1.3 大般若波羅蜜多經卷一一七

1.4 L0162

2.1 16.3×25.6 厘米；1 紙；11 行，行 17 字。

2.3 卷軸裝。首尾均殘。卷面有水漬、鳥糞及殘洞。有烏絲欄。已修整。

3.1 首 3 行上下殘→大正 0220，05/0642A26～28。

3.2 尾上中殘→大正 0220，05/0642B07。

6.1 首→BD13684 號。

8 8～9 世紀。吐蕃統治時期寫本。

9.1 楷書。

1.1 BD10034 號

1.3 維摩詰所說經卷上

1.4 L0163

2.1 17.8×13.3 厘米；1 紙；10 行。

2.3 卷軸裝。首尾均殘。通卷上殘。有烏絲欄。已修整。

3.1 首殘→大正 0475，14/0537A22。

3.2 尾殘→大正 0475，14/0537B03。

8 8～9 世紀。吐蕃統治時期寫本。

9.1 楷書。

9.2 有硃筆斷句。

1.1 BD10035 號

1.3 護首（大般若波羅蜜多經）

1.4 L0164

2.1 16.8×16 厘米；1 紙；1 行。

2.3 卷軸裝。首尾均殘。已修整。

3.4 說明：

本遺書為大般若波羅蜜多經護首。有殘經名"大般若波羅蜜多經卷第十□…□"，上有經名號。

8 8～9 世紀。吐蕃統治時期寫本。

9.1 楷書。

1.1 BD10036 號

1.3 大通方廣懺悔滅罪莊嚴成佛經卷上

1.4 L0165

2.1 9.3×27 厘米；1 紙；6 行。

2.3 卷軸裝。首尾均殘。有烏絲欄。已修整。

3.1 首殘→大正 2871，85/1339A11。

3.2 尾殘→大正 2871，85/1339A19。

8 7～8 世紀。唐寫本。

9.1 楷書。

1.1 BD10037 號

1.3 般若波羅蜜多心經

1.4 L0166

2.1 12.3×12 厘米；1 紙；4 行。

2.3 卷軸裝。首全尾殘。通卷上下殘。有烏絲欄。已修整。

3.1 首殘→大正 0251，08/0848C01。

3.2 尾殘→大正 0251，08/0848C05。

4.1 □…□心經（首）。

8 7～8 世紀。唐寫本。

9.1 楷書。

1.1 BD10038 號

1.3 佛名經（十二卷本）卷九

1.4 L0167

2.1 6.1×11.6 厘米；1 紙；2 行。

2.3 殘片。有烏絲欄。已修整。

3.1 首殘→大正 0440，14/0165C13。

3.2 尾殘→大正 0440，14/0165C14。

8 5～6 世紀。南北朝寫本。

9.1 隸楷。

1.1 BD10039 號

1.3 金剛般若波羅蜜經

1.4 L0168

2.1 7×15.6 厘米；1 紙；4 行。

2.3 卷軸裝。首尾均殘。通卷上下殘。已修整。

3.1 首殘→大正 0235，08/0751A29。

3.2 尾殘→大正 0235，08/0751B04。

8 7～8 世紀。唐寫本。

9.1 楷書。

1.1 BD10040 號

1.3 某戶秋苗歷（擬）

1.4 L0169

2.1 20.5×9 厘米；1 紙；6 行。

2.3 卷軸裝。首尾均殘。上邊殘缺。已修整。

2.4 本遺書包括 2 個文獻：（一）《某戶秋苗歷》（擬），6 行，抄寫在正面，今編為 BD10040 號。（二）《經袟》（擬），本遺書背面，今編為 BD10040 號背。

3.3 錄文：

（首殘）

□…□思秋苗諸□…□/

□…□禾，一段玖畝□…□/

□…□大豆，一段肆畝□…□/

□…□小豆，一段叁畝□…□/

□…□蕎麥，一段陸畝□…□/

□…□通當戶下苗□…□/

（錄文完）

8　9~10世紀。歸義軍時期寫本。

9.1　行書。

1.1　BD10040號背

1.3　經袱（擬）

1.4　L0169

2.4　本遺書由2個文獻組成，本文獻為第2個，餘參見BD10040號第2項。

3.4　說明：

　　本遺書作為經袱，被塗成褐色。

8　9~10世紀。歸義軍時期寫本。

1.1　BD10041號

1.3　天請問經

1.4　L0170

2.1　19.4×13.4厘米；1紙；7行。

2.3　卷軸裝。首殘尾全。通卷上殘。有烏絲欄。已修整。

3.1　首殘→大正0592，15/0124C27。

3.2　尾全→大正0592，15/0125A06。

3.4　說明：

　　本文獻末尾有殘題"□…□法師玄奘奉詔譯"。或為下一個文獻的首題，待考。

8　8世紀。唐寫本。

9.1　楷書。

1.1　BD10042號

1.3　妙法蓮華經卷二

1.4　L0171

2.1　27.5×21厘米；2紙；15行。

2.2　01：20.0，11；　02：07.5，04。

2.3　卷軸裝。首尾均殘。下邊殘缺，上邊殘損。有烏絲欄。

3.1　首殘→大正0262，09/0014A17。

3.2　尾殘→大正0262，09/0014B07。

8　7~8世紀。唐寫本。

9.1　楷書。

1.1　BD10043號

1.3　妙法蓮華經卷七

1.4　L0172

2.1　30×16厘米；2紙；17行。

2.2　01：25.0，14；　02：05.0，03。

2.3　卷軸裝。首尾均殘。上邊殘缺。有烏絲欄。

3.1　首殘→大正0262，09/0057B01。

3.2　尾殘→大正0262，09/0057B18。

8　7~8世紀。唐寫本。

9.1　楷書。

1.1　BD10044號

1.3　金剛般若波羅蜜經

1.4　L0173

2.1　27.5×15.1厘米；1紙；15行。

2.3　卷軸裝。首尾均殘。通卷下殘。有烏絲欄。已修整。

3.1　首殘→大正0235，08/0748C22。

3.2　尾殘→大正0235，08/0749A11。

8　8世紀。唐寫本。

9.1　楷書。

1.1　BD10045號

1.3　金剛般若波羅蜜經

1.4　L0174

2.1　11×17.7厘米；1紙；7行。

2.3　卷軸裝。首尾均殘。通卷上殘。有烏絲欄。已修整。

3.1　首殘→大正0235，08/0750C10。

3.2　尾殘→大正0235，08/0750C20。

8　8~9世紀。吐蕃統治時期寫本。

9.1　楷書。

1.1　BD10046號

1.3　妙法蓮華經卷五

1.4　L0175

2.1　15.5×16.5厘米；1紙；9行。

2.3　卷軸裝。首尾均殘。通卷下殘。有烏絲欄。

3.1　首殘→大正0262，09/0046A22。

3.2　尾殘→大正0262，09/0046B05。

8　7~8世紀。唐寫本。

9.1　楷書。

1.1　BD10047號

1.3　大佛頂如來密因修證了義諸菩薩萬行首楞嚴經卷四

1.4　L0176

2.1　15×25.5厘米；1紙；10行，行18字。

2.3　卷軸裝。首尾均殘。卷背有鳥糞。已修整。

3.1　首殘→大正0945，19/0122B10。

3.2　尾殘→大正0945，19/0122B20。

8　9~10世紀。歸義軍時期寫本。

9.1　楷書。

1.1　BD10048號

1.3　維摩詰所說經卷上

1.4　L0177

2.1　12.6×24.5厘米；1紙；正面7行，行17字；背面7行，

行字不等。

2.3　卷軸裝。首尾均殘。背有多層古代裱補。有烏絲欄。已修整。

2.4　本遺書包括 2 個文獻：（一）《維摩詰所說經》卷上，7 行，抄寫在正面，今編為 BD10048 號。（二）《習字雜寫》（擬），7 行，抄寫在背面裱補紙上，今編為 BD10048 號背。

3.1　首殘→大正 0475，14/0537A14。

3.2　尾殘→大正 0475，14/0537A21。

8　8～9 世紀。吐蕃統治時期寫本。

9.1　楷書。

1.1　BD10048 號背

1.3　習字雜寫（擬）

1.4　L0177

2.4　本遺書由 2 個文獻組成，本文獻為第 2 個，7 行，抄寫在背面裱補紙上，餘參見 BD10048 號第 2 項。

3.4　說明：

　　本遺書為習字雜寫。上有"善慈順集一心春來修造大王"、"孔乙己，化三千"等等。不具錄。

8　8～9 世紀。吐蕃統治時期寫本。

9.1　楷書。

1.1　BD10049 號

1.3　護首（大般若波羅蜜多經）

1.4　L0178

2.1　22.6×20.4 厘米；1 紙；1 行。

2.3　卷軸裝。首尾均殘。下部殘缺。已修整。

3.4　說明：

　　本遺書為大般若波羅蜜多經護首。有經名"大般若經卷第四百七十五"，上有經名號。

8　8～9 世紀。吐蕃統治時期寫本。

9.1　楷書。

1.1　BD10050 號

1.3　藥師琉璃光如來本願功德經

1.4　L0179

2.1　9.4×14 厘米；2 紙；5 行。

2.2　01：05.6，03；　　02：03.8，02。

2.3　卷軸裝。首尾均殘。通卷上下殘。有烏絲欄。已修整。

3.1　首殘→大正 0450，14/0407C07。

3.2　尾殘→大正 0450，14/0407C11。

8　7～8 世紀。唐寫本。

9.1　楷書。

1.1　BD10051 號

1.3　無量壽宗要經

1.4　L0180

2.1　5.6×16.3 厘米；1 紙；4 行。

2.3　卷軸裝。首全尾殘。有烏絲欄。已修整。

3.1　首全→大正 0936，19/0082A03。

3.2　尾殘→大正 0936，19/0082A09。

4.1　大乘無量壽經（首）。

8　9～10 世紀。歸義軍時期寫本。

9.1　楷書。

1.1　BD10052 號

1.3　佛名經（十六卷本）卷一二

1.4　L0181

2.1　15.7×11.2 厘米；1 紙；9 行。

2.3　殘片。背有古代托裱補。已修整。

3.1　首殘→《七寺古逸經典研究叢書》，03/0587A11。

3.2　尾殘→《七寺古逸經典研究叢書》，03/0588A06。

8　7～8 世紀。唐寫本。

9.1　楷書。

1.1　BD10053 號

1.3　大般涅槃經（北本）卷一〇

1.4　L0182

2.1　29.2×26 厘米；1 紙；19 行，行 17 字。

2.3　卷軸裝。首尾均殘。卷面有殘洞。有上下邊欄。已修整。

3.1　首 5 行上下殘→大正 0374，12/0424C05～17。

3.2　尾 3 行上下殘→大正 0374，12/0424C27～29。

8　5～6 世紀。南北朝寫本。

9.1　隸楷。

1.1　BD10054 號

1.3　妙法蓮華經卷一

1.4　L0183

2.1　11×16.5 厘米；1 紙；6 行。

2.3　卷軸裝。首尾均殘。下邊殘缺。有烏絲欄。

3.1　首殘→大正 0262，09/0001C20。

3.2　尾殘→大正 0262，09/0001C26。

8　7～8 世紀。唐寫本。

9.1　楷書。

1.1　BD10055 號

1.3　金光明最勝王經卷九

1.4　L0184

2.1　8.8×15.5 厘米；2 紙；3 行。

2.2　01：01.8，素紙；　　02：07.0，03。

2.3　卷軸裝。首全尾殘。通卷下殘。有烏絲欄。已修整。

3.1　首殘→大正 0665，16/0444A10。

3.2　尾殘→大正 0665，16/0444A14。

4.1　金光明最勝王經善生王品第廿一，九（首）。

8   9 ~ 10 世紀。歸義軍時期寫本。

9.1   楷書。

1.1   BD10056 號

1.3   妙法蓮華經卷七

1.4   L0185

2.1   14.5 × 13.2 厘米；1 紙；9 行。

2.3   卷軸裝。首尾均殘。通卷上殘。有烏絲欄。背有古代裱補。已修整。

3.1   首殘→大正 0262，09/0057A09。

3.2   尾殘→大正 0262，09/0057A18。

7.3   背有古代裱補，紙上有字，似有 "充當" 等。

8   7 ~ 8 世紀。唐寫本。

9.1   楷書。

1.1   BD10057 號

1.3   金剛般若波羅蜜經

1.4   L0186

2.1   23.5 × 25.3 厘米；1 紙；14 行。

2.3   卷軸裝。首尾均殘。有烏絲欄。已修整。

3.1   首殘→大正 0235，08/0751B25。

3.2   尾殘→大正 0235，08/0751C11。

8   7 ~ 8 世紀。唐寫本。

9.1   楷書。

1.1   BD10058 號

1.3   金剛般若波羅蜜經

1.4   L0187

2.1   12.8 × 9.3 厘米；1 紙；9 行。

2.3   卷軸裝。首尾均殘。通卷下殘。有烏絲欄。已修整。

3.1   首殘→大正 0235，08/0751C27。

3.2   尾殘→大正 0235，08/0752A07。

8   7 ~ 8 世紀。唐寫本。

9.1   楷書。

1.1   BD10059 號

1.3   維摩詰所說經卷下

1.4   L0188

2.1   13 × 15 厘米；1 紙；4 行。

2.3   卷軸裝。首全尾殘。通卷上殘。已修整。

3.1   首殘→大正 0475，14/0552A05。

3.2   尾殘→大正 0475，14/0552A08。

4.1   □…□第十（首）。

8   8 ~ 9 世紀。吐蕃統治時期寫本。

9.1   楷書。

1.1   BD10060 號

1.3   妙法蓮華經卷五

1.4   L0189

2.1   14.2 × 11.6 厘米；1 紙；8 行。

2.3   卷軸裝。首尾均殘。通卷上殘。打紙。有烏絲欄。已修整。

3.1   首殘→大正 0262，09/0039C26。

3.2   尾殘→大正 0262，09/0040A04。

8   7 ~ 8 世紀。唐寫本。

9.1   楷書。

1.1   BD10061 號

1.3   阿彌陀經

1.4   L0190

2.1   24.4 × 8 厘米；1 紙；14 行。

2.3   卷軸裝。首尾均殘。通卷上殘。有烏絲欄。已修整。

3.1   首殘→大正 0366，12/0347B24。

3.2   尾殘→大正 0366，12/0347C10。

8   7 ~ 8 世紀。唐寫本。

9.1   楷書。

1.1   BD10062 號 A

1.3   阿彌陀經

1.4   L0191

2.1   10.3 × 25.3 厘米；1 紙；5 行。

2.3   卷軸裝。首尾均殘。已修整。

3.1   首殘→大正 0366，12/0348A11。

3.2   尾殘→大正 0366，12/0348A16。

6.3   與 BD10062 號 B、BD10062 號 C、BD10062 號 D、BD10062 號 E、BD10062 號 F 原為同卷。

8   7 ~ 8 世紀。唐寫本。

9.1   楷書。

1.1   BD10062 號 B

1.3   阿彌陀經

1.4   L0191

2.1   7.8 × 25.2 厘米；1 紙；4 行。

2.3   卷軸裝。首尾均殘。已修整。

3.1   首殘→大正 0366，12/0348A04。

3.2   尾殘→大正 0366，12/0348A09。

6.3   與 BD10062 號 A、BD10062 號 C、BD10062 號 D、BD10062 號 E、BD10062 號 F 原為同卷。

8   7 ~ 8 世紀。唐寫本。

9.1   楷書。

1.1   BD10062 號 C

1.3   阿彌陀經

1.4   L0191

2.1   6.9 × 17.3 厘米；2 紙；4 行。

2.2　01：04.8，03；　　02：02.1，01。

2.3　卷軸裝。首尾均殘。通卷上殘。已修整。

3.1　首殘→大正 0366，12/0348A19。

3.2　尾殘→大正 0366，12/0348A23。

6.3　與 BD10062 號 A、BD10062 號 B、BD10062 號 D、BD10062 號 E、BD10062 號 F 原為同卷。

8　　7～8 世紀。唐寫本。

9.1　楷書。

1.1、BD10062 號 D

1.3　阿彌陀經

1.4　L0191

2.1　7.6×15.7 厘米；1 紙；3 行。

2.3　卷軸裝。首尾均殘。通卷上殘。已修整。

3.1　首殘→大正 0366，12/0348A25。

3.2　尾殘→大正 0366，12/0348A28。

6.3　與 BD10062 號 A、BD10062 號 B、BD10062 號 C、BD10062 號 E、BD10062 號 F 原為同卷。

8　　7～8 世紀。唐寫本。

9.1　楷書。

1.1、BD10062 號 E

1.3　阿彌陀經

1.4　L0191

2.1　9.5×13 厘米；1 紙；4 行。

2.3　卷軸裝。首尾均殘。通卷上殘。已修整。

3.1　首殘→大正 0366，13/0348A25。

3.2　尾殘→大正 0366，12/0348A28。

6.3　與 BD10062 號 A、BD10062 號 B、BD10062 號 C、BD10062 號 D、BD10062 號 F 原為同卷。

8　　7～8 世紀。唐寫本。

9.1　楷書。

1.1、BD10062 號 F

1.3　阿彌陀經

1.4　L0191

2.1　5.9×9.7 厘米；1 紙；3 行。

2.3　卷軸裝。首尾均殘。通卷下殘。已修整。

3.1　首殘→大正 0366，12/0348A18。

3.2　尾殘→大正 0366，12/0348A21。

6.3　與 BD10062 號 A、BD10062 號 B、BD10062 號 C、BD10062 號 D、BD10062 號 E 原為同卷。

8　　7～8 世紀。唐寫本。

9.1　楷書。

1.1、BD10062 號 G

1.3　金光明最勝王經卷三

1.4　L0191

2.1　4.6×14.7 厘米；1 紙；4 行。

2.3　卷軸裝。首尾均殘。通卷上殘。有烏絲欄。已修整。

3.1　首殘→大正 0665，16/0414C12。

3.2　尾殘→大正 0665，16/0414C15。

8　　7～8 世紀。唐寫本。

9.1　楷書。

1.1、BD10063 號

1.3　妙法蓮華經卷三

1.4　L0192

2.1　47×15.5 厘米；1 紙；27 行。

2.3　卷軸裝。首尾均脫。通卷下殘。經黃打紙，研光上蠟。卷面有圓形污穢。有烏絲欄。

3.1　首殘→大正 0262，09/0019B17。

3.2　尾殘→大正 0262，09/0019C17。

8　　7～8 世紀。唐寫本。

9.1　楷書。

1.1　BD10064 號

1.3　觀無量壽佛經（兑廢稿）

1.4　L0193

2.1　42.7×25.9 厘米；1 紙；23 行，行 17 字。

2.3　卷軸裝。首尾均殘。卷面多有殘洞。有烏絲欄。已修整。

3.1　首殘→大正 0365，12/0344B10。

3.2　尾殘→大正 0365，12/0344C10。

5　　與《大正藏》本對照，本卷漏抄"作是觀者名為正觀。若他觀者名為邪觀等" 3 處；"佛告阿難及韋提希" 1 處及"凡生西方有九品人"等字。

8　　7～8 世紀。唐寫本。

9.1　楷書。

9.2　有行間校加字。

1.1　BD10065 號

1.3　大般涅槃經（北本）卷一二

1.4　L0194

2.1　13×25.5 厘米；1 紙；9 行，行 17 字。

2.3　卷軸裝。首尾均殘。有烏絲欄。已修整。

3.1　首 2 行上下殘→大正 0374，12/0436C15～16。

3.2　尾殘→大正 0374，12/0436C24。

8　　5～6 世紀。南北朝寫本。

9.1　隸書。

1.1　BD10066 號

1.3　金剛般若波羅蜜經

1.4　L0195

2.1　8.5×13.9 厘米；1 紙；5 行。

2.3　卷軸裝。首尾均殘。通卷上殘。已修整。

3.1　首殘→大正 0235，08/0748C20。

3.2　尾殘→大正 0235，08/0748C25。

8　　7～8 世紀。唐寫本。

9.1　楷書。

1.1　BD10067 號

1.3　妙法蓮華經卷五

1.4　L0196

2.1　19×7.5 厘米；1 紙；11 行。

2.3　卷軸裝。首尾均殘。通卷上殘。有烏絲欄。

3.1　首殘→大正 0262，09/0037B08。

3.2　尾殘→大正 0262，09/0037B20。

8　　7～8 世紀。唐寫本。

9.1　楷書。

1.1　BD10068 號

1.3　天地八陽神咒經

1.4　L0197

2.1　3.4×12.5 厘米；1 紙；2 行，行 4～9 字。

2.3　殘片。有烏絲欄。

3.1　首殘→大正 2897，85/1423A19。

3.2　尾殘→大正 2897，85/1423A20。

8　　9～10 世紀。歸義軍時期寫本。

9.1　楷書。

1.1　BD10069 號

1.3　無量壽宗要經

1.4　L0198

2.1　5.5×7.8 厘米；1 紙；4 行。

2.3　殘片。有烏絲欄。

3.1　首殘→大正 0936，19/0084A26。

3.2　尾殘→大正 0936，19/0084B04。

8　　8～9 世紀。吐蕃統治時期寫本。

9.1　楷書。

1.1　BD10070 號

1.3　大通方廣懺悔滅罪莊嚴成佛經卷下

1.4　L0199

2.1　7.3×13.3 厘米；1 紙；4 行。

2.3　殘片。背有古代裱補。有烏絲欄。

3.1　首殘→大正 2871，85/1353B17。

3.2　尾殘→大正 2871，85/1353B20。

8　　5～6 世紀。南北朝寫本。

9.1　隸楷。

1.1　BD10071 號

1.3　妙法蓮華經憂波提舍卷上

1.4　L0200

2.1　9.4×18.6 厘米；1 紙；5 行。

2.3　卷軸裝。首尾均殘。通卷下殘。有折疊欄。已修整。

3.1　首殘→大正 1519，26/0002A01。

3.2　尾殘→大正 1519，26/0002A06。

8　　7～8 世紀。唐寫本。

9.1　楷書。

1.1　BD10072 號

1.3　維摩詰所說經卷上

1.4　L0201

2.1　10.8×12 厘米；1 紙；5 行。

2.3　卷軸裝。首尾均殘。通卷下殘。有烏絲欄。已修整。

3.1　首殘→大正 0475，14/0537B02。

3.2　尾殘→大正 0475，14/0537B06。

8　　8～9 世紀。吐蕃統治時期寫本。

9.1　楷書。

1.1　BD10073 號

1.3　經名簽條（擬）

1.4　L0202

2.1　5.2×42.2 厘米；1 紙；2 行。

2.3　單葉紙。首尾均全。已修整。

3.3　錄文：

（錄文）

般若波羅蜜多心經一卷/

觀自在菩薩普門＜並＞品第廿五/

（錄文完）

3.4　說明：

此件為經名簽條。

7.3　卷面經名下有一雜寫"大"字。背面有雜寫"妙法"、"大波"、"大般若波羅蜜經品第八"、"羅"。

8　　9～10 世紀。歸義軍時期寫本。

9.1　楷書。

1.1　BD10074 號

1.3　佛頂尊勝陀羅尼經（佛陀波利本）

1.4　L0203

2.1　13.3×18.6 厘米；1 紙；7 行。

2.3　卷軸裝。首尾均殘。通卷上殘。有烏絲欄。已修整。

3.1　首殘→大正 0967，19/0350B18。

3.2　尾殘→大正 0967，19/0350B24。

5　　與《大正藏》本對照，文字略有參差。

8　　9～10 世紀。歸義軍時期寫本。

9.1　楷書。

1.1　BD10075 號

1.3　大方等陀羅尼經卷二

1.4　L0204

2.1　7.5×14.8 厘米；1 紙；4 行。

2.3　卷軸裝。首尾均殘。通卷下殘。有烏絲欄。

3.1　首殘→大正 1339，21/0651C24。

3.2　尾殘→大正 1339，21/0651C28。

8　5~6 世紀。南北朝寫本。

9.1　隸楷。

1.1　BD10076 號

1.3　姓望氏族譜（擬）

1.4　L0205

2.1　6.3×14.4 厘米；1 紙；3 行。

2.3　卷軸裝。首尾均殘。通卷下殘。已修整。

3.3　錄文：

（首殘）

錢唐郡，三姓□…□/

鹽官郡，三姓□…□/

丹陽郡，四姓□…□/

（錄文完）

8　9~10 世紀。歸義軍時期寫本。

9.1　楷書。

1.1　BD10077 號

1.3　某年給□意藏冬衣狀（擬）

1.4　L0206

2.1　3.8×10.7 厘米；1 紙；1 行。

2.3　卷軸裝。首尾均殘。通卷上下殘。背有古代裱補。已修整。

3.3　錄文：

（首殘）

□…□意藏：襖子一，複袴一，璞頭、鞋、韤各一；欒阿

□…□/

（錄文完）

6.2　尾→BD09962 號。

6.3　與 BD09953、BD10306 號為同文獻。

8　8 世紀。唐寫本。

9.1　行書。

1.1　BD10078 號

1.3　妙法蓮華經卷一

1.4　L0207

2.1　9.5×14.6 厘米；1 紙；5 行。

2.3　卷軸裝。首尾均殘。通卷上殘。有烏絲欄。已修整。

3.1　首殘→大正 0262，09/0002C15。

3.2　尾殘→大正 0262，09/0002C20。

8　7~8 世紀。唐寫本。

9.1　楷書。

1.1　BD10079 號

1.3　無量壽宗要經

1.4　L0208

2.1　6.9×7.1 厘米；1 紙；4 行。

2.3　殘片。有烏絲欄。已修整。

3.1　首殘→大正 0936，19/0082A05。

3.2　尾殘→大正 0936，19/0082A12。

7.3　背有雜寫"菜"等字。

8　8~9 世紀。吐蕃統治時期寫本。

9.1　楷書。

1.1　BD10080 號

1.3　天請問經

1.4　L0209

2.1　11.5×11.4 厘米；1 紙；5 行。

2.3　卷軸裝。首尾均殘。通卷下殘。有烏絲欄。已修整。

3.1　首殘→大正 0592，15/0124B29。

3.2　尾殘→大正 0592，15/0124C04。

8　8~9 世紀。吐蕃統治時期寫本。

9.1　楷書。

1.1　BD10081 號

1.3　妙法蓮華經卷五

1.4　L0210

2.1　1.8×12.2 厘米；1 紙；1 行。

2.3　殘片。

3.1　首殘→大正 0262，09/0037A20。

3.2　尾殘→大正 0262，09/0037A21。

8　7~8 世紀。唐寫本。

9.1　楷書。

1.1　BD10082 號

1.3　妙法蓮華經卷六

1.4　L0211

2.1　10×15 厘米；1 紙；6 行。

2.3　卷軸裝。首尾均殘。上下邊殘缺。有烏絲欄。

3.1　首殘→大正 0262，09/0051C19。

3.2　尾殘→大正 0262，09/0051C25。

8　7~8 世紀。唐寫本。

9.1　楷書。

1.1　BD10083 號

1.3　大般涅槃經（北本）卷三五

1.4　L0212

2.1　7.1×15.1 厘米；1 紙；3 行。

2.3 卷軸裝。首尾均殘。通卷上下殘。有烏絲欄。已修整。

3.1 首殘→大正 0374，12/0569B13。

3.2 尾殘→大正 0374，12/0569B16。

8 5～6 世紀。南北朝寫本。

9.1 楷書。

1.1 BD10084 號

1.3 妙法蓮華經卷四

1.4 L0213

2.1 5.1×4.2 厘米；1 紙；3 行。

2.3 殘片。有烏絲欄。已修整。

3.1 首殘→大正 0262，09/0027B27。

3.2 尾殘→大正 0262，09/0027B29。

8 7～8 世紀。唐寫本。

9.1 楷書。

1.1 BD10085 號

1.3 觀世音經

1.4 L0214

2.1 8.8×13 厘米；1 紙；4 行。

2.3 卷軸裝。首尾均殘。通卷下殘。已修整。

3.1 首殘→大正 0262，09/0056C04。

3.2 尾殘→大正 0262，09/0056C08。

8 9～10 世紀。歸義軍時期寫本。

9.1 楷書。

1.1 BD10086 號

1.3 妙法蓮華經卷七

1.4 L0215

2.1 10×8 厘米；1 紙；5 行。

2.3 卷軸裝。首尾均殘。下邊殘缺。有烏絲欄。

3.1 首殘→大正 0262，09/0038B06。

3.2 尾殘→大正 0262，09/0038B10。

8 9～10 世紀。歸義軍時期寫本。

9.1 楷書。

1.1 BD10087 號

1.3 妙法蓮華經卷三

1.4 L0216

2.1 3×9 厘米；1 紙；2 行。

2.3 殘片。

3.1 首殘→大正 0262，09/0023B24。

3.2 尾殘→大正 0262，09/0023B25。

8 7～8 世紀。唐寫本。

9.1 楷書。

1.1 BD10088 號

1.3 齋文（擬）

1.4 L0217

2.1 6×5.8 厘米；1 紙；2 行。

2.3 殘片。已修整。

3.3 錄文：

（首殘）

□…□福先□…□/

□…□乘寶殿（?）□…□/

（錄文完）。

8 9～10 世紀。歸義軍時期寫本。

9.1 楷書。

1.1 BD10089 號

1.3 彩繪菩薩絹像（擬）

1.4 L0218

2.1 7.9×5.4 厘米；1 紙。

2.3 殘片。背有古代裱補。已修整。

3.4 説明：

本件為絹質彩繪菩薩像，僅殘留頭部局部畫像。

7.3 背面有裱補紙，上有文字，向裏粘貼，可見有“者”、“特”等字。

8 9～10 世紀。歸義軍時期寫本。

1.1 BD10090 號

1.3 佛典殘片（擬）

1.4 L0219

2.1 3.8×3.4 厘米；1 紙；2 行。

2.3 殘片。

3.3 錄文：

（首殘）

□…□下乘□…□/

□…□斷集□…□/

（錄文完）。

8 8～9 世紀。吐蕃統治時期寫本。

9.1 楷書。

1.1 BD10091 號

1.3 妙法蓮華經卷七

1.4 L0220

2.1 19.4×23 厘米；2 紙；12 行，行 17 字。

2.2 01：10.0，06；   02：09.4，06。

2.3 卷軸裝。首尾均殘。有烏絲欄。已修整。

3.1 首殘→大正 0262，09/0057A19。

3.2 尾殘→大正 0262，09/0057A29。

8 7～8 世紀。唐寫本。

9.1 楷書。

1.1 BD10092 號

1.3 妙法蓮華經卷三

1.4 L0221

2.1 5.5×13.5 厘米；1 紙；3 行。

2.3 卷軸裝。首尾均殘。下邊殘缺。有烏絲欄。

3.1 首殘→大正 0262，09/0019C09。

3.2 尾殘→大正 0262，09/0019C11。

8 7～8 世紀。唐寫本。

9.1 楷書。

1.1 BD10093 號

1.3 大通方廣懺悔滅罪莊嚴成佛經卷上

1.4 L0222

2.1 4×13.2 厘米；1 紙；2 行。

2.3 殘片。有烏絲欄。

3.1 首殘→大正 2871，85/1342B15。

3.2 尾殘→大正 2871，85/1342B16。

8 6 世紀。南北朝寫本。

9.1 楷書。

1.1 BD10094 號

1.3 大通方廣懺悔滅罪莊嚴成佛經卷下

1.4 L0223

2.1 6.6×7.9 厘米；1 紙；4 行。

2.3 卷軸裝。首尾均殘。通卷上下殘。有烏絲欄。已修整。

3.1 首殘→大正 2871，85/1355B13。

3.2 尾殘→大正 2871，85/1355B17。

8 5～6 世紀。南北朝寫本。

9.1 隸楷。

1.1 BD10095 號

1.3 佛頂尊勝陀羅尼經（佛陀波利本）

1.4 L0224

2.1 9.5×12.8 厘米；1 紙；5 行。

2.3 卷軸裝。首尾均殘。通卷下殘。有烏絲欄。已修整。

3.1 首殘→大正 0967，19/0350B14。

3.2 尾殘→大正 0967，19/0359B19。

5 與《大正藏》本對照，文字略有不同。

8 9～10 世紀。歸義軍時期寫本。

9.1 楷書。

1.1 BD10096 號

1.3 大般若波羅蜜多經卷五〇四

1.4 L0225

2.1 9.1×14 厘米；1 紙；5 行。

2.3 卷軸裝。首殘尾脫。通卷下殘。有烏絲欄。已修整。

3.1 首殘→大正 0220，07/0569C11。

3.2 尾殘→大正 0220，07/0569C16。

5 與《大正藏》本對照，文字略有不同。本卷少"甚深經典"4 字。

8 8～9 世紀。吐蕃統治時期寫本。

9.1 楷書。

1.1 BD10097 號

1.3 殘字（擬）

1.4 L0226

2.1 4.2×7.1 厘米；1 紙。

2.3 殘片。有下邊欄。已修整。

3.4 説明：

本遺書上僅有殘字痕。

8 5～6 世紀。南北朝寫本。

9.1 楷書。

1.1 BD10098 號

1.3 妙法蓮華經卷五

1.4 L0227

2.1 7.7×13.8 厘米；1 紙；3 行。

2.3 殘片。有烏絲欄。

3.1 首殘→大正 0262，09/0042C03。

3.2 尾殘→大正 0262，09/0042C05。

8 7～8 世紀。唐寫本。

9.1 楷書。

1.1 BD10099 號

1.3 金剛般若波羅蜜經

1.4 L0228

2.1 7.3×6.2 厘米；1 紙；3 行。

2.3 殘片。已修整。

3.1 首殘→大正 0235，08/0749B19。

3.2 尾殘→大正 0235，08/0749B21。

8 7～8 世紀。唐寫本。

9.1 楷書。

1.1 BD10100 號

1.3 大般涅槃經（北本）卷七

1.4 L0229

2.1 8.8×19 厘米；2 紙；5 行。

2.2 01：04.0，02；　　02：04.8，03。

2.3 卷軸裝。首尾均殘。通卷下殘。打紙，砑光上蠟。有烏絲欄。已修整。

3.1 首殘→大正 0374，12/0408A09。

3.2 尾殘→大正 0374，12/0408A14。

8 5～6 世紀。南北朝寫本。

9.1 隸書。

1.1 BD10101 號

1.3 妙法蓮華經卷四

1.4 L0230

2.1 9×11.5 厘米；1 紙；5 行。

2.3 卷軸裝。首尾均殘。上邊殘缺。有烏絲欄。

3.1 首殘→大正 0262，09/0028A20。

3.2 尾殘→大正 0262，09/0028A28。

8 7～8 世紀。唐寫本。

9.1 楷書。

1.1 BD10102 號

1.3 無量壽宗要經

1.4 L0231

2.1 1.5×5.1 厘米；1 紙；1 行。

2.3 殘片。有烏絲欄。

3.1 首殘→大正 0936，19/0082A27。

3.2 尾殘→大正 0936，19/0082A27。

8 8～9 世紀。吐蕃統治時期寫本。

9.1 楷書。

1.1 BD10103 號

1.3 千字文習字雜寫（擬）

1.4 L0232

2.1 2.4×4.1 厘米；1 紙；1 行。

2.3 殘片。

3.4 説明：

本遺書上僅有《千字文》中"毀"字的習字雜寫。

8 9～10 世紀。歸義軍時期寫本。

9.1 楷書。

1.1 BD10104 號

1.3 佛典殘片（擬）

1.4 L0233

2.1 3×3 厘米；1 紙；1 行。

2.3 殘片。有烏絲欄。

3.4 説明：

僅殘餘"多復"兩字。佛經中常見，特別在《大般若經》中。

8 8～9 世紀。吐蕃統治時期寫本。

9.1 楷書。

1.1 BD10105 號

1.3 佛典疏釋（擬）

1.4 L0234

2.1 12×13.1 厘米；2 紙；7 行。

2.2 01：03.5，02；　　02：08.5，05。

2.3 卷軸裝。首尾均殘。通卷上殘。有烏絲欄。已修整。

3.3 錄文：

（首殘）

□…□人下常命也（？）力色施□□/

□…□云何非果報若受二時施果報有/

□…□有差無差故常能施故常□…□/

□…□入於涅槃者古今有異便是其差/

□…□體是厶論二施主有異我體古/

□…□由此食歸功在汝即□/

□…□是常/

（錄文完）

8 5～6 世紀。南北朝寫本。

9.1 楷書。

1.1 BD10106 號

1.3 大佛頂如來密因修證了義諸菩薩萬行首楞嚴經卷二

1.4 L0235

2.1 27×26.8 厘米；1 紙；16 行，行 17 字。

2.3 卷軸裝。首尾均殘。卷面多有殘洞。後部污穢嚴重。已修整。

3.1 首殘→大正 0945，19/0114B05。

3.2 尾殘→大正 0945，19/0114B20。

8 9～10 世紀。歸義軍時期寫本。

9.1 楷書。

1.1 BD10107 號

1.3 大方廣佛華嚴經（晉譯五十卷本）卷一四

1.4 L0236

2.1 11.8×25.6 厘米；1 紙；6 行，行 17 字。

2.3 卷軸裝。首尾均殘。有烏絲欄。已修整。

3.1 首殘→大正 0278，09/0503B23。

3.2 尾殘→大正 0278，09/0503B29。

8 5～6 世紀。南北朝寫本。

9.1 隸書。

1.1 BD10108 號 1

1.3 護身命經

1.4 L0237

2.1 21.6×11.1 厘米；1 紙；10 行。

2.3 卷軸裝。首尾均殘。通卷上殘。已修整。

2.4 本遺書包括 2 個文獻：（一）《護身命經》，2 行，今編為 BD10108 號 1。（二）《護身命經》，8 行，今編為 BD10108 號 2。

3.1 首殘→大正 2866，85/1327A15。

3.2 尾殘→大正 2866，85/1327A16。

8 7～8 世紀。唐寫本。

9.1 楷書。

9.2 有行間校加字。

1.1 BD10108 號 2

1.3 護身命經

1.4 L0237

2.4 本遺書由 2 個文獻組成，本文獻為第 2 個，8 行，餘參見 BD10108 號 1 第 2 項。

3.1 首殘→大正 2865，85/1325A08。

3.2 尾殘→大正 2865，85/1325A16。

5 與《大正藏》本對照，文字有不同。

8 9～10 世紀。歸義軍時期寫本。

9.1 楷書。

1.1 BD10109 號

1.3 佛名經（十六卷本）卷一

1.4 L0238

2.1 7.8×10.3 厘米；1 紙；3 行。

2.3 殘片。有烏絲欄。已修整。

3.1 首殘→《七寺古逸經典研究叢書》，03/0011A12。

3.2 尾殘→《七寺古逸經典研究叢書》，03/0012A01。

8 9～10 世紀。歸義軍時期寫本。

9.1 楷書。

1.1 BD10110 號

1.3 妙法蓮華經卷二

1.4 L0239

2.1 4.8×6.1 厘米；1 紙；2 行。

2.3 殘片。已修整。

3.1 首殘→大正 0262，09/0013C03。

3.2 尾殘→大正 0262，09/0013C04。

8 7～8 世紀。唐寫本。

9.1 楷書。

1.1 BD10111 號

1.3 維摩詰所說經卷上

1.4 L0240

2.1 9.6×10.7 厘米；1 紙；4 行。

2.3 卷軸裝。首尾均殘。通卷上殘。有烏絲欄。已修整。

3.1 首殘→大正 0475，14/0539A03。

3.2 尾殘→大正 0475，14/0539A08。

8 7～8 世紀。唐寫本。

9.1 楷書。

9.2 有硃筆斷句。

1.1 BD10112 號

1.3 妙法蓮華經卷一

1.4 L0241

2.1 11×12 厘米；1 紙；6 行。

2.3 卷軸裝。首尾均殘。下邊殘缺。有烏絲欄。

3.1 首殘→大正 0262，09/0002A18。

3.2 尾殘→大正 0262，09/0002A24。

8 7～8 世紀。唐寫本。

9.1 楷書。

1.1 BD10113 號

1.3 佛典殘片（擬）

1.4 L0242

2.1 4.2×7.5 厘米；1 紙；2 行。

2.3 殘片。有折疊欄。已修整。

3.3 錄文：

（首殘）

□…□故事須知苦故□…□／

□…□身因煩惱集若□…□／

（錄文完）。

8 9～10 世紀。歸義軍時期寫本。

9.1 楷書。

1.1 BD10114 號

1.3 妙法蓮華經卷四

1.4 L0243

2.1 2.3×8.8 厘米；1 紙；1 行。

2.3 殘片。有烏絲欄。

3.1 首殘→大正 0262，09/0035A26。

3.2 尾殘→大正 0262，09/0035A26。

8 7～8 世紀。唐寫本。

9.1 隸書。

1.1 BD10115 號

1.3 金剛般若波羅蜜經

1.4 L0244

2.1 6.5×7.3 厘米；1 紙；4 行。

2.3 殘片。有烏絲欄。已修整。

3.1 首殘→大正 0235，08/0751A12。

3.2 尾殘→大正 0235，08/0751A15。

8 7～8 世紀。唐寫本。

9.1 楷書。

1.1 BD10116 號

1.3 金剛般若波羅蜜經

1.4 L0245

2.1 6.2×12.6 厘米；1 紙；3 行。

2.3 殘片。有烏絲欄。已修整。

3.1 首殘→大正 0235，08/0749B02。

3.2 尾殘→大正 0235，08/0749B05。

8 9～10 世紀。歸義軍時期寫本。

9.1 楷書。

1.1 BD10117 號

1.3 金剛般若波羅蜜經

1.4 L0246

2.1 8.9×13 厘米；1 紙；4 行。

2.3 卷軸裝。首尾均殘。通卷上殘。有烏絲欄。已修整。

3.1 首殘→大正 0235，08/0751A16。

3.2 尾殘→大正 0235，08/0751A19。

8 7～8 世紀。唐寫本。

9.1 楷書。

1.1 BD10118 號

1.3 藥師琉璃光如來本願功德經

1.4 L0247

2.1 7.1×10 厘米；2 紙；3 行。

2.2 01：04.1，02；　　02：03.0，01。

2.3 卷軸裝。首尾均殘。通卷上殘。有烏絲欄。已修整。

3.1 首殘→大正 0450，14/0406B13。

3.2 尾殘→大正 0450，14/0406B15。

8 7～8 世紀。唐寫本。

9.1 楷書。

1.1 BD10119 號 A

1.3 藏文文獻（擬）

1.4 L0248

2.1 8.3×6 厘米；1 紙；4 行。

2.3 殘片。

3.4 說明：

　　有藏文 3 行，首尾均殘。

8 8～9 世紀。吐蕃統治時期寫本。

9.1 正體。

1.1 BD10119 號 B

1.3 藏文文獻（擬）

1.4 L0248

2.1 8×6 厘米；1 紙；4 行。

2.3 殘片。

3.4 說明：

　　有藏文 4 行。

8 8～9 世紀。吐蕃統治時期寫本。

9.1 正體、草體。

1.1 BD10120 號

1.3 大般涅槃經（北本）卷八

1.4 L0249

2.1 3.5×11.7 厘米；1 紙；2 行。

2.3 殘片。經黃紙。有烏絲欄。

3.1 首殘→大正 0374，12/0411A14。

3.2 尾殘→大正 0374，12/0411A16。

8 7～8 世紀。唐寫本。

9.1 楷書。

1.1 BD10121 號

1.3 金光明最勝王經卷九

1.4 L0250

2.1 39.5×14.5 厘米；2 紙；23 行。

2.2 01：06.1，03；　　02：33.4，20。

2.3 卷軸裝。首尾均殘。通卷下殘。有烏絲欄。已修整。

3.1 首殘→大正 0665，16/0449C07。

3.2 尾殘→大正 0665，16/0449A10。

8 9～10 世紀。歸義軍時期寫本。

9.1 楷書。

1.1 BD10122 號

1.3 大般若波羅蜜多經卷二三九

1.4 L0251

2.1 6.1×24.5 厘米；1 紙；4 行，行 17 字。

2.3 卷軸裝。首尾均殘。有烏絲欄。已修整。

3.1 首殘→大正 0220，06/0204B06。

3.2 尾殘→大正 0220，06/0204B10。

5 與《大正藏》本對照，第 3 行有錯抄的殘字。

8 8～9 世紀。吐蕃統治時期寫本。

9.1 楷書。

1.1 BD10123 號

1.3 四分律卷六〇

1.4 L0252

2.1 4.3×7.8 厘米；1 紙；2 行。

2.3 殘片。有烏絲欄。已修整。

3.4 說明：

　　本號包括 3 塊殘片，原本均為《四分律》卷六〇，但不能直接綴接。

　　第一塊兩行，有文字"□…□說如是□…□/□…□問佛言大□…□/"，可參見大正 1428，22/1013B14～16。

　　第二塊兩行，有文字"□…□醫藥床□…□/□…□德。我等不□…□/"，可參見大正 1428，22/1013B24～25。

　　第三塊僅有若干殘字痕。

　　修整時將這 3 塊殘片粘接在一起。

8 7～8 世紀。唐寫本。

9.1 楷書。

1.1 BD10124 號

1.3 大般涅槃經（北本）卷四〇

1.4 L0253

2.1 10.4×16.8 厘米；1 紙；6 行。

2.3 卷軸裝。首尾均殘。通卷下殘。有烏絲欄。已修整。

3.1 首殘→大正 0374，12/0599A26。

3.2 尾殘→大正 0374，12/0599B03。

8　5~6 世紀。南北朝寫本。

9.1 楷書。

1.1 BD10125 號

1.3 大般涅槃經（北本）卷二八

1.4 L0254

2.1 35.4×26.7 厘米；2 紙；22 行。

2.2 01：16.3，10；　02：19.1，12。

2.3 卷軸裝。首尾均殘。有烏絲欄。已修整。

3.1 首殘→大正 0374，12/0531C15。

3.2 尾殘→大正 0374，12/0532A09。

8　5~6 世紀。南北朝寫本。

9.1 隸書。

13 大般涅槃經（南本）卷二六也有相同的經文，參見大正 0375，12/0776C01~24。

1.1 BD10126 號

1.3 大般若波羅蜜多經卷一五三

1.4 L0255

2.1 19.1×9.6 厘米；2 紙；5 行。

2.2 01：07.9，護首；　02：11.2，05。

2.3 卷軸裝。首尾均殘。通卷上殘。有護首，已殘。卷面有殘洞。有烏絲欄。已修整。

3.1 首殘→大正 0220，05/0825B20。

3.2 尾殘→大正 0220，05/0825B25。

4.1 □…□法師玄奘奉詔譯（首）。

8　8~9 世紀。吐蕃統治時期寫本。

9.1 楷書。

1.1 BD10127 號

1.3 大般涅槃經（北本）卷三〇

1.4 L0256

2.1 5.8×17 厘米；1 紙；4 行。

2.3 卷軸裝。首尾均殘。通卷下殘。有烏絲欄。已修整。

3.1 首殘→大正 0374，12/0543B23。

3.2 尾殘→大正 0374，12/0543B25。

8　5~6 世紀。南北朝寫本。

9.1 隸書。

1.1 BD10128 號

1.3 金剛般若波羅蜜經

1.4 L0257

2.1 3.5×4.7 厘米；1 紙；2 行。

2.3 殘片。有烏絲欄。已修整。

3.1 首殘→大正 0235，08/0750C05。

3.2 尾殘→大正 0236，08/0750C08。

8　8~9 世紀。吐蕃統治時期寫本。

9.1 楷書。

1.1 BD10129 號

1.3 妙法蓮華經卷七

1.4 L0258

2.1 6.1×7.4 厘米；1 紙；4 行。

2.3 卷軸裝。首尾均殘。通卷上殘。有烏絲欄。已修整。

3.1 首殘→大正 0262，09/0057A15。

3.2 尾殘→大正 0262，09/0057A18。

8　8 世紀。唐寫本。

9.1 楷書。

1.1 BD10130 號

1.3 維摩詰所說經卷上

1.4 L0259

2.1 11.1×7.5 厘米；1 紙；6 行。

2.3 卷軸裝。首尾均殘。通卷上殘。有烏絲欄。已修整。

3.1 首殘→大正 0475，14/0539C16。

3.2 尾殘→大正 0475，14/0539C22。

8　8 世紀。唐寫本。

9.1 楷書。

1.1 BD10131 號

1.3 維摩詰所說經卷上

1.4 L0260

2.1 6.2×6 厘米；1 紙；3 行。

2.3 殘片。有烏絲欄。

3.1 首殘→大正 0475，14/0537B21。

3.2 尾殘→大正 0475，14/0537B23。

8　8 世紀。唐寫本。

9.1 楷書。

1.1 BD10132 號

1.3 妙法蓮華經卷一

1.4 L0261

2.1 3.4×6.4 厘米；1 紙；1 行。

2.3 殘片。已修整。

3.1 首殘→大正 0262，09/0002C08。

3.2 尾殘→大正 0262，09/0002C08。

3.4 說明：

《妙法蓮華經》中此句甚多。其他經典亦有同樣句子。暫定為《妙法蓮華經》卷一。

8　7~8 世紀。唐寫本。

9.1 楷書。

1.1 BD10133 號

1.3 天地八陽神咒經

1.4 L0262

2.1 3.6×7.6 厘米；1 紙；2 行。

2.3 殘片。已修整。

3.1 首殘→大正 2897，85/1423B18。

3.2 尾殘→大正 2897，85/1423B19。

8 8 世紀。唐寫本。

9.1 楷書。

1.1 BD10134 號

1.3 金光明最勝王經卷五

1.4 L0263

2.1 8×8.2 厘米；1 紙；4 行。

2.3 殘片。有烏絲欄。已修整。

3.1 首殘→大正 0665，16/0424A12。

3.2 尾殘→大正 0665，16/0424A15。

8 8~9 世紀。吐蕃統治時期寫本。

9.1 楷書。

1.1 BD10135 號

1.3 大般若波羅蜜多經卷二○二

1.4 L0264

2.1 8.3×7.7 厘米；1 紙；5 行。

2.3 殘片。有烏絲欄。已修整。

3.1 首殘→大正 0220，06/0006B17。

3.2 尾殘→大正 0220，06/0006B22。

8 8~9 世紀。吐蕃統治時期寫本。

9.1 楷書。

1.1 BD10136 號

1.3 金剛般若波羅蜜經

1.4 L0265

2.1 5.4×9.3 厘米；1 紙；4 行。

2.3 殘片。有烏絲欄。已修整。

3.1 首殘→大正 0235，08/0751A26。

3.2 尾殘→大正 0235，08/0751A29。

8 7~8 世紀。唐寫本。

9.1 楷書。

1.1 BD10137 號

1.3 摩訶僧祇律卷五

1.4 L0266

2.1 9.1×10.6 厘米；1 紙；6 行。

2.3 殘片。有烏絲欄。已修整。

3.1 首殘→大正 1425，22/0264C19。

3.2 尾殘→大正 1425，22/0264C26。

5 與《大正藏》本對照，此卷"妊娠"寫為同音字"任身"。

8 5~6 世紀。南北朝寫本。

9.1 行書。

1.1 BD10138 號

1.3 妙法蓮華經卷七

1.4 L0267

2.1 5×8 厘米；1 紙；3 行。

2.3 殘片。有烏絲欄。已修整。

3.1 首殘→大正 0262，09/0056C24。

3.2 尾殘→大正 0262，09/0056C26。

8 9~10 世紀。歸義軍時期寫本。

9.1 楷書。

1.1 BD10139 號

1.3 小品般若波羅蜜經卷七

1.4 L0268

2.1 11.9×10.6 厘米；1 紙；7 行。

2.3 卷軸裝。首尾均殘。通卷下殘。有烏絲欄。已修整。

3.1 首殘→大正 0227，08/0570A11。

3.2 尾殘→大正 0227，08/0570A19。

8 5~6 世紀。南北朝寫本。

9.1 楷書。

1.1 BD10140 號

1.3 金剛般若波羅蜜經

1.4 L0269

2.1 3.3×6.8 厘米；1 紙；1 行。

2.3 殘片。已修整。

3.1 首殘→大正 0235，08/0752B13。

3.2 尾殘→大正 0235，08/0752B13。

8 7~8 世紀。唐寫本。

9.1 楷書。

1.1 BD10141 號

1.3 齋文（擬）

1.4 L0270

2.1 7.5×5.8 厘米；1 紙；3 行。

2.3 殘片。已修整。

3.3 錄文：

（首殘）

路難□…□/

虔誠福□…□/

庭中□…□/

（錄文完）。

8 9~10 世紀。歸義軍時期寫本。

9.1 楷書。

1.1　BD10142 號

1.3　金光明最勝王經卷二

1.4　L0271

2.1　3.8×6.2 厘米；1 紙；2 行。

2.3　殘片。背有古代裱補。有烏絲欄。已修整。

3.1　首殘→大正 0665，16/0408C05。

3.2　尾殘→大正 0665，16/0408C07。

8　8～9 世紀。吐蕃統治時期寫本。

9.1　楷書。

1.1　BD10143 號

1.3　金剛般若波羅蜜經

1.4　L0272

2.1　11×11.5 厘米；1 紙；6 行。

2.3　殘片。背有古代裱補。已修整。

3.1　首殘→大正 0235，08/0749C22。

3.2　尾殘→大正 0235，08/0749C27。

8　7～8 世紀。唐寫本。

9.1　楷書。

1.1　BD10144 號

1.3　金剛般若波羅蜜經

1.4　L0273

2.1　6.2×3.8 厘米；1 紙；4 行。

2.3　殘片。有烏絲欄。

3.1　首殘→大正 0235，08/0751C12。

3.2　尾殘→大正 0235，08/0751C16。

8　8 世紀。唐寫本。

9.1　楷書。

1.1　BD10145 號

1.3　殘字（擬）

1.4　L0274

2.1　1.8×3.9 厘米；1 紙；1 行。

2.3　殘片。已修整。

3.4　說明：

　　本遺書僅殘賸 4 個殘字。

8　7～8 世紀。唐寫本。

9.1　楷書。

1.1　BD10146 號

1.3　殘字（擬）

1.4　L0275

2.1　1.7×3.1 厘米；1 紙；1 行。

2.3　殘片。已修整。

3.4　說明：

　　本遺書僅殘賸兩個殘字。

8　7～8 世紀。唐寫本。

9.1　楷書。

1.1　BD10147 號

1.3　殘字（擬）

1.4　L0276

2.1　2.3×5.2 厘米；1 紙；1 行。

2.3　殘片。有烏絲欄。已修整。

3.4　說明：

　　此件上僅有 3 個殘字。

8　9～10 世紀。歸義軍時期寫本。

9.1　楷書。

1.1　BD10148 號

1.3　金剛般若波羅蜜經

1.4　L0277

2.1　3.7×15.1 厘米；1 紙；2 行。

2.3　殘片。有烏絲欄。已修整。

3.1　首殘→大正 0235，08/0749A16。

3.2　尾殘→大正 0235，08/0749A18。

8　7～8 世紀。唐寫本。

9.1　楷書。

1.1　BD10149 號

1.3　梵網經盧舍那佛說菩薩心地戒品第十卷下

1.4　L0278

2.1　6.7×6.1 厘米；1 紙；3 行。

2.3　殘片。有烏絲欄。已修整。

3.1　首殘→大正 1484，24/1003C26。

3.2　尾殘→大正 1484，24/1003C28。

8　7～8 世紀。唐寫本。

9.1　楷書。

1.1　BD10150 號

1.3　妙法蓮華經卷七

1.4　L0279

2.1　20.5×7 厘米；1 紙；11 行。

2.3　卷軸裝。首尾均殘。通卷上殘。有烏絲欄。已修整。

3.1　首殘→大正 0262，09/0057A15。

3.2　尾殘→大正 0262，09/0057A27。

8　9～10 世紀。歸義軍時期寫本。

9.1　楷書。

1.1　BD10151 號

1.3　金光明最勝王經卷一〇

1.4　L0280

2.1　23.8×8.7 厘米；1 紙；14 行。

2.3 卷軸裝。首尾均殘。通卷上下殘。背有古代裱補。有烏絲欄。已修整。

3.1 首殘→大正0665，16/0450C20。

3.2 尾殘→大正0665，16/0451A08。

8 8世紀。唐寫本。

9.1 楷書。

1.1 BD10152 號

1.3 金剛般若波羅蜜經

1.4 L0281

2.1 15.3×23.9厘米；1紙；8行。

2.3 卷軸裝。首尾均殘。通卷上下殘。有折疊欄。已修整。

3.1 首殘→大正0235，08/0749B07。

3.2 尾殘→大正0235，08/0749B15。

8 7~8世紀。唐寫本。

9.1 楷書。

1.1 BD10153 號

1.3 賢愚經卷一

1.4 L0282

2.1 11.8×18.8厘米；1紙；6行。

2.3 卷軸裝。首尾均殘。通卷上殘。有烏絲欄。已修整。

3.1 首殘→大正0202，04/0354B17。

3.2 尾殘→大正0202，04/0354B22。

5 與《大正藏》本對照，文字略有參差。

8 6世紀。南北朝寫本。

9.1 隸楷。

1.1 BD10154 號

1.3 類書（擬）

1.4 L0283

2.1 29.5×10.5厘米；1紙；19行。

2.3 卷軸裝。首尾均殘。上邊殘缺，下邊殘損，中間有破裂。已修整。

3.3 錄文：

（首殘）

□…□卿酒輕而□之。對曰。益/

□…□餘家正月酉時賴得東北/

（空一行）

□…□隱藏。其時有孟超女出，向/

□…□他人見之。今既見之，即/

□…□相遇，有何顛頡，遂為夫/

□…□酒脯祭之，是我夫者來，/

□…□齒血瀝着骨上。血入骨者，/

□…□無敢（?），長城何以頹。/

□…□費及三樂。貢曰。願為說之。子夏/

□…□（是?）三費。貢曰。三費聞。為說三樂。/

□…□子慈孝。二樂居近良鄰。借貸/

□…□願居不貧。居近良鄰，出有明師。/

□…□賓待鄉里，出有明師。日益一/

□…□丘不肖亦然矣。/

□…□不肖者不怨。三得臨不驕易儉。/

□…□貢一失，與人共爭。好共求其勝。/

□…□不驕。高而不危。為下不亂。論語/

□…□身長三丈，衝門而入。子路/

□…□劍破之。乃是/

（錄文完）。

8 7~8世紀。唐寫本。

9.1 楷書。

9.2 有倒乙。

1.1 BD10155 號

1.3 妙法蓮華經卷一

1.4 L0284

2.1 14.7×7.5厘米；1紙；4行。

2.3 殘片。打紙，研光上蠟。有烏絲欄。

3.1 首殘→大正0262，09/0002C16。

3.2 尾殘→大正0262，09/0002C20。

8 7~8世紀。唐寫本。

9.1 楷書。

1.1 BD10156 號

1.3 大般涅槃經（北本）卷二五

1.4 L0285

2.1 3.1×16.8厘米；1紙；2行。

2.3 殘片。有烏絲欄。已修整。

3.1 首殘→大正0374，12/0515A04。

3.2 尾殘→大正0374，12/0515A05。

8 7~8世紀。唐寫本。

9.1 楷書。

1.1 BD10157 號

1.3 佛典殘片（擬）

1.4 L0286

2.1 9.6×11.9厘米；1紙；5行。

2.3 卷軸裝。首尾均殘。通卷上殘。有烏絲欄。已修整。

3.3 錄文：

（首殘）

□…□問故□…□/

□…□者體解自然晃/

□…□一切相盡究竟/

□…□深已悉會菩提皆得/

□…□眼佛通佛事佛變法/

（錄文完）。

8　　7~8世紀。唐寫本。

9.1　楷書。

1.1　BD10158號

1.3　大般若波羅蜜多經卷三二五

1.4　L0287

2.1　6.1×13厘米；1紙；3行。

2.3　殘片。有烏絲欄。已修整。

3.1　首殘→大正0220，06/0660A03。

3.2　尾殘→大正0220，06/0660A05。

8　　8~9世紀。吐蕃統治時期寫本。

9.1　楷書。

1.1　BD10159號

1.3　無量壽宗要經

1.4　L0288

2.1　5.7×10.6厘米；1紙；4行。

2.3　殘片。有烏絲欄。

3.1　首殘→大正0936，19/0084A20。

3.2　尾殘→大正0936，19/0084A28。

8　　8~9世紀。吐蕃統治時期寫本。

9.1　楷書。

1.1　BD10160號

1.3　子年四月十日佛典流通錄（擬）

1.4　L0289

2.1　5.9×12.2厘米；1紙；3行。

2.3　單葉紙。首全尾殘。卷面有殘洞。

3.3　錄文：

（首殘）

子年四月十日僧法□…□/

無袟。第一袟欠壹□…□/

同日張教授請《大□…□/

（錄文完）。

4.1　子年四月十日僧法□…□（首）。

8　　8~9世紀。吐蕃統治時期寫本。

9.1　楷書。

1.1　BD10161號

1.3　大般若波羅蜜多經卷二八三

1.4　L0290

2.1　4.3×11.1厘米；1紙；3行。

2.3　殘片。有烏絲欄。

3.1　首殘→大正0220，06/0436B03。

3.2　尾殘→大正0220，06/0436B06。

8　　8~9世紀。吐蕃統治時期寫本。

9.1　楷書。

1.1　BD10162號

1.3　金光明最勝王經卷一

1.4　L0291

2.1　4.6×12.1厘米；1紙；3行。

2.3　卷軸裝。首尾均殘。通卷下殘。有烏絲欄。已修整。

3.1　首殘→大正0665，16/0403A22。

3.2　尾殘→大正0665，16/0403A24。

8　　9~10世紀。歸義軍時期寫本。

9.1　楷書。

9.2　有行間校加字。

1.1　BD10163號

1.3　放光般若經卷一〇

1.4　L0292

2.1　8.7×6.5厘米；1紙；3行。

2.3　殘片。經黃紙。有烏絲欄。已修整。

3.1　首殘→大正0221，08/0073C29。

3.2　尾殘→大正0221，08/0074A02。

8　　7~8世紀。唐寫本。

9.1　楷書。

1.1　BD10164號

1.3　金光明最勝王經卷六

1.4　L0293

2.1　24.6×23.7厘米；1紙；13行，行17字。

2.3　卷軸裝。首尾均殘。有油污。有烏絲欄。已修整。

3.1　首殘→大正0665，16/0427B20。

3.2　尾殘→大正0665，16/0427C08。

8　　9~10世紀。歸義軍時期寫本。

9.1　楷書。

1.1　BD10165號

1.3　大智度論卷九七

1.4　L0294

2.1　6.6×10.2厘米；1紙；5行。

2.3　卷軸裝。首尾均殘。通卷下殘。已修整。

3.1　首上下殘→大正1509，25/0736A16。

3.2　尾上下殘→大正1509，25/0736A20。

8　　5~6世紀。南北朝寫本。

9.1　隸楷。

1.1　BD10166號

1.3　妙法蓮華經卷五

1.4　L0295

2.1　3.5×23.9厘米；1紙；2行。

2.3　殘片。有烏絲欄。

3.1　首殘→大正0262，09/0044C25。

3.2 尾殘→大正 0262，09/0044C26。

8　7～8 世紀。唐寫本。

9.1 楷書。

1.1 BD10167 號

1.3 禪宗殘文獻（擬）

1.4 L0296

2.1 22.4×18.7 厘米；1 紙；正面 12 行；背面 12 行。

2.3 卷軸裝。首尾均殘。通卷下殘。此紙兩面均有文字，且字迹不同。已修整。

2.4 本遺書包括 2 個文獻：（一）《禪宗殘文獻》（擬），12 行，抄寫在正面，今編為 BD10167 號。（二）《禪宗殘文獻》（擬），12 行，抄寫在背面，今編為 BD10167 號背。

3.3 錄文：

（首殘）

□…□衆生無有具。問：何者□…□/

□…□一切衆生得其解脱。故名法施。問：□…□/

答：貪、嗔、癡，是名三毒。問：此貪嗔癡何因□…□/

故，生嗔；嗔之極故，生癡。由此而生。問：貪者何義？□…□/

□為貪。嗔者何義？答：增污□□，名之為□…□/

緣不了，名之為癡。問貪嗔癡何故得名為毒？□…□/

□…□毒也。答：且如閒（？）之，毒唯□…□/

□…□何也。答：世間之毒，能□…□/

□…□答：只（祇）如世間毒蛇，毒□…□/

□…□貪嗔癡毒，能令衆生長輪□…□/

□…□如經所說，多貪衆生□…□/

□…□多癡衆生以因□…□/

（錄文完）

6.3 與 BD09933 號、BD09934 號、BD09969 號原為同遺書，但不能直接綴接。

8　8 世紀。唐寫本。

9.1 行書。

9.2 有硃筆斷句。有行間校加字。

1.1 BD10167 號背

1.3 禪宗殘文獻（擬）

1.4 L0296

2.4 本遺書由 2 個文獻組成，本文獻為第 2 個，12 行，抄寫在背面，餘參見 BD10167 號第 2 項。

3.3 錄文：

（首殘）

□…□根。問：見修二□…□/

□…□斷，可為智滅（？），修戒□…□/

□…□種可使立多果等等智總□…□/

□…□觀餘超越立多果見或□…□/

□…□通於三界乃渡得□…□/

□多果。若見或通三界。或□□一果□…□/

立（？）□□若見或一種斷或滅□一果見或□…□/

□修或九種斷□立多斷□見或一種斷□…□/

望諸別約諦立多種制果望品論約◇多□…□/

□□□斷不制果無色◇或◇◇◇不制果□…□/

□…□切無色見或◇夜當◇斷□…□/

□…□欲界□…□/

（錄文完）。

6.3 與 BD09933 號背、BD09934 號背、BD09969 號背原為同遺書，但不能直接綴接。

8　8 世紀。唐寫本。

9.1 行書。

1.1 BD10168 號

1.3 金剛般若波羅蜜經

1.4 L0297

2.1 16.5×17.5 厘米；1 紙；10 行。

2.3 卷軸裝。首尾均殘。通卷下殘。經黃打紙，研光上蠟。有烏絲欄。已修整。

3.1 首殘→大正 0235，08/0749C20。

3.2 尾殘→大正 0235，08/0750A01。

8　7～8 世紀。唐寫本。

9.1 楷書。

1.1 BD10169 號

1.3 維摩詰所說經卷下

1.4 L0298

2.1 16.4×26.8 厘米；1 紙；9 行。

2.3 卷軸裝。首尾均殘。已修整。

3.1 首殘→大正 0475，14/0552A08。

3.2 尾殘→大正 0475，14/0552A17。

8　9～10 世紀。歸義軍時期寫本。

9.1 楷書。

1.1 BD10170 號

1.3 大乘入楞伽經卷五

1.4 L0299

2.1 19.6×25.1 厘米；1 紙；11 行。

2.3 卷軸裝。首尾均殘。卷前部下殘。已修整。

3.1 首殘→大正 0672，16/0615C05。

3.2 尾殘→大正 0672，16/0615C17。

8　8 世紀。唐寫本。

9.1 楷書。

1.1 BD10171 號

1.3 增壹阿含經卷八

1.4 L0300

2.1　6.7×21.3 厘米；1 紙；4 行。

2.3　卷軸裝。首尾均殘。通卷下殘。有烏絲欄。

3.1　首殘→大正 0125，02/0586A04。

3.2　尾殘→大正 0125，02/0586A07。

8　5～6 世紀。南北朝寫本。

9.1　隸楷。

1.1　BD10172 號

1.3　大方廣佛華嚴經（晉譯五十卷本）卷三

1.4　L0301

2.1　8.5×13.5 厘米；2 紙；6 行。

2.2　01：07.5，05；　　02：01.0，01。

2.3　卷軸裝。首尾均殘。通卷上殘。有烏絲欄。已修整。

3.1　首殘→大正 0278，09/0413C05。

3.2　尾殘→大正 0278，09/0413C09。

8　5～6 世紀。南北朝寫本。

9.1　隸楷。

1.1　BD10173 號

1.3　大般涅槃經（北本）卷三五

1.4　L0302

2.1　6×19.5 厘米；2 紙；3 行。

2.2　01：04.5，02；　　02：01.5，01。

2.3　卷軸裝。首尾均殘。有烏絲欄。已修整。

3.1　首殘→大正 0374，12/0572A07。

3.2　尾殘→大正 0374，12/0572A09。

8　5～6 世紀。南北朝寫本。

9.1　隸楷。

1.1　BD10174 號

1.3　大般涅槃經（北本）卷二二

1.4　L0303

2.1　17.5×26.8 厘米；1 紙；11 行；行 17 字。

2.3　卷軸裝。首尾均殘。有烏絲欄。已修整。

3.1　首殘→大正 0374，12/0496A14。

3.2　尾殘→大正 0374，12/0496A23。

8　5～6 世紀。南北朝寫本。

9.1　隸書。

1.1　BD10175 號

1.3　妙法蓮華經卷一

1.4　L0304

2.1　7.5×16 厘米；1 紙；4 行。

2.3　卷軸裝。首尾均殘。通卷下殘。已修整。

3.1　首殘→大正 0262，09/0001C19。

3.2　尾殘→大正 0262，09/0001C22。

8　7～8 世紀。唐寫本。

9.1　楷書。

1.1　BD10176 號

1.3　大般若波羅蜜多經卷五七四

1.4　L0305

2.1　13.1×18.5 厘米；1 紙；9 行。

2.3　卷軸裝。首尾均殘。通卷下殘。首全尾殘。有烏絲欄。已修整。

3.1　首殘→大正 0220，07/0964A19。

3.2　尾殘→大正 0220，07/0964B09。

4.1　□…□卷第五百七十四，／□…□之一，三藏法□…□/（首）。

8　8 世紀。唐寫本。

9.1　楷書。

1.1　BD10177 號

1.3　金剛般若波羅蜜經

1.4　L0306

2.1　11.7×10.3 厘米；1 紙；7 行。

2.3　卷軸裝。首尾均殘。通卷上殘。已修整。

3.1　首殘→大正 0235，08/0749C27。

3.2　尾殘→大正 0235，08/0750A05。

8　7～8 世紀。唐寫本。

9.1　楷書。

1.1　BD10178 號

1.3　四分律刪補隨機羯磨卷下

1.4　L0307

2.1　8×14.5 厘米；1 紙；4 行。

2.3　卷軸裝。首尾均殘。通卷下殘。背有烏絲欄。已修整。

3.1　首殘→大正 1808，40/0506B27。

3.2　尾殘→大正 1808，40/0506C05

8　7～8 世紀。唐寫本。

9.1　楷書。

1.1　BD10179 號 A

1.3　藥師琉璃光如來本願功德經

1.4　L0308

2.1　5.8×4 厘米；1 紙；3 行。

2.3　卷軸裝。首尾均殘。小殘片。有烏絲欄。已修整。

3.1　首殘→大正 0450，14/0407A06。

3.2　尾殘→大正 0450，14/0407A08。

6.3　與 BD10179 號 B 爲同文獻。

8　7～8 世紀。唐寫本。

9.1　楷書。

1.1　BD10179 號 B

1.3 藥師琉璃光如來本願功德經

1.4 L0308

2.1 9.3×9 厘米；1 紙；5 行。

2.3 卷軸裝。首尾均殘。小殘片。有烏絲欄。已修整。

3.1 首殘→大正 0450，14/0407A11。

3.2 尾殘→大正 0450，14/0407A15。

6.3 與 BD10179 號 A 爲同文獻。

7.3 背有《般若心經》經文雜寫。

8 7～8 世紀。唐寫本。

9.1 楷書。

1.1 BD10180 號

1.3 禪宗殘文獻（擬）

1.4 L0309

2.1 7×4 厘米；1 紙；正面 3 行；背面 3 行。

2.3 卷軸裝。首尾均殘。小殘片。有烏絲欄。已修整。

2.4 本遺書包括 2 個文獻：（一）《禪宗殘文獻》（擬），3 行，鈔寫在正面，今編爲 BD10180 號。（二）《禪宗殘文獻》（擬），3 行，鈔寫在背面，今編爲 BD10180 號背。

3.3 錄文：

（首殘）

□…□切法耶□…□/

□…□若□…□/

□…□情是□…□/

（錄文完）。

6.3 與 BD09933 號、BD09934 號、BD09969 號、BD10167 號原爲同遺書，但不能直接綴接。

8 8 世紀。唐寫本。

9.1 楷書。

9.2 有硃筆斷句。

1.1 BD10180 號背

1.3 禪宗殘文獻（擬）

1.4 L0309

2.4 本遺書由 2 個文獻組成，本文獻爲第 2 個，3 行，鈔寫在背面，餘參見 BD10180 號第 2 項。

3.3 錄文：

（首殘）

□…□感於□…□/

□…□波無□…□/

□…□果□…□/

（錄文完）。

6.3 與 BD09933 號背、BD09934 號背、BD09969 號背、BD10167 號背原爲同遺書，但不能直接綴接。

8 8 世紀。唐寫本。

9.1 行書。

1.1 BD10181 號 A

1.3 集諸經禮懺儀卷上

1.4 L0310

2.1 13.5×13 厘米；1 紙；7 行。

2.3 卷軸裝。首尾均殘。通卷上殘。已修整。

3.1 首殘→大正 1982，47/0456B20。

3.2 尾殘→大正 1982，47/0456B27。

8 7～8 世紀。唐寫本。

9.1 楷書。

1.1 BD10181 號 B

1.3 藏文文獻（擬）

1.4 L0310

2.1 15×12 厘米；1 紙；4 行。

2.3 卷軸裝。首尾均殘。通卷上殘。已修整。

3.4 説明：

此遺書原爲 BD10181 號 A 卷背之裱補紙，上面寫有藏文。

8 8～9 世紀。吐蕃統治時期寫本。

9.1 楷書。

1.1 BD10182 號

1.3 四分律卷四九

1.4 L0311

2.1 33.5×（1.5～11.5）厘米；19 紙；18 行。

2.3 卷軸裝。首尾均殘。殘片。總計 19 片，大小不一，粘在托裱紙上。已修整。

3.4 説明：

此遺書鈔寫《四分律》卷四九，殘斷爲 19 塊大小不等的殘片。現已將這些殘片托裱在紙上。2.1 項之總體數據中長度爲 19 塊長度之和，高度爲 19 塊殘片中最小殘片的高度與最大殘片的高度，行數爲 19 塊殘片的總行數。這 19 塊殘片的詳細情況爲：

A. 2×11.5 厘米；1 紙；1 行，大正 1428，22/0931A21。

B. 2×10.5 厘米；1 紙；1 行，大正 1428，22/0930B20。

C. 2.5×11.5 厘米；1 紙；2 行，大正 1428，22/0931A06～07。

D. 2.5×10.5 厘米；1 紙；1 行，大正 1428，22/0930C12。

E. 3×10.5 厘米；1 紙；1 行，大正 1428，22/0930C27。

F. 2.5×8.5 厘米；1 紙；1 行，大正 1428，22/0930B24。

G. 2.5×10.5 厘米；1 紙；2 行，1428，22/0930C19～21。

H. 2.5×9.5 厘米；1 紙；2 行，1428，22/0931A13～14。

I. 1.5×4.5 厘米；1 紙；1 行，殘字。

J. 2×5 厘米；1 紙；1 行，大正 1428，22/0930B17～18。

K. 1.5×3.5 厘米；1 紙；1 行，大正 1428，22/0930A4。

L. 1.5×4.5 厘米；1 紙；1 行，大正 1428，22/0930A28。

M. 1×3.5 厘米；1 紙；1 行，殘字。

N. 1.5×2 厘米；1 紙；殘字。

O. 1.5×2 厘米；1 紙；殘字。

P. 1×1.5 厘米；1 紙；殘字。

Q. 1×1.5 厘米；1 紙；1 行，僅有殘字"何"。

R. 1×2 厘米；1 紙；殘字。

S. 0.5×1.5 厘米；1 紙；殘字。

8 6 世紀。南北朝寫本。

9.1 隸書。

1.1 BD10183 號 A

1.3 四分律卷六〇

1.4 L0312

2.1 27.4×（1~7.5）厘米；13 紙；16 行。

2.3 卷軸裝。首尾均殘。小殘片。有烏絲欄。已修整。粘在托裱紙上。

3.4 說明：

此遺書鈔寫《四分律》卷六〇，殘斷爲 13 塊大小不等的殘片，又夾雜進一塊《金剛般若波羅蜜經》的殘片，故本號總計包括 14 塊殘片。修整時已將這 14 塊殘片托裱在紙上，並依次按照英文字母編號。

2.1 項之總體數據爲除去《金剛般若波羅蜜經》之後，其他 13 塊殘片的數據。其中長度爲 13 塊長度之和，高度爲 13 塊殘片中最小殘片的高度與最大殘片的高度，行數爲 13 塊殘片的總行數。這 13 塊殘片的詳細情況爲：

A. 4×7 厘米；1 紙；2 行，大正 1428，22/1012C29~1013A01，四分律卷六〇。

B. 2.5×5.5 厘米；1 紙；2 行，大正 1428，22/1012B23~24，四分律卷六〇。

C. 2.5×4.5 厘米；1 紙；1 行，大正 1428，22/1012B24，四分律卷六〇。

D. 3.5×6 厘米；1 紙；2 行，大正 1428，22/1012C20~21，四分律卷六〇。

E. 3×4 厘米；1 紙；2 行，大正 1428，22/1012B01~02，四分律卷六〇。

F. 3.5×7.5 厘米；1 紙；2 行，大正 1428，22/1012C10~12，四分律卷六〇。

H. 2.5×5 厘米；1 紙；2 行，大正 1428，22/1012B06~07。

I. 1×1 厘米；1 紙；素紙。

J. 1×2 厘米；1 紙；殘字。

K. 0.7×2.5 厘米；1 紙；殘字。

L. 2.5×2 厘米；1 紙；1 行，有殘字"内是"。

M. 0.7×2 厘米；1 紙；1 行，殘字。

N. 1×1 厘米；1 紙；1 行，殘字。

爲避文繁，本目錄將 13 塊《四分律》卷六〇著錄爲一號，作 BD10183 號 A，而將修整時編爲 G 號的《金剛般若波羅蜜經》編爲 BD10183 號 B，另行著錄。這樣，本目錄的英文小號與館藏原件所編的英文小號略有差異，請研究者注意。

6.3 與 BD10198 號原爲同卷。

8 9~10 世紀。歸義軍時期寫本。

9.1 楷書。

1.1 BD10183 號 B

1.3 金剛般若波羅蜜經

1.4 L0312

2.1 4.5×2.5 厘米；1 紙；2 行。

2.3 卷軸裝。首尾均殘。小殘片。有烏絲欄。已修整。粘在托裱紙上。

3.1 首殘→大正 0235，08/0749B20。

3.2 尾殘→大正 0235，08/0749B21。

8 7~8 世紀。唐寫本。

9.1 楷書。

1.1 BD10184 號

1.3 金剛般若波羅蜜經

1.4 L0313

2.1 19.5×（2.4~8.5）厘米；5 紙；10 行。

2.3 卷軸裝。首尾均殘。小殘片。有烏絲欄。已修整。粘在托裱紙上。

3.4 說明：

此遺書鈔寫《金剛般若波羅蜜經》，殘斷爲 5 塊大小不等的殘片。現已將這些殘片托裱在紙上。2.1 項之總體數據中長度爲 5 塊長度之和，高度爲 5 塊殘片中最小殘片的高度與最大殘片的高度，行數爲 5 塊殘片的總行數。這 5 塊殘片的詳細情況爲：

A. 6×8.5 厘米；1 紙；3 行，大正 0235，08/0750A07~10。

B. 5×3.7 厘米；1 紙；2 行，僅存"淨/□…□應"2 字。

C. 5×3.9 厘米；1 紙；3 行，僅存"須（?）/□…□以/□…□布"3 字。

D. 2×2.4 厘米；1 紙；1 行，僅存"在"字。

E. 1.5×3.5 厘米；1 紙；1 行，殘字。

8 7~8 世紀。唐寫本。

9.1 楷書。

1.1 BD10185 號

1.3 妙法蓮華經卷四

1.4 L0314

2.1 14×15.5 厘米；1 紙；7 行。

2.3 卷軸裝。首殘尾脫。通卷上殘。有烏絲欄。已修整。

3.1 首殘→大正 0262，09/0027C08。

3.2 尾殘→大正 0262，09/0027C15。

8 7~8 世紀。唐寫本。

9.1 楷書。

1.1 BD10186 號

1.3 妙法蓮華經卷一

1.4 L0315

2.1 26.5×17.5 厘米；1 紙；16 行。

2.3 卷軸裝。首尾均殘。通卷上殘。有烏絲欄。已修整。

3.1 首殘→大正 0262，09/0003A11。

3.2 尾殘→大正 0262，09/0003B02。

8 7～8 世紀。唐寫本。

9.1 楷書。

1.1 BD10187 號

1.3 大通方廣懺悔滅罪莊嚴成佛經卷下

1.4 L0316

2.1 5×20.5 厘米；1 紙；3 行。

2.3 卷軸裝。首尾均殘。通卷下殘。背有古代裱補。有烏絲欄。
已修整。

3.1 首殘→大正 2871，85/1353B19。

3.2 尾殘→大正 2871，85/1353B22。

8 5～6 世紀。南北朝寫本。

9.1 隸書。

1.1 BD10188 號

1.3 梵網經菩薩戒羯磨文（擬）

1.4 L0317

2.1 8×10.5 厘米；1 紙；4 行。

2.3 卷軸裝。首尾均殘。通卷上殘。背有古代裱補。已修整。

3.3 錄文：

（首殘）

□…□優婆塞優婆夷/

□…□者發露無罪/

□…□淨堪説優婆塞/

□…□戒序竟［今］問諸/

（錄文完）

3.4 説明：

本文獻乃依據《梵網經》所編撰的《梵網經菩薩戒羯磨
文》，爲教團舉行布薩時所用。參見《梵網經菩薩戒注》，萬續
0691，38/0552A06～09。

8 9～10 世紀。歸義軍時期寫本。

9.1 楷書。

1.1 BD10189 號

1.3 天地八陽神咒經

1.4 L0318

2.1 12×5 厘米；1 紙；6 行。

2.3 卷軸裝。首尾均殘。通卷上殘。有烏絲欄。已修整。

3.1 首殘→大正 2897，85/1424B04。

3.2 尾殘→大正 2897，85/1424B12。

8 7～8 世紀。唐寫本。

9.1 楷書。

1.1 BD10190 號

1.3 維摩詰所説經卷上

1.4 L0319

2.1 9×7.2 厘米；1 紙；7 行。

2.3 卷軸裝。首尾均殘。通卷上殘。有烏絲欄。已修整。

3.1 首殘→大正 0475，14/0537A16。

3.2 尾殘→大正 0475，14/0537B03。

8 8～9 世紀。吐蕃統治時期寫本。

9.1 楷書。

1.1 BD10191 號

1.3 太玄真一本際經卷一

1.4 L0320

2.1 13.5×15.5 厘米；1 紙；8 行。

2.3 卷軸裝。首尾均殘。通卷下殘。首尾及下半均殘損嚴重。
有烏絲欄。黃紙。已修整。

3.1 首殘→《中華道藏》，05/0215C12。

3.2 尾殘→《中華道藏》，05/0215C21。

3.3 錄文：

（錄文）

求解脱□…□/

時大衆聞是説已神開解悟□…□/

稱善各隨心力增益正位人□…□/

心稽首天尊而作頌曰/

善哉無始尊。三界所共□…□/

智德無等雙。自然七寶□…□/

具足有形相。無礙猶虛□…□/

開發衆妙門。了出無上□…□/

（錄文完）。

8 7～8 世紀。唐寫本。

9.1 楷書。

1.1 BD10192 號

1.3 妙法蓮華經卷三

1.4 L0321

2.1 22×16 厘米；1 紙；10 行。

2.3 卷軸裝。首尾均殘。通卷上殘。有烏絲欄。已修整。

3.1 首殘→大正 0262，09/0020A14。

3.2 尾殘→大正 0262，09/0020A26。

8 7～8 世紀。唐寫本。

9.1 楷書。

1.1 BD10193 號

1.3 大般涅槃經（北本）卷九

1.4 L0322

2.1 9.5×20.7 厘米；1 紙；6 行。

2.3 卷軸裝。首尾均殘。通卷下殘。有烏絲欄。已修整。

3.1 首殘→大正 0374，12/0419B23。

3.2　尾殘→大正 0374，12/0419B29。

8　　5～6 世紀。南北朝寫本。

9.1　隸楷。

1.1　BD10194 號

1.3　法門名義集

1.4　L0323

2.1　7×12.5 厘米；1 紙；6 行。

2.3　卷軸裝。首尾均殘。通卷上下殘。卷面污穢。已修整。

3.1　首殘→大正 2124，54/0201C15。

3.2　尾殘→大正 2124，54/0201C24。

8　　9～10 世紀。歸義軍時期寫本。

9.1　行楷。

1.1　BD10195 號

1.3　金剛般若波羅蜜經

1.4　L0324

2.1　8.8×9 厘米；1 紙；5 行。

2.3　卷軸裝。首尾均殘。通卷上殘。有烏絲欄。已修整。

3.1　首殘→大正 0235，08/0749B21。

3.2　尾殘→大正 0235，08/0749B25。

8　　7～8 世紀。唐寫本。

9.1　楷書。

1.1　BD10196 號

1.3　妙法蓮華經卷一

1.4　L0325

2.1　17×6.3 厘米；1 紙；8 行。

2.3　卷軸裝。首尾均殘。通卷下殘。有烏絲欄。已修整。

3.1　首殘→大正 0262，09/0005C08。

3.2　尾殘→大正 0262，09/0005C17。

8　　5～6 世紀。南北朝寫本。

9.1　隸楷。

1.1　BD10197 號

1.3　天地八陽神咒經

1.4　L0326

2.1　11.5×6.5 厘米；1 紙；7 行。

2.3　卷軸裝。首尾均殘。通卷下殘。有烏絲欄。已修整。

3.1　首殘→大正 2897，85/1424B29。

3.2　尾殘→大正 2897，85/1424C07。

8　　9～10 世紀。歸義軍時期寫本。

9.1　楷書。

1.1　BD10198 號

1.3　四分律卷六〇

1.4　L0327

2.1　6×17 厘米；1 紙；4 行。

2.3　卷軸裝。首尾均殘。通卷上殘。有烏絲欄。已修整。

3.1　首殘→大正 1428，22/1013B27。

3.2　尾殘→大正 1428，22/1013C01。

6.3　與 BD10183 號 A 原爲同卷。

8　　8～9 世紀。吐蕃統治時期寫本。

9.1　楷書。

1.1　BD10199 號

1.3　字書（擬）

1.4　L0328

2.1　8×8 厘米；1 紙；4 行。

2.3　卷軸裝。首尾均殘。小殘片。有破裂。已修整。

3.3　錄文：

（首殘）

□…□粟穬稻（？）□…□/

□…□杵臼舂擣□…□/

□…□箕薅稍穧□…□/

□…□澗（？）溪（？）□…□/

（錄文完）

8　　9～10 世紀。歸義軍時期寫本。

9.1　楷書。

1.1　BD10200 號

1.3　金光明最勝王經卷一

1.4　L0329

2.1　36×24.7 厘米；1 紙；22 行。

2.3　卷軸裝。首尾均殘。卷面多油污及鳥糞。背有古代裱補，有些裱補紙上有字，有一張脫落。有烏絲欄。已修整。

3.1　首殘→大正 0665，16/0406A25。

3.2　尾殘→大正 0665，16/0406C08。

7.3　下邊有雜寫“延受”、“九”。正面原卷殘破丟失，露出古代裱補紙上雜寫“重去聿割”。背面一塊古代裱補紙上有“是小”；另一塊有“董（？）法律，劉”。

8　　9～10 世紀。歸義軍時期寫本。

9.1　楷書。

1.1　BD10201 號

1.3　四分律比丘戒本

1.4　L0330

2.1　8.2×25.2 厘米；1 紙；3 行。

2.3　卷軸裝。首尾均殘。前有竪紙，爲殘護首。有烏絲欄。

3.1　首殘→大正 1429，22/1015A15。

3.2　尾殘→大正 1429，22/1015A19。

8　　9～10 世紀。歸義軍時期寫本。

9.1　楷書。

1.1　BD10202 號

1.3　佛名經（十六卷本）卷一

1.4　L0331

2.1　7.3×7.7 厘米；1 紙；3 行。

2.3　卷軸裝。首尾均殘。通卷下殘。已修整。

3.1　首殘→《七寺古逸經典研究叢書》，03/0011A12。

3.2　尾殘→《七寺古逸經典研究叢書》，03/0012A01。

8　　9～10 世紀。歸義軍時期寫本。

9.1　楷書。

1.1　BD10203 號

1.3　大般涅槃經（北本）卷四

1.4　L0332

2.1　13×5.5 厘米；1 紙；8 行。

2.3　卷軸裝。首尾均殘。通卷上下殘。有烏絲欄。已修整。

3.1　首殘→大正 0374，12/0387A27。

3.2　尾殘→大正 0374，12/0387B05。

8　　5～6 世紀。南北朝寫本。

9.1　隸楷。

1.1　BD10204 號

1.3　金剛經疏（擬）

1.4　L0333

2.1　6×21.5 厘米；1 紙；8 行。

2.3　卷軸裝。首尾均殘。通卷上殘。有烏絲欄。已修整。

3.3　錄文：

（首殘）

□…□若菩薩□…□/

□…□般若金剛是□能斷是□…□/

□…□三判文解釋者初從如是我□…□序□…□思/

□…□星幻泡影已來爲正宗分長老須菩提已/

□…□者序述由致發起之端正宗者正陳深/

□…□後代令物生益初序分中復/

□…□世尊下爲發/

□…□發/

（錄文完）

3.4　説明：

本文獻疏釋《金剛經》，從内容看，應爲該疏釋的開頭部分。該疏釋未爲我國歷代大藏經所收，敦煌遺書中是否有同類疏釋，尚需考證。

8　　7～8 世紀。唐寫本。

9.1　行楷。有合體字"菩薩"、"菩提"。

1.1　BD10205 號

1.3　觀世音經

1.4　L0334

2.1　12×13.9 厘米；1 紙；5 行。

2.3　冊頁裝。首殘尾全。裝幀形式待考。

3.1　首殘→大正 0262，09/0058B05。

3.2　尾殘→大正 0262，09/0058B07。

4.2　觀音經一卷（尾）。

8　　9～10 世紀。歸義軍時期寫本。

9.1　楷書。

1.1　BD10206 號

1.3　待考佛典

1.4　L0335

2.1　8.5×16 厘米；1 紙；5 行。

2.3　卷軸裝。首尾均殘。通卷上殘。已修整。

3.3　錄文：

（首殘）

□…□解脱阿難/

□…□忘阿難則言受天/

□…□/

□…□十二可從得福亦可得□/

□…□道意自□…□/

（錄文完）。

8　　5 世紀。東晉南北朝寫本。

9.1　隸楷。

13　　從内容及用詞看，應爲早期翻譯佛典。

1.1　BD10207 號

1.3　妙法蓮華經卷六

1.4　L0336

2.1　9×12 厘米；1 紙；6 行。

2.3　卷軸裝。首尾均殘。小殘片。有烏絲欄。已修整。

3.1　首殘→大正 0262，09/0049A19。

3.2　尾殘→大正 0262，09/0049A27。

8　　9～10 世紀。歸義軍時期寫本。

9.1　楷書。

1.1　BD10208 號

1.3　妙法蓮華經卷六

1.4　L0337

2.1　12.5×25.5 厘米；2 紙；7 行，行 17 字。

2.2　01：09.0，05；　　02：03.5，02。

2.3　卷軸裝。首尾均殘。有烏絲欄。已修整。

3.1　首 2 行下殘→大正 0262，09/0053B19～21。

3.2　尾 2 行上殘→大正 0262，09/0053B26～28。

8　　6 世紀。南北朝寫本。

9.1　隸楷。

1.1　BD10209 號

1.3　維摩詰所説經卷中

1.4　L0338

2.1　11×14 厘米；1 紙；7 行。

2.3　卷軸裝。首尾均殘。通卷上殘。有烏絲欄。已修整。

3.1　首殘→大正 0475，14/0544C12。

3.2　尾殘→大正 0475，14/0544C19。

8　5~6 世紀。南北朝寫本。

9.1　楷書。

1.1　BD10210 號

1.3　妙法蓮華經卷四

1.4　L0339

2.1　22×13 厘米；1 紙；14 行。

2.3　卷軸裝。首尾均殘。通卷上殘。打紙，砑光上蠟。有烏絲欄。

3.1　首殘→大正 0262，09/0027B23。

3.2　尾殘→大正 0262，09/0027C10。

8　7~8 世紀。唐寫本。

9.1　楷書。

1.1　BD10211 號

1.3　大般若波羅蜜多經卷四一三

1.4　L0340

2.1　5.8×25.5 厘米；1 紙；3 行。

2.3　卷軸裝。首尾均殘。殘片。有烏絲欄。已修整。

3.1　首殘→大正 0220，07/0068C24。

3.2　尾殘→大正 0220，07/0068C26。

8　8 世紀。唐寫本。

9.1　楷書。

1.1　BD10212 號

1.3　大智度論卷一〇〇

1.4　L0341

2.1　13.8×25.3 厘米；1 紙；7 行。

2.3　卷軸裝。首尾均殘。已修整。

3.1　首殘→大正 1509，25/0751A09。

3.2　尾殘→大正 1509，25/0751A17。

7.1　背有勘記 2 行："《摩訶衍經》卷百"，"品第□十五"，"欠頭半個。"

8　5~6 世紀。南北朝寫本。

9.1　楷書。

1.1　BD10213 號

1.3　金剛般若波羅蜜經

1.4　L0342

2.1　11.7×11.5 厘米；1 紙；7 行。

2.3　卷軸裝。首尾均殘。通卷上殘。有烏絲欄。已修整。

3.1　首殘→大正 0235，08/0751A15。

3.2　尾殘→大正 0235，08/0751A21。

8　7~8 世紀。唐寫本。

9.1　楷書。

1.1　BD10214 號

1.3　大般涅槃經（北本）卷二八

1.4　L0343

2.1　20.6×15.3 厘米；2 紙；12 行。

2.2　01：18.5；11；　　02：02.1；01。

2.3　卷軸裝。首尾均殘。通卷上殘。有烏絲欄。已修整。

3.1　首殘→大正 0374，12/0531B19。

3.2　尾殘→大正 0374，12/0531C02。

8　5~6 世紀。南北朝寫本。

9.1　隸楷。

1.1　BD10215 號

1.3　金光明最勝王經卷七

1.4　L0344

2.1　14.7×13.6 厘米；1 紙；8 行。

2.3　卷軸裝。首尾均殘。通卷下殘。有烏絲欄。已修整。

3.1　首殘→大正 0665，16/0433A06。

3.2　尾殘→大正 0665，16/0433A14。

8　8 世紀。唐寫本。

9.1　楷書。

1.1　BD10216 號

1.3　金剛般若波羅蜜經

1.4　L0345

2.1　18.2×12.5 厘米；1 紙；9 行。

2.3　卷軸裝。首尾均殘。通卷上下殘。有烏絲欄。已修整。

3.1　首殘→大正 0235，08/0750C08。

3.2　尾殘→大正 0235，08/0750C17。

8　7~8 世紀。唐寫本。

9.1　楷書。

1.1　BD10217 號

1.3　大方廣佛華嚴經（晉譯五十卷本）卷二九

1.4　L0346

2.1　6×11.8 厘米；1 紙；4 行。

2.3　卷軸裝。首尾均殘。通卷下殘。小殘片。有烏絲欄。已修整。

3.1　首殘→大正 0278，09/0616A24。

3.2　尾殘→大正 0278，09/0616A28。

8　5~6 世紀。南北朝寫本。

9.1　隸楷。

1.1　BD10218 號

1.3 待考

1.4 L0347

2.1 4×16 厘米；1 紙；3 行。

2.3 殘片。

3.3 錄文：

（首殘）

□…□□向（?）□，野（?）狐（?），□□□，□□□…□/

□…□□□令，煞，一狄寅，麥不，□□…□/

□…□□/

（錄文完）

8 9~10 世紀。歸義軍時期寫本。

9.1 行楷。

1.1 BD10219 號

1.3 大般若波羅蜜多經卷一八一

1.4 L0348

2.1 4×9.5 厘米；1 紙；2 行。

2.3 卷軸裝。首尾均殘。小殘片。有烏絲欄。已修整。

3.1 首殘→大正 0220，05/0973C03。

3.2 尾殘→大正 0220，05/0973C04。

8 8~9 世紀。吐蕃統治時期寫本。

9.1 楷書。

1.1 BD10220 號

1.3 無量壽宗要經

1.4 L0349

2.1 7.3×12.8 厘米；1 紙；4 行。

2.3 卷軸裝。首尾均殘。通卷上殘，小殘片。有烏絲欄。已修整。

3.1 首殘→大正 0936，19/0082A25。

3.2 尾殘→大正 0936，19/0082A27。

8 9~10 世紀。歸義軍時期寫本。

9.1 楷書。

1.1 BD10221 號

1.3 金光明最勝王經卷二

1.4 L0350

2.1 16.5×5 厘米；1 紙；4 行。

2.3 卷軸裝。首尾均殘。小殘片。已修整。

3.1 首殘→大正 0665，16/0408B03。

3.2 尾殘→大正 0665，16/0408B06。

4.1 □…□別三身品第三（首）。

8 8~9 世紀。吐蕃統治時期寫本。

9.1 楷書。

1.1 BD10222 號

1.3 解深密經卷二

1.4 L0351

2.1 12×20 厘米；1 紙；7 行。

2.3 卷軸裝。首尾均殘。通卷下殘。有烏絲欄。已修整。

3.1 首殘→大正 0676，16/0693A11。

3.2 尾殘→大正 0676，16/0693A17。

8 7~8 世紀。唐寫本。

9.1 楷書。

1.1 BD10223 號

1.3 金光明最勝王經卷一

1.4 L0352

2.1 20.5×25 厘米；1 紙；13 行，行 17 字。

2.3 卷軸裝。首尾均殘。上下均有殘缺。有烏絲欄。背有古代裱補。已修整。

3.1 首 4 行上殘→大正 0665，16/0408A03~06。

3.2 尾 6 行上下殘→大正 0665，16/0408A11~16。

5 與《大正藏》本對照，文字略有參差。

8 8 世紀。唐寫本。

9.1 楷書。

1.1 BD10224 號

1.3 妙法蓮華經卷七

1.4 L0353

2.1 11×5.6 厘米；1 紙；6 行。

2.3 卷軸裝。首尾均殘。小殘片。有烏絲欄。已修整。

3.1 首殘→大正 0262，09/0057A02。

3.2 尾殘→大正 0262，09/0057A07。

8 9~10 世紀。歸義軍時期寫本。

9.1 楷書。

1.1 BD10225 號

1.3 金光明最勝王經卷六

1.4 L0354

2.1 11.5×5 厘米；1 紙；6 行。

2.3 卷軸裝。首尾均殘。通卷上殘。小殘片，每行僅殘留行末一字。有烏絲欄。已修整。

3.1 首殘→大正 0665，16/0428A05。

3.2 尾殘→大正 0665，16/0428A10。

8 8 世紀。唐寫本。

9.1 楷書。

1.1 BD10226 號

1.3 大般涅槃經（北本）卷九

1.4 L0355

2.1 6×13 厘米；1 紙；3 行。

2.3 卷軸裝。首尾均殘。通卷上殘。小殘片。有烏絲欄。已修

整。

3.1 首殘→大正 0374，12/0419C24。

3.2 尾殘→大正 0374，12/0419C26。

8 6 世紀。南北朝寫本。

9.1 楷書。

1.1 BD10227 號

1.3 大智度論卷三〇

1.4 L0356

2.1 11×25.5 厘米；1 紙；7 行，行 17 字。

2.3 卷軸裝。首尾均殘。有烏絲欄。已修整。

3.1 首行中殘→大正 1509，25/0276C10～11。

3.2 尾 3 行上下殘→大正 1509，25/0276C14～17。

8 6 世紀。南北朝寫本。

9.1 楷書。

1.1 BD10228 號

1.3 妙法蓮華經玄讚卷一

1.4 L0357

2.1 8.5×14.5 厘米；1 紙；5 行。

2.3 卷軸裝。首尾均殘。小殘片。已修整。

3.1 首殘→大正 1723，34/0658B08。

3.2 尾殘→大正 1723，34/0658B15。

5 與《大正藏》本對照，文字略有不同。

8 9～10 世紀。歸義軍時期寫本。

9.1 行楷。

1.1 BD10229 號

1.3 雜寫（擬）

1.4 L0358

2.1 6.5×7.5 厘米；1 紙；3 行。

2.3 單葉紙。首尾均全。

3.4 説明：

此件上有"縊/蹬贖贖/靭碎藕耦/"等雜寫 3 行。

8 9～10 世紀。歸義軍時期寫本。

9.1 楷書。

1.1 BD10230 號

1.3 大乘寺僧名錄（擬）

1.4 L0359

2.1 3×29.5 厘米；1 紙；1 行，行 17 字。

2.3 卷軸裝。首尾均斷。長條小殘片。

3.3 錄文：

（首殘）

大乘寺，福集，志德，願深，志信，志妙，法堅，法通。/

（錄文完）

8 8～9 世紀。吐蕃統治時期寫本。

9.1 楷書。

13 此行前可見兩個殘字痕，似爲"應答"。故本文獻或爲敦煌某次法事活動的差番記錄，詳情待考，暫定此名。

1.1 BD10231 號

1.3 無常經

1.4 L0360

2.1 6×27 厘米；1 紙；3 行行 14 字。

2.3 卷軸裝。首尾均殘。有烏絲欄。已修整。

3.1 首殘→大正 0801，17/0745C27。

3.2 尾殘→大正 0801，17/0745C29。

8 9～10 世紀。歸義軍時期寫本。

9.1 行楷。

1.1 BD10232 號

1.3 大般若波羅蜜多經卷四五〇

1.4 L0361

2.1 21.5×6.9 厘米；1 紙；12 行。

2.3 卷軸裝。首全尾殘。通卷上下殘。有烏絲欄。已修整。

3.1 首殘→大正 0220，07/0269B03。

3.2 尾殘→大正 0220，07/0269B16。

4.1 □…□四百五十，三藏法師□…□/□…□之二/（首）。

8 8～9 世紀。吐蕃統治時期寫本。

9.1 楷書。

1.1 BD10233 號

1.3 妙法蓮華經卷四

1.4 L0362

2.1 3.9×8.7 厘米；1 紙；1 行。

2.3 卷軸裝。首尾均殘。小殘片。經黃打紙。有烏絲欄。

3.1 首殘→大正 0262，09/0035A27。

3.2 尾殘→大正 0262，09/0035A27。

8 7～8 世紀。唐寫本。

9.1 楷書。

1.1 BD10234 號

1.3 大乘稻芉經隨聽疏

1.4 L0363

2.1 3.5×5 厘米；1 紙；3 行。

2.3 卷軸裝。首尾均殘。小殘片。有烏絲欄。已修整。

3.1 首殘→大正 2782，85/0545C23。

3.2 尾殘→大正 2782，85/0545C28。

8 8～9 世紀。吐蕃統治時期寫本。

9.1 行楷。

1.1 BD10235 號

1.3 金剛般若波羅蜜經

1.4 L0364

2.1 14×7 厘米；1 紙；8 行。

2.3 卷軸裝。首尾均殘。小殘片。有烏絲欄。已修整。

3.1 首殘→大正 0235，08/0750B10。

3.2 尾殘→大正 0235，08/0750B17。

8 9～10 世紀。歸義軍時期寫本。

9.1 楷書。

1.1 BD10236 號

1.3 人名（擬）

1.4 L0365

2.1 6×12 厘米；1 紙；3 行。

2.3 卷軸裝。首尾均殘。小殘片。已修整。

3.3 錄文：

（首殘）

□…□再成，索子（？）□…□/

□…□言，索憨兒□…□/

□…□懷（？）□…□/

（錄文完）

8 9～10 世紀。歸義軍時期寫本。

9.1 行書。

1.1 BD10237 號

1.3 維摩詰所説經卷中

1.4 L0366

2.1 5.8×4.4 厘米；1 紙；4 行。

2.3 卷軸裝。首尾均殘。小殘片。已修整。

3.1 首殘→大正 0475，14/0544B21。

3.2 尾殘→大正 0475，14/0544B23。

8 7～8 世紀。唐寫本。

9.1 楷書。

1.1 BD10238 號

1.3 大般若波羅蜜多經卷一七五

1.4 L0367

2.1 6×8 厘米；1 紙；3 行。

2.3 卷軸裝。首尾均殘。小殘片。有烏絲欄。

3.1 首殘→大正 0220，05/0941C01。

3.2 尾殘→大正 0220，05/0941C03。

8 8～9 世紀。吐蕃統治時期寫本。

9.1 楷書。

1.1 BD10239 號

1.3 妙法蓮華經卷三

1.4 L0368

2.1 8.5×4.5 厘米；1 紙；5 行。

2.3 卷軸裝。首尾均殘。小殘片。有烏絲欄。已修整。

3.1 首殘→大正 0262，09/0026A19。

3.2 尾殘→大正 0262，09/0026A23。

8 7～8 世紀。唐寫本。

9.1 楷書。

1.1 BD10240 號

1.3 維摩詰所説經卷上

1.4 L0369

2.1 5.5×13.5 厘米；1 紙；3 行。

2.3 卷軸裝。首尾均殘。小殘片。有烏絲欄。

3.1 首殘→大正 0475，14/0543B16。

3.2 尾殘→大正 0475，14/0543B18。

8 8 世紀。唐寫本。

9.1 楷書。

1.1 BD10241 號

1.3 妙法蓮華經卷七

1.4 L0370

2.1 13.5×6.5 厘米；1 紙；8 行。

2.3 卷軸裝。首尾均殘。小殘片。有烏絲欄。已修整。

3.1 首殘→大正 0262，09/0056C24。

3.2 尾殘→大正 0262，09/0057A01。

8 9～10 世紀。歸義軍時期寫本。

9.1 行楷。

1.1 BD10242 號

1.3 中論義記卷一（擬）

1.4 L0371

2.1 20.5×14.5 厘米；1 紙；13 行。

2.3 卷軸裝。首全尾殘。殘片。有烏絲欄。已修整。

3.3 錄文：

（首殘）

［中論］義記卷第一，盡□…□/

［夫萬］化非無其宗，［而宗之者無相；虛宗非無其契，而契之者］/

［無心。］故至人以無心之［妙慧，而契彼無相之虛宗。內外並冥，緣智俱］/

［寂。］豈容名相於其［間哉？但以悕玄之質，趣必有由，非名無以領］/

［數，］非數無以擬宗。遂［設名而名之，立數而辯之。然則名數之生，生］/

［於］累者，可以造極而［非其極。苟曰非極，復何常之有耶？是］/

故如來始逮真覺，應物接［粗，啓之以有。後爲大乘，乃説空法。］/

化適當時，取悟不二也。流至［末葉，象教之中，人根膚淺，道識］/

不明。遂廢理守詮，存指忘月。□…□／

則虛玄亦有，是使有無□…□／

佛去世後五百餘年□…□／

爲龍樹，樹下而生。龍□…□／

只□…□／

（錄文完）

3.4 說明：

　　本文獻首全尾殘。首題前兩字殘缺，但可見第二字"言"之旁殘痕，其下作"義記卷第一"云云。首題外存文 12 行，前 7 行文字可見《出三藏記集》卷十一所收《中論序第二》，參見大正 2145，55/0077A16 ～ 26。由此可以證明，本文獻應爲《中論義記》卷一的序言部分。作者撰寫該序言時，參考了《出三藏記集》卷十一中的《中論序第二》，行文與《出三藏記集》卷十一所收《中論序第二》略有差異，可供互校。

　　查歷代經錄，無《中論義記》，故知爲古代佚典。

4.1　□…□義記卷第一　盡□…□（首）。

8　7 ～ 8 世紀。唐寫本。

9.1　楷書。

1.1　BD10243 號

1.3　妙法蓮華經卷七

1.4　L0372

2.1　10.5 × 16 厘米；1 紙；6 行。

2.3　卷軸裝。首尾均殘。通卷下殘。有烏絲欄。已修整。

3.1　首殘→大正 0262，09/0056C29。

3.2　尾殘→大正 0262，09/0057A05。

8　7 ～ 8 世紀。唐寫本。

9.1　楷書。

1.1　BD10244 號

1.3　妙法蓮華經卷四

1.4　L0373

2.1　6.5 × 20.5 厘米；1 紙；3 行。

2.3　卷軸裝。首尾均殘。通卷下殘。有烏絲欄。

3.1　首殘→大正 0262，09/0028A23。

3.2　尾殘→大正 0262，09/0028A28。

8　7 ～ 8 世紀。唐寫本。

9.1　楷書。

1.1　BD10245 號

1.3　大般若波羅蜜多經卷二〇八

1.4　L0374

2.1　11.8 × 17.7 厘米；1 紙；8 行。

2.3　卷軸裝。首尾均殘。通卷上殘。有烏絲欄。已修整。

3.1　首殘→大正 0220，06/0040A11。

3.2　尾殘→大正 0220，06/0040A19。

8　8 ～ 9 世紀。吐蕃統治時期寫本。

9.1　楷書。

1.1　BD10246 號

1.3　大般涅槃經（北本）卷五

1.4　L0375

2.1　9.1 × 24 厘米；1 紙；6 行。

2.3　卷軸裝。首尾均殘。通卷上殘。有烏絲欄。已修整。

3.1　首殘→大正 0374，12/0393B05。

3.2　尾殘→大正 0374，12/0393B11。

8　6 世紀。南北朝寫本。

9.1　楷書。

1.1　BD10247 號

1.3　齋儀（擬）

1.4　L0376

2.1　11.8 × 9.8 厘米；1 紙；5 行。

2.3　卷軸裝。首殘尾全。殘片。有折疊欄。已修整。

3.3　錄文：

（首殘）

獨拔繁羅尚現□…□／

四生集火風而爲□…□／

形於朽宅詎能◇□…□／

迹斯在施主雲項以◇□…□／

六腑力微動正怯□…□／

（錄文完）

8　9 ～ 10 世紀。歸義軍時期寫本。

9.1　楷書。

1.1　BD10248 號

1.3　金剛般若波羅蜜經

1.4　L0377

2.1　11.5 × 13.2 厘米；1 紙；7 行。

2.3　卷軸裝。首尾均殘。通卷上殘。有烏絲欄。已修整。

3.1　首殘→大正 0235，08/0750A17。

3.2　尾殘→大正 0235，08/0750A25。

8　7 ～ 8 世紀。唐寫本。

9.1　楷書。

1.1　BD10249 號

1.3　金剛般若波羅蜜經

1.4　L0378

2.1　11.2 × 11.5 厘米；1 紙；6 行。

2.3　卷軸裝。首尾均殘。經黃紙。通卷上殘。有烏絲欄。已修整。

3.1　首殘→大正 0235，08/0749B06。

3.2　尾殘→大正 0235，08/0749B11。

8　7 ～ 8 世紀。唐寫本。

9.1 楷書。

1.1 BD10250 號
1.3 金光明最勝王經卷四
1.4 L0379
2.1 19.6×12.6 厘米；1 紙；11 行。
2.3 卷軸裝。首尾均殘。通卷下殘。有烏絲欄。已修整。
3.1 首殘→大正 0665，16/0418A08。
3.2 尾殘→大正 0665，16/0418A19。
8 9~10 世紀。歸義軍時期寫本。
9.1 楷書。

1.1 BD10251 號
1.3 大通方廣懺悔滅罪莊嚴成佛經卷下
1.4 L0380
2.1 8×5 厘米；1 紙；5 行。
2.3 卷軸裝。首尾均殘。小殘片。有烏絲欄。已修整。
3.1 首殘→大正 2871，85/1350A18。
3.2 尾殘→大正 2871，85/1350A22。
3.3 錄文：
（首殘）
□…□復□…□/
□…□大菩薩□…□/
□…□指頃十□…□/
□…□無有遺□…□/
□…□彌□…□/
（錄文完）
8 5~6 世紀。南北朝寫本。
9.1 楷書。

1.1 BD10252 號
1.3 妙法蓮華經卷七
1.4 L0381
2.1 6×6 厘米；1 紙；3 行。
2.3 卷軸裝。首尾均殘。小殘片。有烏絲欄。已修整。
3.1 首殘→大正 0262，09/0058B08。
3.2 尾殘→大正 0262，09/0058B10。
8 9~10 世紀。歸義軍時期寫本。
9.1 楷書。

1.1 BD10253 號
1.3 待考
1.4 L0382
2.1 5.5×7 厘米；1 紙；3 行。
2.3 卷軸裝。首尾均殘。小殘片。已修整。
3.3 錄文：
（首殘）

□…□之所瞻問博□…□/
□…□曩者所好□…□/
□…□來所好□…□/
（錄文完）
8 7~8 世紀。唐寫本。
9.1 行書。
9.2 有硃筆斷句。

1.1 BD10254 號
1.3 大般若波羅蜜多經卷五六四
1.4 L0383
2.1 10×7.8 厘米；1 紙；6 行。
2.3 卷軸裝。首尾均殘。小殘片。有烏絲欄。已修整。
3.1 首殘→大正 0220，07/0910B06。
3.2 尾殘→大正 0220，07/0910B11。
8 8~9 世紀。吐蕃統治時期寫本。
9.1 楷書。

1.1 BD10255 號
1.3 推六十甲子日失物法（擬）
1.4 L0384
2.1 4.5×7 厘米；1 紙；3 行。
2.3 卷軸裝。首尾均殘。小殘片。有烏絲欄。已修整。
3.3 錄文：
（首殘）
□…□日失者男女共取□…□/
□…□失者男子取之□…□/
□…□丁丑日失者男□…□/
（錄文完）
6.2 下→BD14684 號 1。
8 9~10 世紀。歸義軍時期寫本。
9.1 行楷。
13 本遺書爲從 BD14684 號 1 上掉下之小殘片，下部可與 BD14684 號 1 第 4 到第 6 行綴接。

1.1 BD10256 號
1.3 淨名經關中釋抄卷上
1.4 L0385
2.1 3×5 厘米；1 紙；2 行。
2.3 卷軸裝。首尾均殘。小殘片。有烏絲欄。背有古代裱補。已修整。
3.1 首殘→大正 2778，85/0508B29。
3.2 尾殘→大正 2778，85/0508C02。
8 8~9 世紀。吐蕃統治時期寫本。
9.1 楷書。

1.1 BD10257 號

1.3 善惡因果經

1.4 L0386

2.1 3.3×8 厘米；1 紙；2 行。

2.3 卷軸裝。首尾均殘。小殘片。有烏絲欄。

3.1 首殘→大正 2881，85/1380C16。

3.2 尾殘→大正 2881，85/1380C17。

8 7~8 世紀。唐寫本。

9.1 楷書。

1.1 BD10258 號

1.3 淨名經集解關中疏卷下

1.4 L0387

2.1 15×6.5 厘米；1 紙；10 行。

2.3 卷軸裝。首尾均殘。通卷下殘。有烏絲欄。已修整。

3.1 首殘→大正 2777，85/0500C12。

3.2 尾殘→大正 2777，85/0501A02。

8 8~9 世紀。吐蕃統治時期寫本。

9.1 楷書。

1.1 BD10259 號

1.3 大方廣佛華嚴經（唐譯八十卷本　兌廢稿）卷一七

1.4 L0388

2.1 9×8.5 厘米；1 紙；5 行。

2.3 卷軸裝。首尾均殘。通卷下殘。小殘片。有烏絲欄。已修整。

2.4 本遺書包括 2 個文獻：（一）《大方廣佛華嚴經》（唐譯八十卷本　兌廢稿）卷一七，5 行，鈔寫在正面，今編爲 BD10259 號。（二）《回鶻文文獻》（擬），5 行，鈔寫在背面，今編爲 BD10259 號背。

3.1 首殘→大正 0279，10/0093A04。

3.2 尾殘→大正 0279，10/0093A07。

5 與《大正藏》本對照，本卷重複鈔寫 "悉能明瞭眾生心"。

8 7~8 世紀。唐寫本。

9.1 楷書。

1.1 BD10259 號背

1.3 回鶻文文獻（擬）

1.4 L0388

2.4 本遺書由 2 個文獻組成，本文獻爲第 2 個，5 行，鈔寫在背面，餘參見 BD10259 號第 2 項。

3.4 說明：

　　此遺書鈔寫回鶻文 5 行。

8 7~8 世紀。唐寫本。

1.1 BD10260 號

1.3 大般涅槃經（北本）卷二九

1.4 L0389

2.1 14×11.5 厘米；1 紙；8 行。

2.3 卷軸裝。首尾均殘。通卷下殘。有烏絲欄。已修整。

3.1 首殘→大正 0374，12/0538B17。

3.2 尾殘→大正 0374，12/0538B24。

8 8~9 世紀。吐蕃統治時期寫本。

9.1 楷書。

1.1 BD10261 號

1.3 大般涅槃經（北本）卷二八

1.4 L0390

2.1 9×14 厘米；1 紙；5 行。

2.3 卷軸裝。首尾均殘。小殘片。有烏絲欄。已修整。

3.1 首殘→大正 0374，12/0530A11。

3.2 尾殘→大正 0374，12/0530A16。

8 5~6 世紀。南北朝寫本。

9.1 楷書。

1.1 BD10262 號

1.3 普賢菩薩說證明經

1.4 L0391

2.1 7×19 厘米；1 紙；4 行。

2.3 卷軸裝。首尾均殘。通卷下殘。有烏絲欄。已修整。

3.1 首殘→大正 2879，85/1362C23。

3.2 尾殘→大正 2879，85/1362C26。

8 7~8 世紀。唐寫本。

9.1 楷書。

1.1 BD10263 號

1.3 金剛般若波羅蜜經

1.4 L0392

2.1 8.5×9.5 厘米；1 紙；4 行。

2.3 卷軸裝。首尾均殘。通卷上殘。有烏絲欄。已修整。

3.1 首殘→大正 0235，08/0749A08。

3.2 尾殘→大正 0235，08/0749A11。

8 9~10 世紀。歸義軍時期寫本。

9.1 楷書。

1.1 BD10264 號

1.3 無量壽經卷上

1.4 L0393

2.1 6.3×13 厘米；2 紙；4 行。

2.2 01：02.0，01；　　02：04.3，03。

2.3 卷軸裝。首尾均殘。通卷下殘。小殘片。有烏絲欄。已修整。

3.1 首殘→大正 0360，12/0267B29。

3.2 尾殘→大正 0360，12/0267C04。

5 與《大正藏》本對照，有漏抄經文 "一人斗量經歷劫數。

尚"。

8   5～6 世紀。南北朝寫本。

9.1 隸楷。

1.1 BD10265 號

1.3 龍樹菩薩傳

1.4 L0394

2.1 4.5×8.5 厘米；1 紙；正面 3 行；背面 2 行。

2.3 卷軸裝。首尾均殘。小殘片。有烏絲欄。已修整。

2.4 本遺書包括 2 個文獻：（一）《龍樹菩薩傳》，3 行，鈔寫在正面，今編爲 BD10265 號。（二）《中論》卷一，2 行，鈔寫在背面，今編爲 BD10265 號背。

3.1 首殘→大正 2047，50/0186A07。

3.2 尾殘→大正 2047，50/0186A10。

8   5 世紀。東晉南北朝寫本。

9.1 楷書。

1.1 BD10265 號背

1.3 中論卷一

1.4 L0394

2.4 本遺書由 2 個文獻組成，本文獻爲第 2 個，2 行，鈔寫在背面，餘參見 BD10265 號第 2 項。

3.1 首殘→大正 1564，30/0007B05。

3.2 尾殘→大正 1564，30/0007B06。

8   5 世紀。東晉南北朝寫本。

9.1 楷書。

1.1 BD10266 號

1.3 待考道經（擬）

1.4 L0395

2.1 9.5×15 厘米；1 紙；5 行。

2.3 卷軸裝。首尾均殘。通卷下殘。有烏絲欄。已修整。

3.3 錄文：

     （首殘）

     □□□□□□罔□重（？）□…□/

     露壇霞敞，星觀宏開。鸞馭□…□/

     珍撿。絢紫府以騰文，望八景而處□…□/

     蚩嚴馭氣，宜游金闕之□…□/

     □□□□□□業契仙圖□…□/

     （錄文完）

3.4 説明：

     內容似爲上清經。經名待考。

8   7～8 世紀。唐寫本。

9.1 楷書。

1.1 BD10267 號

1.3 佛名經（十二卷本）卷一

1.4 L0396

2.1 6.7×13 厘米；1 紙；3 行。

2.3 卷軸裝。首尾均殘。通卷下殘。有烏絲欄。已修整。

3.1 首殘→大正 0440，14/0119A18。

3.2 尾殘→大正 0440，14/0119A20。

8   5～6 世紀。南北朝寫本。

9.1 楷書。

1.1 BD10268 號

1.3 妙法蓮華經卷六

1.4 L0397

2.1 6.5×11 厘米；1 紙；3 行。

2.3 卷軸裝。首尾均殘。殘片。下邊有火燒殘缺。有烏絲欄。已修整。

3.1 首殘→大正 0262，09/0049C26。

3.2 尾殘→大正 0262，09/0049C29。

8   7～8 世紀。唐寫本。

9.1 楷書。

1.1 BD10269 號

1.3 大智度論卷二四

1.4 L0398

2.1 4×13.5 厘米；1 紙；2 行。

2.3 卷軸裝。首尾均殘。小殘片。有烏絲欄。已修整。

3.1 首殘→大正 1509，25/0237B20。

3.2 尾殘→大正 1509，25/0237B22。

5   與《大正藏》本對照，文字略有差訛。

8   6 世紀。南北朝寫本。

9.1 楷書。

1.1 BD10270 號

1.3 大般涅槃經（北本）卷九

1.4 L0399

2.1 6.8×25.5 厘米；1 紙；4 行，行 17 字。

2.3 卷軸裝。首尾均殘。有烏絲欄。已修整。

3.1 首行上下殘→大正 0374，12/0422B21～22。

3.2 尾殘→大正 0374，12/0422B25。

8   5～6 世紀。南北朝寫本。

9.1 隸楷。

1.1 BD10271 號

1.3 增壹阿含經卷一八

1.4 L0400

2.1 9.5×13 厘米；2 紙；5 行。

2.2 01：04.0，02；   02：05.5，03。

2.3 卷軸裝。首尾均殘。通卷下殘。有烏絲欄。已修整。

3.1 首殘→大正 0125，02/0639A01。

3.2　尾殘→大正 0125，02/0639A05。

8　　6 世紀。南北朝寫本。

9.1　楷書。

1.1　BD10272 號

1.3　大般涅槃經（北本）卷一三

1.4　L0401

2.1　7.8×12.7 厘米；1 紙；4 行。

2.3　卷軸裝。首全尾殘。通卷下殘。小殘片。有烏絲欄。已修整。

3.1　首殘→大正 0374，12/0439B24。

3.2　尾殘→大正 0374，12/0439B27。

4.1　大般涅槃經卷第十三（首）。

8　　5～6 世紀。南北朝寫本。

9.1　隸楷。

1.1　BD10273 號

1.3　瑜伽師地論分門記

1.4　L0402

2.1　10.8×14 厘米；1 紙；8 行。

2.3　卷軸裝。首尾均殘。通卷上下殘。殘片。已修整。

3.1　首殘→大正 2801，85/0820A16。

3.2　尾殘→大正 2801，85/0820A28。

5　　與《大正藏》本對照，文字略有不同。

8　　9～10 世紀。歸義軍時期寫本。

9.1　行書。

9.2　有硃筆點標。

1.1　BD10274 號

1.3　大辯邪正經

1.4　L0403

2.1　22×6.5 厘米；2 紙；14 行。

2.2　01：19.5，12；　　02：02.5，02。

2.3　卷軸裝。首尾均殘。通卷上殘。殘片。有烏絲欄。已修整。

3.1　首殘→大正 2893，85/1412A26。

3.2　尾殘→大正 2893，85/1412B10。

5　　與《大正藏》本對照，文字有不同。

8　　9～10 世紀。歸義軍時期寫本。

9.1　楷書。

1.1　BD10275 號

1.3　金剛般若波羅蜜經

1.4　L0404

2.1　13.7×18.5 厘米；1 紙；8 行。

2.3　卷軸裝。首尾均殘。通卷下殘。殘片。有烏絲欄。已修整。

3.1　首殘→大正 0235，08/0749B12。

3.2　尾殘→大正 0235，08/0749B19。

8　　7～8 世紀。唐寫本。

9.1　楷書。

1.1　BD10276 號

1.3　孝經抄

1.4　L0405

2.1　7.5×16 厘米；1 紙；6 行。

2.3　卷軸裝。首尾均殘。通卷下殘。殘片。已修整。

3.1　首殘→大正 0790，17/0730C10。

3.2　尾殘→大正 0790，17/0731A03。

8　　5～6 世紀。南北朝寫本。

9.1　隸楷。

1.1　BD10277 號

1.3　未曾有因緣經

1.4　L0406

2.1　11.2×13.3 厘米；1 紙；7 行。

2.3　卷軸裝。首尾均殘。通卷上殘。殘片。有烏絲欄。已修整。

3.1　首殘→大正 0754，17/0575C05。

3.2　尾殘→大正 0754，17/0575C12。

8　　7～8 世紀。唐寫本。

9.1　楷書。

1.1　BD10278 號

1.3　金剛般若波羅蜜經

1.4　L0407

2.1　7.9×11 厘米；1 紙；4 行。

2.3　卷軸裝。首尾均殘。通卷上殘。小殘片。已修整。

3.1　首殘→大正 0235，08/0749C13。

3.2　尾殘→大正 0235，08/0749C17。

8　　7～8 世紀。唐寫本。

9.1　楷書。

1.1　BD10279 號

1.3　妙法蓮華經卷六

1.4　L0408

2.1　11×19.5 厘米；1 紙；6 行。

2.3　卷軸裝。首尾均殘。通卷下殘。小殘片。有烏絲欄。

3.1　首殘→大正 0262，09/0046C27。

3.2　尾殘→大正 0262，09/0047A03。

8　　8 世紀。唐寫本。

9.1　楷書。

1.1　BD10280 號

1.3　佛頂尊勝陀羅尼經（佛陀波利本）序

1.4　L0409

2.1　4×11.5 厘米；1 紙；2 行。

2.3 卷軸裝。首尾均殘。通卷上殘。小殘片。卷面油污。有烏絲欄。已修整。

3.1 首殘→大正 0967，19/0349B08。

3.2 尾殘→大正 0967，19/0349B10。

8 9～10 世紀。歸義軍時期寫本。

9.1 楷書。

1.1 BD10281 號

1.3 金剛般若波羅蜜經

1.4 L0410

2.1 10×4.8 厘米；1 紙；6 行。

2.3 卷軸裝。首尾均殘。通卷上殘。小殘片。有烏絲欄。已修整。

3.1 首殘→大正 0235，08/0750B16。

3.2 尾殘→大正 0235，08/0750B21。

8 7～8 世紀。唐寫本。

9.1 楷書。

1.1 BD10282 號

1.3 金光明最勝王經卷一

1.4 L0411

2.1 3.7×6 厘米；1 紙；2 行。

2.3 卷軸裝。首尾均殘。通卷上下殘。小殘片。有烏絲欄。已修整。

3.1 首殘→大正 0665，16/0403C21。

3.2 尾殘→大正 0665，16/0403C22。

8 8～9 世紀。吐蕃統治時期寫本。

9.1 楷書。

1.1 BD10283 號

1.3 天地八陽神咒經

1.4 L0412

2.1 3.7×6.5 厘米；1 紙；1 行。

2.3 卷軸裝。首尾均殘。通卷上下殘。小殘片。有烏絲欄。已修整。

3.1 首殘→大正 2897，85/1423C16。

3.2 尾殘→大正 2897，85/1423C16。

8 9～10 世紀。歸義軍時期寫本。

9.1 楷書。

1.1 BD10284 號

1.3 妙法蓮華經卷四

1.4 L0413

2.1 8.5×5 厘米；1 紙；5 行。

2.3 卷軸裝。首尾均殘。通卷上下殘。小殘片。有烏絲欄。

3.1 首殘→大正 0262，09/0027B21。

3.2 尾殘→大正 0262，09/0027C01。

8 7～8 世紀。唐寫本。

9.1 楷書。

1.1 BD10285 號

1.3 佛經簽條（擬）

1.4 L0414

2.1 2.2×22.6 厘米；1 紙；1 行。

2.3 單葉紙。首尾均斷。長方形簽條。

3.3 錄文：

（首全）

《法界體性經》，《梵網經》，《報梁經》，《善臂菩薩所問經》。/

（錄文完）

8 9～10 世紀。歸義軍時期寫本。

9.1 楷書。

1.1 BD10286 號

1.3 灌頂章句拔除過罪生死得度經

1.4 L0415

2.1 9×17.5 厘米；1 紙；5 行。

2.3 卷軸裝。首尾均殘。通卷下殘。殘片。經黃紙。有烏絲欄。已修整。

3.1 首殘→大正 1331，21/0533A27。

3.2 尾殘→大正 1331，21/0533B02。

8 7～8 世紀。唐寫本。

9.1 楷書。

1.1 BD10287 號

1.3 大般涅槃經（北本）卷八

1.4 L0416

2.1 3.8×11.2 厘米；1 紙；2 行。

2.3 卷軸裝。首尾均殘。通卷下殘。小殘片。經黃紙。有烏絲欄。已修整。

3.1 首殘→大正 0374，12/0410A15。

3.2 尾殘→大正 0374，12/0410A16。

8 7～8 世紀。唐寫本。

9.1 楷書。

1.1 BD10288 號

1.3 妙法蓮華經卷一

1.4 L0417

2.1 3×9.3 厘米；1 紙；2 行。

2.3 卷軸裝。首尾均殘。通卷上殘。小殘片。經黃打紙。卷面有紅色污痕。有烏絲欄。已修整。

3.1 首殘→大正 0262，09/0003A12。

3.2 尾殘→大正 0262，09/0003A13。

8 7～8 世紀。唐寫本。

9.1　楷書。

1.1　BD10289 號

1.3　妙法蓮華經卷三

1.4　L0418

2.1　7.2×6.9 厘米；1 紙；3 行。

2.3　卷軸裝。首尾均殘。通卷上下殘。小殘片。經黃打紙。有烏絲欄。已修整。

3.1　首殘→大正 0262，09/0019C02。

3.2　尾殘→大正 0262，09/0019C04。

8　7～8 世紀。唐寫本。

9.1　楷書。

1.1　BD10290 號

1.3　大般涅槃經（北本）卷二一

1.4　L0419

2.1　4.3×8.8 厘米；1 紙；3 行。

2.3　卷軸裝。首尾均殘。通卷上下殘。小殘片。有烏絲欄。已修整。

3.1　首殘→大正 0374，12/0493A19。

3.2　尾殘→大正 0374，12/0493A21。

8　5～6 世紀。南北朝寫本。

9.1　隸楷。

9.2　有硃筆斷句。

1.1　BD10291 號

1.3　大方廣佛華嚴經（唐譯八十卷本）卷八〇

1.4　L0420

2.1　7×12.7 厘米；1 紙；2 行。

2.3　卷軸裝。首全尾殘。通卷上殘。小殘片。有烏絲欄。已修整。

3.1　首殘→大正 0279，10/0439B03。

3.2　尾殘→大正 0279，10/0439B04。

4.1　□…□品第卅九之廿一，卷八十，新譯（首）。

8　7～8 世紀。唐寫本。

9.1　楷書。

1.1　BD10292 號

1.3　受八關齋戒文（擬）

1.4　L0421

2.1　8.2×11.6 厘米；1 紙；5 行。

2.3　卷軸裝。首尾均殘。通卷下殘。殘片。已修整。

3.3　錄文：
（首殘）
更不歸餘邪魔外□…□/
愍故三說 如是歸依三寶□…□/
子善女人為聖弟子/·

如世尊言八者□…□/
身心歸□…□/
（錄文完）

8　9～10 世紀。歸義軍時期寫本。

9.1　楷書。

13　參見斯 00543 號背。

1.1　BD10293 號

1.3　佛名經殘片（擬）

1.4　L0422

2.1　3×5.5 厘米；1 紙；

2.3　卷軸裝。首尾均殘。小殘片。已修整。

3.4　說明：
此件上僅殘留“南無”2 字。

8　7～8 世紀。唐寫本。

9.1　楷書。

1.1　BD10294 號

1.3　維摩詰所說經卷上

1.4　L0423

2.1　7.5×12.5 厘米；1 紙；5 行。

2.3　卷軸裝。首尾均殘。通卷下殘。殘片。有烏絲欄。已修整。

3.1　首殘→大正 0475，14/0537A24。

3.2　尾殘→大正 0475，14/0537A29。

8　8～9 世紀。吐蕃統治時期寫本。

9.1　楷書。

1.1　BD10295 號

1.3　妙法蓮華經卷六

1.4　L0424

2.1　9×11 厘米；1 紙；6 行。

2.3　卷軸裝。首尾均殘。通卷上殘。殘片。有烏絲欄。

3.1　首殘→大正 0262，09/0046C06。

3.2　尾殘→大正 0262，09/0046C12。

8　7～8 世紀。唐寫本。

9.1　楷書。

1.1　BD10296 號

1.3　天地八陽神咒經

1.4　L0425

2.1　11.9×4.6 厘米；2 紙；6 行。

2.2　01：10.1，05；　　02：01.8，01。

2.3　卷軸裝。首尾均殘。通卷上殘。殘片。有蟲蛀殘洞。有烏絲欄。

3.1　首殘→大正 2897，85/1424A26。

3.2　尾殘→大正 2897，85/1424B03。

8　9～10 世紀。歸義軍時期寫本。

9.1 楷書。

1.1 BD10297 號

1.3 四分比丘尼戒本

1.4 L0426

2.1 21.7×14 厘米；1 紙；13 行。

2.3 卷軸裝。首尾均殘。通卷下殘。殘片。有烏絲欄。已修整。

3.1 首殘→大正 1431，22/1030C18。

3.2 尾殘→大正 1431，22/1031A21。

8 9～10 世紀。歸義軍時期寫本。

9.1 楷書。

1.1 BD10298 號

1.3 佛名經（十六卷本）卷一三

1.4 L0427

2.1 9.8×16.5 厘米；1 紙；7 行。

2.3 卷軸裝。首尾均殘。通卷上殘。殘片。經黃紙。有烏絲欄。已修整。

3.1 首殘→《七寺古逸經典研究叢書》，03/0648A04。

3.2 尾殘→《七寺古逸經典研究叢書》，03/0648A10。

6.1 首→BD10320 號。

8 7～8 世紀。唐寫本。

9.1 楷書。

1.1 BD10299 號

1.3 金有陀羅尼經

1.4 L0428

2.1 7.6×21.4 厘米；1 紙；3 行。

2.3 卷軸裝。首尾均殘。通卷上殘。殘片。有烏絲欄。已修整。

3.1 首殘→大正 2910，85/1455C27。

3.2 尾殘→大正 2910，85/1456A02。

8 8～9 世紀。吐蕃統治時期寫本。

9.1 楷書。

1.1 BD10300 號

1.3 注維摩詰經卷一

1.4 L0429

2.1 7.7×5.3 厘米；1 紙；5 行。

2.3 卷軸裝。首尾均殘。通卷上殘。殘片。有烏絲欄。已修整。

3.1 首殘→大正 1775，38/0333B17。

3.2 尾殘→大正 1775，38/0333B29。

8 6 世紀。南北朝寫本。

9.1 楷書。

1.1 BD10301 號

1.3 藥師琉璃光如來本願功德經

1.4 L0430

2.1 17.9×19.6 厘米；1 紙；9 行。

2.3 卷軸裝。首尾均殘。卷下部殘缺。有烏絲欄。已修整。

3.1 首殘→大正 0450，14/0407B21。

3.2 尾殘→大正 0450，14/0407C02。

8 9～10 世紀。歸義軍時期寫本。

9.1 楷書。

1.1 BD10302 號

1.3 佛典殘片七塊（擬）

1.4 L0431

2.1 22.2×（1.4～5.5）厘米；7 紙；共 16 行。

2.3 卷軸裝。首尾均殘。殘留小殘片 7 塊。已修整。粘在托裱紙上。

3.4 說明：

此件為 7 個殘片，托裱在紙上。情況分別如下：

A.6.5×3.1 厘米；1 紙；4 行，文字為："□…□/□…□者有（?）□…□/□…□若不□…□/□…□/。"

B.8.6×5 厘米；1 紙；6 行，文字為："□…□/□…□舍利弗□…□/□…□相現□…□/□…□者施◇□…□/□…□言□…□/□…□/"。

C.3×5.5 厘米；1 紙；2 行，殘字，較難辨認。

D.0.9×1.4 厘米；1 紙；殘字痕。

E.1.2×2.4 厘米；1 紙；殘字痕。

F.0.9×3 厘米；1 紙；1 行，殘字痕。

G.1.1×2.5 厘米；1 紙；1 行，殘字痕。

8 7～8 世紀。唐寫本。

9.1 行書。

1.1 BD10303 號

1.3 金剛般若波羅蜜經

1.4 L0432

2.1 5×5 厘米；1 紙；2 行。

2.3 卷軸裝。首尾均殘。小殘片。打紙，研光上蠟。已修整。

3.1 首殘→大正 0235，08/0749B19。

3.2 尾殘→大正 0235，08/0749B20。

8 7～8 世紀。唐寫本。

9.1 楷書。

1.1 BD10304 號

1.3 佛典殘片（擬）

1.4 L0433

2.1 2.1×3 厘米；1 紙；1 行。

2.3 卷軸裝。首尾均殘。小殘片。有烏絲欄。

3.4 說明：

此件上僅殘留"波羅"2 字。

8 5～6 世紀。南北朝寫本。

9.1 楷書。

1.1　BD10305 號

1.3　佛典殘片（擬）

1.4　L0434

2.1　1.1×3.5 厘米；1 紙；1 行。

2.3　卷軸裝。首尾均殘。小殘片。有烏絲欄。已修整。

3.4　說明：

僅殘留"衆生得決"4 字。可能為《佛為首迦長者說業報差別經》，《大方廣佛華嚴經》卷一七、卷二七，《大方廣圓覺修多羅了義經》，《十地義記》卷一等佛典。

8　7～8 世紀。唐寫本。

9.1　楷書。

1.1　BD10306 號

1.3　某年給冬衣狀殘片（擬）

1.4　L0435

2.1　3.9×4.8 厘米；1 紙；2 行。

2.3　卷軸裝。首尾均殘。小殘片。已修整。

3.3　錄文：

（首殘）

□…□襖子一複袴一襆□…□/

□…□襖子一複袴一襆頭□…□/

（錄文完）

6.3　與 BD09280 號、BD09334 號、BD09953 號、BD09962 號、BD10077 號為同文獻。

8　7～8 世紀。唐寫本。

9.1　行書。

1.1　BD10307 號

1.3　千字文

1.4　L0436

2.1　8×5.6 厘米；1 紙；4 行。

2.3　卷軸裝。首尾均殘。通卷上下殘。殘片。卷背有烏絲欄。已修整。

3.3　錄文：

（首殘）

□…□據□…□/

□…□畫彩仙靈□…□/

□…□吹笙昇□…□/

□…□◇□…□/

（錄文完）

8　9～10 世紀。歸義軍時期寫本。

9.1　楷書。

1.1　BD10308 號

1.3　大般涅槃經（北本）卷一五

1.4　L0437

2.1　2.6×9.9 厘米；1 紙；3 行。

2.3　卷軸裝。首尾均殘。小殘片。有烏絲欄。已修整。

3.1　首殘→大正 0374，12/0455B10。

3.2　尾殘→大正 0374，12/0455B11。

8　5～6 世紀。南北朝寫本。

9.1　隸楷。

1.1　BD10309 號

1.3　大般涅槃經（北本）卷四

1.4　L0438

2.1　13.2×11.5 厘米；2 紙；6 行。

2.2　01：01.6，01；　02：11.6，05。

2.3　卷軸裝。首尾均殘。通卷上下殘。小殘片。有烏絲欄。已修整。

3.1　首殘→大正 0374，12/0387B29。

3.2　尾殘→大正 0374，12/0387C07。

8　5～6 世紀。南北朝寫本。

9.1　楷書。

1.1　BD10310 號

1.3　佛典殘片（擬）

1.4　L0439

2.1　4.7×5.9 厘米；2 紙；2 行。

2.2　01：01.7，01。　02：03.0，01。

2.3　卷軸裝。首尾均殘。小殘片。有烏絲欄。已修整。

3.4　說明：

此件上僅殘留"□…□時/□…□何/"2 字。

8　8～9 世紀。吐蕃統治時期寫本。

9.1　楷書。

1.1　BD10311 號

1.3　四分律卷三四

1.4　L0440

2.1　4.6×6 厘米；1 紙；2 行。

2.3　卷軸裝。首尾均殘。小殘片。有烏絲欄。

3.1　首殘→大正 1428，22/0810B04。

3.2　尾殘→大正 1428，22/0810B06。

8　5～6 世紀。南北朝寫本。

9.1　楷書。

1.1　BD10312 號

1.3　大般涅槃經（北本）卷一五

1.4　L0441

2.1　3.3×5.4 厘米；1 紙；2 行。

2.3　卷軸裝。首尾均殘。小殘片。有烏絲欄。已修整。

3.1　首殘→大正 0374，12/0455B11。

3.2　尾殘→大正 0374，12/0455B12。

8　5～6 世紀。南北朝寫本。

9.1 楷書。

1.1 BD10313 號

1.3 妙法蓮華經卷七

1.4 L0442

2.1 3.9×5.2 厘米；1 紙；2 行。

2.3 卷軸裝。首尾均殘。小殘片。有烏絲欄。

3.1 首殘→大正 0262，09/0057C04。

3.2 尾殘→大正 0262，09/0057C05。

8 8～9 世紀。吐蕃統治時期寫本。

9.1 楷書。

1.1 BD10314 號

1.3 大寶積經卷九四

1.4 L0443

2.1 4×2.7 厘米；1 紙；2 行。

2.3 卷軸裝。首尾均殘。小殘片。有烏絲欄。

3.1 首殘→大正 0310，11/0536A06。

3.2 尾殘→大正 0310，11/0536A07。

8 7～8 世紀。唐寫本。

9.1 楷書。

1.1 BD10315 號

1.3 無量壽宗要經

1.4 L0444

2.1 12×15 厘米；1 紙；5 行。

2.3 卷軸裝。首全尾殘。通卷下殘。卷面污穢，有殘洞。有烏絲欄。已修整。

3.1 首殘→大正 0936，19/0082A01。

3.2 尾殘→大正 0936，19/0082A08。

4.1 大乘無量壽經一卷（首）。

8 8～9 世紀。吐蕃統治時期寫本。

9.1 楷書。

1.1 BD10316 號

1.3 大般若波羅蜜多經卷二七四

1.4 L0445

2.1 9×16 厘米；1 紙；3 行。

2.3 卷軸裝。首全尾殘。通卷下殘。殘片。有殘洞。有烏絲欄。已修整。

3.1 首殘→大正 0220，06/0386C15。

3.2 尾殘→大正 0220，06/0386C19。

4.1 大般若波羅蜜多經卷第二百七十四，□…□/初分難信解品第卅四之九十二/（首）。

7.1 卷背有勘記“廿八”。

8 8～9 世紀。吐蕃統治時期寫本。

9.1 楷書。

1.1 BD10317 號

1.3 受八關齋戒文（擬）

1.4 L0446

2.1 6.3×14.5 厘米；1 紙；4 行。

2.3 卷軸裝。首尾均殘。通卷上下殘。殘片。有烏絲欄。已修整。

3.3 錄文：

（首殘）

□…□洗滌身心，淨心口意，方可□…□/

□…□濯，染難受色，亦如穢器，若不□…□/

□…□由發戒，是故如來大慈，開勝方□…□/

□…□欲懺悔，必須懇誠，啟請賢聖□…□/

（錄文完）

8 8～9 世紀。吐蕃統治時期寫本。

9.1 楷書。

9.2 有硃筆斷句。

13 參見伯 2668 號。

1.1 BD10318 號

1.3 金剛般若波羅蜜經

1.4 L0447

2.1 13.4×13.3 厘米；1 紙；8 行。

2.3 卷軸裝。首尾均殘。通卷下殘。殘片。已修整。

3.1 首殘→大正 0235，08/0749B03。

3.2 尾殘→大正 0235，08/0749B11。

8 9～10 世紀。歸義軍時期寫本。

9.1 楷書。

1.1 BD10319 號

1.3 大般若波羅蜜多經卷一八一

1.4 L0448

2.1 4.7×25.6 厘米；1 紙；2 行，行 17 字。

2.3 卷軸裝。首殘尾斷。殘片。有烏絲欄。

3.1 首行下殘→大正 0220，05/0977B19。

3.2 尾殘→大正 0220，05/0977B20。

8 8 世紀。唐寫本。

9.1 楷書。

1.1 BD10320 號

1.3 佛名經（十六卷本）卷一三

1.4 L0449

2.1 （7.8＋1.4）×17.5 厘米；2 紙；5 行。

2.2 01：07.8，04；02：01.4，01。

2.3 卷軸裝。首尾均殘。通卷上殘。殘片。經黃紙。有烏絲欄。已修整。

3.1 首殘→《七寺古逸經典研究叢書》，03/0647A12。

3.2 尾殘→《七寺古逸經典研究叢書》，03/0648A03。

6.2 尾→BD10298 號。

8 7~8 世紀。唐寫本。

9.1 楷書。

1.1 BD10321 號

1.3 妙法蓮華經卷五

1.4 L0450

2.1 6×10 厘米；1 紙；3 行。

2.3 卷軸裝。首全尾殘。通卷下殘。殘片。有烏絲欄。已修整。

3.1 首殘→大正 0262，09/0037A03。

3.2 尾殘→大正 0262，09/0037A08。

4.1 妙法蓮華經安□…□（首）。

8 9~10 世紀。歸義軍時期寫本。

9.1 楷書。

1.1 BD10322 號

1.3 佛典殘片（擬）

1.4 L0451

2.1 4.3×4.8 厘米；1 紙；2 行。

2.3 卷軸裝。首尾均殘。小殘片。有烏絲欄。已修整。

3.4 說明：

此件上僅殘留一個"善"字。

8 5~6 世紀。南北朝寫本。

9.1 楷書。

1.1 BD10323 號

1.3 大般涅槃經（北本）卷一五

1.4 L0452

2.1 2.7×5.7 厘米；1 紙；1 行。

2.3 卷軸裝。首尾均殘。通卷上下殘。小殘片。有烏絲欄。已修整。

3.1 首殘→大正 0374，12/0455B09。

3.2 尾殘→大正 0374，12/0455B09。

8 5~6 世紀。南北朝寫本。

9.1 楷書。

1.1 BD10324 號

1.3 金剛般若波羅蜜經

1.4 L0453

2.1 3.9×3.2 厘米；1 紙；2 行。

2.3 卷軸裝。首尾均殘。通卷上下殘。小殘片。有烏絲欄。已修整。

3.1 首殘→大正 0235，08/0750C25。

3.2 尾殘→大正 0235，08/0750C26。

8 7~8 世紀。唐寫本。

9.1 楷書。

1.1 BD10325 號

1.3 佛典殘片（擬）

1.4 L0454

2.1 2×3.4 厘米；1 紙；1 行。

2.3 卷軸裝。首尾均殘。小殘片。有烏絲欄。已修整。

3.4 說明：

僅殘留"□…□應□…□/□…□薩於□…□/"2 行 3 字。

8 5~6 世紀。南北朝寫本。

9.1 楷書。

1.1 BD10326 號

1.3 佛典殘片（擬）

1.4 L0455

2.1 2.3×3.3 厘米；1 紙；2 行。

2.3 卷軸裝。首尾均殘。小殘片。有烏絲欄。已修整。

3.4 說明：

此件上僅殘留"□…□慈□…□/□…□諸□…□/"2 行 2 字。

8 5~6 世紀。南北朝寫本。

9.1 楷書。

1.1 BD10327 號

1.3 無量壽宗要經

1.4 L0456

2.1 1.7×2.7 厘米；1 紙；1 行。

2.3 卷軸裝。首尾均殘。小殘片。有烏絲欄。

3.4 說明：

此件上僅殘留一個"蜜"字。但從紙張、字體可知為《無量壽宗要經》。

8 8~9 世紀。吐蕃統治時期寫本。

9.1 楷書。

1.1 BD10328 號

1.3 大乘入楞伽經卷二

1.4 L0457

2.1 3.3×7.1 厘米；1 紙；2 行。

2.3 卷軸裝。首尾均殘。通卷上下殘。小殘片。已修整。

3.1 首殘→大正 0672，16/0594C03。

3.2 尾殘→大正 0672，16/0594C05。

8 7~8 世紀。唐寫本。

9.1 楷書。

1.1 BD10329 號

1.3 大般若波羅蜜多經卷一一五

1.4 L0458

2.1 13.3×17 厘米；1 紙；7 行；

2.3 卷軸裝。首全尾殘。通卷下殘。殘片。有烏絲欄。已修整。

3.1　首殘→大正 0220，05/0630C14。

3.2　尾殘→大正 0220，05/0630C22。

4.1　大般若波羅蜜多經卷第□…□/初分校量功德品第卅之十
□/（首）。

8　9～10 世紀。歸義軍時期寫本。

9.1　楷書。

1.1　BD10330 號

1.3　大般涅槃經（北本）卷一一

1.4　L0459

2.1　9.9×23.6 厘米；2 紙；6 行，行 17 字。

2.2　01：08.0，05；　　02：01.9，01。

2.3　卷軸裝。首尾均殘。通卷上殘。殘片。有烏絲欄。已修整。

3.1　首殘→大正 0374，12/0428C16～17。

3.2　尾殘→大正 0374，12/0428C21。

8　5～6 世紀。南北朝寫本。

9.1　隸楷。

1.1　BD10331 號

1.3　押座文（擬）

1.4　L0460

2.1　6×19 厘米；2 紙；3 行。

2.2　01：04.8，02；　　02：1.2，01。

2.3　卷軸裝。首尾均殘。通卷下殘。殘片。

3.3　錄文：

（首殘）

聞法須生敬重心 如見□…□/

各請發心合掌著 經□…□/

□…□達多品□…□/

（錄文完）。

8　7～8 世紀。唐寫本。

9.1　行楷。

9.2　有硃筆鈎稽。

1.1　BD10332 號

1.3　大寶積經卷三五

1.4　L0461

2.1　11.8×22.9 厘米；1 紙；6 行，行 17 字。

2.3　卷軸裝。首尾均殘。通卷上殘。經黃打紙。有殘洞。有烏
絲欄。已修整。

3.1　首殘→大正 0310，11/0195B04。

3.2　尾殘→大正 0310，11/0195B10。

8　7～8 世紀。唐寫本。

9.1　楷書。

1.1　BD10333 號

1.3　大般涅槃經後分卷上

1.4　L0462

2.1　12.1×15.8 厘米；1 紙；7 行。

2.3　卷軸裝。首尾均殘。通卷上殘。有等距離殘缺。已修整。

3.1　首殘→大正 0377，12/0900B17。

3.2　尾殘→大正 0377，12/0900B24。

8　7～8 世紀。唐寫本。

9.1　楷書。

1.1　BD10334 號

1.3　大般若波羅蜜多經卷四九六

1.4　L0463

2.1　4.4×18.2 厘米；2 紙；2 行。

2.2　01：01.8，01；　　02：02.6，01。

2.3　卷軸裝。首尾均殘。通卷上殘。殘片。有烏絲欄。已修整。

3.1　首殘→大正 0220，07/0521B05。

3.2　尾殘→大正 0220，07/0521B06。

8　8～9 世紀。吐蕃統治時期寫本。

9.1　楷書。

1.1　BD10335 號

1.3　占周公八日出行吉凶法（擬）

1.4　L0464

2.1　12×7 厘米；1 紙；12 行。

2.3　卷軸裝。首尾均殘。通卷上殘。殘片。背有古代裱補。有
烏絲欄。已修整。

3.3　錄文：

（首殘）

□…□門日行，萬事大吉，昌。/

□…□賊日行，道逢劫賊，凶。/

□…□財日行，所求皆得。/

□…□/

□…□食/

□…□凶/

□…□得/

□…□大凶/

□…□/

□…□傷/

□…□大吉/

□…□人/

（錄文完）。

8　9～10 世紀。歸義軍時期寫本。

9.1　楷書。

13　參見斯 00612 號。

1.1　BD10336 號

1.3　仁王般若波羅蜜經卷下

1.4　L0465

63

2.1　10.7×8.6厘米；2紙；7行。

2.2　01：09.6，06；　　02：01.1，01。

2.3　卷軸裝。首尾均殘。通卷上下殘。殘片。已修整。

3.1　首殘→大正0245，08/0832A26。

3.2　尾殘→大正0245，08/0832B04。

8　5～6世紀。南北朝寫本。

9.1　楷書。

1.1　BD10337號

1.3　賢劫十方千五百佛名經

1.4　L0466

2.1　4.1×12.8厘米；1紙；2行。

2.3　卷軸裝。首尾均殘。通卷上下殘。小殘片。已修整。

3.1　首殘→大正0442，14/0312C12。

3.2　尾殘→大正0442，14/0312C14。

8　5～6世紀。南北朝寫本。

9.1　楷書。

1.1　BD10338號

1.3　七階佛名經

1.4　L0467

2.1　10.5×11.6厘米；1紙；5行。

2.3　卷軸裝。首全尾殘。通卷下殘。小殘片。已修整。

3.4　説明：

　　本遺書首全尾殘。為敦煌地區較爲流行的禮懺文獻，形態複雜，尚需進一步研究。原經僅一卷，但本遺書首題及卷背勘記均題作"卷一"，應屬隨意所寫。

4.1　七皆（階）佛名卷一（首）。

7.1　背有勘記"佛説佛名經卷第一"。

8　9～10世紀。歸義軍時期寫本。

9.1　楷書。

1.1　BD10339號

1.3　金剛般若波羅蜜經

1.4　L0468

2.1　5.1×12.7厘米；1紙；3行。

2.3　卷軸裝。首尾均殘。通卷上下殘。殘片。有烏絲欄。已修整。

3.1　首殘→大正0235，08/0750A28。

3.2　尾殘→大正0235，08/0750B01。

8　7～8世紀。唐寫本。

9.1　楷書。

1.1　BD10340號

1.3　維摩詰所説經卷中

1.4　L0469

2.1　9.6×11.9厘米；1紙；4行。

2.3　卷軸裝。首尾均殘。通卷下殘。殘片。有烏絲欄。已修整。

3.1　首殘→大正0475，14/0544C14。

3.2　尾殘→大正0475，14/0544C17。

5　與《大正藏》本對照，文字略有不同。

8　5～6世紀。南北朝寫本。

9.1　隸楷。

1.1　BD10341號

1.3　中阿含經卷三七

1.4　L0470

2.1　6.8×10.7厘米；1紙；4行。

2.3　卷軸裝。首尾均殘。通卷上下殘。殘片。有烏絲欄。已修整。

3.1　首殘→大正0026，01/0662C07。

3.2　尾殘→大正0026，01/0662C10。

8　6世紀。南北朝寫本。

9.1　楷書。

1.1　BD10342號

1.3　妙法蓮華經卷七

1.4　L0471

2.1　6×10厘米；1紙；3行。

2.3　卷軸裝。首尾均殘。通卷上殘。小殘片。有烏絲欄。已修整。

3.1　首殘→大正0262，09/0057A16。

3.2　尾殘→大正0262，09/0057A19。

8　7～8世紀。唐寫本。

9.1　楷書。

1.1　BD10343號

1.3　金剛般若波羅蜜經

1.4　L0472

2.1　10×10厘米；1紙；5行。

2.3　卷軸裝。首尾均殘。通卷上下殘。殘片。卷面有蟲繭。有烏絲欄。已修整。

3.1　首殘→大正0235，08/0749A17。

3.2　尾殘→大正0235，08/0749A22。

8　7～8世紀。唐寫本。

9.1　楷書。

1.1　BD10344號

1.3　大乘入楞伽經卷二

1.4　L0473

2.1　3.1×12厘米；1紙；1行。

2.3　卷軸裝。首尾均殘。通卷上殘。小殘片。有烏絲欄。已修整。

3.1　首殘→大正0672，16/0594C05。

3.2 尾殘→大正 0672，16/0594C06。

8　7~8 世紀。唐寫本。

9.1 楷書。

1.1 BD10345 號

1.3 大般涅槃經（北本）卷三二

1.4 L0474

2.1 4×25.2 厘米；2 紙；2 行，行 17 字。

2.2 01：02.1，01： 　02：01.9，01。

2.3 卷軸裝。首尾均殘。殘片。已修整。

3.1 首殘→大正 0374，12/0558A20。

3.2 尾殘→大正 0374，12/0558A22。

8　5~6 世紀。南北朝寫本。

9.1 隸楷。

1.1 BD10346 號

1.3 妙法蓮華經卷七

1.4 L0475

2.1 1.5×21.8 厘米；1 紙；2 行。

2.3 卷軸裝。首尾均殘。殘片。

3.1 首殘→大正 0262，09/0057A14。

3.2 尾殘→大正 0262，09/0057A15。

8　9~10 世紀。歸義軍時期寫本。

9.1 楷書。

1.1 BD10347 號

1.3 淨名經集解關中疏

1.4 L0476

2.1 17.1×15.2 厘米；1 紙；12 行。

2.3 卷軸裝。首尾均殘。通卷下殘。殘片。有烏絲欄。已修整。

3.1 首殘→大正 2777，85/0466A18。

3.2 尾殘→大正 2777，85/0466B12。

8　8~9 世紀。吐蕃統治時期寫本。

9.1 行書。

9.2 有重文號。

1.1 BD10348 號

1.3 金剛般若波羅蜜經

1.4 L0477

2.1 7×8.7 厘米；1 紙；4 行。

2.3 卷軸裝。首尾均殘。通卷上殘。小殘片。有烏絲欄。已修整。

3.1 首殘→大正 0235，08/0752A29。

3.2 尾殘→大正 0235，08/0752B04。

8　9~10 世紀。歸義軍時期寫本。

9.1 楷書。

1.1 BD10349 號

1.3 妙法蓮華經卷五

1.4 L0478

2.1 6.9×10 厘米；1 紙；3 行。

2.3 卷軸裝。首尾均殘。通卷上殘。小殘片。有烏絲欄。已修整。

3.1 首殘→大正 0262，09/0037B07。

3.2 尾殘→大正 0262，09/0037B09。

8　9~10 世紀。歸義軍時期寫本。

9.1 楷書。

1.1 BD10350 號

1.3 佛典殘片（擬）

1.4 L0479

2.1 5.3×3.2 厘米；1 紙；2 行。

2.3 卷軸裝。首尾均殘。通卷上下殘。小殘片。已修整。

3.4 説明：

此件上僅有若干殘字。

8　7~8 世紀。唐寫本。

9.1 楷書。

1.1 BD10351 號

1.3 金剛般若波羅蜜經

1.4 L0480

2.1 4.5×9.7 厘米；1 紙；3 行。

2.3 卷軸裝。首尾均殘。通卷下殘。殘片。有烏絲欄。已修整。

3.1 首殘→大正 0235，08/0750C05。

3.2 尾殘→大正 0235，08/0750C09。

8　9~10 世紀。歸義軍時期寫本。

9.1 楷書。

1.1 BD10352 號

1.3 金剛般若波羅蜜經

1.4 L0481

2.1 14×12.2 厘米；1 紙；7 行。

2.3 卷軸裝。首尾均殘。通卷下殘。殘片。有烏絲欄。已修整。

3.1 首殘→大正 0235，08/0749C21。

3.2 尾殘→大正 0235，08/0749C28。

8　7~8 世紀。唐寫本。

9.1 楷書。

1.1 BD10353 號

1.3 妙法蓮華經卷五

1.4 L0482

2.1 12×9.5 厘米；1 紙；4 行。

2.3 卷軸裝。首尾均殘。通卷下殘。殘片。經黃紙。有烏絲欄。

3.1 首殘→大正 0262，09/0039B27。

3.2 尾殘→大正 0262，09/0039C02。

8 7~8 世紀。唐寫本。

9.1 楷書。

1.1 BD10354 號

1.3 妙法蓮華經卷一

1.4 L0483

2.1 15×15.5 厘米；1 紙；7 行。

2.3 卷軸裝。首尾均殘。通卷上殘。殘片。有烏絲欄。

3.1 首殘→大正 0262，09/0010B08。

3.2 尾殘→大正 0262，09/0010B20。

8 8 世紀。唐寫本。

9.1 楷書。

1.1 BD10355 號

1.3 妙法蓮華經卷七

1.4 L0484

2.1 8×8.5 厘米；1 紙；4 行。

2.3 卷軸裝。首尾均殘。通卷上下殘。殘片。有烏絲欄。已修整。

3.1 首殘→大正 0262，09/0058B17。

3.2 尾殘→大正 0262，09/0058B19。

8 7~8 世紀。唐寫本。

9.1 楷書。

1.1 BD10356 號

1.3 天地八陽神咒經

1.4 L0485

2.1 6×12.5 厘米；1 紙；4 行。

2.3 卷軸裝。首尾均斷。通卷上下殘。殘片。卷面有殘洞。有烏絲欄。已修整。

3.1 首殘→大正 2897，85/1424B21。

3.2 尾殘→大正 2897，85/1424B26。

8 7~8 世紀。唐寫本。

9.1 楷書。

1.1 BD10357 號

1.3 佛頂尊勝陀羅尼經（佛陀波利本）

1.4 L0486

2.1 8.8×12.8 厘米；1 紙；5 行。

2.3 卷軸裝。首尾均殘。通卷上殘。殘片。有烏絲欄。已修整。

3.1 首殘→大正 0967，19/0350B12。

3.2 尾殘→大正 0967，19/0350B17。

8 9~10 世紀。歸義軍時期寫本。

9.1 楷書。

1.1 BD10358 號

1.3 習字雜寫（擬）

1.4 L0487

2.1 8×9 厘米；2 紙；正面 4 行，背面 3 行。

2.2 01：03.0，02； 02：05.0，02。

2.3 卷軸裝。首尾均殘。通卷上下殘。小殘片。已修整。

3.4 説明：

此件正面殘存"矩"、"隨"各 2 行，背面殘存"三（一?）"2 行，"世"1 行。正背面另有殘字痕。

8 9~10 世紀。歸義軍時期寫本。

9.1 楷書。

1.1 BD10359 號

1.3 羯磨（擬）

1.4 L0488

2.1 7.5×8.4 厘米；1 紙；3 行。

2.3 卷軸裝。首尾均殘。通卷上殘。小殘片。有烏絲欄。已修整。

3.3 錄文：

（首殘）

□…□今為淨故，施與僧/

□…□/

□…□轉淨故，施與/

（錄文完）。

8 5~6 世紀。南北朝寫本。

9.1 行楷。

13 參見《曇無德律部雜羯磨》、《宗四分比丘隨門要略行儀》等。

1.1 BD10360 號

1.3 金光明最勝王經卷七

1.4 L0489

2.1 4.3×12.8 厘米；1 紙；3 行。

2.3 卷軸裝。首尾均殘。通卷上殘。殘片。已修整。

3.1 首殘→大正 0665，16/0437A20。

3.2 尾殘→大正 0665，16/0437A22。

8 9~10 世紀。歸義軍時期寫本。

9.1 楷書。

1.1 BD10361 號

1.3 齋願文（擬）

1.4 L0490

2.1 6×14 厘米；1 紙；4 行。

2.3 卷軸裝。首尾均殘。通卷下殘。殘片。

3.3 錄文：

（首殘）

護持□□□榮保宜父母。宜長宜養□…□/

身如王□。常聞菩薩大悲，開法門於八□…□/

菩提義歸般若涅槃之後，政教託□…□/
瓊編浩汗（瀚），涉者迷於要津。玄理嶺（?）□…□/
（錄文完）

8　9~10世紀。歸義軍時期寫本。
9.1　楷書。有合體字"菩薩"。

1.1　BD10362號
1.3　金光明最勝王經卷一
1.4　L0491
2.1　5.8×11厘米；1紙；3行。
2.3　卷軸裝。首尾均殘。小殘片。卷面油污。有烏絲欄。已修整。
3.1　首殘→大正0665，16/0405A11。
3.2　尾殘→大正0665，16/0405A15。
8　8~9世紀。吐蕃統治時期寫本。
9.1　楷書。

1.1　BD10363號
1.3　金光明經（五卷本）卷五
1.4　L0492
2.1　11.5×12.8厘米；1紙；8行。
2.3　卷軸裝。首殘尾全。通卷上殘。殘片。已修整。
3.1　首殘→大正0663，16/0357C27。
3.2　尾殘→大正0663，16/0357C28。
6.1　首→BD04786號。
7.1　尾有題記6行，上部殘缺，與BD04786號卷尾題記恰可綴接，綴接後全文如下：
"大統七年歲次辛酉十一月己巳朔十五日水東（?）清/信女王明美慨因業使父兄早喪。喪背求道，/惟消為先。已後死者，即（?）憑神姑（佑）。為寫《法華經》二部、/《金光明經》一部，願生淨土，好樂自然，不◇三途。/長與◇◇，以斯微因信◇，又願七世◇◇之類，齊登龍華。"
8　541年。南北朝寫本。
9.1　隸楷。

1.1　BD10364號
1.3　大乘義章卷一八
1.4　L0493
2.3　殘渣。
3.4　説明：
　　由8塊若干相互粘連的殘渣組成。僅有個別字跡可以分辨。與BD10396號紙張、字跡相同，保存形態相同，應為同一文獻，故擬此名。
6.3　與BD10396號為同文獻。
8　7~8世紀。唐寫本。
9.1　楷書。

1.1　BD10365號
1.3　妙法蓮華經卷六
1.4　L0494
2.1　9×12厘米；1紙；4行。
2.3　卷軸裝。首全尾殘。通卷下殘。殘片。有烏絲欄。
3.1　首殘→大正0262，09/0046B15。
3.2　尾殘→大正0262，09/0046B21。
4.1　妙法蓮華經隨喜功德品□…□（首）。
8　7~8世紀。唐寫本。
9.1　楷書。

1.1　BD10366號
1.3　大般若波羅蜜多經卷三九〇
1.4　L0495
2.1　5×11.3厘米；1紙；2行。
2.3　卷軸裝。首尾均殘。通卷上殘。小殘片。有烏絲欄。
3.1　首殘→大正0220，06/1015B04。
3.2　尾殘→大正0220，06/1015B05。
5　與《大正藏》本對照，文字略有不同。
8　8~9世紀。吐蕃統治時期寫本。
9.1　楷書。

1.1　BD10367號
1.3　金光明最勝王經卷四
1.4　L0496
2.1　11.9×11.4厘米；1紙；7行。
2.3　卷軸裝。首尾均殘。通卷下殘。殘片。有烏絲欄。已修整。
3.1　首殘→大正0665，16/0418A10。
3.2　尾殘→大正0665，16/0418A17。
8　8~9世紀。吐蕃統治時期寫本。
9.1　楷書。

1.1　BD10368號
1.3　妙法蓮華經卷七
1.4　L0497
2.1　9×9厘米；1紙；5行。
2.3　卷軸裝。首尾均殘。通卷上下殘。小殘片。有烏絲欄。已修整。
3.1　首殘→大正0262，09/0058B17。
3.2　尾殘→大正0262，09/0058B21。
8　7~8世紀。唐寫本。
9.1　楷書。

1.1　BD10369號
1.3　小品般若波羅蜜經卷七
1.4　L0498
2.1　18.4×11.8厘米；2紙；10行。

2.2　01：14.0，08；　　02：04.4，02。

2.3　卷軸裝。首尾均殘。通卷下殘。殘片。有烏絲欄。已修整。

3.1　首殘→大正0227，08/0569C28。

3.2　尾殘→大正0227，08/0570A10。

8　　5～6世紀。南北朝寫本。

9.1　楷書。

1.1　BD10370號

1.3　十王經（乙本）

1.4　L0499

2.1　8.2×24.7厘米；1紙；5行，行15字。

2.3　卷軸裝。首尾均殘。殘片。有烏絲欄。已修整。

3.1　首殘→《敦煌本佛說十王經校錄研究》，01/0047A01。

3.2　尾殘→《敦煌本佛說十王經校錄研究》，01/0047A05。

6.2　尾→BD10371號。

8　　9～10世紀。歸義軍時期寫本。

9.1　楷書。

1.1　BD10371號

1.3　十王經（乙本）

1.4　L0500

2.1　10.2×25.4厘米；1紙；7行。

2.3　卷軸裝。首尾均殘。殘片。有烏絲欄。已修整。

3.1　首殘→《敦煌本佛說十王經校錄研究》，01/0047A05。

3.2　尾殘→《敦煌本佛說十王經校錄研究》，01/0047A10。

6.1　首→BD10370號。

8　　9～10世紀。歸義軍時期寫本。

9.1　楷書。

1.1　BD10372號

1.3　釋僧戒初篇四波羅夷義決

1.4　L0501

2.1　15.8×22.9厘米；2紙；9行。

2.2　01：10.3，06；　　02：05.5，03。

2.3　卷軸裝。首尾均殘。通卷下殘。殘片。已修整。

3.3　錄文：

（首殘）

□…□制。言略制□…□/

出家後時乞食，還到本村。其母勸□…□/

行非法。諸比丘白佛，佛因制戒。言隨制者有跋闍子□…□/

戒還家，佛因隨制。言廣制者。有一乞食□…□/

佛因廣制，滿足戒本。言不犯者。大蟲師子□…□/

制戒前，並皆不犯。/

第二盜戒，亦具通別四義。初制□…□/

侵奪損惱□…□/

不與而□…□/

（錄文完）

3.4　說明：

本文獻首殘尾缺。未為歷代大藏經所收，敦煌遺書存有多號。

8　　9～10世紀。歸義軍時期寫本。

9.1　楷書。

1.1　BD10373號

1.3　妙法蓮華經卷二

1.4　L0502

2.1　11×11.8厘米；1紙；7行。

2.3　卷軸裝。首尾均殘。通卷下殘。殘片。經黃打紙。有烏絲欄。已修整。

3.1　首殘→大正0262，09/0010C03。

3.2　尾殘→大正0262，09/0010C09。

8　　7～8世紀。唐寫本。

9.1　楷書。

1.1　BD10374號

1.3　大般涅槃經（北本）卷三五

1.4　L0503

2.1　5.3×13.9厘米；1紙；3行。

2.3　卷軸裝。首尾均殘。通卷上殘。殘片。卷面有紅色污痕。有烏絲欄。

3.1　首殘→大正0374，12/0570B11。

3.2　尾殘→大正0374，12/0570B14。

8　　5～6世紀。南北朝寫本。

9.1　楷書。

1.1　BD10375號

1.3　挾註待考文獻（擬）

1.4　L0504

2.1　18.1×15.1厘米；1紙；9行。

2.3　卷軸裝。首尾均殘。通卷下殘。殘片。已修整。

3.3　錄文：

（首殘）

□…□/

□…□豪相□…□菩薩乘六/

□…□沼桑田訪/

□…□記曰昆明池中有靈沼名神池山謙之丹陽記曰初□…□

□昆明池極深悉是灰墨以問東方朔朔曰臣不是/

□…□以劫燒事答之賢愚經云劫燒初訖乾坤洞燃神□…□

田適至蓬萊少淺略半意者時後為桑　田　乎/

□…□跨禪河之表除灾經云恒水諸龍還相交結偏龍為橋請

佛度江彌　/

□…□鵠駕排煙遠蹈蓬山/

□…□者也◇吹笙作鳳鳴遊伊洛之濱道士浮丘公接□…□

桓良曰告我家至七月七日待我於緱氏小頭至具/

□…□蓬萊方丈瀛州□…□□…□□…□淩丹/

（錄文完）

8　7～8世紀。唐寫本。

9.1　楷書。有武周新字"初"、"臣"、"月"、"日"。

9.2　有硃筆斷句及重文號。

1.1　BD10376號

1.3　挾註金剛經（擬）

1.4　L0505

2.1　8×11.3厘米；1紙；4行。

2.3　卷軸裝。首尾均殘。通卷上下殘。殘片。有烏絲欄。已修整。

3.3　錄文：

（首殘）

□…□二種一已得二未得□…□/

□…□增修故將淺令不退也世尊善男子□…□/

□…□道之流男女闍之類發阿耨多□…□/

□…□多羅名上三名正貌名遍後三 遍知□□□如理智□□

如□…□/

（錄文完）

8　7～8世紀。唐寫本。

9.1　楷書。

1.1　BD10377號

1.3　淨土五會念佛誦經觀行儀卷中

1.4　L0506

2.1　6×11.5厘米；1紙；3行。

2.3　卷軸裝。首尾均殘。通卷上殘。殘片。已修整。

3.1　首殘→大正2827，85/1243C09。

3.2　尾殘→大正2827，85/1243C12。

5　與《大正藏》本對照，文字略有參差。

8　7～8世紀。唐寫本。

9.1　楷書。

1.1　BD10378號

1.3　待考書儀（擬）

1.4　L0507

2.1　14.4×21.5厘米；1紙；10行。

2.3　卷軸裝。首尾均殘。通卷下殘。殘片。有烏絲欄。已修整。

3.3　錄文：

（首殘）

解□…□/

臨水翻能泛（？）影清□…□/

銜峻嶺氣言名□…□/

書鎮下書誰何勞姓董垣□…□/

寫枝陰於脫璧秋叢□…□/

評對酒橫琴飛觴擲捥言□…□/

似黃之𤍚麗水沙汰今古採摘典填若無□…□/

語迴戈轉曰：擲劍飛泉，韻笛吟龍，調□…□/

湧泉標劍，轉曰揮戈，下鳳調笙，吟龍韻□…□/

議迴轉處上□…□泉飛若用調笙故須□…□/

（錄文完）

8　9～10世紀。歸義軍時期寫本。

9.1　楷書。

1.1　BD10379號

1.3　待考（擬）

1.4　L0508

2.1　6.3×30厘米；1紙；正面4行，背面4行；行約26字。

2.3　卷軸裝。首尾均殘。殘片。有烏絲欄。正背面連寫。已修整。

3.3　錄文：

（正面錄文）

□…□搖打□…□/

添醜，衰中道衰，告怨□…□/

十惡衰矜持厭蠱家問法符書□…□/

衣則須火發遣，不得稽遲，勿容死外，寧可生離。所有男女，惣收取□/

（錄文完）

（背面錄文）

是人還同豬狗，含血損人，先污其口。十語九衆，不語者勝小為為為人子□/

人父，居必懷隣，暮近良友。測□…□/

食與食合，食酒與酒閉□…□/

□…□實□…□/

（錄文完）

8　8世紀。唐寫本。

9.1　楷書。

12　有些行文字出上邊欄抄寫。

1.1　BD10380號

1.3　大般若波羅蜜多經卷四七三

1.4　L0509

2.1　18.1×15.5厘米；1紙；11行。

2.3　卷軸裝。首尾均殘。通卷下殘。中有殘洞。有烏絲欄。已修整。

3.1　首殘→大正0220，07/0394A01。

3.2　尾殘→大正0220，07/0394A11。

8　8～9世紀。吐蕃統治時期寫本。

9.1　楷書。

1.1　BD10381號

1.3　金剛般若波羅蜜經

1.4　L0510

2.1　22.4×10 厘米；1 紙；13 行。

2.3　卷軸裝。首尾均殘。通卷上殘。殘片。經黃打紙，砑光上蠟。已修整。

3.1　首殘→大正 0235，08/0752A03。

3.2　尾殘→大正 0235，08/0752A16。

8　7~8 世紀。唐寫本。

9.1　楷書。

1.1　BD10382 號

1.3　金剛般若波羅蜜經

1.4　L0511

2.1　11.7×6.7 厘米；1 紙；7 行。

2.3　卷軸裝。首尾均殘。通卷上殘。殘片。已修整。

3.1　首殘→大正 0235，08/0749B15。

3.2　尾殘→大正 0235，08/0749B22。

8　7~8 世紀。唐寫本。

9.1　楷書。

1.1　BD10383 號

1.3　大般涅槃經（北本）卷三

1.4　L0512

2.1　3×23 厘米；1 紙；2 行。

2.3　卷軸裝。首尾均殘。小殘片。已修整。

3.1　首殘→大正 0374，12/0383B12。

3.2　尾殘→大正 0374，12/0383B14。

8　5~6 世紀。南北朝寫本。

9.1　隸楷

1.1　BD10384 號

1.3　大般涅槃經（北本）卷一六

1.4　L0513

2.1　8.5×23.5 厘米；1 紙；5 行，行 17 字。

2.3　卷軸裝。首尾均殘。殘片。已修整。

3.1　首殘→大正 0374，12/0462B24。

3.2　尾殘→大正 0374，12/0462B28。

8　5~6 世紀。南北朝寫本。

9.1　隸書

1.1　BD10385 號

1.3　大通方廣懺悔滅罪莊嚴成佛經卷下

1.4　L0514

2.1　13.6×6 厘米；1 紙；8 行。

2.3　卷軸裝。首尾均殘。通卷上殘。小殘片。有烏絲欄。已修整。

3.1　首殘→大正 2871，85/1350A25。

3.2　尾殘→大正 2871，85/1350B04。

3.3　錄文：

（首殘）

□…□爾/

□…□之/

□…□我/

□…□犯/

□…□祇/

□…□懺悔/

□…□欲/

□…□者/

（錄文完）

8　5~6 世紀。南北朝寫本。

9.1　楷書。

1.1　BD10386 號

1.3　摩訶僧祇律卷五

1.4　L0515

2.1　5.5×12 厘米；1 紙；2 行。

2.3　卷軸裝。首尾均殘。通卷下殘。小殘片。有烏絲欄。已修整。

3.1　首殘→大正 1425，22/0265C22。

3.2　尾殘→大正 1425，22/0265C23。

8　5~6 世紀。南北朝寫本。

9.1　隸書。

1.1　BD10387 號

1.3　大般若波羅蜜多經卷五一六

1.4　L0516

2.1　13.1×7.1 厘米；1 紙；6 行。

2.3　卷軸裝。首尾均殘。通卷上殘。小殘片。有烏絲欄。已修整。

3.1　首殘→大正 0220，07/0640B04。

3.2　尾殘→大正 0220，07/0640B09。

8　8~9 世紀。吐蕃統治時期寫本。

9.1　楷書。

1.1　BD10388 號

1.3　無量壽宗要經

1.4　L0517

2.1　8.6×11.5 厘米；1 紙；6 行。

2.3　卷軸裝。首尾均殘。通卷上殘。殘片。有烏絲欄。已修整。

3.1　首殘→大正 0936，19/0082B05。

3.2　尾殘→大正 0936，19/0082B19。

8　8~9 世紀。吐蕃統治時期寫本。

9.1　楷書。

1.1　BD10389 號

1.3　佛名經（十六卷本）卷三

1.4　L0518

2.1　11×8.4厘米；1紙；6行。

2.3　卷軸裝。首尾均殘。通卷下殘。小殘片。有烏絲欄。已修整。

3.1　首殘→《七寺古逸經典研究叢書》，03/0116A11。

3.2　尾殘→《七寺古逸經典研究叢書》，03/0117A03。

8　9～10世紀。歸義軍時期寫本。

9.1　楷書。

1.1　BD10390號

1.3　妙法蓮華經卷七

1.4　L0519

2.1　9×8厘米；1紙；5行。

2.3　卷軸裝。首尾均殘。通卷上殘。小殘片。有烏絲欄。

3.1　首殘→大正0262，09/0055B03。

3.2　尾殘→大正0262，09/0055B07。

8　7～8世紀。唐寫本。

9.1　楷書。

1.1　BD10391號

1.3　挾註金剛經（擬）

1.4　L0520

2.1　5×16.4厘米；1紙；2行。

2.3　卷軸裝。首尾均殘。通卷上下殘。殘片。有烏絲欄。已修整。

3.3　錄文：

（首殘）

□…□智之由因人方顯三事和合謂之□…□/

□…□人乘因趣果為大人所乘謂為□…□/

□…□耨多羅三藐三菩提此翻為無上□…□/

□…□菩薩之人於大□□□中發無上正□…□/

（錄文完）

8　7～8世紀。唐寫本。

9.1　楷書。

13　僅殘留雙行小字夾註2行，前有殘字痕，似為大字正文"耨多羅"。

1.1　BD10392號

1.3　妙法蓮華經卷一

1.4　L0521

2.1　3.1×11.2厘米；1紙；2行。

2.3　卷軸裝。首尾均殘。通卷上殘。小殘片。經黃紙。有烏絲欄。已修整。

3.1　首殘→大正0262，09/0003B02。

3.2　尾殘→大正0262，09/0003B03。

8　7～8世紀。唐寫本。

9.1　楷書。

1.1　BD10393號

1.3　無量壽宗要經

1.4　L0522

2.1　8.8×10厘米；1紙；4行。

2.3　卷軸裝。首全尾殘。通卷上下殘。小殘片。有烏絲欄。已修整。

3.1　首殘→大正0936，19/0082A05。

3.2　尾殘→大正0936，19/0082A11。

8　8～9世紀。吐蕃統治時期寫本。

9.1　楷書。

1.1　BD10394號

1.3　彌沙塞部和醯五分律卷一

1.4　L0523

2.1　1.3×29厘米；1紙；正面1行，行37字；背面1行，行44字。

2.3　卷軸裝。首尾均斷。小殘片。被竪向剪成狹長條。兩面抄寫。有烏絲欄。已修整。

2.4　本遺書包括2個文獻：（一）《彌沙塞部和醯五分律》卷一，1行，抄寫在正面，今編為BD10394號。（二）《四分律》卷二，1行，抄寫在背面，今編為BD10394號背。

3.1　首殘→大正1421，22/0001C11。

3.2　尾殘→大正1421，22/0001C13。

8　8～9世紀。吐蕃統治時期寫本。

9.1　楷書。

1.1　BD10394號背

1.3　四分律卷二

1.4　L0523

2.4　本遺書由2個文獻組成，本文獻為第2個，1行，抄寫在背面。餘參見BD10394號的第2項。

3.1　首殘→大正1428，22/0578A19。

3.2　尾殘→大正1428，22/0578A21。

8　8～9世紀。吐蕃統治時期寫本。

9.1　楷書。

1.1　BD10395號

1.3　大般若波羅蜜多經卷五九二

1.4　L0524

2.1　33.1×（3～19.1）厘米；7紙；共20行。

2.3　卷軸裝。首尾均殘。共7個殘片。有烏絲欄。已修整。

3.4　說明：

此遺書包括7個殘片，已托裱在紙上，現依照從右到左，從上到下的次序，依次編號著錄如下：

A.1.7×3.2厘米；1紙；1行，大正0220，07/1064B14。

B. 11.2×18 厘米；1 紙；7 行，大正 0220，07/1064B24 ~ C01，有武周新字"人"。

C. 2.4×3 厘米；1 紙；1 行，大正 0220，07/1064C20。

D. 9×19.1 厘米；1 紙；6 行，大正 0220，07/1064C06 ~ 11，有武周新字"人"。

E. 1.7×5.1 厘米；1 紙；1 行，大正 0220，07/1065A01。

F. 3×6.6 厘米；1 紙；2 行，大正 0220，07/1064C19 ~ 21。

G. 4.1×8.9 厘米；1 紙；2 行，大正 0220，07/1064C17 ~ 18。

8　8 世紀。唐寫本。

9.1　楷書。有武周新字"人"。

1.1　BD10396 號

1.3　大乘義章卷一八

1.4　L0525

2.1　20.2×14.4 厘米；1 紙；9 行。

2.3　卷軸裝。首尾均殘。通卷上下殘。已經殘碎成若干略爲連貫的殘片。有烏絲欄。已修整，粘貼在托裱紙上。

3.1　首殘→大正 1851，44/0813C15。

3.2　尾殘→大正 1851，44/0813C29。

6.3　與 BD10364 號爲同文獻。

8　7 ~ 8 世紀。唐寫本。

9.1　楷書。

1.1　BD10397 號

1.3　大辯邪正經

1.4　L0526

2.1　10.7×19.5 厘米；1 紙；6 行。

2.3　卷軸裝。首尾均殘。通卷下殘。殘片。有烏絲欄。已修整。

3.1　首殘→大正 2893，85/1411A16。

3.2　尾殘→大正 2893，85/1411A20。

8　9 ~ 10 世紀。歸義軍時期寫本。

9.1　楷書。

1.1　BD10398 號

1.3　梵網經盧舍那佛說菩薩心地戒品第十卷下

1.4　L0527

2.1　17.8×13 厘米；1 紙；正面 10 行，背面 2 行。

2.3　卷軸裝。首尾均殘。通卷上殘。殘片。有烏絲欄。背有古代裱補，裱補紙上有字。已修整。

2.4　本遺書包括 2 個文獻：（一）《梵網經盧舍那佛說菩薩心地戒品第十》卷下，10 行，抄寫在正面，今編爲 BD10398 號。（二）《待考》（擬），2 行，抄寫在背面裱補紙上，今編爲 BD10398 號背。

3.1　首殘→大正 1484，24/1006B27。

3.2　尾殘→大正 1484，24/1006C09。

8　9 ~ 10 世紀。歸義軍時期寫本。

9.1　楷書。

1.1　BD10398 號背

1.3　待考（擬）

1.4　L0527

2.4　本遺書由 2 個文獻組成，本文獻爲第 2 個，2 行，抄寫在背面裱補紙上，餘參見 BD10398 號第 2 項。

3.3　錄文：

（首殘）

□…□接武見危身（？）□…□/

□…□雍塞粟麥交□…□/

（錄文完）

8　9 ~ 10 世紀。歸義軍時期寫本。

9.1　楷書。

1.1　BD10399 號

1.3　大般涅槃經（北本）卷三〇

1.4　L0528

2.1　6.3×6.4 厘米；1 紙；3 行。

2.3　卷軸裝。首尾均殘。通卷上殘。小殘片。有烏絲欄。已修整。

3.1　首殘→大正 0374，12/0545A21。

3.2　尾殘→大正 0374，12/0545A23。

3.3　錄文：

（首殘）

□…□皆以/

□…□善/

□…□如/

（錄文完）

3.4　說明：

本遺書僅殘留 3 行 4 字，雖然亦有其他經典符合條件，但以《大般涅槃經》卷三〇爲最佳，故暫定爲此經。

8　5 ~ 6 世紀。南北朝寫本。

9.1　隸書。

1.1　BD10400 號

1.3　妙法蓮華經卷七

1.4　L0529

2.1　14×（3.5 ~ 15.5）厘米；3 紙；9 行。

2.3　卷軸裝。首尾均殘。通卷上下殘。斷爲 3 個殘片。有烏絲欄。已修整。

3.4　說明：

本遺書斷爲 3 個殘片，已修整，粘貼在紙上。現按照從右到左的次序，著錄如下：

A. 2.5 厘米；2 行；參見大正 262，09/0058B25。

B. 7.0 厘米；4 行；參見大正 262，09/0058C05 ~ 08。

C. 4.5 厘米；3 行；參見大正 262，09/0058B18 ~ 21。

由上述著錄可知，3 個殘片相互不能綴接，且其文本的正確順序應為第 C→A→B，修整時處理順序有誤。

6.3 與 BD10411 號為同遺書。

8　7～8 世紀。唐寫本。

9.1 楷書。

1.1　BD10401 號

1.3　大般涅槃經（北本）卷一八

1.4　L0530

2.1　4.5×5.5 厘米；1 紙；3 行。

2.3　卷軸裝。首尾均殘。通卷上下殘。小殘片。有烏絲欄。已修整。

3.1　首殘→大正 0374，12/0469C14。

3.2　尾殘→大正 0374，12/0469C17。

3.3　錄文：

（首殘）

□…□能覺□…□/

□…□訶薩能□…□/

□…□為是故名□…/

（錄文完）

8　7～8 世紀。唐寫本。

9.1　楷書

9.2　有硃筆斷句。

1.1　BD10402 號

1.3　金光明最勝王經卷一○

1.4　L0531

2.1　12.2×3.5 厘米；1 紙；6 行。

2.3　卷軸裝。首尾均殘。通卷上下殘。殘片。已修整。

3.1　首殘→大正 0665，16/0452B27。

3.2　尾殘→大正 0665，16/0452C04。

8　9～10 世紀。歸義軍時期寫本。

9.1　楷書。

1.1　BD10403 號

1.3　大般若波羅蜜多經卷二五一

1.4　L0532

2.1　10.4×9.8 厘米；1 紙；6 行。

2.3　卷軸裝。首尾均殘。通卷上下殘。殘片。有烏絲欄。已修整。

3.1　首殘→大正 0220，06/0267A23。

3.2　尾殘→大正 0220，06/0267B01。

7.3　卷背有習字雜寫。

8　8～9 世紀。吐蕃統治時期寫本。

9.1　楷書。

1.1　BD10404 號

1.3　大般若波羅蜜多經卷四五一

1.4　L0533

2.1　11.4×11.9 厘米；2 紙；6 行。

2.2　01：02.8，01；　　02：08.6，05。

2.3　卷軸裝。首尾均殘。通卷上殘。殘片。有烏絲欄。已修整。

3.1　首殘→大正 0220，07/0274B22。

3.2　尾殘→大正 0220，07/0274B28。

8　8～9 世紀。吐蕃統治時期寫本。

9.1　楷書。

1.1　BD10405 號

1.3　藥師琉璃光如來本願功德經

1.4　L0534

2.1　10.9×13 厘米；1 紙；5 行。

2.3　卷軸裝。首尾均殘。殘片。有烏絲欄。已修整。

3.1　首殘→大正 0450，14/0405A03。

3.2　尾殘→大正 0450，14/0405A08。

8　7～8 世紀。唐寫本。

9.1　楷書。

1.1　BD10406 號

1.3　天地八陽神咒經

1.4　L0535

2.1　8×（6～9.7）厘米；2 紙；共 5 行。

2.3　卷軸裝。首尾均殘。通卷下殘。斷為 2 個殘片。有烏絲欄。已修整。

3.4　説明：

本遺書斷為 2 個殘片。托裱在紙上。情況如下：

A.3×6 厘米；1 紙；2 行，參見大正 2897，85/1425A14～15。

B.5×9.7 厘米；1 紙；3 行，參見大正 2897，85/1425A18～20。

5　與《大正藏》本對照，文字略有不同。

8　9～10 世紀。歸義軍時期寫本。

9.1　楷書。

1.1　BD10407 號

1.3　四分比丘尼羯磨法

1.4　L0536

2.1　8.3×9.8 厘米；1 紙；5 行。

2.3　卷軸裝。首尾均殘。通卷下殘。殘片。有烏絲欄。已修整。

3.1　首殘→大正 1434，22/1069B01。

3.2　尾殘→大正 1434，22/1069B06。

5　與《大正藏》本對照，文字有不同。

8　5～6 世紀。南北朝寫本。

9.1　楷書。

9.2　上邊有標記。

1.1 BD10408 號

1.3 大般若波羅蜜多經卷一七六

1.4 L0537

2.1 2.4×25 厘米；1 紙；1 行，行 17 字。

2.3 卷軸裝。首尾均殘。殘片。有烏絲欄。已修整。

3.1 首殘→大正 0220，05/0945C14。

3.2 尾殘→大正 0220，05/0945C15。

8 8~9 世紀。吐蕃統治時期寫本。

9.1 楷書。

1.1 BD10409 號

1.3 大般若波羅蜜多經卷一四六

1.4 L0538

2.1 30.1×5.1 厘米；1 紙；16 行。

2.3 卷軸裝。首尾均殘。通卷上殘。殘片。有烏絲欄。已修整。

3.1 首殘→大正 0220，05/0790C10。

3.2 尾殘→大正 0220，05/0790C25。

8 8~9 世紀。吐蕃統治時期寫本。

9.1 楷書。

1.1 BD10410 號

1.3 大乘稻芉經隨聽疏

1.4 L0539

2.1 16.3×14.7 厘米；1 紙；10 行。

2.3 卷軸裝。首尾均殘。通卷下殘。殘片。有烏絲欄。已修整。

3.1 首殘→大正 2782，85/0546B13。

3.2 尾殘→大正 2782，85/0546C02。

8 8~9 世紀。吐蕃統治時期寫本。

9.1 楷書。

9.2 有行間校加字。有硃筆科分。

1.1 BD10411 號

1.3 妙法蓮華經卷七

1.4 L0540

2.1 7.8×19 厘米；1 紙；4 行。

2.3 卷軸裝。首尾均殘。通卷上殘。殘片。已修整。

3.1 首殘→大正 0262，09/0058B26。

3.2 尾殘→大正 0262，09/0058B29。

6.3 與 BD10400 號為同遺書。

8 7~8 世紀。唐寫本。

9.1 楷書。

1.1 BD10412 號

1.3 大方廣佛華嚴經（晉譯五十卷本）卷三三

1.4 L0541

2.1 4.2×13.1 厘米；1 紙；2 行。

2.3 卷軸裝。首尾均殘。通卷下殘。殘片。有烏絲欄。已修整。

3.1 首殘→大正 0278，09/0645A19。

3.2 尾殘→大正 0278，09/0645A21。

8 5~6 世紀。南北朝寫本。

9.1 隸楷。

1.1 BD10413 號

1.3 大般涅槃經（北本）卷一五

1.4 L0542

2.1 10.8×9.8 厘米；1 紙；7 行。

2.3 卷軸裝。首尾均殘。通卷下殘。殘片。有烏絲欄。已修整。

3.1 首殘→大正 0374，12/0456B02。

3.2 尾殘→大正 0374，12/0456B08。

8 5~6 世紀。南北朝寫本。

9.1 隸書。

1.1 BD10414 號

1.3 維摩詰所說經卷中

1.4 L0543

2.1 2.6×7.1 厘米；1 紙；2 行。

2.3 卷軸裝。首尾均殘。通卷上下殘。小殘片。有烏絲欄。已修整。

3.1 首殘→大正 0475，14/0545C05。

3.2 尾殘→大正 0475，14/0545C07。

8 5~6 世紀。南北朝寫本。

9.1 隸楷。

1.1 BD10415 號

1.3 大方廣佛華嚴經（晉譯五十卷本）卷二九

1.4 L0544

2.1 2.9×17 厘米；1 紙；2 行。

2.3 卷軸裝。首尾均殘。通卷下殘。小殘片。

3.1 首殘→大正 0278，09/0617C27。

3.2 尾殘→大正 0278，09/0617C29。

8 5~6 世紀。南北朝寫本。

9.1 隸書。

1.1 BD10416 號

1.3 大寶積經卷六四

1.4 L0545

2.1 10.2×5.6 厘米；1 紙；4 行。

2.3 卷軸裝。首尾均殘。通卷上殘。小殘片。有烏絲欄。已修整。

3.1 首殘→大正 0310，11/0370C10。

3.2 尾殘→大正 0310，11/0370C13。

8 9~10 世紀。歸義軍時期寫本。

9.1 楷書。

1.1 BD10417 號

1.3 待考佛典（擬）

1.4 L0546

2.1 7.3×12.7 厘米；1 紙；4 行。

2.3 卷軸裝。首尾均殘。通卷上下殘。殘片。已修整。背有古代裱補。

3.3 錄文：

（首殘）

□…□倒側仰伏平坦方圓□…□/

□…□佛無佛眾生多少如□…□/

□…□等虛空界等於一念中□…□/

□…□際（？）令無有餘以巧方便□…□/

（錄文完）

8 7～8 世紀。唐寫本。

9.1 楷書。

1.1 BD10418 號

1.3 大般涅槃經（北本）卷七

1.4 L0547

2.1 13.7×15.9 厘米；1 紙；8 行。

2.3 卷軸裝。首尾均殘。通卷上殘。殘片。有烏絲欄。已修整。

3.1 首殘→大正 0374，12/0404C05。

3.2 尾殘→大正 0374，12/0404C13。

8 5～6 世紀。南北朝寫本。

9.1 隸楷。

1.1 BD10419 號

1.3 金剛般若波羅蜜經

1.4 L0548

2.1 12.6×13.3 厘米；1 紙；7 行。

2.3 卷軸裝。首尾均殘。通卷下殘。殘片。有烏絲欄。已修整。

3.1 首殘→大正 0235，08/0749A06。

3.2 尾殘→大正 0235，08/0749A12。

8 7～8 世紀。唐寫本。

9.1 楷書。

1.1 BD10420 號

1.3 大般涅槃經（北本）卷三

1.4 L0549

2.1 6×25 厘米；1 紙；3 行，行 17 字。

2.3 卷軸裝。首尾均殘。殘片。有烏絲欄。已修整。

3.1 首殘→大正 0374，12/0383B05。

3.2 尾殘→大正 0374，12/0383B07。

8 5～6 世紀。南北朝寫本。

9.1 楷書。

1.1 BD10421 號

1.3 大般涅槃經（北本）卷七

1.4 L0550

2.1 9.6×9.8 厘米；1 紙；4 行。

2.3 卷軸裝。首尾均殘。通卷下殘。小殘片。有烏絲欄。已修整。

3.1 首殘→大正 0374，12/0408A05。

3.2 尾殘→大正 0374，12/0408A08。

8 5～6 世紀。南北朝寫本。

9.1 楷書。

1.1 BD10422 號

1.3 金剛般若波羅蜜經

1.4 L0551

2.1 10.8×16 厘米；1 紙；6 行。

2.3 卷軸裝。首尾均殘。通卷下殘。殘片。已修整。

3.1 首殘→大正 0235，08/0749A19。

3.2 尾殘→大正 0235，08/0749A26。

8 9～10 世紀。歸義軍時期寫本。

9.1 楷書。

1.1 BD10423 號

1.3 齋文兩道（擬）

1.4 L0552

2.1 18.5×12 厘米；1 紙；8 行。

2.3 卷軸裝。首尾均殘。通卷下殘。殘片。中有破裂和殘洞。已修整。

3.3 錄文：

（首殘）

以斯□開□…□/

啓無為多□…□/

音一□永（？）悟無生□…□/

福，蕩千灾，增萬□…□/

□文：夫慈悲普化□…□/

□□道故使維□…□/

□…□往於方□…□/

□…□表□…□/

（錄文完）

3.4 說明：

本遺書共 8 行，前 4 行、後 4 行分別抄寫兩道齋文。

8 9～10 世紀。歸義軍時期寫本。

9.1 行楷

1.1 BD10424 號

1.3 維摩詰所說經卷上

1.4 L0553

2.1 6×6.5 厘米；1 紙；3 行。

2.3 卷軸裝。首全尾殘。通卷上下殘。小殘片。有烏絲欄。已

修整。

3.1　首殘→大正 0475，14/0537A01。

3.2　尾殘→大正 0475，14/0537A05。

4.1　□…□經，一名不□…□（首）。

8　9～10 世紀。歸義軍時期寫本。

9.1　楷書。

1.1　BD10425 號

1.3　父母恩重經

1.4　L0554

2.1　3.3×1.5 厘米；1 紙；1 行。

2.3　卷軸裝。首尾均殘。通卷下殘。小殘片。有烏絲欄。已修整。

3.1　首殘→大正 2887，85/1404A10。

3.2　尾殘→大正 2887，85/1404A10。

8　7～8 世紀。唐寫本。

9.1　楷書。

1.1　BD10426 號

1.3　佛經流通分殘片（擬）

1.4　L0555

2.1　3.6×18.4 厘米；1 紙；1 行。

2.3　卷軸裝。首尾均殘。通卷下殘。小殘片。有烏絲欄。

3.4　説明：

本遺書僅殘留 "人阿修羅等聞佛所説歡" 一行，此為佛經流通分之語，可見《小品般若經》、《大寶積經》、《如來莊嚴智慧光明入一切佛境界經》、《阿彌陀經》等多部經典。

8　7～8 世紀。唐寫本。

9.1　楷書。

1.1　BD10427 號

1.3　淨名經集解關中疏

1.4　L0556

2.1　4.6×7.2 厘米；1 紙；3 行。

2.3　卷軸裝。首尾均殘。通卷上下殘。小殘片。有烏絲欄。已修整。

3.1　首殘→大正 2777，85/0442C29。

3.2　尾殘→大正 2777，85/0443A04。

8　8～9 世紀。吐蕃統治時期寫本。

9.1　楷書。

1.1　BD10428 號

1.3　楞伽師資記

1.4　L0557

2.1　10.3×11.6 厘米；2 紙；7 行。

2.2　01：08.4，06；　02：01.9，01。

2.3　卷軸裝。首尾均殘。通卷上殘。殘片。已修整。

3.1　首殘→大正 2837，85/1285C21。

3.2　尾殘→大正 2837，85/1285C29。

8　8 世紀。唐寫本。

9.1　楷書。

1.1　BD10429 號

1.3　妙法蓮華經卷一

1.4　L0558

2.1　3.2×12.9 厘米；1 紙；2 行。

2.3　卷軸裝。首尾均殘。通卷下殘。小殘片。有烏絲欄。

3.1　首殘→大正 0262，09/0005B04。

3.2　尾殘→大正 0262，09/0005B06。

8　5～6 世紀。南北朝寫本。

9.1　隸楷。

1.1　BD10430 號

1.3　維摩詰所説經卷中

1.4　L0559

2.1　4×7 厘米；1 紙；2 行。

2.3　卷軸裝。首尾均殘。通卷上下殘。小殘片。有烏絲欄。已修整。

3.1　首殘→大正 0475，14/0544C10。

3.2　尾殘→大正 0475，14/0544C11。

8　5～6 世紀。南北朝寫本。

9.1　隸楷。

1.1　BD10431 號

1.3　妙法蓮華經卷六

1.4　L0560

2.1　10.1×18.3 厘米；1 紙；5 行。

2.3　卷軸裝。首尾均殘。通卷下殘。殘片。麻紙，未入潢。有烏絲欄。已修整。

3.1　首殘→大正 0262，09/0050C04。

3.2　尾殘→大正 0262，09/0050C08。

8　7～8 世紀。唐寫本。

9.1　楷書。

1.1　BD10432 號

1.3　妙法蓮華經卷四

1.4　L0561

2.1　18.2×11 厘米；1 紙；8 行。

2.3　卷軸裝。首尾均殘。通卷上下殘。殘片。有烏絲欄。已修整。

3.1　首殘→大正 0262，09/0035B26。

3.2　尾殘→大正 0262，09/0035C09。

8　8 世紀。唐寫本。

9.1　楷書。

1.1 BD10433 號

1.3 妙法蓮華經卷一

1.4 L0562

2.1 9.5×12 厘米；1 紙；5 行。

2.3 卷軸裝。首殘尾斷。通卷下殘。殘片。有烏絲欄。已修整。

3.1 首殘→大正 0262，09/0002A16。

3.2 尾殘→大正 0262，09/0002A21。

8 7～8 世紀。唐寫本。

9.1 楷書。

1.1 BD10434 號

1.3 放光般若經卷一七

1.4 L0563

2.1 3×25.1 厘米；1 紙；3 行。

2.3 卷軸裝。首尾均殘。殘片。有烏絲欄。已修整。

3.1 首殘→大正 0221，08/0122A26。

3.2 尾殘→大正 0221，08/0122A29。

8 5～6 世紀。南北朝寫本。

9.1 楷書。

1.1 BD10435 號

1.3 金光明最勝王經卷一

1.4 L0564

2.1 6×16.3 厘米；1 紙；4 行。

2.3 卷軸裝。首尾均殘。通卷下殘。殘片。有烏絲欄。已修整。

3.1 首殘→大正 0665，16/0404C29。

3.2 尾殘→大正 0665，16/0405A03。

8 8～9 世紀。吐蕃統治時期寫本。

9.1 楷書。

1.1 BD10436 號

1.3 本願藥師經古跡上

1.4 L0565

2.1 7.8×7 厘米；1 紙；4 行。

2.3 卷軸裝。首尾均殘。通卷上殘。殘片。有烏絲欄。已修整。

3.1 首殘→大正 1770，38/0258A26。

3.2 尾殘→大正 1770，38/0258A29。

8 8 世紀。唐寫本。

9.1 楷書。

1.1 BD10437 號

1.3 大般涅槃經（北本）卷二六

1.4 L0566

2.1 3.5×25.5 厘米；1 紙；5 行。

2.3 卷軸裝。首尾均殘。殘片。有烏絲欄。已修整。

3.1 首殘→大正 0374，12/0520B13。

3.2 尾殘→大正 0374，12/0520B18。

8 5～6 世紀。南北朝寫本。

9.1 隸楷

1.1 BD10438 號

1.3 大般若波羅蜜多經卷一八六

1.4 L0567

2.1 12.7×8.5 厘米；1 紙；7 行。

2.3 卷軸裝。首尾均殘。通卷上殘。殘片。有烏絲欄。已修整。

3.1 首殘→大正 0220，05/0999B29。

3.2 尾殘→大正 0220，05/0999C06。

8 8～9 世紀。吐蕃統治時期寫本。

9.1 楷書。

1.1 BD10439 號

1.3 摩訶僧祇律卷五

1.4 L0568

2.1 4.3×26.1 厘米；1 紙；3 行，行 20 字。

2.3 卷軸裝。首尾均殘。殘片。有烏絲欄。已修整。

3.1 首殘→大正 1425，22/0268A08。

3.2 尾殘→大正 1425，22/0268A12。

8 5～6 世紀。南北朝寫本。

9.1 隸書。

1.1 BD10440 號

1.3 大智度論卷一三

1.4 L0569

2.1 8.1×26.1 厘米；1 紙；4 行，行 17 字。

2.3 卷軸裝。首尾均殘。殘片。有烏絲欄。已修整。

3.1 首殘→大正 1509，25/0154B25。

3.2 尾殘→大正 1509，25/0154B29。

8 6 世紀。南北朝寫本。

9.1 楷書。

1.1 BD10441 號

1.3 大般涅槃經（北本）卷二八

1.4 L0570

2.1 12.6×17.4 厘米；1 紙；7 行。

2.3 卷軸裝。首尾均殘。通卷上殘。殘片。有烏絲欄。有紅色污痕。已修整。

3.1 首殘→大正 0374，12/0530A15。

3.2 尾殘→大正 0374，12/0530A21。

8 6 世紀。南北朝寫本。

9.1 楷書。

1.1 BD10442 號

1.3 大乘入道次第

1.4 L0571

2.1 18.3×28.1 厘米；1 紙；正面 8 行，行 26 字；背面 8 行，行 22 字。

2.3 卷軸裝。首尾均殘。殘片。已修整。

2.4 本遺書包括 2 個文獻：（一）《大乘入道次第》，8 行，抄寫在正面，今編為 BD10442 號。（二）《花嚴經探玄記》卷一，8 行，抄寫在背面，今編為 BD10442 號背。

3.1 首殘→大正 1864，45/0467A04。

3.2 尾殘→大正 1864，45/0467A16。

8 7～8 世紀。唐寫本。

9.1 楷書。

1.1 BD10442 號背

1.3 花嚴經探玄記卷一

1.4 L0571

2.4 本遺書由 2 個文獻組成，本文獻為第 2 個，8 行，抄寫在背面，餘參見 BD10442 號第 2 項。

3.1 首殘→大正 1733，35/0403B03。

3.2 尾殘→大正 1733，35/0403B12。

8 8 世紀。唐寫本。

9.1 行書。有合體字"菩薩"。

1.1 BD10443 號

1.3 佛經殘片（擬）

1.4 L0572

2.1 2.7×6.7 厘米；1 紙；1 行。

2.3 卷軸裝。首尾均殘。通卷上殘。小殘片。有烏絲欄。已修整。

3.4 說明：
本遺書上可辨僅有 1 個"薩"字。

8 5～6 世紀。南北朝寫本。

9.1 楷書。

1.1 BD10444 號

1.3 天地八陽神咒經

1.4 L0573

2.1 12×8.5 厘米；1 紙；5 行。

2.3 卷軸裝。首尾均殘。通卷上殘。殘片。經黃打紙。有烏絲欄。已修整。

3.1 首殘→大正 2897，85/1423C26。

3.2 尾殘→大正 2897，85/1424A04。

8 7～8 世紀。唐寫本。

9.1 楷書。

1.1 BD10445 號

1.3 大般若波羅蜜多經卷一六三

1.4 L0574

2.1 14.1×14.3 厘米；1 紙；7 行。

2.3 卷軸裝。首尾均殘。通卷上殘。殘片。背有古代裱補。有烏絲欄。已修整。

3.1 首殘→大正 0220，05/0876A06。

3.2 尾殘→大正 0220，05/0876A14。

4.1 □…□一百六十三/□…□十一，三藏法師玄奘奉詔譯（首）。

7.1 背有勘記"十七"及題記"惠海經不同"。

8 8～9 世紀。吐蕃統治時期寫本。

9.1 楷書。

1.1 BD10446 號

1.3 大般若波羅蜜多經卷二〇七

1.4 L0575

2.1 18.5×8.8 厘米；1 紙；10 行。

2.3 卷軸裝。首尾均殘。通卷上殘。殘片。有烏絲欄。已修整。

3.1 首殘→大正 0220，06/0032A16。

3.2 尾殘→大正 0220，06/0032A26。

8 8～9 世紀。吐蕃統治時期寫本。

9.1 楷書。

1.1 BD10447 號

1.3 摩訶般若波羅蜜經卷二七

1.4 L0576

2.1 6.8×22.7 厘米；1 紙；4 行，行 17 字。

2.3 卷軸裝。首尾均殘。殘片。有烏絲欄。已修整。

3.1 首殘→大正 0223，08/0423B20～21。

3.2 尾殘→大正 0223，08/0443B24～25。

5 與《大正藏》本對照，文字略有參差，但與《資福藏》、《普寧藏》、《嘉興藏》等諸藏相同。

8 6 世紀。南北朝寫本。

9.1 隸楷。

1.1 BD10448 號

1.3 摩訶般若波羅蜜經卷一九

1.4 L0577

2.1 9.2×5.4 厘米；1 紙；5 行。

2.3 卷軸裝。首尾均殘。通卷上殘。小殘片。有烏絲欄。已修整。

3.1 首殘→大正 0223，08/0358B24。

3.2 尾殘→大正 0223，08/0358B28。

8 5～6 世紀。南北朝寫本。

9.1 楷書。

1.1 BD10449 號

1.3 大方等陀羅尼經卷二

1.4 L0578

2.1 11.4×20 厘米；1 紙；7 行。

2.3 卷軸裝。首尾均殘。通卷下殘。殘片。有殘洞。有烏絲欄。
已修整。

3.1 首殘→大正 1339，21/0648A02。

3.2 尾殘→大正 1339，21/0648A08。

8　7～8 世紀。唐寫本。

9.1 楷書。

1.1 BD10450 號

1.3 待考佛經（擬）

1.4 L0579

2.1 6.2×5.1 厘米；1 紙；2 行。

2.3 卷軸裝。首尾均殘。小殘片。經黃紙。有烏絲欄。已修整。

3.3 錄文：

（首殘）

□…□佛說咒曰□…□/

□…□上陁夜藥□…□/

（錄文完）

8　7～8 世紀。唐寫本。

9.1 楷書。

1.1 BD10451 號

1.3 習字雜寫（擬）

1.4 L0580

2.1 8.5×10 厘米；1 紙；正面 5 行，背面 4 行。

2.3 卷軸裝。首尾均殘。通卷上下殘。小殘片。已修整。

3.4 說明：

此件正面有"人之相"，背面有"盡古"習字雜寫。

7.2 正面疑有印章痕跡。

8　9～10 世紀。歸義軍時期寫本。

9.1 楷書。

1.1 BD10452 號

1.3 金光明最勝王經卷九

1.4 L0581

2.1 10.1×13.5 厘米；1 紙；5 行。

2.3 卷軸裝。首尾均殘。通卷上殘。殘片。已修整。

3.1 首殘→大正 0665，16/0444C15。

3.2 尾殘→大正 0665，16/0444C19。

8　8 世紀。唐寫本。

9.1 楷書。

1.1 BD10453 號

1.3 待考佛典（擬）

1.4 L0582

2.1 18.6×6.4 厘米；1 紙；9 行。

2.3 卷軸裝。首尾均殘。通卷上下殘。殘片。有烏絲欄。已修
整。

3.3 錄文：

（首殘）

□…□有十一□…□/

□…□/

□…□也。教者□…□/

□…□天，既生彼□…□/

□…□魚林中□…□/

□…□為菩薩□…□/

□…□如人入海採求□…□/

□…□太常卿警□…□/

□…□西南為正此□…□/

□…□漢明帝者□…□/

（錄文完）

8　9～10 世紀。歸義軍時期寫本。

9.1 楷書。

1.1 BD10454 號

1.3 大般若波羅蜜多經卷二五五

1.4 L0583

2.1 16×7.9 厘米；1 紙；7 行。

2.3 卷軸裝。首全尾殘。通卷上殘。殘片。有烏絲欄。已修整。

3.1 首殘→大正 0220，06/0289A13。

3.2 尾殘→大正 0220，06/0289A21。

4.1 □…□師玄奘奉詔譯（首）。

8　8～9 世紀。吐蕃統治時期寫本。

9.1 楷書。

1.1 BD10455 號

1.3 大方廣佛華嚴經（晉譯五十卷本）卷四九

1.4 L0584

2.1 8.7×26.5 厘米；1 紙；5 行，行 17 字。

2.3 卷軸裝。首尾均殘。殘片。有烏絲欄。已修整。

3.1 首殘→大正 0278，09/0773B03。

3.2 尾殘→大正 0278，09/0773B08。

8　5～6 世紀。南北朝寫本。

9.1 楷書。

1.1 BD10456 號

1.3 妙法蓮華經卷六

1.4 L0585

2.1 16×25 厘米；1 紙；9 行，行 17 字。

2.3 卷軸裝。首尾均殘。殘片。經黃紙。有烏絲欄。已修整。

3.1 首殘→大正 0262，09/0046C19。

3.2 尾殘→大正 0262，09/0046C28。

8　7～8 世紀。唐寫本。

9.1 楷書。

1.1 BD10457 號

1.3 灌頂章句拔除過罪生死得度經

1.4 L0586

2.1 11.4×6.7 厘米；1 紙；5 行。

2.3 卷軸裝。首尾均殘。通卷上殘。小殘片。有烏絲欄。已修整。

3.1 首殘→大正 1331，21/0536A04。

3.2 尾殘→大正 1331，21/0536A10。

8 8 世紀。唐寫本。

9.1 楷書。

1.1 BD10458 號

1.3 待考殘片五塊（擬）

1.4 L0587

2.1 17.8×（10～27）厘米；5 紙；正面 5 行，背面 4 行。

2.3 卷軸裝。首尾均殘。斷為 5 個殘片。粘在托裱紙上。已修整。

3.4 說明：

此件為 5 個殘片。托裱在紙上。情況分別如下：

A. 3.9×26.7 厘米；1 紙；正面 2 行，文字為"□…□修造主等昨者/見說修□…□"。背面 2 行，為習字雜寫，有"讀"、"弘"、"斯之"等字。

B. 2.7×27 厘米；1 紙；1 行，文字為"尋常每到開筵日，應是諸僚總上堂"。背面為習字雜寫"佛"。

C. 4.2×16 厘米；1 紙；1 行，文字為"□□□事上功勳直問玄"。背面為習字雜寫"語"。

D. 4×11.8 厘米；1 紙；1 行，僅一字，字跡不清。背面為素紙，有深色顏料塗抹。

E. 3×10 厘米；1 紙；素紙。背面為素紙。

故本遺書正面原來抄寫某文獻，現在文字殘缺，尚須攷定。背面則為習字雜寫，可能曾經用作袟皮。

8 7～8 世紀。唐寫本。

9.1 楷書。

1.1 BD10459 號

1.3 瑜伽師地論卷三四

1.4 L0588

2.1 7.6×6.7 厘米；1 紙；5 行。

2.3 卷軸裝。首尾均殘。通卷上下殘。小殘片。有烏絲欄。已修整。

3.1 首殘→大正 1579，30/0476B11。

3.2 尾殘→大正 1579，30/0476B19。

8 9～10 世紀。歸義軍時期寫本。

9.1 楷書。

10 背面有一枚方形陽文硃印，1.8×1.8 厘米；印文不清。

1.1 BD10460 號

1.3 護首（大般涅槃經）

1.4 L0589

2.1 2.2×12.3 厘米；1 紙；1 行。

2.3 卷軸裝。首尾均殘。殘片。已修整。

3.4 說明：

此件為護首，上有經名"大般涅槃經卷第廿五"。

8 7～8 世紀。唐寫本。

9.1 楷書。

1.1 BD10461 號

1.3 妙法蓮華經卷四

1.4 L0590

2.1 14.2×12.1 厘米；1 紙；7 行。

2.3 卷軸裝。首尾均殘。通卷上殘。殘片。經黃紙。有烏絲欄。已修整。

3.1 首殘→大正 0262，09/0028A02。

3.2 尾殘→大正 0262，09/0028A10。

8 7～8 世紀。唐寫本。

9.1 楷書。

1.1 BD10462 號

1.3 佛名經（十二卷本）卷一二

1.4 L0591

2.1 15.9×16.2 厘米；2 紙；9 行。

2.2 01：10.8，06；　02：05.1，03。

2.3 卷軸裝。首尾均殘。通卷上下殘。殘片。有烏絲欄。已修整。

3.1 首殘→大正 0440，14/0182C15。

3.2 尾殘→大正 0440，14/0182C22。

8 7～8 世紀。唐寫本。

9.1 楷書。

1.1 BD10463 號

1.3 金光明最勝王經卷一

1.4 L0592

2.1 11×13.3 厘米；1 紙；6 行。

2.3 卷軸裝。首尾均殘。通卷上殘。殘片。有烏絲欄。已修整。

3.1 首殘→大正 0665，16/0405C19。

3.2 尾殘→大正 0665，16/0405C24。

8 8～9 世紀。吐蕃統治時期寫本。

9.1 楷書。

1.1 BD10464 號

1.3 大智度論卷三六

1.4 L0593

2.1 11.3×6.5 厘米；1 紙；4 行。

2.3 卷軸裝。首尾均殘。通卷上殘。小殘片。有烏絲欄。已修

整。
3.1　首殘→大正 1509，25/0324B08。
3.2　尾殘→大正 1509，25/0324B11。
8　　6 世紀。南北朝寫本。
9.1　楷書。

1.1　BD10465 號
1.3　四分比丘尼戒本
1.4　L0594
2.1　15×10 厘米；1 紙；3 行。
2.3　卷軸裝。首尾均殘。通卷下殘。殘片。有烏絲欄。已修整。
3.1　首殘→大正 1431，22/1032A05。
3.2　尾殘→大正 1431，22/1032A09。
8　　9~10 世紀。歸義軍時期寫本。
9.1　楷書。

1.1　BD10466 號
1.3　待考佛經（擬）
1.4　L0595
2.1　9.3×13 厘米；1 紙；6 行。
2.3　卷軸裝。首尾均殘。通卷下殘。殘片。已修整。
3.3　錄文：
　　（首殘）
　　□…□心有□…□/
　　土其土穢雜凡石丘□…□/
　　更相殘害所有人民□…□/
　　十惡業耽著聲色愛□…□/
　　放蕩嗔恚煞盜執□…□/
　　□如影隨形五苦八難□…□/
　　（錄文完）
8　　7~8 世紀。唐寫本。
9.1　楷書。

1.1　BD10467 號
1.3　妙法蓮華經卷三
1.4　L0596
2.1　13.2×8.9 厘米；1 紙；8 行。
2.3　卷軸裝。首尾均殘。通卷上殘。殘片。有烏絲欄。已修整。
3.1　首殘→大正 0262，09/0020C12。
3.2　尾殘→大正 0262，09/0020C21。
8　　9~10 世紀。歸義軍時期寫本。
9.1　楷書。

1.1　BD10468 號
1.3　維摩詰所說經卷中
1.4　L0597
2.1　7.5×13 厘米；1 紙；3 行。

2.3　卷軸裝。首尾均殘。通卷上殘。殘片。有烏絲欄。已修整。
3.1　首殘→大正 0475，14/0545C28。
3.2　尾殘→大正 0475，14/0546A01。
8　　5~6 世紀。南北朝寫本。
9.1　隸楷。

1.1　BD10469 號
1.3　金剛般若波羅蜜經
1.4　L0598
2.1　17×10.3 厘米；2 紙；9 行。
2.2　01：11.0，06；　　02：06.0，03。
2.3　卷軸裝。首尾均殘。通卷上殘。殘片。有烏絲欄。已修整。
3.1　首殘→大正 0235，08/0750A14。
3.2　尾殘→大正 0235，08/0750A23。
8　　9~10 世紀。歸義軍時期寫本。
9.1　楷書。

1.1　BD10470 號
1.3　大般涅槃經（北本）卷四〇
1.4　L0599
2.1　1.9×16.3 厘米；1 紙；1 行。
2.3　卷軸裝。首尾均殘。通卷上下殘。小殘片。有烏絲欄。已修整。
3.1　首殘→大正 0374，12/0603A02。
3.2　尾殘→大正 0374，12/0603A03。
8　　5~6 世紀。南北朝寫本。
9.1　隸楷。

1.1　BD10471 號
1.3　護首（大般若波羅蜜多經）
1.4　L0600
2.1　2.6×15.4 厘米；1 紙；1 行。
2.3　卷軸裝。首尾均殘。殘片。有烏絲欄。已修整。
3.4　說明：
　　此件為護首經名，上有 "大般若波羅蜜多經卷第二百六十一" 及經名號。
8　　7~8 世紀。唐寫本。
9.1　楷書。

1.1　BD10472 號
1.3　妙法蓮華經卷五
1.4　L0601
2.1　15.5×11.5 厘米；2 紙；9 行，行20字。
2.2　01：11.0，06；　　02：04.5，03。
2.3　卷軸裝。首尾均殘。通卷上殘。殘片。有烏絲欄。已修整。
3.1　首殘→大正 0262，09/0046A24。
3.2　尾殘→大正 0262，09/0046B10。

8　　7～8 世紀。唐寫本。

9.1　楷書。

1.1　BD10473 號

1.3　妙法蓮華經卷七

1.4　L0602

2.1　12×12 厘米；1 紙；5 行。

2.3　卷軸裝。首尾均殘。通卷上殘。殘片。有烏絲欄。已修整。

3.1　首殘→大正 0262，09/0059A05。

3.2　尾殘→大正 0262，09/0059A12。

8　　5～6 世紀。南北朝寫本。

9.1　隸楷。

1.1　BD10474 號

1.3　待考經疏殘片（擬）

1.4　L0603

2.1　13.5×4 厘米；1 紙；9 行。

2.3　卷軸裝。首尾均殘。通卷上殘。殘片。正面、背面均有烏絲欄。

3.3　錄文：

　　（首殘）

　　　□…□所說四種/

　　　□…□此立誓/

　　　□…□天論彼/

　　　□…□淨天/

　　　□…□等三生/

　　　□…□問中言/

　　　□…□隨風令/

　　　□…□四隨他/

　　　□…□雖少/

　　（錄文完）。

8　　8～9 世紀。吐蕃統治時期寫本。

9.1　行楷。

9.2　有倒乙。有硃筆斷句及點標。

1.1　BD10475 號

1.3　大般若波羅蜜多經卷二七七

1.4　L0604

2.1　13.1×14.7 厘米；1 紙；8 行。

2.3　卷軸裝。首尾均殘。通卷下殘。殘片。有烏絲欄。已修整。

3.1　首殘→大正 0220，06/0403B22。

3.2　尾殘→大正 0220，06/0403C01。

8　　8～9 世紀。吐蕃統治時期寫本。

9.1　楷書。

1.1　BD10476 號

1.3　善惡因果經

1.4　L0605

2.1　18×20.5 厘米；1 紙；9 行。

2.3　卷軸裝。首尾均殘。通卷下殘。殘片。已修整。

3.1　首 4 行上殘→大正 2881，85/1381C22～25。

3.2　尾殘→大正 2881，85/1382A03。

5　　與《大正藏》本對照，文字略有不同。

8　　9～10 世紀。歸義軍時期寫本。

9.1　楷書。

1.1　BD10477 號

1.3　大方廣佛華嚴經（晉譯五十卷本）卷三七

1.4　L0606

2.1　3×8 厘米；1 紙；2 行。

2.3　卷軸裝。首尾均殘。通卷上下殘。殘片。有烏絲欄。

3.1　首殘→大正 0278，09/0677B07。

3.2　尾殘→大正 0278，09/0677B08。

8　　5～6 世紀。南北朝寫本。

9.1　隸書。

1.1　BD10478 號

1.3　金剛般若波羅蜜經

1.4　L0607

2.1　81×10 厘米；1 紙；4 行。

2.3　卷軸裝。首尾均殘。通卷上殘。殘片。已修整。

3.1　首殘→大正 0235，08/0749B06。

3.2　尾殘→大正 0235，08/0749B09。

8　　7～8 世紀。唐寫本。

9.1　楷書。

1.1　BD10479 號

1.3　大般若波羅蜜多經卷五〇六

1.4　L0608

2.1　8.5×10.5 厘米；1 紙；5 行。

2.3　卷軸裝。首尾均殘。通卷下殘。殘片。有烏絲欄。已修整。

3.1　首殘→大正 0220，07/0579C10。

3.2　尾殘→大正 0220，07/0579C14。

5　　與《大正藏》本對照，尾行文字不同。

8　　8 世紀。唐寫本。

9.1　楷書。

1.1　BD10480 號

1.3　護首（大般若波羅蜜多經）

1.4　L0609

2.1　3×12.5 厘米；1 紙；1 行。

2.3　卷軸裝。首尾均殘。殘片。

3.4　說明：

　　此件為《大般若波羅蜜多經》護首，上有經名殘字"大般

若波羅蜜多經卷第□…□"及經名號。

8　8～9世紀。吐蕃統治時期寫本。

9.1　楷書。

1.1　BD10481 號

1.3　金剛般若波羅蜜經

1.4　L0610

2.1　6.9×15.7 厘米；1 紙；4 行。

2.3　卷軸裝。首尾均殘。通卷下殘。殘片。經黃紙。有烏絲欄。已修整。

3.1　首殘→大正 0235，08/0749A26。

3.2　尾殘→大正 0235，08/0749A29。

8　7～8世紀。唐寫本。

9.1　楷書。

1.1　BD10482 號

1.3　金光明最勝王經卷一〇

1.4　L0611

2.1　6.5×11 厘米；2 紙；4 行。

2.2　01：03.5，02；　　02；03.0，02。

2.3　卷軸裝。首尾均殘。通卷上殘。殘片。有烏絲欄。已修整。

3.1　首殘→大正 0665，16/0451A18。

3.2　尾殘→大正 0665，16/0451A22。

8　8～9世紀。吐蕃統治時期寫本。

9.1　楷書。

1.1　BD10483 號

1.3　金光明最勝王經卷六

1.4　L0612

2.1　25.4×15 厘米；1 紙；15 行。

2.3　卷軸裝。首尾均殘。有烏絲欄。已修整。

3.1　首殘→大正 0665，16/0432B01。

3.2　尾殘→大正 0665，16/0432B15。

8　8～9世紀。吐蕃統治時期寫本。

9.1　楷書。

1.1　BD10484 號

1.3　金光明最勝王經卷七

1.4　L0613

2.1　17.8×26.1 厘米；1 紙；10 行。

2.3　卷軸裝。首尾均殘。殘片。有烏絲欄。已修整。

3.1　首殘→大正 0665，16/0437B12。

3.2　尾殘→大正 0665，16/0437B21。

8　8世紀。唐寫本。

9.1　楷書。

1.1　BD10485 號

1.3　勝鬘師子吼一乘大方便方廣經

1.4　L0614

2.1　9.5×12 厘米；1 紙；5 行。

2.3　卷軸裝。首尾均殘。通卷上殘。殘片。背有古代裱補。有烏絲欄。已修整。

3.1　首殘→大正 0353，12/0221C03。

3.2　尾殘→大正 0353，12/0221C07。

8　7～8世紀。唐寫本。

9.1　楷書。

1.1　BD10486 號

1.3　妙法蓮華經卷五

1.4　L0615

2.1　11×11 厘米；1 紙；5 行。

2.3　卷軸裝。首尾均殘。通卷上殘。殘片。有烏絲欄。已修整。

3.1　首殘→大正 0262，09/0042C04。

3.2　尾殘→大正 0262，09/0042C09。

8　7～8世紀。唐寫本。

9.1　楷書。

1.1　BD10487 號

1.3　大方廣佛華嚴經（晉譯五十卷本）卷三

1.4　L0616

2.1　8.5×11 厘米；1 紙；1 行。

2.3　卷軸裝。首尾均殘。通卷下殘。殘片。有燕尾。有烏絲欄。已修整。

3.4　説明：

　　　此件上僅有尾題"華嚴經卷第三"。

4.2　華嚴經卷第三（尾）。

8　5～6世紀。南北朝寫本。

9.1　隸楷。

1.1　BD10488 號

1.3　大智度論卷二四

1.4　L0617

2.1　18×10.5 厘米；1 紙；11 行。

2.3　卷軸裝。首尾均殘。通卷下殘。殘片。有烏絲欄。

3.1　首殘→大正 1509，25/0236C09。

3.2　尾殘→大正 1509，25/0236C21。

8　5～6世紀。南北朝寫本。

9.1　楷書。

1.1　BD10489 號

1.3　大方廣佛華嚴經（晉譯五十卷本）卷一八

1.4　L0618

2.1　36.5×26.5 厘米；2 紙；21 行。

2.2　01：25.0，13；　　02：11.5，07。

2.3　卷軸裝。首尾均殘。殘片。有烏絲欄。已修整。

3.1　首 11 行下殘→大正 0278，09/0537C29～A11。

3.2　尾 2 行上殘→大正 0278，09/0538A19～21。

8　　5～6 世紀。南北朝寫本。

9.1　隸書。

1.1　BD10490 號

1.3　妙法蓮華經卷七

1.4　L0619

2.1　15×15 厘米；1 紙；9 行。

2.3　卷軸裝。首尾均殘。通卷上殘。殘片。已修整。

3.1　首殘→大正 0262，09/0055B17。

3.2　尾殘→大正 0262，09/0055B26。

8　　9～10 世紀。歸義軍時期寫本。

9.1　楷書。

1.1　BD10491 號

1.3　金剛般若波羅蜜經

1.4　L0620

2.1　8.5×13.6 厘米；1 紙；5 行。

2.3　卷軸裝。首尾均殘。通卷下殘。殘片。有烏絲欄。

3.1　首殘→大正 0235，08/0752A03。

3.2　尾殘→大正 0235，08/0752A07。

8　　8～9 世紀。吐蕃統治時期寫本。

9.1　楷書。

1.1　BD10492 號

1.3　妙法蓮華經卷三

1.4　L0621

2.1　7×9.5 厘米；1 紙；5 行。

2.3　卷軸裝。首尾均殘。通卷上殘。有烏絲欄。已修整。

3.1　首殘→大正 0262，09/0019B01。

3.2　尾殘→大正 0262，09/0019B05。

8　　7～8 世紀。唐寫本。

9.1　楷書。

1.1　BD10493 號

1.3　金剛般若波羅蜜經

1.4　L0622

2.1　13.2×16 厘米；1 紙；7 行。

2.3　卷軸裝。首尾均殘。殘片。有烏絲欄。已修整。

3.1　首殘→大正 0235，08/0749A09。

3.2　尾殘→大正 0235，08/0749A15。

8　　9～10 世紀。歸義軍時期寫本。

9.1　楷書。

1.1　BD10494 號

1.3　妙法蓮華經卷五

1.4　L0623

2.1　13.5×5.5 厘米；1 紙；8 行。

2.3　卷軸裝。首尾均殘。經黃紙。通卷上下殘。殘片。

3.1　首殘→大正 0262，09/0039A18。

3.2　尾殘→大正 0262，09/0039A28。

8　　7～8 世紀。唐寫本。

9.1　楷書。

1.1　BD10495 號

1.3　金剛般若波羅蜜經

1.4　L0624

2.1　6×5 厘米；1 紙；3 行。

2.3　卷軸裝。首尾均殘。通卷上殘。小殘片。有烏絲欄。

3.1　首殘→大正 0235，08/0750C07。

3.2　尾殘→大正 0235，08/0750C10。

8　　7～8 世紀。唐寫本。

9.1　楷書。

1.1　BD10496 號

1.3　妙法蓮華經卷五

1.4　L0625

2.1　14×15.5 厘米；1 紙；9 行。

2.3　卷軸裝。首尾均殘。經黃打紙。有烏絲欄。

3.1　首殘→大正 0262，09/0042A27。

3.2　尾殘→大正 0262，09/0042B07。

8　　7～8 世紀。唐寫本。

9.1　楷書。

1.1　BD10497 號

1.3　觀世音經

1.4　L0626

2.1　21.5×16 厘米；1 紙；11 行。

2.3　卷軸裝。首全尾殘。通卷下殘。有烏絲欄。

3.1　首殘→大正 0262，09/0056C02。

3.2　尾殘→大正 0262，09/0056C12。

4.1　妙法蓮華經觀世□…□（首）。

8　　7～8 世紀。唐寫本。

9.1　楷書。

1.1　BD10498 號

1.3　中論卷一

1.4　L0627

2.1　21×25 厘米；1 紙；正面 11 行。背面 10 行。

2.3　卷軸裝。首尾均殘。通卷上下多殘缺。有烏絲欄。已修整。

2.4　本遺書包括 2 個文獻：（一）《中論》卷一，11 行，抄寫在正面，今編為 BD10498 號。（二）《龍樹菩薩傳》，10 行，抄寫

在背面，今編為 BD10498 號背。

3.1　首殘→大正 1564，30/0007A23。

3.2　尾殘→大正 1564，30/0007B06。

8　5 世紀。南北朝寫本。

9.1　隸書。

9.2　有重文號。

1.1　BD10498 號背

1.3　龍樹菩薩傳

1.4　L0627

2.4　本遺書由 2 個文獻組成，本文獻為第 2 個，10 行，抄寫在背面，餘參見 BD10498 號第 2 項。

3.1　首殘→大正 2047a，50/0184C09。

3.2　尾殘→大正 2047a，50/0184C19。

3.3　錄文：

（首殘）

□…□龍宮壁中，發七寶□…□/

方等深［奧］經典，無量妙法授□…□/

讀九十日，通解甚多。其心深入，體得實□…□/

［其］心而問之曰："看經遍未?"答言："汝諸函中□…□/

［不］可盡也。我可讀者，已十倍於閻浮提。"□…□/

［我］宮中所有經典，言諸處此比，復不可數。"龍樹既得/

諸經實相，深入無生二□…□出於南天/

竺，大弘佛教，摧伏外□…□作《優波提/

舍》十萬偈，又作《莊嚴□…□/

《中論》五百偈，令摩□…□/

（錄文完）

5　與《大正藏》本對照，可作校勘。

8　5 世紀。南北朝寫本。

9.1　隸書。

1.1　BD10499 號

1.3　大般涅槃經（北本）卷二七

1.4　L0628

2.1　20.1×26.5 厘米；2 紙；11 行，行 17 字。

2.2　01：08.2，04；　　02：11.9，07。

2.3　卷軸裝。首尾均殘。殘片。有烏絲欄。

3.1　首殘→大正 0374，12/0527A10。

3.2　尾殘→大正 0374，12/0527A20。

8　5 ~6 世紀。南北朝寫本。

9.1　隸書。

1.1　BD10500 號

1.3　天地八陽神咒經

1.4　L0629

2.1　24.5 ×11.5 厘米；2 紙；15 行。

2.2　01：13.5，08；　　02：11.0，07。

2.3　卷軸裝。首尾均殘。通卷上殘，中間有破裂。背有古代裱補。有烏絲欄。已修整。

3.1　首殘→大正 2897，85/1423B13。

3.2　尾殘→大正 2897，85/1423C02。

5　與《大正藏》本對照，文字有不同。且漏抄 "爾時五百天子。在大衆中。聞佛所說。得法眼淨。皆大歡喜。即發無等等阿耨多羅三藐三菩提心"。

8　7 ~8 世紀。唐寫本。

9.1　楷書。

1.1　BD10501 號

1.3　摩訶般若波羅蜜經卷一四

1.4　L0630

2.1　7.8 ×12.3 厘米；1 紙；5 行。

2.3　卷軸裝。首尾均殘。通卷上殘。殘片。有烏絲欄。已修整。

3.1　首殘→大正 0223，08/0323B27。

3.2　尾殘→大正 0223，08/0323C03。

8　7 ~8 世紀。唐寫本。

9.1　楷書。

1.1　BD10502 號

1.3　一切經音義點勘簽條（擬）

1.4　L0631

2.1　5.3 ×19.6 厘米；1 紙；正面 2 行，背面 1 行。

2.3　單葉紙。首尾均斷。下部殘缺。

2.4　本遺書包括 2 個文獻：（一）《一切經音義點勘簽條》（擬），2 行，抄寫在正面，今編為 BD10502 號。（二）《藏文》（擬），1 行，抄寫在背面，今編為 BD10502 號背。

3.3　錄文：

（首全）

一切經音義，卷第一、第十七、第□…□/

已（以）上肆卷，並依次剩，重出。/

（錄文完）

8　7 ~8 世紀。唐寫本。

9.1　楷書。

1.1　BD10502 號背

1.3　藏文（擬）

1.4　L0631

2.4　本遺書由 2 個文獻組成，本文獻為第 2 個，1 行，抄寫在背面，餘參見 BD10502 號第 2 項。

3.4　說明：

抄寫藏文字母若干。

8　9 ~10 世紀。歸義軍時期寫本。

9.1　正體。

1.1 BD10503 號

1.3 妙法蓮華經卷一

1.4 L0632

2.1 24×7.5 厘米；1 紙；11 行。

2.3 卷軸裝。首尾均殘。通卷上殘。殘片。打紙，砑光上蠟。有烏絲欄。已修整。

3.1 首殘→大正 0262，09/0002C04。

3.2 尾殘→大正 0262，09/0002C16。

8 7~8 世紀。唐寫本。

9.1 楷書。

1.1 BD10504 號

1.3 大方廣佛華嚴經（晉譯五十卷本）卷三七

1.4 L0633

2.1 11.9×25.8 厘米；2 紙；8 行，行 17 字。

2.2 01：04.2，03；　02：07.7，05。

2.3 卷軸裝。首尾均殘。殘片。有烏絲欄。已修整。

3.1 首殘→大正 0278，09/0677C24。

3.2 尾殘→大正 0278，09/0678A03。

8 5~6 世紀。南北朝寫本。

9.1 隸書。

1.1 BD10505 號

1.3 大般涅槃經（北本）卷五

1.4 L0634

2.1 3.5×11 厘米；2 紙；2 行。

2.2 01：02.0，01；　02：01.5，01。

2.3 卷軸裝。首尾均殘。通卷上下殘。小殘片。有烏絲欄。

3.1 首殘→大正 0374，12/0391C19。

3.2 尾殘→大正 0374，12/0391C20。

8 5~6 世紀。南北朝寫本。

9.1 楷書。

1.1 BD10506 號

1.3 大方廣佛華嚴經（晉譯五十卷本）卷三

1.4 L0635

2.1 9.1×11.3 厘米；1 紙；6 行。

2.3 卷軸裝。首尾均殘。通卷下殘。殘片。已修整。

3.1 首殘→大正 0278，09/0418A14。

3.2 尾殘→大正 0278，09/0418A20。

8 5~6 世紀。南北朝寫本。

9.1 隸書。

1.1 BD10507 號

1.3 待考佛教文獻（擬）

1.4 L0636

2.1 9×4 厘米；1 紙；5 行。

2.3 卷軸裝。首尾均殘。通卷上下殘。小殘片。有烏絲欄。已修整。

3.3 錄文：

（首殘）

□…□更（？）正（？）□…□/

□…□調御□…□/

□…□二五理□…□/

□…□咸到□…□/

□…□熱惱□…□/

（錄文完）

8 8~9 世紀。吐蕃統治時期寫本。

9.1 楷書。

1.1 BD10508 號

1.3 待考佛教讚頌（擬）

1.4 L0637

2.1 9.5×7.1 厘米；1 紙；5 行。

2.3 卷軸裝。首尾均殘。通卷上下殘。小殘片。已修整。

3.3 錄文：

（首殘）

□…□十方□…□/

□…□四面光輝競照來，□…□/

□…□西方歌讚無盡期，□…□/

□…□到彼聞音愁自◇，□…□/

□…□以（？）是等流常相見，□…□/

□…□託在□…□/

（錄文完）

說明：“到彼聞音愁自◇”，原作“到彼三明八解脫”。後將“三明八解脫”塗去，改爲“聞音愁自◇”。

8 9~10 世紀。歸義軍時期寫本。

9.1 楷書。

9.2 有塗抹校改。

1.1 BD10509 號

1.3 阿毗曇心論卷三

1.4 L0638

2.1 10×14 厘米；1 紙；7 行。

2.3 卷軸裝。首尾均殘。通卷下殘。殘片。有烏絲欄。已修整。

3.1 首殘→大正 1550，28/0821C10。

3.2 尾殘→大正 1550，28/0821C16。

8 5~6 世紀。南北朝寫本。

9.1 隸楷。

1.1 BD10510 號

1.3 妙法蓮華經卷一

1.4 L0639

2.1 7×23.5 厘米；1 紙；4 行，行 17 字。

2.3 卷軸裝。首脫尾殘。經黃紙。上邊殘缺。有烏絲欄。

3.1 首殘→大正 0262，09/0003C15。

3.2 尾殘→大正 0262，09/0003C19。

8　7~8 世紀。唐寫本。

9.1 楷書。

1.1 BD10511 號

1.3 摩訶般若波羅蜜經卷七

1.4 L0640

2.1 4.5×14 厘米；1 紙；2 行。

2.3 卷軸裝。首尾均殘。通卷下殘。小殘片。有烏絲欄。已修整。

3.1 首殘→大正 0223，08/0274B10。

3.2 尾殘→大正 0223，08/0274B11。

8　5~6 世紀。南北朝寫本。

9.1 楷書。

新舊編號對照表

臨字號與北敦號對照表

臨字號	北敦號	臨字號	北敦號	臨字號	北敦號
L0001	BD09872 號	L0032	BD09903 號	L0062	BD09933 號背
L0002	BD09873 號	L0033	BD09904 號	L0063	BD09934 號
L0003	BD09874 號	L0034	BD09905 號	L0063	BD09934 號背
L0004	BD09875 號	L0035	BD09906 號	L0064	BD09935 號
L0005	BD09876 號	L0036	BD09907 號	L0065	BD09936 號
L0006	BD09877 號	L0037	BD09908 號	L0066	BD09937 號
L0007	BD09878 號	L0038	BD09909 號	L0067	BD09938 號
L0008	BD09879 號	L0039	BD09910 號	L0068	BD09939 號
L0009	BD09880 號	L0040	BD09911 號	L0069	BD09940 號
L0010	BD09881 號	L0041	BD09912 號	L0070	BD09941 號
L0011	BD09882 號	L0042	BD09913 號	L0071	BD09942 號
L0012	BD09883 號	L0043	BD09914 號	L0072	BD09943 號
L0013	BD09884 號	L0044	BD09915 號	L0073	BD09944 號
L0014	BD09885 號	L0045	BD09916 號	L0074	BD09945 號
L0015	BD09886 號	L0046	BD09917 號	L0075	BD09946 號
L0016	BD09887 號	L0047	BD09918 號	L0076	BD09947 號
L0017	BD09888 號	L0048	BD09919 號	L0077	BD09948 號
L0018	BD09889 號	L0049	BD09920 號	L0078	BD09949 號
L0019	BD09890 號	L0050	BD09921 號	L0079	BD09950 號
L0020	BD09891 號	L0051	BD09922 號	L0080	BD09951 號
L0021	BD09892 號	L0052	BD09923 號	L0081	BD09952 號
L0022	BD09893 號	L0053	BD09924 號	L0082	BD09953 號
L0023	BD09894 號	L0054	BD09925 號	L0083	BD09954 號
L0024	BD09895 號	L0055	BD09926 號	L0084	BD09955 號
L0025	BD09896 號	L0056	BD09927 號	L0085	BD09956 號
L0026	BD09897 號	L0057	BD09928 號	L0086	BD09957 號
L0027	BD09898 號	L0058	BD09929 號	L0087	BD09958 號
L0028	BD09899 號	L0059	BD09930 號	L0088	BD09959 號
L0029	BD09900 號	L0060	BD09931 號	L0089	BD09960 號
L0030	BD09901 號	L0061	BD09932 號	L0090	BD09961 號
L0031	BD09902 號	L0062	BD09933 號	L0091	BD09962 號

L0092	BD09963 號	L0136	BD10007 號	L0179	BD10050 號
L0093	BD09964 號	L0137	BD10008 號	L0180	BD10051 號
L0093	BD09964 號背	L0138	BD10009 號	L0181	BD10052 號
L0094	BD09965 號	L0139	BD10010 號	L0182	BD10053 號
L0095	BD09966 號	L0139	BD10010 號背	L0183	BD10054 號
L0096	BD09967 號	L0140	BD10011 號	L0184	BD10055 號
L0097	BD09968 號	L0141	BD10012 號	L0185	BD10056 號
L0098	BD09969 號	L0142	BD10013 號	L0186	BD10057 號
L0098	BD09969 號背	L0143	BD10014 號	L0187	BD10058 號
L0099	BD09970 號	L0144	BD10015 號	L0188	BD10059 號
L0100	BD09971 號	L0145	BD10016 號	L0189	BD10060 號
L0101	BD09972 號	L0146	BD10017 號	L0190	BD10061 號
L0102	BD09973 號	L0147	BD10018 號	L0191	BD10062 號 A
L0103	BD09974 號	L0148	BD10019 號	L0191	BD10062 號 B
L0104	BD09975 號	L0149	BD10020 號	L0191	BD10062 號 C
L0105	BD09976 號	L0150	BD10021 號	L0191	BD10062 號 D
L0106	BD09977 號	L0151	BD10022 號	L0191	BD10062 號 E
L0107	BD09978 號	L0152	BD10023 號	L0191	BD10062 號 F
L0108	BD09979 號	L0153	BD10024 號 1	L0191	BD10062 號 G
L0109	BD09980 號	L0153	BD10024 號 2	L0192	BD10063 號
L0110	BD09981 號	L0154	BD10025 號	L0193	BD10064 號
L0111	BD09982 號	L0155	BD10026 號	L0194	BD10065 號
L0112	BD09983 號	L0156	BD10027 號	L0195	BD10066 號
L0113	BD09984 號	L0157	BD10028 號	L0196	BD10067 號
L0114	BD09985 號	L0158	BD10029 號	L0197	BD10068 號
L0115	BD09986 號	L0159	BD10030 號	L0198	BD10069 號
L0116	BD09987 號	L0160	BD10031 號	L0199	BD10070 號
L0117	BD09988 號	L0161	BD10032 號	L0200	BD10071 號
L0118	BD09989 號	L0162	BD10033 號	L0201	BD10072 號
L0119	BD09990 號	L0163	BD10034 號	L0202	BD10073 號
L0120	BD09991 號	L0164	BD10035 號	L0203	BD10074 號
L0121	BD09992 號	L0165	BD10036 號	L0204	BD10075 號
L0122	BD09993 號	L0166	BD10037 號	L0205	BD10076 號
L0123	BD09994 號	L0167	BD10038 號	L0206	BD10077 號
L0124	BD09995 號	L0168	BD10039 號	L0207	BD10078 號
L0125	BD09996 號	L0169	BD10040 號	L0208	BD10079 號
L0126	BD09997 號	L0169	BD10040 號背	L0209	BD10080 號
L0126	BD09997 號背	L0170	BD10041 號	L0210	BD10081 號
L0127	BD09998 號	L0171	BD10042 號	L0211	BD10082 號
L0128	BD09999 號	L0172	BD10043 號	L0212	BD10083 號
L0129	BD10000 號	L0173	BD10044 號	L0213	BD10084 號
L0130	BD10001 號	L0174	BD10045 號	L0214	BD10085 號
L0131	BD10002 號	L0175	BD10046 號	L0215	BD10086 號
L0132	BD10003 號	L0176	BD10047 號	L0216	BD10087 號
L0133	BD10004 號	L0177	BD10048 號	L0217	BD10088 號
L0134	BD10005 號	L0177	BD10048 號背	L0218	BD10089 號
L0135	BD10006 號	L0178	BD10049 號	L0219	BD10090 號

L0220	BD10091 號	L0265	BD10136 號	L0309	BD10180 號背
L0221	BD10092 號	L0266	BD10137 號	L0310	BD10181 號 A
L0222	BD10093 號	L0267	BD10138 號	L0310	BD10181 號 B
L0223	BD10094 號	L0268	BD10139 號	L0311	BD10182 號
L0224	BD10095 號	L0269	BD10140 號	L0312	BD10183 號 A
L0225	BD10096 號	L0270	BD10141 號	L0312	BD10183 號 B
L0226	BD10097 號	L0271	BD10142 號	L0313	BD10184 號
L0227	BD10098 號	L0272	BD10143 號	L0314	BD10185 號
L0228	BD10099 號	L0273	BD10144 號	L0315	BD10186 號
L0229	BD10100 號	L0274	BD10145 號	L0316	BD10187 號
L0230	BD10101 號	L0275	BD10146 號	L0317	BD10188 號
L0231	BD10102 號	L0276	BD10147 號	L0318	BD10189 號
L0232	BD10103 號	L0277	BD10148 號	L0319	BD10190 號
L0233	BD10104 號	L0278	BD10149 號	L0320	BD10191 號
L0234	BD10105 號	L0279	BD10150 號	L0321	BD10192 號
L0235	BD10106 號	L0280	BD10151 號	L0322	BD10193 號
L0236	BD10107 號	L0281	BD10152 號	L0323	BD10194 號
L0237	BD10108 號 1	L0282	BD10153 號	L0324	BD10195 號
L0237	BD10108 號 2	L0283	BD10154 號	L0325	BD10196 號
L0238	BD10109 號	L0284	BD10155 號	L0326	BD10197 號
L0239	BD10110 號	L0285	BD10156 號	L0327	BD10198 號
L0240	BD10111 號	L0286	BD10157 號	L0328	BD10199 號
L0241	BD10112 號	L0287	BD10158 號	L0329	BD10200 號
L0242	BD10113 號	L0288	BD10159 號	L0330	BD10201 號
L0243	BD10114 號	L0289	BD10160 號	L0331	BD10202 號
L0244	BD10115 號	L0290	BD10161 號	L0332	BD10203 號
L0245	BD10116 號	L0291	BD10162 號	L0333	BD10204 號
L0246	BD10117 號	L0292	BD10163 號	L0334	BD10205 號
L0247	BD10118 號	L0293	BD10164 號	L0335	BD10206 號
L0248	BD10119 號 A	L0294	BD10165 號	L0336	BD10207 號
L0248	BD10119 號 B	L0295	BD10166 號	L0337	BD10208 號
L0249	BD10120 號	L0296	BD10167 號	L0338	BD10209 號
L0250	BD10121 號	L0296	BD10167 號背	L0339	BD10210 號
L0251	BD10122 號	L0297	BD10168 號	L0340	BD10211 號
L0252	BD10123 號	L0298	BD10169 號	L0341	BD10212 號
L0253	BD10124 號	L0299	BD10170 號	L0342	BD10213 號
L0254	BD10125 號	L0300	BD10171 號	L0343	BD10214 號
L0255	BD10126 號	L0301	BD10172 號	L0344	BD10215 號
L0256	BD10127 號	L0302	BD10173 號	L0345	BD10216 號
L0257	BD10128 號	L0303	BD10174 號	L0346	BD10217 號
L0258	BD10129 號	L0304	BD10175 號	L0347	BD10218 號
L0259	BD10130 號	L0305	BD10176 號	L0348	BD10219 號
L0260	BD10131 號	L0306	BD10177 號	L0349	BD10220 號
L0261	BD10132 號	L0307	BD10178 號	L0350	BD10221 號
L0262	BD10133 號	L0308	BD10179 號 A	L0351	BD10222 號
L0263	BD10134 號	L0308	BD10179 號 B	L0352	BD10223 號
L0264	BD10135 號	L0309	BD10180 號	L0353	BD10224 號

L0354	BD10225 號	L0399	BD10270 號	L0446	BD10317 號
L0355	BD10226 號	L0400	BD10271 號	L0447	BD10318 號
L0356	BD10227 號	L0401	BD10272 號	L0448	BD10319 號
L0357	BD10228 號	L0402	BD10273 號	L0449	BD10320 號
L0358	BD10229 號	L0403	BD10274 號	L0450	BD10321 號
L0359	BD10230 號	L0404	BD10275 號	L0451	BD10322 號
L0360	BD10231 號	L0405	BD10276 號	L0452	BD10323 號
L0361	BD10232 號	L0406	BD10277 號	L0453	BD10324 號
L0362	BD10233 號	L0407	BD10278 號	L0454	BD10325 號
L0363	BD10234 號	L0408	BD10279 號	L0455	BD10326 號
L0364	BD10235 號	L0409	BD10280 號	L0456	BD10327 號
L0365	BD10236 號	L0410	BD10281 號	L0457	BD10328 號
L0366	BD10237 號	L0411	BD10282 號	L0458	BD10329 號
L0367	BD10238 號	L0412	BD10283 號	L0459	BD10330 號
L0368	BD10239 號	L0413	BD10284 號	L0460	BD10331 號
L0369	BD10240 號	L0414	BD10285 號	L0461	BD10332 號
L0370	BD10241 號	L0415	BD10286 號	L0462	BD10333 號
L0371	BD10242 號	L0416	BD10287 號	L0463	BD10334 號
L0372	BD10243 號	L0417	BD10288 號	L0464	BD10335 號
L0373	BD10244 號	L0418	BD10289 號	L0465	BD10336 號
L0374	BD10245 號	L0419	BD10290 號	L0466	BD10337 號
L0375	BD10246 號	L0420	BD10291 號	L0467	BD10338 號
L0376	BD10247 號	L0421	BD10292 號	L0468	BD10339 號
L0377	BD10248 號	L0422	BD10293 號	L0469	BD10340 號
L0378	BD10249 號	L0423	BD10294 號	L0470	BD10341 號
L0379	BD10250 號	L0424	BD10295 號	L0471	BD10342 號
L0380	BD10251 號	L0425	BD10296 號	L0472	BD10343 號
L0381	BD10252 號	L0426	BD10297 號	L0473	BD10344 號
L0382	BD10253 號	L0427	BD10298 號	L0474	BD10345 號
L0383	BD10254 號	L0428	BD10299 號	L0475	BD10346 號
L0384	BD10255 號	L0429	BD10300 號	L0476	BD10347 號
L0385	BD10256 號	L0430	BD10301 號	L0477	BD10348 號
L0386	BD10257 號	L0431	BD10302 號	L0478	BD10349 號
L0387	BD10258 號	L0432	BD10303 號	L0479	BD10350 號
L0388	BD10259 號	L0433	BD10304 號	L0480	BD10351 號
L0388	BD10259 號背	L0434	BD10305 號	L0481	BD10352 號
L0389	BD10260 號	L0435	BD10306 號	L0482	BD10353 號
L0390	BD10261 號	L0436	BD10307 號	L0483	BD10354 號
L0391	BD10262 號	L0437	BD10308 號	L0484	BD10355 號
L0392	BD10263 號	L0438	BD10309 號	L0485	BD10356 號
L0393	BD10264 號	L0439	BD10310 號	L0486	BD10357 號
L0394	BD10265 號	L0440	BD10311 號	L0487	BD10358 號
L0394	BD10265 號背	L0441	BD10312 號	L0488	BD10359 號
L0395	BD10266 號	L0442	BD10313 號	L0489	BD10360 號
L0396	BD10267 號	L0443	BD10314 號	L0490	BD10361 號
L0397	BD10268 號	L0444	BD10315 號	L0491	BD10362 號
L0398	BD10269 號	L0445	BD10316 號	L0492	BD10363 號

L0493	BD10364 號	L0538	BD10409 號	L0584	BD10455 號
L0494	BD10365 號	L0539	BD10410 號	L0585	BD10456 號
L0495	BD10366 號	L0540	BD10411 號	L0586	BD10457 號
L0496	BD10367 號	L0541	BD10412 號	L0587	BD10458 號
L0497	BD10368 號	L0542	BD10413 號	L0588	BD10459 號
L0498	BD10369 號	L0543	BD10414 號	L0589	BD10460 號
L0499	BD10370 號	L0544	BD10415 號	L0590	BD10461 號
L0500	BD10371 號	L0545	BD10416 號	L0591	BD10462 號
L0501	BD10372 號	L0546	BD10417 號	L0592	BD10463 號
L0502	BD10373 號	L0547	BD10418 號	L0593	BD10464 號
L0503	BD10374 號	L0548	BD10419 號	L0594	BD10465 號
L0504	BD10375 號	L0549	BD10420 號	L0595	BD10466 號
L0505	BD10376 號	L0550	BD10421 號	L0596	BD10467 號
L0506	BD10377 號	L0551	BD10422 號	L0597	BD10468 號
L0507	BD10378 號	L0552	BD10423 號	L0598	BD10469 號
L0508	BD10379 號	L0553	BD10424 號	L0599	BD10470 號
L0509	BD10380 號	L0554	BD10425 號	L0600	BD10471 號
L0510	BD10381 號	L0555	BD10426 號	L0601	BD10472 號
L0511	BD10382 號	L0556	BD10427 號	L0602	BD10473 號
L0512	BD10383 號	L0557	BD10428 號	L0603	BD10474 號
L0513	BD10384 號	L0558	BD10429 號	L0604	BD10475 號
L0514	BD10385 號	L0559	BD10430 號	L0605	BD10476 號
L0515	BD10386 號	L0560	BD10431 號	L0606	BD10477 號
L0516	BD10387 號	L0561	BD10432 號	L0607	BD10478 號
L0517	BD10388 號	L0562	BD10433 號	L0608	BD10479 號
L0518	BD10389 號	L0563	BD10434 號	L0609	BD10480 號
L0519	BD10390 號	L0564	BD10435 號	L0610	BD10481 號
L0520	BD10391 號	L0565	BD10436 號	L0611	BD10482 號
L0521	BD10392 號	L0566	BD10437 號	L0612	BD10483 號
L0522	BD10393 號	L0567	BD10438 號	L0613	BD10484 號
L0523	BD10394 號	L0568	BD10439 號	L0614	BD10485 號
L0523	BD10394 號背	L0569	BD10440 號	L0615	BD10486 號
L0524	BD10395 號	L0570	BD10441 號	L0616	BD10487 號
L0525	BD10396 號	L0571	BD10442 號	L0617	BD10488 號
L0526	BD10397 號	L0571	BD10442 號背	L0618	BD10489 號
L0527	BD10398 號	L0572	BD10443 號	L0619	BD10490 號
L0527	BD10398 號背	L0573	BD10444 號	L0620	BD10491 號
L0528	BD10399 號	L0574	BD10445 號	L0621	BD10492 號
L0529	BD10400 號	L0575	BD10446 號	L0622	BD10493 號
L0530	BD10401 號	L0576	BD10447 號	L0623	BD10494 號
L0531	BD10402 號	L0577	BD10448 號	L0624	BD10495 號
L0532	BD10403 號	L0578	BD10449 號	L0625	BD10496 號
L0533	BD10404 號	L0579	BD10450 號	L0626	BD10497 號
L0534	BD10405 號	L0580	BD10451 號	L0627	BD10498 號
L0535	BD10406 號	L0581	BD10452 號	L0627	BD10498 號背
L0536	BD10407 號	L0582	BD10453 號	L0628	BD10499 號
L0537	BD10408 號	L0583	BD10454 號	L0629	BD10500 號

L0630	BD10501 號	L0633	BD10504 號	L0637	BD10508 號
L0631	BD10502 號	L0634	BD10505 號	L0638	BD10509 號
L0631	BD10502 號背	L0635	BD10506 號	L0639	BD10510 號
L0632	BD10503 號	L0636	BD10507 號	L0640	BD10511 號